Ferdinand Gregorovius

Lucrezia Borgia

Ferdinand Gregorovius

LUCREZIA BORGIA

Fürstin der Renaissance

Mit einem Nachwort
von Heinrich Lutz

Bechtermünz Verlag

Genehmigte Lizenzausgabe für
Bechtermünz Verlag im
Weltbild Verlag GmbH, Augsburg 1997

Umschlagmotiv: Archiv für Kunst und Geschichte, Berlin
Umschlaggestaltung: Adolf Bachmann, Reischach
Gesamtherstellung: Clausen & Bosse, Leck
Printed in Germany
ISBN 3-86047-811-7

Inhalt

An
Don Michelangelo Gaetani
Herzog von Sermoneta

Mein verehrter Herzog! Ihnen diese Schrift darzubieten, bewogen mich sowohl geschichtliche Verhältnisse, welche in ihr behandelt sind, als eigene persönliche Beziehungen, und beide Gründe haben Sie freundlich anerkannt.

Sie werden Vorfahren Ihres alten und berühmten Hauses in diesem Buche auftreten sehen, aber in nicht glücklicher Gestalt. Die Borgia sind Todfeinde der Gaetani gewesen, und diese entrannen nur mit Not dem Untergang, welchen ihnen Alexander VI. und sein schrecklicher Sohn geschworen hatten. Ihr schönes Sermoneta und alle die großen Güter in der Maritima, welche Ihr Haus seit langen Zeiten besaß, zogen die Borgia ein, und Ihre Vorfahren starben durch sie, oder wanderten ins Exil. Donna Lucrezia wurde Herrin Sermonetas, dann ward ihr Sohn Rodrigo von Aragon mit den Besitzungen der Gaetani als Herzog beliehen.

Jahrhunderte sind darüber hingegangen, und so können Sie jene gewaltsamen Eingriffe in die Rechte Ihres Hauses einer schönen und unglücklichen Dame verzeihen. Auch wurde Ihre Familie bald wieder hergestellt, durch jene Bulle Julius' II., welche Sie als ein Kleinod, auch in bezug auf kalligraphische Ausführung, in Ihrem Familienarchiv bewahren. Seither blieb Ihrem Hause das Erbe ruhmvoller Väter, und Sie selbst sind es, welcher jene alten Besitzungen der Gaetani durch eine musterhafte Verwaltung in neue Blüte gebracht hat.

Das Fortleben historischer Überlieferungen in Dingen wie in Menschen, übt in Rom einen unaussprechlichen Reiz auf jeden Freund der Geschichte aus; auf mich im besondern hat es den mächtigsten Einfluß gehabt, die Fortdauer von Charakteren geschichtlicher Vergangenheit in uralten, noch bestehenden, noch heute blühenden Geschlechtern Roms wahrzunehmen, und mit diesen in persönlicher Beziehung zu sein. Ich habe das Wohlwollen der Colonna, der Orsini und der Gaetani, und alle nur wünschenswerte Förderung durch diese drei berühmten Familien der Stadt erfahren. Sie selbst waren der erste Römer, welcher mir rückhaltlos das Archiv seines Hauses öffnete, dann gab mir die gleiche Gunst der mir unvergeßliche Don Vincenzo Colonna, durch lange Jahre, bis der ehrwürdige Greis im Schloß Marino starb.

Die Gaetani, die Orsini und die Colonna waren längst vom Schauplatz der römischen Geschichte abgetreten. Ihre Familie zumal hatte dies schon seit geraumer Zeit getan. Da kam ein Tag, wo Sie, erlauchter Herzog, Ihr altes Geschlecht in die Geschichte der Stadt Rom wieder zurückführen sollten, in jenem für dasselbe ehrenvollsten Augenblick, als Sie, nach dem Sturze der tausendjährigen Herrschaft des Papsttums über Rom, an die Spitze des städtischen Regiments traten und dem König Victor Emanuel die Ergebenheitserklärung des römischen Volks nach Florenz überbrachten. Dieser denkwürdige Moment, welcher eine lange Epoche der Stadt für immer schloß und eine neue begann, wird in der Geschichte der Gaetani mit Ihrem Namen fortleben und diesen im Erinnern der Römer unvergeßlich machen.

Ich war nicht Zeuge jenes Ereignisses in Rom, aber indem ich davon rede, erinnere ich mich an alles dasjenige, was von öffentlichen und persönlichen Wandlungen, in einer langen Reihe von Jahren, ich in Ihrer Nähe miterlebt habe. Sie und Ihr gastfreies Haus stellten mich in so langer Zeit in die lebendigste Verbindung mit der Geschichte Roms. Von allen meinen Beziehungen zu namhaften Familien Italiens, denen nahezutreten ich die Ehre hatte, ist diejenige zu der Ihrigen die älteste und die persönlichste.

Ich sah Ihre edlen Kinder groß werden, und ich betrachte heute mit Freuden die Schar von jungen Enkeln, welche um Sie her, den Neubegründer der Familie Gaetani, emporzuwachsen beginnt. Mögen sie blühen und Ihr uraltes Geschlecht noch durch lange und glückliche Zeiten fortsetzen, und mögen dasselbe noch in der fernsten Zukunft Taten und Namen edler Männer und Frauen zieren.

Es ist mit diesem Wunsche, daß ich Ihnen diese Schrift überreiche, die mit Ihrem Namen geschmückt ist. Ich weiß, daß Sie dieselbe mit einer Güte aufnehmen werden, welche so groß ist als die Anspruchslosigkeit, mit der ich sie Ihnen darbiete. Denn für mich bedeutet sie ein erwünschtes Zeichen, welches ich im Haus der Gaetani niederlege, ein Zeichen dankbarer Erinnerung, tiefster Verehrung gegen Sie, und der großen Ergebenheit, die mich stets Ihrer erlauchten Familie verpflichten wird.

Rom, am 9. März 1874 *Gregorovius*

Einleitung

Lucrezia Borgia ist die unseligste Frauengestalt der modernen Geschichte. Ist sie das, weil sie auch die schuldigste der Frauen war? Oder ist sie es nur, weil sie einen Fluch tragen muß, mit dem sie die Welt aus Irrtum belegt hat? Denn diese liebt es, die menschlichen Tugenden wie die menschlichen Laster in typischen Persönlichkeiten anzuschauen, mögen solche der Mythe oder der Geschichte angehören.

Jene Fragen sind noch zu entscheiden.

Die Borgia werden lange die Untersuchung des Geschichtsschreibers und des Psychologen reizen. Ein geistreicher Freund fragte mich eines Tags, wodurch es sich erkläre, daß alles was Alexander den VI. und Cesar Borgia und Lucrezia Borgia betrifft, daß jede Tatsache aus ihrem Leben, daß jeder neu entdeckte Brief des einen oder des anderen, unsere Neugierde lebhafter aufregt als Ähnliches, was von manchen anderen, viel bedeutenderen Charakteren der Geschichte uns überliefert wird. Ich weiß keine bessere Erklärung dafür, als diese: für die Borgia ist der beständige Hintergrund die christliche Kirche; sie kommen aus ihm hervor, sie bleiben auf ihm stehen, und der grelle Widerspruch ihres Wesens zum Heiligen macht sie dämonisch. Die Borgia sind die Satire auf eine ganze große Form oder Vorstellung kirchlicher Welt, welche sie zerstören oder verneinen. Auf hohen Postamenten stehen ihre Gestalten, und ihre Angesichter streift stets das Licht des christlichen Ideals. In diesem sehen und erkennen wir sie. Die sittliche Empfindung ihrer Taten gelangt an uns immer durch ein Medium, welches mit religiösen Vorstellungen durchdrungen ist. Ohne alles dies würden die Borgia, auf einem nur profanen Lokal, unter die Linie vieler anderer Menschen ihrer Natur herabsinken, und bald aufhören, mehr zu sein, als Einzelnamen einer großen Gattung.

Es gibt eine Geschichte Alexanders VI. und Cesars: von Lucrezia Borgia gibt es kaum mehr als eine Legende. Nach ihr ist sie eine Mänade, welche in der einen Hand die Giftphiole, in der anderen den

Dolch trägt. Und zugleich hat dieses furienhafte Wesen die sanften und schönen Züge einer Grazie.

Als ein moralisches Monstrum hat sie Victor Hugo dargestellt; so geht sie noch heute über die Opernbühnen Europas, und so faßt sie das Vorstellen der Menschen im allgemeinen auf. Das ungeheuerliche Drama „Lucrezia Borgia" jenes romantischen Dichters wird der Freund echter Poesie als eine groteske Verirrung der Dichtkunst verdammen, und der Kenner der Geschichte wird es belächeln, aber dieser kann den geistvollen Poeten mit seiner Unkenntnis und seinem guten Glauben an eine seit Guicciardini hergebrachte Tradition entschuldigen.

Diese Tradition hatte schon Roscoe bezweifelt und zu widerlegen versucht, und seine Apologie Lucrezias wurde von der Vaterlandsliebe der Italiener dankbar aufgenommen. Es setzte sich auch unter ihnen in neueren Zeiten die Reaktion gegen jene Auffassung Lucrezias fort.

Die Kritik der Lucrezia-Legende konnte am besten in denjenigen Orten gegeben werden, welche die meisten Erinnerungen und Urkunden aus dem Leben dieser Frau bewahren: diese Orte sind Rom und Ferrara, ferner Modena, wo sich das Archiv der Este, und Mantua, wo sich das Archiv der Gonzaga befindet. Gelegentliche Abhandlungen zeigten, daß die angeregte Frage fortlebte und eine Lösung verlangte.

In unserer Zeit behandelte die Geschichte der Borgia zunächst wieder Domenico Cerri in seinem Buch: *Borgia ossia Alessandro VI. Papa, e suoi contemporanei,* Turin 1858. Ein Jahr später gab Bernardo Gatti in Mailand die Briefe Lucrezias an Bembo heraus. Im Jahre 1866 schrieb der Marchese G. Campori in Modena einen Aufsatz *Una vittima della storia, Lucrezia Borgia,* in der *Nuova Antologia* vom 31. August jenes Jahres. Ein Jahr später veröffentlichte der Ferrarese Monsignor Antonelli: *Lucrezia Borgia in Ferrara, Sposa a Don Alfonso d'Este, Memorie storiche, Ferrara 1867.* Sodann folgte ihm Giovanni Zucchetti in Mantua mit einer ähnlichen kleinen Schrift: *Lucrezia Borgia Duchessa di Ferrara, Milano 1869.* Alle diese Autoren hatten die Absicht, die Lucrezia-Legende geschichtlich aufzuklären und der unglücklichen Frau eine Ehrenrettung zu geben.

Auch Nicht-Italiener nahmen an dieser Aufgabe Anteil, zunächst Franzosen und Engländer. Herr Armand Baschet, welchem wir manche verdienstliche Publikationen diplomatischer Natur verdanken, verkündigte in seinem *Aldo Manuzio, Lettres et Documents 1495–1515*, Venedig 1867, daß er seit Jahren ein Werk über das Leben der Madonna Lucrezia Borgia vorbereite und dafür ein großes Urkundenmaterial gesammelt habe. Leider ist diese Arbeit eines gründlichen Kenners vieler Archive Italiens nicht erschienen, was ich beklage, ohne die Hoffnung aufzugeben, daß Herr Baschet seine Zusage noch erfüllen wird.

Unterdes erschien im Jahre 1869 zu London ein erstes ausführlicheres Buch über diesen Gegenstand: *Lucrezia Borgia Duchess of Ferrara, a Biography illustrated by rare and unpublished Documents*, von William Gilbert. Der Mangel an Wissenschaft und an Methode mindert leider den Wert dieser sonst brauchbaren Schrift, welche als ein englischer Nachkömmling Roscoes einige Aufmerksamkeit erregte.

Der in Fluß gekommene Strom von Apologien der Borgia trieb sodann in Frankreich eines der wunderlichsten Machwerke hervor, welche jemals in der historischen Literatur aufgetaucht sind. Ein Dominikaner Ollivier veröffentlichte im Jahre 1870 den ersten Teil eines Buches *Le Pape Alexandre VI. et les Borgia.* Diese Schrift ist das phantastische Extrem des Dramas von Victor Hugo. Denn wie dieser die Geschichte mißhandelte, um ein moralisches Ungeheuer für den Bühneneffekt zustande zu bringen, ganz so verfälschte jener dieselbe in entgegengesetzter Absicht. Aber die Zeiten, wo Dominikanermönche der Welt ihre geschichtlichen Fabelbücher aufnötigten, sind denn doch nicht mehr wiederherzustellen; der lächerliche Roman Olliviers wurde sofort in den strengsten Organen der Kirche selbst abgewiesen: zuerst durch Matagne in der Pariser *Revue des questions historiques* (April 1871 und Januar 1872), dann sogar in der *Civiltà Cattolica*, dem eigenen Organ des Ordens Jesu, durch einen Artikel vom 15. März 1873, dessen Verfasser den moralischen Charakter Alexanders VI. preisgab, weil er im Angesicht unbezweifelbarer Urkunden doch nicht mehr zu retten ist.

Dieser Artikel hatte zu seiner Grundlage den im Jahre 1872 zu Turin gedruckten *Saggio di Albero Genealogico e di Memorie su la famiglia Borgia specialmente in relazione a Ferrara* von L. N. Cittadella, dem Direktor der Gemeindebibliothek jener Stadt. Seine Schrift ist ein dankenswerter Fortschritt zur Aufklärung der Familiengeschichte der Borgia, obwohl sie von Irrtümern nicht frei bleiben konnte.

Am Ende des Jahrs 1872 trat auch ich in die Reihe der genannten Autoren mit einem römischen Beitrag zur Geschichte der Borgia, nachdem im Jahre 1870 derjenige Band der „Geschichte der Stadt Rom im Mittelalter" erschienen war, welcher die Epoche Alexanders VI. in sich begreift. Bei meinen Nachforschungen in den Archiven Italiens war ich in Besitz vieler Urkunden gekommen, die Borgia betreffend. Nicht alle konnte ich in jenem Werk vollständig verwerten. Ich nahm mir daher vor, dieses kostbare Material für eine Monographie zu gebrauchen, welche entweder Cesar Borgia oder dessen Schwester zum Hauptcharakter haben konnte.

Ich entschied mich für Madonna Lucrezia aus Ursachen, von denen die erste eine äußerliche und diese war. Im Frühjahr 1872 kam im Archiv der Notare des Kapitols zu Rom in meine Hände der Protokollband Camillos de Beneimbene, des langjährigen vertrauten Notars Alexanders VI. Ich entdeckte in diesem großen Manuskript einen unverhofften Schatz. Es bot mir eine lange Reihe echter, bisher unbekannter Urkunden dar. Ich fand in ihm alle Eheverträge der Donna Lucrezia und viele andere gerichtliche Akten, die sich auf die intimsten Verhältnisse der Borgia beziehen. Im November 1872 hielt ich darüber einen Vortrag in der historischen Klasse der Königl. Bayerischen Akademie der Wissenschaften zu München. Derselbe wurde in den Sitzungsberichten abgedruckt. Der Inhalt der in ihm ausgezogenen Urkunden warf ein neues Licht auf die Geschichte der Familie Borgia, von welcher eben erst Herr Cittadella die schon bemerkte Genealogie veröffentlicht hatte.

Zu diesen Tatsachen gesellten sich noch andere Gründe, welche mich bestimmten, eine Schrift über Donna Lucrezia zu verfassen. Denn ich hatte wohl die politische Geschichte Alexanders VI. und Cesars bereits eingehend behandelt und neu aufgeklärt, aber Lucrezia Borgia selbst nur aus der Ferne betrachtet. Ihre Gestalt reizte mich wie etwas Geheimnisvolles, was in sich selbst einen unerklärten Widerspruch trägt und noch zu enträtseln ist.

Ich ging an meine Aufgabe ohne jede vorgefaßte Absicht. Ich wollte keine Apologie, sondern in kurzen Zügen eine Geschichte Lucrezias schreiben, und zumal konnte ich das gerade für ihre, in bezug auf die schwebende Frage wichtigste Epoche, für ihr Leben in Rom. Ich wollte sehen, welche Gestalt mir unter den Händen entstünde, wenn ich Lucrezia Borgia zum Gegenstand historischer Behandlung machte, in der strengsten und sichersten, weil urkundlichen Weise.

Ich vervollständigte mein Material. Ich suchte die Orte auf, wo jene Frau gelebt hatte. Ich ging wiederholt nach Modena und Mantua. Die dortigen Archive sind unerschöpfte Schatzkammern, zumal für die Geschichte der Renaissance, und aus ihnen zog ich auch das meiste Material. Wie immer waren mir dort meine Freunde behilflich, so in Mantua Herr Zucchetti, bis vor kurzem Direktor des Archivs Gonzaga, und Herr Stefano Davari, dessen Sekretär.

Aber die reichste Ausbeute gab mir das Staatsarchiv der Este in Modena. Sein Direktor ist Herr Cesare Foucard. Dieser ausgezeichnete Mann bemühte sich für meinen Zweck mit einer wahrhaften Liberalität, wie sie eines Nachfolgers Muratoris in jenem Amt würdig ist. Er erleichterte mir meine Arbeit auf jede Weise. Er ließ durch einen jüngeren Beamten des Archivs, Herrn Ognibene, die große Masse von Briefen und Depeschen, welche mir dienen konnten, erst ordnen, setzte mich in Besitz von deren Register, und versorgte mich in der Folge mit Abschriften. Wenn daher diese meine Schrift einigen Wert besitzt, so gebührt der Güte Foucards davon ein nicht geringer Teil.

Auch an anderen Orten, in Nepi, Pesaro und Ferrara, fand ich die freundlichsten Aufklärungen und Mitteilungen. Herrn Cesare Guasti vom Staatsarchiv in Florenz verdanke ich die mühevollen Abschriften, die er für mich von merkwürdigen Briefen Lorenzos Pucci nehmen ließ.

Das Material, welches mir zu Gebote stand, ist begreiflicherweise nicht vollständig zu nennen, aber es ist immerhin reichhaltig und neu ...

In meiner Schrift ist mehr Gewicht auf die römische Epoche Lucrezias gelegt worden, als auf ihre Zeit in Ferrara. Denn diese ist, wenn auch keineswegs ausreichend, so doch bereits behandelt worden, jene aber wesentlich legendär geblieben. Da ich mein Buch durchweg aus urkundlichem Material herzustellen hatte, so konnte ich in ihm eine Methode der Behandlung versuchen, woraus sich von selbst, wie ich glaube, ein echtes Charaktergemälde der Zeit mit Zügen konkretester Persönlichkeit ergeben hat.

Erstes Buch

Lucrezia Borgia in Rom

I

Das spanische Geschlecht der Borja (oder Borgia, wie die Italiener den Namen aussprechen) war an ungewöhnlichen Menschen reich. Die Natur verlieh ihm zum Teil verschwenderische Gaben: sinnliche Schönheit und Kraft, Verstand und jene Energie des Willens, welche das Glück an sich zieht und wodurch Cortez und Pizarro und andere spanische Abenteurer groß geworden sind.

Konquistadoren waren auch die Borgia in Italien, gleich den Aragonen; sie errangen sich hier Ehren und Macht, wirkten tief auf die Schicksale des ganzen Landes ein, halfen es hispanisieren und verbreiteten darin zahlreich ihre Familie. Von alten Königen Aragons wollten sie abstammen, doch so wenig weiß man von ihrem Ursprung, daß ihre Geschichte erst mit dem wahren Begründer ihres Hauses, mit Alfonso Borgia beginnt, dessen Vater bald Juan, bald Domenico genannt wird, und von dessen Mutter Francesca nicht einmal der Familienname bekannt ist.

Zu Xativa bei Valencia war er im Jahre 1378 geboren. Er diente dem König Alfonso von Aragon als Geheimschreiber und ward Bischof von Valencia. Mit ihm kam er nach Neapel, auf dessen Thron sich dieser geniale Fürst emporschwang. Im Jahre 1444 wurde er Kardinal.

Spanien begann eben aus seinen Glaubenskriegen zur nationalen Größe aufzusteigen und europäische Bedeutung zu gewinnen. Es holte jetzt nach, was es bisher versäumt hatte, nämlich mithandelnd in Italien aufzutreten, dem Herzen der lateinischen Welt und noch immer Schwerpunkt der Politik wie der Zivilisation Europas. Spanien drang bald in das Papsttum und das Kaisertum ein. Von dort kamen erst die Borgia auf den Heiligen Stuhl, von dort stieg später Karl V. auf den Kaiserthron. Von Spanien kam auch Ignatius Loyola, der Stifter der mächtigsten aller Sekten von politisch-kirchlicher Natur, welche die Geschichte gesehen hat.

Alfonso Borgia, einer der eifrigsten Gegner des Basler Konzils und der Reformbestrebungen Deutschlands, wurde Papst im Jahre 1455, als Calixt III. Groß war seine Familiensippschaft und schon zum Teil in jener Zeit nach Rom gekommen, in welcher er selbst als Kardinal hier seinen Sitz nahm. Sie bestand zunächst aus den drei verwandten valencianischen Häusern Borgia, Mila (oder Mella) und Lanzol. Von den Schwestern Calixts war Catarina Borgia mit Juan Mila, Baron von Mazalanes, vermählt und Mutter des jungen Juan Luis. Isabella war die Gemahlin des Jofré Lanzol, eines zu Xativa begüterten Edelmannes, und Mutter des Pedro Luis und Rodrigos, sowie mehrerer Töchter. Diesen beiden Neffen gab der Oheim durch Adoption seinen Familiennamen. So wurden die Lanzol zu Borgia.

Zweien Mila verlieh Calixt III. die Kardinalswürde, dem Bischof Juan von Zamora, welcher dann im Jahre 1467 in Rom starb, wo sein Grabmal in S. Maria del Monserrato noch erhalten ist, und jenem jüngeren Juan Luis. In demselben Jahre 1456 erhielt auch Rodrigo Borgia den Purpur. Andere Mitglieder des Hauses Mila siedelten sich in Rom an, wie Don Pedro, dessen Tochter Adriana Mila wir in den innigsten Beziehungen zu der Familie ihres Oheims Rodrigo finden werden.

Von den Schwestern desselben Rodrigo hatte sich Beatrix mit Don Ximenez Perez de Arenos, Tecla mit Don Vidal de Villanova, und Juana mit Don Pedro Guillen Lanzol vermählt. Sie alle blieben in Spanien. Wir besitzen einen Brief Beatrices, welchen sie aus Valencia an ihren Bruder schrieb, bald nachdem er Papst geworden war.

Fünfundzwanzig Jahre war Rodrigo Borgia alt, als er die Würde des Kardinals erhielt, mit welcher er ein Jahr später die große Stellung des Vizekanzlers der römischen Kirche vereinigte. Nur ein Jahr älter war sein Bruder Don Pedro Luis. Calixt erhob diesen jungen Valencianer zu den höchsten Ehren des Nepoten: seither kommt überhaupt die Erscheinung eines solchen vatikanischen Nepotenprinzen auf, in welchem der Papst alle weltliche Gewalt zu vereinigen strebt. Er wird sein Condottiere, sein Exekutor, sein Thronwächter, und endlich sein weltlicher Erbe. Er gestattet ihm, im Bereich des Kirchenstaats Herrschaften an sich zu reißen und als Würgengel unter Tyrannen und Republiken umherzugehen, damit er eine Familiendynastie begründe, in welcher der flüchtige Moment des erblosen Papsttums sich verewige.

Calixt machte Pedro Luis zum Feldhauptmann der Kirche, zum Stadtpräfekten, zum Herzog von Spoleto, endlich zum Vikar von Terracina und Benevent. In diesem ersten spanischen Nepoten findet sich so die spätere Laufbahn des Cesar Borgia vorgezeichnet.

Allmächtig waren die Spanier in Rom, solange Calixt lebte. Sie strömten zumal aus dem Königreich Valencia massenhaft herbei, ihr Glück am Hof des Papstes zu machen, als Monsignoren und Skriptoren, als Hauptleute und Burgvögte, und auf jede andere Weise. Aber Calixt III. starb am 6. August 1458; und schon tags zuvor war Don Pedro Luis mit Mühe und Not aus Rom entronnen, wo sich der bisher unterdrückte einheimische Adel, die Colonna und Orsini gegen die verhaßten Fremdlinge erhoben hatten. Bald darauf im Dezember jenes Jahres raffte diesen jungen und glänzenden Emporkömmling plötzlicher Tod in Civitavecchia hin. Es ist nicht bekannt, daß Pedro Luis Borgia vermählt war, oder irgend Nachkommen hinterließ.

Der Kardinal Rodrigo beweinte den Verlust seines vielleicht einzigen und sehr geliebten Bruders, aber er erbte dessen Güter, während seine hohe Stellung an der Kurie durch den Papstwechsel nicht erschüttert wurde. Als Vizekanzler bewohnte er ein Haus im Viertel Ponte, welches ehemals die Münze war, und dies baute er zu einem der ansehnlichsten Paläste Roms aus. Das Gebäude von zwei Höfen, worin man noch heute die ursprünglich offenen Säulenhallen des Untergeschosses erkennt, war burgartig angelegt, wie der fast gleichzeitige venezianische Palast. Doch weder an Schönheit der Architektur, noch an Räumlichkeit konnte sich der Palast Borgia mit jenem Bau Pauls II. vergleichen. Er erfuhr im Lauf der Zeit manche Veränderung; heute gehört er, und schon seit langem, den Sforza Cesarini.

Das Privatleben Rodrigos während der Pontifikate von vier auf Calixt folgenden Päpsten, von Pius II., Paul II., Sixtus IV. und Innozenz VIII., ist in Dunkel gehüllt, denn wir besitzen die Memoiren jener Zeit entweder gar nicht oder nur sehr fragmentarisch.

Unerschöpfliche Sinnlichkeit beherrschte diesen Borgia, einen Mann von seltener Schönheit und Kraft, bis in sein spätestes Alter. Nie ist er diesen Dämon seines Lebens losgeworden. Einmal gab er Pius dem II. durch seine Exzesse Ärgernis, und das erste Streiflicht, welches auf das Privatleben Rodrigos fällt, ist ein Mahnbrief jenes Papstes, geschrieben in den Bädern von Petriolo am 11. Juni 1460. Borgia war damals neunundzwanzig Jahre alt. Er befand sich in dem schönen, verführerischen Siena, wo auch Piccolomini seine Jugend nicht als Heiliger verlebt hatte. Hier veranstaltete er eines Tages ein Bacchanal, von welchem eben der Brief jenes Papstes eine Schilderung gibt.

„Geliebter Sohn! Als vor vier Tagen in den Gärten des Johann de Bichis mehrere Frauen Sienas, weltlicher Eitelkeit hingegeben, zusammenkamen, befand sich, wie wir vernommen haben, Deine Würdigkeit, des Amts, welches Du bekleidest, wenig eingedenk, unter ihnen von der siebzehnten Stunde bis zur zweiundzwanzigsten; und Du hattest von Deinen Kollegen den zum Genossen, welchen wenn nicht die Ehre des Heiligen Stuhls, so doch sein Alter an seine Pflicht hätte erinnern sollen. Dort ist, wie wir hörten, in aller Ausgelassenheit getanzt worden; dort wurde keine Liebeslockung gespart, und Du betrugst Dich dabei nicht anders, als wärest Du einer aus dem Schwarm der weltlichen Jugend. Was dort alles getrieben wurde, verbietet die Scham zu sagen; denn nicht nur der Tat, sondern schon dem Namen nach, ist es Deines Grades unwürdig. Die Gatten, die Väter, die Brüder und die Verwandten der jungen Frauen und Mädchen, welche zugegen waren, wurden dort nicht eingelassen, damit Eure Lust um so fesselloser sein konnte; nur Ihr mit wenigen Dienern waret die Führer und die Ermunterer dieser Chöre. Man sagt, daß heute in Siena von nichts anderem geredet wird, als von Deiner Eitelkeit, die allen zum Spotte dient. Sicherlich bist Du hier in diesen Bädern, wo die Zahl der anwesenden Geistlichen und Weltlichen groß ist, das Tagesgespräch. Unser Mißfallen ist namenlos; denn dies gereicht dem geistlichen Stande und Amt zur Schmach; man wird von uns sagen, daß man uns reich und groß macht, nicht damit wir ein tadelloses Leben führen, sondern um uns die Mittel zur Lust zu geben. Daher verachten uns die Fürsten und die Mächte, und verhöhnen uns täglich die Laien; daher wirft man uns unseren eigenen Lebenswandel vor, wenn wir denjenigen anderer tadeln wollen. Selbst der Statthalter Christi fällt derselben Verachtung anheim, weil er das zu dulden scheint. Du stehst, geliebter Sohn, dem Bistum von Valencia vor, dem ersten in Spanien; Du bist auch Kanzler der Kirche, und was Dein Betragen noch tadelnswerter macht, Du sitzest mit dem Papst unter den Kardinälen, den Räten des Heiligen Stuhls. Deinem eigenen Urteil überlassen wir es, ob es für Deine Würde schicklich sei, Mädchen zu schmeicheln, Früchte und Wein derjenigen zu schicken, die Du liebst, und den ganzen Tag auf nichts zu sinnen, als auf jede Art von Wollust. Man tadelt Uns Deinetwegen, man tadelt das Andenken Deines seligen Oheims Calixt, welcher, wie viele urteilen, unrecht tat, auf Dich so viele Ehren zu häufen. Wenn Du Dich mit Deinem Alter entschuldigst, so bist Du nicht mehr so jung, um nicht einzusehen, welche Pflichten Dir Deine Würde auferlegt. Ein Kardinal muß tadellos sein und ein Beispiel des sittlichen Wandels vor den Augen aller. Und haben wir dann wohl Grund zum Zorn, wenn weltliche Fürsten uns mit wenig ehrenvollen Titeln benennen, wenn sie uns den Besitz unserer Güter bestreiten, und uns zwingen ihren Geboten uns zu unterwerfen? Wahrlich, wir selbst schlagen uns diese Wunden, und wir selbst bereiten uns diese Übel, indem wir durch unsere Handlungen täglich die Autorität der Kirche mindern. Unsere Züchtigung dafür ist in dieser Welt die Schande, und in der anderen die gebührende Pein. Möge daher Deine Klugheit diesen Eitelkeiten eine Schranke setzen, und Deine Würde im Auge behalten, und nicht wollen, daß man Dir unter Weibern und Jünglingen den Namen eincs Galans gebe. Denn sollte sich dergleichen wiederholen, so müßten Wir notgedrungen zeigen, daß solches ohne Unseren Willen und zu Unserem Schmerz geschehen ist, und Unser Tadel würde nicht ohne Dein Erröten über Dich ergehen. Wir haben Dich stets geliebt, und Wir hielten Dich Unserer Protektion wert, als einen Mann, welcher ein ernstes und bescheidenes Wesen zu erkennen gab. Handle demnach also, daß Wir diese Unsere Meinung von Dir festhalten, und nichts kann dazu mehr beitragen, als die Annahme eines gesetzten Lebens. Deine Jahre, welche noch Besserung versprechen, erlauben Uns, Dich väterlich zu ermahnen. Petriolo, 11. Juni 1460."

Wenige Jahre später, als Paul II. regierte, zeichnete der Geschichtsschreiber Gaspar von Verona das Porträt des Kardinals Borgia mit diesen Worten: „Er ist schön, von anmutigem und heiterem Antlitz, von zierlicher und süßer Beredsamkeit. Wo er nur herrliche Frauen erblickt, regt er sie in fast wunderbarer Weise zur Liebe auf, und er zieht sie an sich, stärker als der Magnet das Eisen anzieht."

Es gibt solche Organisationen, wie sie Gaspar bezeichnet hat; es sind das Menschen von der physischen und moralischen Natur Casanovas und des Regenten von Orleans.

Die Schönheit Rodrigos wird von vielen seiner Zeitgenossen gepriesen, auch als er schon Papst war. Im Jahre 1493 schilderte ihn Hieronymus Portius mit diesen Worten: „Alexander ist von hoher Gestalt, von mittlerer Farbe; seine Augen sind schwarz; sein Mund etwas voll. Seine Gesundheit ist blühend; er erträgt über jedes Vorstellen hinaus Mühen jeder Art. Er ist außerordentlich beredt; jedes unzivilisierte Wesen ist ihm fremd."

Die Macht dieser glücklichen Organisation lag, wie es scheint, in dem Gleichmaß aller Kräfte. Aus ihm floß die heitere Klarheit seines Wesens. Denn nichts ist falscher als das Bild, welches man sich gewöhnlich von diesem Borgia zu machen pflegt, als wie von einem finsteren und ungeheuerlichen Menschen. Auch der berühmte Jason Mainus von Mailand pries an ihm ,,die Eleganz der Gestalt, die heitere Stirn, die königlichen Brauen, das Antlitz mit dem Ausdruck der Liberalität und Majestät, das Genie und die heroische Wohlgestalt seines ganzen Körperbaues".

II

Der magnetischen Kraft des Kardinals Rodrigo fiel etwa um das Jahr 1466 oder 1467 eine Römerin zum Opfer, Vannozza Catanei. Wir wissen, daß sie im Juli 1442 geboren war, aber ihre Familienverhältnisse kennen wir nicht. Autoren jener Zeit gaben ihr auch die Taufnamen Rosa und Catarina, doch sie selbst nannte sich in authentischen Aktenstücken Vannozza Catanei. Obwohl Jovius annimmt, daß Vanotti ihr Familiennamen war, und obwohl es ein solches Popolanengeschlecht in Rom gab, so ist doch diese Angabe irrig. Vannozza war vielmehr die gebräuchliche Abkürzung von Giovanna, und so begegnet man in Urkunden jener Zeit einer Vannozza de Nardis, einer Vannozza de Zanobeis, de Pontianis und anderen.

Es gab ein Geschlecht Catanei in Rom, wie in Ferrara, in Genua und anderswo, und dieser häufige Name entstand aus dem Titel Capitaneus. In einem Notarinstrument des Jahres 1502 wird der Name der Geliebten Alexanders VI. noch in altertümlicher Form geschrieben: *Vanotia de Captaneis.*

Litta, welchem Italien das große Werk über seine geschichtlichen Familien verdankt – ein Werk, welches trotz seiner Irrtümer und Mängel bewundernswürdig ist –, stellte die Meinung auf, daß Vannozza dem Hause der Farnese angehörte und eine Tochter Ranuccios war. Doch das ist vollkommen irrig. In Schriften jener Zeit wird dieses Weib ausdrücklich genannt: *Madonna Vannozza de casa Catanei.*

Kein Zeitgenosse hat bemerkt, welche Eigenschaften es waren, durch die Vannozza den genußsüchtigsten der Kardinäle in so starken Banden zu halten vermochte, daß sie die Mutter vieler seiner von ihm anerkannten Kinder werden konnte. Es steht uns frei, sie uns vorzustellen als eine jener mächtigen und üppigen Frauengestalten, wie man sie noch in Rom sieht. Sie haben nichts von der Grazie der Frauenideale der umbrischen Malerei; sie haben etwas von der Großartigkeit Roms; Juno und Venus scheinen in ihnen vereint. Sie würden den Idealen Tizians und Paul Veroneses nahekommen, wenn nicht das schwarze Haar und das dunklere Kolorit sie davon entfernte. Blondes und rötliches Haar ist unter den Römern stets selten gewesen.

Von großer Schönheit und glühender Leidenschaft war Vannozza gewiß, denn wie hätte sie sonst einen Rodrigo Borgia entflammt, und auch ihr geistiges Wesen, obwohl ohne Kultur, mußte von nicht gewöhnlicher Energie sein, denn wie hätte es ihr ohne diese geglückt, ihr Verhältnis zu ihm zu behaupten?

Man darf die oben angegebene Zeit als den Beginn dieser Verbindung festhalten, wenn man nämlich dem spanischen Geschichtsschreiber Mariana glauben will, welcher sagt, daß Vannozza die Mutter des Don Pedro Luis, des ältesten Sohnes Rodrigos, war. Denn in einem Notarinstrument von 1482 wird dieser Sohn des Kardinals ein Jüngling *(adolescens)* genannt, was doch ein Alter von vierzehn, wenn nicht fünfzehn Jahren voraussetzt.

In welchen Verhältnissen Vannozza lebte, als sie Borgia kennenlernte, wissen wir nicht. Sie konnte kaum dem in Rom zahlreichen und keineswegs verachteten Stande vornehmerer Hetären angehört haben, welche durch die Gunst ihrer Anbeter ein glänzendes Leben führten. Denn wäre sie als solche zu ihrer Zeit berühmt gewesen, so hätten wohl Novellisten und Epigrammdichter von ihr geredet.

Der Chronist Infessura, welcher Vannozza persönlich kennen mußte, erzählt, daß Alexander VI., willens, seinen Bastard Cesar zum Kardinal zu machen, durch falsche Zeugen erhärten ließ, derselbe sei der eheliche Sohn eines gewissen Domenico von Arignano, und er bemerkt dazu, daß er Vannozza ebendiesem Manne vermählt hatte. Das Zeugnis eines Zeitgenossen und Römers ist von Gewicht, aber kein anderer Schriftsteller außer Mariana, dessen Gewährsmann offenbar Infessura ist, erwähnt diesen Domenico, und wir werden bald sehen, daß wenigstens von einer gerichtlich anerkannten Ehe Vannozzas mit diesem Unbekannten nicht die Rede sein kann. Sie war wohl längere Zeit die Geliebte des Kardinals, ehe ihr dieser einen offiziellen Gatten gab, um sein eigenes Verhältnis zu ihr zu verschleiern und zu gleicher Zeit zu erleichtern. Denn dieses dauerte auch dann noch fort, als sie bereits einen rechtmäßigen Gemahl hatte.

Als der erste beglaubigte Gatte Vannozzas wird im Jahre 1480 ein Mailänder, Giorgio de Croce, sichtbar, für welchen der Kardinal Rodrigo das Amt eines apostolischen Skriptors bei Sixtus dem IV. erlangt hatte. In welcher Zeit sie mit diesem Manne sich verband, ist ungewiß. Sie wohnte als seine Gattin in einem Hause auf dem Platz Pizzo di Merlo, welcher heute Sforza Cesarini heißt, und in dessen Nähe eben der Palast des Kardinals Borgia stand.

In jenem Jahre 1480 war aber Vannozza bereits die Mutter von mehreren anerkannten Kindern des Kardinals: Juan, Cesar und Lucrezia. Sie sind als solche zweifellos, während die Abstammung des ältesten der Geschwister, Pedro Luis, von derselben Mutter nur sehr wahrscheinlich ist. Das Datum der Geburt dieser Bastarde Borgia ist bisher unbekannt gewesen und verschieden angegeben worden; ich entdeckte in zweifellosen Urkunden dasjenige Cesars und Lucrezias, wodurch viele Irrtümer in bezug auf die Genealogie und selbst die Geschichte jenes Hauses für immer beseitigt sind. Cesar war an einem ungenannten Tage des Monats April im Jahre 1476, Lucrezia am 18. April 1480 geboren. Ihr Vater gab so das Alter dieser Geschwister an, als er Papst war: denn im Oktober 1501 sprach er einmal davon mit dem Gesandten Ferraras, und dieser schrieb dem Herzog Ercole: „Der Papst ließ mich wissen, daß dieselbe Herzogin (Lucrezia) im Alter von zweiundzwanzig Jahren steht, welche sie im nächsten April vollenden wird; in welcher Zeit auch der Erlauchteste Herzog der Romagna (Cesar) sechsundzwanzig Jahre erreichen wird."

Wenn die Genauigkeit der Angabe des Vaters vom Alter seiner eigenen Kinder noch einen Zweifel zulassen sollte, so würden diesen andere Berichte und Urkunden beseitigen. In Depeschen, die ein Gesandter Ferraras, viel früher, nämlich im Februar und März 1493, an denselben Herzog aus Rom richtete, gab er das Alter Cesars zu jener Zeit auf sechzehn bis siebzehn Jahre an, was mit jener Aussage von dessen Vater übereinstimmt. Der Sohn Alexanders VI. war um einige Jahre jünger, als man bisher für ihn berechnet hat, und diese Tatsache ist wichtig für die Geschichte seines kurzen und schrecklichen Lebens. Demnach irrten Mariana und andere ihm nachfolgende Autoren, indem sie behaupteten, daß Cesar der zweitgeborene Sohn Rodrigos, also älter als sein Bruder Juan war. Vielmehr muß Don Juan wirklich zwei Jahre älter als Cesar gewesen sein. Venezianische Berichte aus Rom nennen ihn im Oktober 1496 einen jungen Mann von zweiundzwanzig Jahren; er war demnach im Jahre 1474 geboren.

Lucrezia selbst kam zur Welt am 18. April 1480. Dies genaue Datum findet sich in einem valencianischen Dokument. Ihr Vater war damals neunundvierzig, ihre Mutter achtunddreißig Jahre alt. Die römischen oder spanischen Astrologen mochten nach der augenblicklichen Konstellation des Himmels diesem Kinde das Horoskop gestellt und dem Kardinal Rodrigo mit Glückwünschen zu dem Glanz geschmeichelt haben, welchen die Sterne seiner Tochter bestimmt hatten.

Es war die Osterzeit eben vorüber; prächtige Feste waren gefeiert worden zu Ehren des Kurfürsten Ernst von Sachsen, welcher am 22. März nach Rom gekommen war, begleitet vom Herzog von Braunschweig und von Wilhelm von Henneberg. Mit einem Gefolge von zweihundert Reitern waren diese Herren eingezogen. In einem Hause im Viertel Parione hatte man ihnen Wohnung gegeben. Der Papst Sixtus IV. hatte sie mit Ehren überhäuft, und großes Aufsehen erregte eine glänzende Jagd, welche Girolamo Riario, der allmächtige Nepot, ihnen bei Malliana am Tiber zum besten gab. Am 14. April waren diese Fürsten von Rom wieder abgereist.

Das Papsttum gestaltete sich damals zur politischen Tyrannis, und das Nepotenwesen nahm jenen Charakter an, welchem später Cesar Borgia seine ganze Furchtbarkeit geben sollte. Sixtus IV., ein Kraftmensch viel mächtigeren Gepräges, als es selbst Alexander VI. besaß, befand sich noch im Kriege mit Florenz, wo er die Verschwörung der Pazzi angezettelt hatte, um die Medici ermorden zu lassen und Girolamo Riario zu einem großen Fürsten in der Romagna zu erheben. Ebendiese Wege sollte dann später Alexander VI. seinem Sohne Cesar bahnen.

Die Zeit, in welche die Geburt Lucrezias fiel, war in Wahrheit schrecklich zu nennen: das Papsttum aller priesterlichen Heiligkeit entkleidet, die Religion ganz materiell geworden, die Sittenlosigkeit zügellos. Wildester Geschlechterkrieg wütete in der Stadt, zumal in den Vierteln Ponte, Parione und Regola, wo täglich durch Mord verfehdete Sippschaften bewaffnet einherzogen. Und gerade im Jahre 1480 erhoben sich auch die alten Faktionen der Guelfen und Ghibellinen in Rom, dort Savelli und Colonna gegen den Papst, hier die Orsini für ihn, während die von Blutrache entflammten Geschlechter der Valle, Margana und Santa Croce sich diesen Parteien anschlossen.

III

Die ersten Jahre ihrer Kindheit verbrachte Lucrezia ohne Zweifel im Hause ihrer Mutter. Dieses Haus auf dem Platze Pizzo di Merlo stand wenige Schritte vom Palast des Kardinals entfernt. Das Viertel Ponte, wozu es gehörte, war eines der lebhaftesten Quartiere Roms, weil es zur Engelsbrücke und zum Vatikan führte. Dort saßen viele Kaufleute und die Bankherren von Florenz, Genua und Siena; viele päpstliche Beamte wohnten daselbst, und auch die vornehmsten Hetären hatten dort ihren Sitz. Dagegen war die Zahl alter Adelsgeschlechter in Ponte nicht groß, vielleicht weil sie die Orsini nicht aufkommen ließen. Denn diese mächtigen Barone saßen seit langer Zeit in dieser Region, in ihrem großen Palast auf Monte Giordano. Nicht weit davon stand ihre ehemalige Burg, die Torre di Nona, welche ursprünglich zu den Stadtmauern am Tiberfluß gehört hatte. Jetzt war sie das Verließ für Staatsverbrecher und andere Unglückliche.

Wir können uns die Einrichtung des Hauses Vannozzas deutlich vorstellen, denn das römische Hauswesen in der Frührenaissance war von dem noch heute üblichen nicht zu sehr verschieden. Im ganzen ist es noch jetzt schwerfällig und düster. Massive Treppen von Peperinstein führten zu der eigentlichen Wohnung, welche aus einem Hauptsaal und Nebengemächern bestand, mit nackten Fußböden aus Fliesen, mit Decken aus Balken und Holzgetäfel, welches man bemalte. Die Wände der Zimmer waren weiß übertüncht, und nur in den reichsten Häusern bekleidete man sie mit gewirkten Tapeten, und dies auch nur bei festlichen Gelegenheiten. Der Schmuck von Wandbildern war im 15. Jahrhundert noch selten und beschränkte sich nur auf wenige Familienporträts. Wenn Vannozza ihren Saal mit solchen zierte, so wird darunter das Bildnis des Kardinals Rodrigo nicht gefehlt haben. Auf keine Weise fehlten ein Reliquienschrein und das Bildnis der Madonna mit der vor ihm brennenden ewigen Lampe.

Schwerfällige Möbel, große breite Betten mit einem Himmel darüber, hohe hölzerne Stühle aus braunem Schnitzwerk, über die man Polster legte, massive Tische mit marmornen oder aus buntem Holz zusammengesetzten Platten, standen an den Wänden umher. Unter den mächtigen Truhen ragte im Hauptsaal eine kolossale aus bemaltem Holz hervor, welche die Aussteuer an Linnenzeug enthielt. Es war in einem solchen Kasten, der Truhe seiner Schwester, wo sich der unglückliche Ritter Stefano Porcaro versteckt hielt, als er sich nach seinem mißglückten Aufstandsversuch am 5. Januar 1453 durch die Flucht zu retten suchte. Seine Schwester und eine andere Frau saßen auf diesem Kasten zu besonderer Verwahrung des Flüchtlings, aber die Häscher zogen ihn daraus hervor.

Wenn Vannozza Sinn für Altertümer besaß, den wir freilich nur der Mode wegen bei ihr voraussetzen können, so werden in ihrem Salon solche nicht gefehlt haben. Man sammelte sie damals mit Leidenschaft. Es war die Zeit der ersten Ausgrabungen; der Boden Roms gab seine Schätze täglich her, und von Ostia, von Tivoli und der Villa Hadrians, von Porto d'Anzo und Palestrina wurden Altertümer massenweise in die Stadt gebracht. Aber wenn Vannozza oder ihr Gatte solche Leidenschaft nicht mit anderen Römern teilten, so wird man in ihrem Hause nicht vergebens nach Kostbarkeiten der modernen Kunstindustrie gesucht haben, nach Schalen und Vasen aus Marmor und Porphyr und nach dem Goldschmuck der Juweliere. Der wesentliche Bestandteil eines anständig versorgten römischen Hauses war zunächst die Credenza, ein großer Schrank mit Tafel- und Trinkgeschirr von Gold und Silber und von schönen Majoliken. Bei Gastmählern pflegte man dieses Geschirr förmlich zur Schau zu stellen.

Wir dürfen kaum annehmen, daß die Geliebte Rodrigos auch eine Bibliothek besaß; denn Privatbibliotheken waren damals in bürgerlichen Häusern eine große Seltenheit. Erst seit kurzem wurde ihre Anschaffung in Rom durch die billigeren Drucke erleichtert, welche hier die deutschen Buchdrucker besorgten.

Das Hauswesen Vannozzas war ohne Zweifel reichlich, aber nicht glänzend zu nennen. Sie mochte den Kardinal bisweilen bewirten, oder die Freunde der Familie bei sich sehen, vor allen die intimsten Vertrauten Borgias, die Spanier Juan Lopez, Caranza und Marades, und von Römern die Orsini, Porcari, Cesarini und Barberini. Der Kardinal selbst war ein sehr nüchterner Mann, aber großartig in allem, was die Repräsentation seiner Stellung betraf. Das vornehmste

IV

Das Verhältnis des Kardinals zu Vannozza dauerte noch etwa bis zum Jahre 1482 fort, denn nach der Geburt Lucrezias gab sie ihm noch einen Sohn, nämlich Jofré, der im Jahre 1481 oder 1482 geboren wurde.

Seither erlosch die Leidenschaft Borgias für dieses Weib von nun vierzig Jahren. Aber er ehrte in ihm die Mutter seiner Kinder und die Vertraute von vielen seiner Geheimnisse.

Ihrem Gatten Georg de Croce hatte Vannozza einen Sohn geboren, mit Namen Octavian; wenigstens galt dieses Kind für das seinige. Sie vermehrte ihre Einkünfte mit Hilfe des Kardinals. In gerichtlichen Urkunden erscheint sie als Pächterin von einigen Osterien in Rom, und sie kaufte auch bei S. Lucia in Selce im Viertel der Subura einen Weinberg und ein Landhaus, wie es scheint von den Cesarini. Noch heute bezeichnet man jenen malerischen Palast mit dem Durchgangsbogen über der Treppe, welche von der Subura zu S. Pietro in Vincola emporführt, als den Palast Vannozzas, oder den der Lucrezia Borgia. Georg de Croce war reich geworden; er legte für sich und seine Familie eine Kapelle in S. Maria del Popolo an. Im Jahre 1486 starb er, und in derselben Zeit starb auch sein Sohn Octavian.

Dieser Todesfall brachte eine Veränderung in den Verhältnissen Vannozzas hervor, denn der Kardinal eilte, die Mutter seiner Kinder nochmals zu vermählen, um ihr einen Beschützer zu geben und ein anständiges Hauswesen zu sichern. Der neue Gatte war ein Mantuaner, Carlo Canale. Ehe derselbe nach Rom kam, hatte er sich bereits in den humanistischen Kreisen Mantuas durch seine Bildung bekannt gemacht. Wir besitzen noch den Brief Angelo Polizianos, worin dieser junge Dichter jenem Canale seinen Orfeo empfahl; denn das Manuskript dieses ersten dramatischen Versuchs, mit welchem die Renaissance des italienischen Theaters ihren Anfang nahm, befand sich in den Händen Canales, und dieser ermunterte den noch zaghaften Poeten, indem er den Wert seines Werkes anerkannte. Poliziano hatte das Gedicht auf Verlangen des Kardinals Francesco Gonzaga, eines großen Gönners der schönen Literatur, verfaßt und in nur zwei Tagen hingeworfen, und Carlo Canale war dieses Kardinals Kämmerer. Der Orfeo entstand um 1472. Als nun Gonzaga im Jahr 1483 starb, ging Canale nach Rom, und hier trat er in die Dienste des Kardinals Sclafetano von Parma. Als Vertrauter und Untertan der Gonzaga, blieb er mit diesem Fürstenhause in Verbindung. Er unterstützte in seiner neuen Stellung die Bemühungen des Ludovico Gonzaga, eines Bruders Francescos, als derselbe im Jahre 1484, zum Bischof von Mantua erwählt, nach Rom kam, um den Purpur zu erlangen.

Borgia war wohl mit Canale schon in der Zeit bekannt geworden, als derselbe noch in Diensten Gonzagas stand, und dann traf er ihn im Hause Sclafetanos. Wenn er ihn zum Gatten seiner verwitweten Freundin ausersah, so geschah dies wohl deshalb, weil ihm derselbe durch seine Talente und Verbindungen nützlich werden konnte. Canale wiederum konnte auf den Antrag, der Gemahl Vannozzas zu werden, nur aus Habsucht eingehen, und seine Einwilligung bewies, daß seine bisherige Stellung als Höfling von Kardinälen ihn nicht reich gemacht hatte.

Das neue Ehebündnis wurde am 8. Juni 1486 vom Notar des Hauses Borgia, Camillo Beneimbene, gerichtlich vollzogen. Zeugen waren Francesco Maffei, apostolischer Skriptor und Domherr von S. Peter, Lorenzo Barberini de Catellinis, römischer Bürger, Giuliano Gallo, ein namhafter römischer Kaufmann, die Herren Burcardo Barberini, de Carnariis und mehrere andere. Als Mitgift brachte Vannozza ihrem Gatten neben anderen Gaben die Summe von tausend Goldgulden und das kostenfreie Diplom der Stelle eines Sollizitators päpstlicher Bullen. Das Instrument bezeichnet diese Ehe ausdrücklich als die zweite Vannozzas. Würde es dieselbe nicht als dritte oder im allgemeinen als neue vermerkt haben, wenn jene angeblich erste Ehe mit Domenico von Arignano als wirkliche anerkannt war?

In diesem Aktenstück wird als Wohnung Vannozzas, worin die Vermählung vollzogen wurde, ihr Haus im Viertel Regola bezeichnet, am Platz de Branchis, und dieser trägt noch heute seinen Namen von einer ausgestorbenen Familie de Branca. Demnach mußte sie nach dem Tode ihres früheren Gatten dessen Haus auf Pizzo di Merlo verlassen und jenes auf dem Platz Branca bezogen haben. Dasselbe mochte ihr Eigentum sein, denn ihr zweiter Gatte erscheint als ein unbemittelter Mann, welcher erst durch seine Heirat und die Protektion des mächtigen Kardinals sein Glück zu machen hoffte.

Aus einem Brief jenes Ludovico Gonzaga vom 19. Februar 1488 geht hervor, daß diese neue Ehe Vannozzas nicht kinderlos blieb. Denn der Bischof von Mantua beauftragte darin seinen Agenten in Rom, an seiner Stelle die Gevatterschaft bei Carlo Canale zu übernehmen, um welche Ehre ihn dieser ersucht hatte. Der Brief gibt nichts Näheres an, doch kann das Bemerkte wohl nur in solchem Sinn verstanden werden.

Wir wissen nicht, in welcher Zeit Lucrezia das Haus ihrer Mutter verließ, um der Bestimmung des Kardinals gemäß in die Obhut einer Frau zu kommen, welche großen Einfluß auf ihn und die ganze Familie Borgia ausübte.

Diese Frau war Adriana vom Haus der Mila, die Tochter Don Pedros, eines Neffen Calixts des III. und leiblichen Vetters Rodrigos. Welche Stellung derselbe in Rom einnahm, ist uns unbekannt.

Er vermählte seine Tochter Adriana mit einem Mitglied des edlen Hauses der Orsini, mit Ludovico, Herrn von Bassanello bei Civitacastellana. Weil der aus dieser Ehe stammende Sohn Adrianas, Ursinus Orsini, sich im Jahr 1489 vermählte, so ergibt sich daraus, daß seine Mutter mindestens sechzehn Jahre früher die Gemahlin ihres Gatten geworden war. In demselben Jahr 1489 war Ludovico Orsini bereits tot.

Als seine Gattin und dann Witwe bewohnte Adriana einen der Paläste der Orsini in Rom und wahrscheinlich jenen auf Monte Giordano diesseits der Engelsbrücke. Denn später wird in der Erbschaft ihres Sohnes Ursinus dessen Anteil gerade an diesem Palast verzeichnet.

Der Kardinal Rodrigo lebte im innigsten Verkehr mit Adriana: sie war mehr als seine Verwandte, sie war die Vertraute seiner Sünden, seiner Intrigen und Pläne und blieb das bis an seinen Tod.

Ihr gab er auch seine Tochter Lucrezia und wohl schon in frühem Lebensalter zur Erziehung. Daß dies geschah, ist zweifellos. Wir erfahren es aus einem Brief, welchen der ferrarische Gesandte in Rom, Gianandrea Boccaccio, Bischof von Modena, im Jahre 1493 an den Herzog Ercole schrieb, und worin er von Madonna Adriana Ursina bemerkte, daß sie Lucrezia „immer in ihrem eigenen Hause erzogen hat“. Unter diesem haben wir uns eben den Palast Orsini auf

Monte Giordano zu denken, welcher der Wohnung des Kardinals Borgia sehr nahelag.

Der italienischen Sitte gemäß, die bis heute fortgedauert hat, wurde die Erziehung von Töchtern Frauen eines Klosters übertragen, worin junge Mädchen einige Jahre zuzubringen pflegten, um dann aus ihm in die Ehe und in die Welt zu treten. Wenn aber die Schilderung Infessuras von dem Zustand der Nonnenklöster Roms wahr ist, so möchte der Kardinal doch Anstand genommen haben, sein Kind solchen Heiligen anzuvertrauen. Es gab indes wohl auch Frauenklöster, worin keine solche Zuchtlosigkeit eingerissen war, vielleicht San Silvestro in Capite, wo die Colonna manche ihrer Töchter erziehen ließen, oder S. Maria Nuova, oder S. Sisto an der Via Appia. Als Borgia Papst war, wählte einmal Lucrezia gerade dieses letzte Kloster zu ihrem Asyl, vielleicht aus dem Grunde, weil sie dort als Kind eine Zeitlang ihre religiöse Erziehung erhalten hatte.

Kirchliche Frömmigkeit war zu allen Zeiten die Grundlage der Erziehung einer italienischen Frau. Sie war nicht Herzens- und Seelenbildung, sondern eine schöne Form religiösen Anstandes, innerhalb welcher der Glaube dem Weibe einen moralischen Halt geben konnte. Das Sündigen machte kein Weib häßlich, aber selbst von der ausgelassensten Sünderin forderte die Sitte, daß sie allen kirchlichen Pflichten genügte und als eine wohlgeschulte Christin erschien. Skeptische oder freigeistige Frauen gab es kaum; sie würden in der damaligen Gesellschaft unmöglich gewesen sein. Der gottlose Tyrann Gismondo Malatesta von Rimini baute eine prächtige Kirche und in ihr eine Kapelle zu Ehren seiner Geliebten Isotta, welche sicherlich eine fleißige Kirchgängerin war. Vannozza baute und schmückte eine Kapelle in S. Maria del Popolo. Sie stand im Ruf der Frömmigkeit und wohl nicht erst nach dem Tode Alexanders VI. Ihre größte mütterliche Sorge, wie die Adrianas, war ohne Frage darauf gerichtet, ihrer Tochter jenen christlichen Anstand zu geben, und Lucrezia besaß ihn in solcher Vollendung, daß später ein Gesandter Ferraras ihre katholische Erscheinung besonders rühmen konnte.

Es ist irrig, solches Wesen nur als Maske aufzufassen; denn dies würde ein selbständiges Denken über religiöse Fragen oder einen moralischen Prozeß voraussetzen, welcher dem damaligen Weibe fremd war und noch heute den Frauen Italiens fremd ist. Die Religion war und ist hier Erziehungsform, und welchen geringen ethischen Wert diese auch haben mag, so war sie doch immer eine schöne Gesetzmäßigkeit, von welcher das tägliche Leben wie von einem Rahmen sicher umfaßt wurde.

Den Unterricht in den Studien der Humanität konnten die Töchter bemittelter Häuser nicht in Klöstern erhalten; sie empfingen ihn durch Lehrer, die ihnen vielleicht zusammen mit den Söhnen gegeben wurden. Es ist keine Übertreibung zu sagen, daß die Frauen der guten Gesellschaft im 15. und 16. Jahrhundert eine gründlichere und gelehrtere Bildung besaßen, als sie in unserer Zeit besitzen. Dies lag nicht in der Größe, sondern in der Einseitigkeit oder Beschränktheit der damaligen Kultur. Denn es fehlte ihr der heute kaum zu übersehende Vorrat an Bildungsstoffen, welche die Entwicklung des europäischen Geistes im Fortschritt dreier Jahrhunderte erzeugt hat. Die Bildung der Frauen in der Renaissance war wesentlich auf das klassische Altertum angewiesen, gegen welches alles, was damals modern genannt werden konnte, in die Unbedeutsamkeit herabsank. Sie war deshalb eine gelehrte zu nennen. Umgekehrt ist die heutige Frauenkultur keine solche mehr, sondern sie zieht ihre Nahrung ausschließlich aus dem modernen Bildungsschatz. Aber gerade die Vielseitigkeit dessen, was ihr dieser darbietet, erzeugt den Mangel jener Sicherheit, welche den Frauen der Renaissance der beschränkte Kreis der Erziehung gab. Die gegenwärtige Frauenbildung, selbst in dem durch seine Schulen gepriesenen Deutschland, ist durchschnittlich grundlos und oberflächlich, wissenschaftlich sogar nichtig zu nennen. Sie kommt meistens doch nur auf die Erlernung zweier moderner Konversationssprachen und auf das Klavierspiel hinaus, worauf eine unverhältnismäßige Zeit verwendet wird. Auch läßt die Massenhaftigkeit der Journallektüre, der Belletristik und des Romans bei unseren Frauen eine ernsthafte Bildung kaum mehr zu.

In der Renaissance war das Klavier unbekannt; aber jede wohlerzogene Frau übte das Lautenspiel. Die Laute hat den Vorzug, daß sie in den Händen der Dame, die darauf spielt, ein wohlgefälliges Bild zum Anschauen darbietet, während das Klavier nur eine Maschine ist, welche die Frau und den Mann, die es handhaben, stets in häßlicher und oft in lächerlicher Bewegung erscheinen läßt. Der Roman zeigte sich während der Renaissance nur in seinen Anfängen. Noch heute ist Italien dasjenige Land, wo die wenigsten Romane produziert und gelesen werden. Novellen gab es seit Boccaccio, aber sehr sparsam. Gedichte werden massenhaft geschrieben, doch zur Hälfte in lateinischer Sprache. Der Buchhandel und die Presse befanden sich in der Kindheit. Das Theater war erst im Entstehen, und meist nur einmal im Jahr gab es zur Karnevalszeit dramatische Vorstellungen, und auch diese nur auf privaten Bühnen. Was wir heute internationale Literatur oder Bildung nennen, bestand damals in dem mit Leidenschaft betriebenen Studium der Klassiker. Was in unserer Frauenerziehung die fremden Sprachen bedeuten, das war damals die Kenntnis der lateinischen und griechischen Sprache.

Das Vorurteil, daß die Bekanntschaft mit diesen, daß gelehrtes Wissen den Zauber der Weiblichkeit zerstöre, daß Frauen überhaupt auf einer unteren Stufe der Bildung zu halten seien, war den Italienern der Renaissance unbekannt. Dies Vorurteil ist, wie so manches andere innerhalb der Gesellschaft, germanischen Ursprungs. Als Ideal der Weiblichkeit erschien den Deutschen stets das liebevolle Walten der Mutter im Familienkreise. Die deutschen Frauen scheuten lange die Öffentlichkeit, aus Schamgefühl und Sittsamkeit. Ihre Talente blieben im Verborgenen, wenn nicht besondere Verhältnisse, zumal höfischer und dynastischer Natur, sie zwangen hervorzutreten. Bis auf die neueren Zeiten zeigte auch die Kulturgeschichte der germanischen Völker keine so große Zahl öffentlich berühmter Frauencharaktere, als Italien, das bevorzugte Land der Persönlichkeit, sie in der Renaissance besessen hat. Der Einfluß, welchen hochbegabte Frauen in den italienischen Salons des 15. und 16. Jahrhunderts, oder in den französischen späterer Zeit auf die geistige Entwicklung der Gesellschaft ausgeübt haben, war in England und Deutschland unbekannt.

Später trat jedoch die weibliche Bildung in germanischen und romanischen Ländern in ein umgekehrtes Verhältnis. Sie stieg dort, und sie sank hier, namentlich in Italien. Das italienische Weib, welches sich während der Renaissance an die Seite des Mannes stellte, mit ihm um die Palme der Bildung rang und sich an jedem geistigen Fortschritt beteiligte, trat in den Hintergrund zurück. Es nahm seit zwei Jahrhunderten keinen oder wenigen Anteil mehr an dem höchsten Leben der Nation; es wurde viel eher zu einem Werkzeug geistiger Knechtschaft in den Händen der Priester. Den germanischen Frauen aber gab die Reformation mehr persönliche Freiheit. Zumal seit dem Beginn des 18. Jahrhunderts stellten auch Deutschland und England eine Reihe hochgebildeter und selbst gelehrter Frauen auf. Es ist in Deutschland nicht die Schuld der Kirche, sondern der Mode, der Gesellschaft, und wohl auch des mangelnden Reichtums in unseren Familien, wenn die Bildung der Frauen im Durchschnitt nur eine mittelmäßige zu nennen ist.

Wir erlebten in unserer Zeit den ersten Versuch der Renaissance gelehrter Frauenbildung, wie sie einst Italien besaß, auf einer deutschen Hochschule in der Schweiz. Er scheiterte, weil sich andere als nur Bildungszwecke damit verbanden, und weil er nicht einmal von germanischen Frauen ausging. Aber so zweifelhaft auch ein solcher scholastischer Versuch, der Anlage und Bestimmung des Weibes gegenüber, sein mußte, so war er doch vielleicht das Zeichen einer beginnenden Reformation in der weiblichen Bildung.

Eine gelehrte Frau, vor welcher heute Männer mehr Grauen als Respekt zu haben pflegen, nennen wir, zumal wenn sie Bücher schreibt, einen Blaustrumpf. In der Renaissance nannte man sie eine Virago. Dieses Prädikat war durchaus ehrenvoll. Als Auszeichnung gebraucht es stets Jacob von Bergamo in seiner Schrift: „Von den berühmten Frauen", die er um 1496 verfaßte. Nur selten finden sich bei Italienern Stellen, wo dieses Wort wirklich das bedeutet, was wir gewöhnlich darunter verstehen, nämlich ein „Mannweib". Virago hieß damals diejenige Frau, welche sich durch Mut, Verstand und Bildung über die Mehrzahl ihres Geschlechts erhob. Man feierte sie um so mehr, wenn sie mit diesen Vorzügen auch Schönheit und Anmut vereinigte. Denn die gelehrte oder klassische Bildung war bei den Italienern nicht die Feindin der weiblichen Grazie, vielmehr sie erhöhte dieselbe. Jacob von Bergamo hebt es von dieser oder jener Frau ganz besonders hervor, daß, so oft sie als Dichterin oder Rednerin sich öffentlich vernehmen ließ, es gerade „die unglaubliche Schamhaftigkeit und Züchtigkeit" ihres Wesens war, was die Zuhörer bezauberte. So rühmt er das von Cassandra Fedeli und so preist er an Ginevra Sforza die Eleganz der Form, die außerordentliche Grazie in jeder körperlichen Bewegung, die gelassene königliche Art und die sittliche Schönheit überhaupt. Dasselbe rühmt er von Hippolyta Sforza, der Gemahlin Alfonsos von Aragon, welche die feinste Bildung, die ausgezeichnetste Beredsamkeit, eine seltene Schönheit und die höchste Schamhaftigkeit des Weibes in sich vereinigte. Was man damals Schamhaftigkeit *(pudor)* nannte, war wohl die Kultur der natürlichen Anmut eines hochbegabten Weibes durch die Erziehung, die durchgebildete Grazie. In hohem Maße besaß sie Lucrezia Borgia. Sie entsprach im Weibe demjenigen, was im Manne der vollkommene Anstand des Kavaliers war. Vielleicht wird man nur mit Erstaunen lesen, daß Zeitgenossen an dem verrufenen Cesar gerade als eine seiner hervortretenden Eigenschaften die „Bescheidenheit" rühmten. Unter ihr aber ist eben die Kultur der Persönlichkeit zu verstehen, worin die Bescheidenheit beim Manne und die Schamhaftigkeit beim Weibe eine wesentliche Erziehungs- und Erscheinungsform war.

Im 15. oder 16. Jahrhundert saßen freilich nicht emanzipierte Frauen auf den Bänken der Hörsäle von Bologna, Ferrara und Padua, wie vor kurzem solche in Zürich gesehen wurden, um praktische Fachstudien zu betreiben; aber dieselben humanistischen Wissenschaften, welche Jünglinge und Männer studierten, waren ein Erfordernis auch der höheren weiblichen Bildung. Wie man im Mittelalter kleine Mädchen Heiligen des Klosters weihte, um sie zu Nonnen zu machen, so geschah es wohl in der Renaissance, daß man selten begabte Kinder den Musen darbrachte. So drückt sich einmal Jacob von Bergamo über Trivulzia von Mailand aus, eine Zeitgenossin Lucrezias, welche schon mit vierzehn Jahren als Rednerin unglaubliches Aufsehen erregte. „Als ihre Eltern die ungewöhnlichen Gaben des Kindes bemerkten, gelobten sie dasselbe schon in seinem siebenten Jahre den Musen, und sie übergaben es diesen zur Erziehung."

Die wissenschaftlichen Studien der Frauen umfaßten damals die klassischen Sprachen und ihren Literaturschatz, die Beredsamkeit, die Poesie, das heißt die Kunst Verse zu machen, und die Musik. Der Dilettantismus in den zeichnenden Künsten stellte sich von selbst ein, und die große Fülle künstlerischer Schöpfungen der Renaissance machte jede gebildete Frau Italiens mühelos zu einer Kennerin des Kunstschönen.

Selbst Philosophie und Theologie gehörten zur vollendeten Kultur des Weibes. Disputationen über Fragen aus diesen Disziplinen an den Höfen und in Sälen von Universitäten waren an der Tagesordnung, und auch Frauen suchten den Ruhm, in solchen zu glänzen. Die Venezianerin Cassandra Fedeli, ein Wunder ihrer Zeit, am Ende des 15. Jahrhunderts, war in der Philosophie und Theologie einem gelehrten Manne gleichbewandert; sie disputierte öffentlich mit vieler Anmut unter dem Enthusiasmus der Zuhörer vor dem Dogen Agostino Barbarigo und mehrmals im Hörsaal von Padua. Die schöne Gemahlin Alessandro Sforzas von Pesaro, Costanza Varano, war Dichterin, Rednerin und Philosophin; sie schrieb viele gelehrte

Abhandlungen. „In ihren Händen waren täglich die Schriften von Augustinus, Ambrosius, Hieronymus und Gregor, von Seneca, Cicero und Lactantius." Gleich gelehrt war ihre Tochter Battista Sforza, die edle Gemahlin des hochgebildeten Federigo von Urbino. So wird auch von der berühmten Isotta Nugarola von Verona erzählt, daß sie in den Schriften der Kirchenväter und Philosophen vollkommen heimisch war. Und nicht unbekannt mit solchen waren Isabella Gonzaga und Elisabetta von Urbino, nicht zu reden sodann von bald nach ihnen gefeierten Frauen, wie Vittoria Colonna und Veronica Gambara.

Die Namen dieser und anderer bezeichnen den Gipfel der Frauenbildung in der Renaissance, aber wenn auch ihre Begabung und Bildung zu jeder Zeit eine Ausnahme gewesen wäre, so waren doch jene Studien, welche sie sich in so hohem Grade zu eigen machten, nicht gerade Ausnahmen von dem, was überhaupt dem Bildungskreise der Frauen aus der besten Gesellschaft angehörte. Man betrieb solche Wissenschaften nur, um der Persönlichkeit Vollendung und dem geselligen Dasein Schmuck zu geben. Die Fadheit der Unterhaltung in unseren heutigen Salons ist in der Tat grenzenlos; man hilft der Leere durch Gesang und Klavierspiel nach. Auch in den Sälen der Renaissance wird es nicht immer wie bei den Symposien Platos zugegangen sein, und jene geselligen Disputationen würden uns heute wohl eine unerträgliche Langeweile machen; doch damals waren eben die Bedürfnisse andere. In einem Kreise bedeutender und anmutig gebildeter Menschen ein Gespräch schön und geistreich durchzuführen, und diesem den Wert des Klassischen zu geben, indem man Ansichten antiker Autoren herbeizog, oder über ein gegebenes Thema eine Betrachtung in Wechselreden wohl zu vollenden: das galt als der höchste Genuß der Geselligkeit. Es war die Konversation der Renaissance, welche sich später in Frankreich zu hoher Kunst ausbildete. Das schönste und größte Glück des Menschen nannte sie Talleyrand. Der klassische Dialog lebte wieder auf, nur mit dem Fortschritt, daß sich an diesen Unterhaltungen auch edel gebildete Frauen beteiligten. Als Muster solcher feineren Gesellschaftlichkeit besitzen wir aus jener Zeit den Cortegiano Castigliones und die Asolani, welche Bembo Lucrezia Borgia widmete.

Die Tochter Alexanders glänzte später nicht in der Reihe jener klassisch gebildeten Frauen Italiens, denn ihre eigene Bildung scheint sich über das gewöhnliche Maß nicht zu sehr erhoben zu haben.

Aber ihre Erziehung war eine für ihre Zeit vollständige. Sie war in den Sprachen, in der Musik, in den zeichnenden Künsten unterrichtet, und noch später bewunderte man in Ferrara die Kunstfertigkeit, mit welcher sie Stickereien in Seide und Gold schön auszuführen wußte. „Sie sprach Spanisch, Griechisch, Italienisch und Französisch, auch ein wenig und ganz gut Lateinisch, und in allen diesen Sprachen schrieb und dichtete sie"; so sagte von ihr im Jahre 1512 der Biograph Bayards. Lucrezia konnte erst in ihrer späteren ruhigen Lebensepoche, unter dem Einfluß Bembos und der Strozzi, ihre Bildung vervollständigen, doch mußte sie den Grund dazu in Rom gelegt haben. Sie war Spanierin und Italienerin zugleich und dieser beiden Sprachen vollkommen mächtig. Von ihren Briefen an Bembo sind zwei spanisch geschrieben; die vielen andern (mehrere Hundert an Zahl), welche wir von ihr noch besitzen, sind in der italienischen Sprache jener Zeit verfaßt, ungezwungen im Ausdruck und leicht hingeworfen. Ihr Inhalt ist nie bedeutend; es zeigt sich darin Seele und Gemüt, doch keine geistige Tiefe. Ihre Handschrift ist wechselnd; bisweilen hat sie starke Züge, die an die auffallend energische Schrift ihres Vaters erinnern, bisweilen ist sie scharf und fein, wie jene der Vittoria Colonna.

Daß Lucrezia Lateinisch verstand, beweist uns keiner ihrer Briefe; daß sie dieser Sprache nicht vollkommen mächtig war, sagte einmal ihr Vater selbst. Aber immerhin mußte sie lateinische Schriften verstehen, denn sonst hätte sie Alexander nicht später zu seiner Stellvertreterin im Vatikan machen können mit der Befugnis, einlaufende Briefe zu öffnen. Auch ihre Studien im Griechischen werden keine ernstlichen gewesen sein, aber sie war mit dieser Sprache nicht ganz unbekannt. In ihrer Jugendzeit blühten noch die Schulen der griechischen Literatur in Rom, welche sich hier seit Chrysoloras und Bessarion entwickelten. Noch immer beherbergte die Stadt viele Griechen, teils Flüchtlinge aus Hellas, teils solche, die mit der Königin Carlotta von Zypern gekommen waren. Diese abenteuerliche Fürstin lebte bis zu ihrem Tode im Juli 1487 in einem Palast im vatikanischen Borgo, wo sie Hof hielt und vielleicht die gebildete Welt Roms um sich versammelte, wie dies viel später die gelehrte Königin Christina von Schweden tat. In ihrem Hause wird der Kardinal Rodrigo unter anderen edlen Zyprioten auch Lodovico Podocatharo kennengelernt haben, einen hochgebildeten Mann, der sein Sekretär wurde. Vielleicht war er es, der die Kinder Borgia im Griechischen unterrichtete.

Im Palast des Kardinals lebte auch ein Humanist deutscher Abkunft, Lorenz Behaim von Nürnberg, welcher zwanzig Jahre lang seinem Hauswesen vorstand; da er Latinist und Mitglied der römischen Akademie des Pomponius Lätus war, so mochte er nicht ohne Einfluß auf die Erziehung der Kinder seines Herrn gewesen sein. Es fehlte in Rom überhaupt nicht an Lehrern in den humanen Wissenschaften. Denn diese standen hier in Blüte, und die Akademie wie die Universität zog eine große Menge von Talenten herbei. Es gab in Rom viele Magister, welche Schulen hielten, und viele junge Gelehrte, aufstrebende Akademiker, suchten ihr Glück am Hof von Kardinälen als ihre Gesellschafter und Sekretäre oder als Lehrer ihrer Bastarde. Von solchen Magistern wurde auch Lucrezia in der klassischen Literatur unterrichtet. Für die italienische Poesie sodann oder die allgemein auch unter Frauen verbreitete Virtuosität, Sonette zu machen, konnte sie ihre Lehrer unter den zahlreichen Poeten finden, die damals in Rom lebten. Sie lernte ohne Zweifel Verse machen, aber nichts berechtigte die Literaturhistoriker Quadrio und Crescimbeni dazu, ihr einen Platz in der italienischen Dichtkunst anzuweisen. Denn weder Bembo, noch Aldus, noch die Strozzi haben sie irgend als Dichterin bezeichnet, noch sind Dichtungen von ihr bekannt. Selbst von der spanischen Canzone, welche sich bei ihren Briefen an Bembo findet, ist es nicht gewiß, daß sie von ihr selbst gedichtet worden sei.

V

Man mag sich leicht vorstellen, wie aufregend für Lucrezia die erste Einsicht in die Wirklichkeit ihrer Familienzustände sein mußte. Der Gatte ihrer Mutter war nicht ihr Vater; sie erkannte sich und ihre Geschwister als die Kinder eines Kardinals, und das Erwachen ihres Bewußtseins war mit dem Verständnis von Verhältnissen verknüpft, welche, von der Kirche verdammt, eines Schleiers vor der Welt bedurften. Sie selbst wurde stets als die Nichte des Kardinals Borgia behandelt. In ihrem Vater verehrte sie zugleich einen der hervorragendsten Kirchenfürsten Roms, den sie als künftigen Papst bezeichnen hörte.

Die Erkenntnis der glänzenden Vorteile dieses Zustandes wirkte sicherlich lebhafter auf die Phantasie Lucrezias, als der Begriff der Unsittlichkeit. Die Welt, in welcher sie lebte, quälte sich nicht mit moralischen Skrupeln, und selten gab es eine Zeit, wo die größtmögliche Ausbeutung faktischer Verhältnisse ein so verbreiteter Grundsatz war. Sie erfuhr bald genug die Allgemeinheit solcher Verbindungen in Rom. Sie hörte, daß die meisten Kardinäle mit Freundinnen lebten und für ihre Kinder reichlich sorgten. Man erzählte ihr von denen des Kardinals Julian Rovere oder Piccolominis; sie sah mit Augen die Söhne und Töchter Estoutevilles und hörte von den Baronien, die ihnen ihr reicher Vater im Albanergebirge erworben hatte. Sie sah die Kinder des Papstes Innocenz zu hohen Ehren kommen; man zeigte ihr seinen Sohn Franceschetto Cibò und dessen erlauchte Gemahlin Maddalena Medici. Sie wußte den Vatikan von anderen Kindern und Enkeln des Papstes belebt und sah wohl dessen Tochter Madonna Teodorina, die Gemahlin des Genuesen Uso di Mare, dort aus und eingehen. Sie war acht Jahre alt, als deren Tochter Donna Peretta mit dem Marchese Alfonso del Carretto im Vatikan vermählt wurde, unter so prachtvollen Festen, daß ganz Rom davon redete.

Das erste Bewußtsein von der ungewöhnlichen Stellung, wozu sie und ihre Geschwister durch die Geburt berufen sein konnten, hatte Lucrezia bereits dadurch erhalten, daß ihr ältester Bruder Pedro Luis ein spanischer Herzog war. Wir wissen nicht genau, wann der junge

Borgia das wurde. Er war es noch nicht im Jahre 1482. Die mächtigen Verbindungen, welche sein Vater mit dem spanischen Hofe unterhielt, hatten es ihm möglich gemacht, diesen Sohn zum Herzog von Gandìa im Königreich Valencia erheben zu lassen. Wie Mariana bemerkt, kaufte er ihm dies Herzogtum.

Don Pedro Luis starb indes in Spanien in seiner frühen Jugend, denn ein Aktenstück vom Jahre 1491 bezeichnet ihn als tot und erwähnt eines Legats in seinem Testament zugunsten seiner Schwester Lucrezia. Das Herzogtum Gandìa ging auf Don Juan über, den zweiten Sohn Rodrigos, welcher nach Valencia eilte, davon Besitz zu nehmen.

Unterdes hatte sich die Neigung des sittenlosen Kardinals anderen Frauen zugewendet. Im Mai 1489, wo Lucrezia neun Jahre alt war, erscheint unserem Blick zum erstenmal die berühmteste unter seinen Geliebten, Julia Farnese, ein junges Weib von hinreißender Schönheit, in dessen Zauber sich der alternde Kardinal und dann auch der Papst Borgia mit der Leidenschaft eines Jünglings verstrickte.

Es ist dessen ehebrecherische Liebe zu dieser Julia gewesen, welche das Haus der Farnese erst in die Geschichte Roms, dann in die der Welt eingeführt hat. Denn Rodrigo Borgia wurde der Schöpfer der Größe dieser Familie, indem er Alessandro, dem Bruder Julias, die Kardinalswürde gab. So legte er den Grund zum Papsttum des nachmaligen Pauls III., des Stammvaters der Farnese von Parma. Und dieses berühmte Geschlecht erlosch erst im Jahre 1758 auf dem spanischen Thron mit der Königin Elisabeth.

In Rom, wo zwei der schönsten Bauwerke der Renaissance den Namen der Farnese unsterblich gemacht haben, hatten diese bis auf die Zeit Borgias keine Bedeutung gehabt. Sie wohnten auch nicht hier, sondern im römischen Etrurien, wo sie einige Orte besaßen, wie Farneto, das ihnen den Namen soll gegeben haben, wie Ischia, Caprarola und Capodimonte. Sie kamen später, und ungewiß wann, auch in den vorübergehenden Besitz von Isola Farnese, einem sehr alten Kastell auf den Trümmern Vejis, welches schon seit dem 14. Jahrhundert orsinisch war.

Der Ursprung der Farnese ist dunkel, aber die Tradition, welche sie von Langobarden oder Franken abstammen läßt, hat alle Wahrscheinlichkeit für sich. Sie wird durch den in ihrem Hause sehr häufigen Namen Ranuccio unterstützt, und das ist die italienische Form für Rainer. Die Farnese strebten in Etrurien als eine kleine Dynastie von raublustigen Landbaronen auf, ohne doch die Macht ihrer Nachbarn zu erlangen, der Orsini von Anguillara und Bracciano und jener berühmten Grafen von Vico aus deutschem Stamm, welche jahrhundertelang das tuskische Präfektenland beherrschten, bis sie unter Eugen IV. ihren Untergang fanden. Während diese Präfektanen die eifrigsten Ghibellinen und die grimmigsten Feinde der Päpste waren, gehörten die Farnese, gleich den Este, stets zur Guelfenpartei. Seit dem 11. Jahrhundert wurden sie als Konsuln und Podestaten in Orvieto, dann hier und dort als Kapitäne der Kirche in den vielen kleinen Kriegen mit Städten und Baronen in Umbrien und im Patrimonium Petri namhaft. Ranuccio, der Großvater Julias, war einer der tüchtigsten Generale Eugens IV. und Gefährte des großen Tyrannenbändigers Vitelleschi gewesen, und durch ihn hatte sein Haus mehr Ansehen erlangt. Sein Sohn Pierluigi vermählte sich mit Donna Giovannella vom Geschlecht der Gaetani Sermonetas. Seine Kinder waren Alessandro, Bartolomeo und Angiolo, Girolama und Julia.

Alessandro Farnese, geboren am 28. Februar 1468, war ein junger Mann von Geist und Bildung, aber berüchtigt durch seine zügellosen Leidenschaften. Seine eigene Mutter hatte er unter argen Beschuldigungen im Jahre 1487 eingekerkert, worauf er selbst von Innocenz VIII. in die Engelsburg gesetzt worden war. Aus diesem Gefängnis entwich er, ohne daß dies weitere Folgen für ihn hatte. Er war Protonotarius der Kirche. Seine ältere Schwester Girolama vermählte sich mit Puccio Pucci, einem der angesehensten Staatsmänner von Florenz, aus einem zahlreichen Geschlecht, welches den Medici innig befreundet war.

Am 20. Mai 1489 erschien in der „Kammer der Sterne" des Palastes Borgia die junge Julia Farnese mit dem gleich jugendlichen Ursinus Orsini, um ihren Heiratskontrakt gerichtlich abzuschließen. Daß dies im Hause des Kardinals Rodrigo geschah, ist vorweg auffallend. Er selbst steht in diesem Akt an der Spitze aller anderen Zeugen wie ein Mann, welcher die Protektion der Verlobten übernommen und ihre Heirat zustande gebracht hat. Dieses Ehebündnis war übrigens schon früher von den (im Jahre 1489 nicht mehr lebenden) Vätern beider Verlobten festgestellt worden, als dieselben noch unmündig waren, nämlich von Ludovico Orsini, Herrn von Bassanello und von Pierluigi Farnese. Man verlobte damals kleine Kinder rechtlich miteinander, und wie im alten Rom schlossen dann solche Verlobte später die Ehe in einem noch unreifen Alter, oft von erst dreizehn

Jahren. Julia zählte am 20. Mai 1489 wohl kaum fünfzehn Jahre; sie stand unter dem Schutze ihrer Brüder und ihrer Oheime vom Haus der Gaetani. Der junge Orsini stand unter dem Schutze seiner Mutter Adriana, und diese war Adriana de Mila, die Verwandte des Kardinals Rodrigo und die Erzieherin Lucrezias. Dies erklärt demnach zur Genüge den offiziellen und persönlichen Anteil, welchen jener an der Verbindung Julias nahm.

Beim Abschluß des Ehekontraktes durch den Notar Beneimbene waren neben dem Kardinal Zeugen der Bischof Martini von Segovia, die spanischen Domherren Garcetto und Caranza und der edle Römer Giovanni Astalli. Beistände der Braut sollten ihre Brüder sein, aber nur der jüngere, Angiolo, kam. Alessandro blieb aus. Sein Nichterscheinen im Palast Borgia bei einer so wichtigen Familienangelegenheit ist auffallend; doch konnte es durch zufällige Umstände veranlaßt sein. Zugegen waren die Oheime der Braut, der Protonotar Giacomo und sein Bruder Don Nicola Gaetani. Die Mitgift Julias bestand in einer Summe von dreitausend Goldgulden, welche in jener Zeit sehr ansehnlich zu nennen war.

Am folgenden Tage, den 21. Mai, wurde in demselben Palast Borgia die rechtliche Vermählung des jungen Paares gefeiert. Es wohnten ihr viele große Herren bei, von denen besonders genannt werden die Verwandten des Bräutigams, der Kardinal Giambattista Orsini und Raynald Orsini, Erzbischof von Florenz. Die Vermählten mochten hierauf, da die Jahreszeit schön war, nach dem Schloß Bassanello abreisen, oder, wenn dies nicht geschah, ihren Sitz im Palast Orsini auf Monte Giordano nehmen.

In diesem Palast bei Madonna Adriana, der Mutter des jungen Orsini, mußte der Kardinal Rodrigo Julia Farnese schon vor ihrer Vermählung kennengelernt und öfters gesehen haben. Dort machte auch die mehrere Jahre jüngere Lucrezia ihre Bekanntschaft. Julia war so schön, daß man ihr den Zunamen la Bella gab. Sie hatte goldfarbiges Haar, wie Lucrezia. Im Hause Adrianas war es, wo dieses sanfte und reizende Kind in die Netze des Wüstlings Rodrigo fiel. Sie erlag seinen Verführungskünsten entweder schon vor ihrer Vermählung mit dem jungen Orsini, oder doch bald nachher. Vielleicht entflammte sie die Sinne des Kardinals, eines Mannes von schon achtundfünfzig Jahren, erst in dem Augenblick, wo sie in seinem Palast als Braut im Glanz entzückender Jugend vor ihm stand. Wie dem auch war, so ist es gewiß, daß Julia schon zwei Jahre nach ihrer Vermählung die erklärte Geliebte des Kardinals war. Nachdem Madonna Adriana dieses Verhältnis entdeckt hatte, duldete sie dasselbe, und sie machte sich zur Mitschuldigen an der Schande ihrer Schwiegertochter. Dadurch wurde sie die mächtigste und einflußreichste Person im Hause Borgia.

Von den drei Söhnen des Kardinals waren unterdes Don Juan und Don Cesar herangewachsen. Beide befanden sich im Jahre 1490 nicht in Rom. Denn jener war in Spanien, und dieser studierte auf der Universität Perugia, die er dann mit Pisa vertauschte. Schon um 1488 muß Cesar auf einer dieser Hochschulen und wahrscheinlich in Perugia gewesen sein, denn in jenem Jahre widmete ihm Paolo Pompilio seine Syllabica, eine Schrift über die Regeln, nach welchen ein gutes Gedicht zu verfassen sei. Er pries darin das aufsteigende Genie Cesars, welcher die Hoffnung und Zierde des Hauses Borgia sei, seine Fortschritte in den Wissenschaften, die Reife seines Geistes bei so großer Jugend, und weissagte seinen künftigen Ruhm.

Sein Vater hatte ihn für die geistliche Laufbahn bestimmt, obwohl Cesar selbst gegen diese nur Widerwillen empfand. Er hatte es von Innocenz VIII. erlangt, daß er seinen Sohn zum Protonotar der Kirche machte und sogar zum Bischof von Pamplona ausersah. Als Protonotar erscheint er in einem Aktenstück vom Februar 1491, und zu gleicher Zeit wird der jüngste der Söhne Rodrigos, Don Jofré, ein Knabe von etwa neun Jahren, Domherr und Archidiaconus von Valencia genannt.

Im Jahre 1491 mochte Cesar nach Pisa gegangen sein. Die dortige Universität zog viele junge Leute aus vornehmen Familien Italiens herbei, zumal durch den großen Ruf ihres Rechtslehrers, des Mailänders Philippus Decius. Der junge Borgia ging dorthin mit zwei spanischen Studiengenossen, Günstlingen seines Vaters, mit Francesco Romolini aus Ilerda und mit Juan Vera aus Arcilla im Königreich Valencia. Der letztere war ihm zum Hofmeister mitgegeben, denn so bezeichnete ihn Cesar selbst in einem Brief vom Oktober 1492, während er Romolini seinen treuesten Familiaren nannte. Francesco Romolini war im Jahr 1491 schon mehr als dreißig Jahre alt; er studierte mit Eifer das Recht, in welchem er ausgezeichnete Kenntnisse erlangte. Er ist derselbe Romolini, welcher später den Prozeß gegen Savonarola in Florenz führte. Im Jahr 1503 machte ihn Alexander zum Kardinal, was Vera schon im Jahre 1500 geworden war. Die Mittel seines Vaters erlaubten dem jugendlichen Cesar mit fürstlicher Verschwendung in Pisa zu leben, und die Verbindungen desselben brachten ihn auch in freundschaftlichen Verkehr mit den Medici.

Der Kardinal Borgia suchte damals noch das Glück seiner Kinder in Spanien. Selbst für seine Tochter Lucrezia fand er noch keine glänzendere Zukunft als eine spanische Heirat; und wohl mußte er es als eine besondere Gunst betrachten, daß der Sohn eines alten und edlen Hauses darein willigte, der Gemahl der Bastardtochter eines Kardinals zu werden. Dies war Don Cherubin Juan de Centelles, Herr von Val d'Ayora im Königreich Valencia, der Bruder des Grafen von Oliva.

Am 26. Februar und am 16. Juni 1491 wurden in Rom die gerichtlichen Kontrakte dieser Heirat festgestellt und in valencianischer Sprache aufgesetzt. Der junge Bräutigam befand sich in Valencia, die junge Braut in Rom, und ihr hatte der Vater den edlen Römer Antonio Porcaro zum Prokurator gegeben. Im Kontrakt wurde für Lucrezia die Summe von dreimalhunderttausend Timbres oder Sous valencianischer Münze ausgeworfen, welche sie Don Cherubin als Mitgift bringen sollte, teils in barem Gelde, teils in Juwelen und anderer Aussteuer. Es wurde ausdrücklich bemerkt, daß von dieser Summe elftausend Timbres aus dem Testament des verstorbenen Don Pedro Luis de Borgia, Herzogs von Gandìa, stammten, die er seiner Schwester zum Heiratsgut vermacht habe, achttausend aber ihr von ihren anderen Brüdern Don Cesar und Don Jofré zu demselben Zweck geschenkt seien, voraussichtlich ebenfalls aus der Hinterlassenschaft des Bruders. Es wurde festgesetzt, daß Donna Lucrezia auf Kosten des Kardinals nach Valencia geführt werden solle, innerhalb eines Jahres nach Abschluß des Kontrakts, und daß innerhalb sechs Monaten nach ihrer Ankunft in Spanien die Ehe kirchlich zu vollziehen sei.

So sah Lucrezia schon als Kind von elf Jahren einen fremden Willen über ihre Hand und ihr Lebensglück gebieten, und seither war sie nie mehr Herrin ihres Schicksals. Dies Los teilte sie mit allen Töchtern vornehmer und selbst geringerer Familien. Kurz bevor ihr Vater Papst wurde, schien es ihr bestimmt, ihr Leben in Spanien hinzubringen, und sie wäre leicht aus der Geschichte des Papsttums und Italiens verschwunden, wenn jene Vermählung wirklich zustande kam. Das geschah indes nicht. Hindernisse, die wir nicht kennen oder veränderte Berechnungen ihres Vaters lösten das Verlöbnis Lucrezias mit Don Cherubin wieder auf. Noch in derselben Zeit, als dieses durch Prokuration rechtlich abgeschlossen war, dachte ihr Vater an eine andere Verbindung für seine Tochter. Der für sie ausersehene Gemahl Don Gasparo war gleichfalls ein junger Spanier, Sohn des Ritters Don Juan Francesco von Procida, Grafen von Aversa. Diese Familie mochte mit dem Hause Aragon nach Neapel gekommen sein. Als Mutter des Don Juan Francesco wird genannt Donna Leonora von Procida und Castelleta, Gräfin von Aversa. Der Vater Gasparos lebte in Aversa, aber sein Sohn befand sich im Jahr 1491 in Valencia, wo er bei den Verwandten des Hauses mochte erzogen werden, denn er war noch ein Knabe unter fünfzehn Jahren. In einem Instrument des Notars Beneimbene vom 9. November 1492 wird ausdrücklich gesagt, daß am 30. April des vergangenen Jahres 1491 das Eheverlöbnis zwischen Lucrezia und Gasparo in aller Förmlichkeit durch Prokuration vollzogen worden sei, und daß sich darin der Kardinal Rodrigo verpflichtet habe, seine Tochter kostenfrei nach der Stadt Valencia zu senden, wo die Ehe kirchlich solle geschlossen werden. Da nun erst am 26. Februar desselben Jahres 1491 das gleiche Verlöbnis Lucrezias mit dem jungen Centelles rechtskräftig festgestellt worden war und als solches noch im Juni 1491 anerkannt wurde, so möchte man an der Richtigkeit des Datums zweifeln; aber sowohl das Instrument im Protokollbuch Beneimbenes als eine Abschrift desselben im Archiv des Hospitals ad Sancta Sanctorum zu Rom verzeichnet genau das Datum des letzten April 1491 für den Ehekontrakt Lucrezias mit Don Gasparo. Für diesen Akt war ihr Prokurator nicht Antonia Porcaro, sondern Don Jofré Borgia, Baron von Villa Longa, nebst dem Domherren Jacopo Serra von Valencia und dem valencianischen Generalvikar Mateo Cucia. Es ergibt sich daraus die befremdende Tatsache, daß Lucrezia in einer und derselben Zeit die Verlobte zweier junger Spanier war.

Trotz der Zurückweisung ihres ersten Bräutigams scheint die Familie der Centelles in gutem Einvernehmen mit den Borgia geblieben zu sein, denn später, als Rodrigo Papst war, findet sich unter seinen vertrautesten Kammerherren ein Gulielmus de Centelles, und als Protonotar und Schatzmeister von Perugia ein Raymondo desselben Hauses.

VI

Am 25. Juli 1492 trat dasjenige Ereignis ein, welches die Borgia längst mit Sehnsucht erwartet hatten: der Tod Innocenz' VIII. Vier Kardinäle waren jetzt vor allen anderen die Kandidaten des Papsttums: Rafael Riario und Julian Rovere, die beiden mächtigen Nepoten Sixtus' IV., sodann Ascanio Sforza und Rodrigo Borgia.

Es gingen Tage fieberhafter Spannung für die Familie dieses Kardinals hin, ehe die neue Wahl entschieden wurde. Von seinen Kindern befanden sich damals nur Lucrezia und Jofré in Rom und wohl beide im Hause der Madonna Adriana. Vannozza lebte in dem ihrigen mit ihrem Gatten Canale, welcher seit einiger Zeit das Amt eines Skriptors der Penitenziaria bekleidete. Sie war jetzt fünfzig Jahre alt und hatte nichts mehr vom Leben zu fordern, als die Erlangung ihres letzten und höchsten Wunsches, den Vater ihrer Kinder auf den Papstthron steigen zu sehen. Wie mag sie damals nicht die Heiligen des Himmels um die Erfüllung dieses Wunsches mit Gebeten und Gelübden bestürmt haben! Wie mögen das gleiche Madonna Adriana, Lucrezia und Julia Farnese getan haben.

Am frühen Morgen des 11. August konnten atemlose Boten diesen Frauen die Kunde aus dem Vatikan bringen, daß Rodrigo Borgia das große Los gewonnen habe. An ihn, den Meistbietenden, war das Papsttum verkauft worden. Der Kardinal Ascanio Sforza hatte bei der Wahl den Ausschlag gegeben, und dafür empfing er als Lohn die Stadt Nepi, das Amt des Vizekanzlers und den Palast Borgia. Noch heute trägt dieser den Namen Sforza-Cesarini.

Als am Morgen dieses Glückstages Alexander VI. vom Konklavesaal in den S. Peter hinabgetragen wurde, um hier die ersten Huldigungen zu empfangen, mag sein freudestrahlender Blick in der dichtgedrängten Menge nach seinen Angehörigen gespäht haben. Denn sie waren wohl eilends herbeigekommen, diesen großen Triumph zu feiern. Seit langer Zeit hatte Rom keinen neuen Papst von solcher Majestät und Schönheit der Gestalt gesehen. Sein Lebenswandel war stadtkundig, doch niemand kannte ihn in dieser Stunde genauer, als jenes Weib Vannozza Catanei, welches im S. Peter auf ihren Knien liegen mochte, während unter den heiligen Klängen der Messe Bilder einer sündhaften Vergangenheit durch ihre Seele zogen.

Nicht alle Mächte nahmen die Wahl Borgias mit Argwohn auf. In Mailand ließ Ludovico der Mohr öffentliche Feste feiern; er glaubte jetzt durch den Einfluß seines Bruders Ascanio selbst „halber Papst" zu sein. Die Medici erwarteten viel von Alexander, wenig die Aragonen Neapels. Bitter sprach sich Venedig aus. Der Gesandte dieser Republik in Mailand erklärte offen schon im August: daß der Heilige Stuhl mit Simonie und tausend Betrügereien verkauft worden sei, und daß die Signorie Venedigs überzeugt sei, Frankreich und Spanien würden dem Papst die Obedienz verweigern, sobald sie von solchen Freveln Kunde erhalten hätten.

Indes Alexander VI. empfing die Anerkennung aller Staaten Italiens unter überschwenglichen Huldigungen. Das Fest seiner Krönung am 26. August wurde mit ungewöhnlichem Pomp gefeiert. Das Wappen Borgia, ein weidender Stier, erschien bei dieser Gelegenheit in so viel Emblemen und Figuren und wurde mit so viel Epigrammen besungen, daß ein Satiriker hätte sagen dürfen, man feiere in Rom die Auffindung des heiligen Apis. Der Bos Borgia ist später oft genug die Zielscheibe der giftigsten Satire geworden, aber am Anfange der Regierung Alexanders war er in naivster Weise der bildliche Träger der Herrlichkeit des Papstes. Eine solche Symbolik würde heute nur Spott und Gelächter erregen, doch der plastische Sinn der damaligen Italiener nahm keinen Anstoß daran.

Als Alexander bei seinem Festzuge nach dem Lateran am Palast seiner fanatischen Anhänger, der Porcari, vorüberkam, deklamierte ein Knabe dieses Hauses mit ernsthaftem Pathos Distichen, deren Schlußverse lauteten:

Vive diu bos, vive diu celebrande per annos,
Inter Pontificum gloria prima choros.

Man muß die Berichte des Michael Fernus und die des Hieronymus Porcius über dieses Krönungsfest und die Obedienzreden der Gesandten Italiens lesen – um zu erkennen, wie weit man damals die Schmeichelei trieb. Wir können uns freilich heute nur noch schwer die imposante Erscheinung vorstellen, in welcher ein von der Natur glänzend ausgestatteter Papst auf der römischen Schaubühne in jener Zeit auftrat, wo das Papsttum seine letzte Höhe erstieg. Auf diese hatten es nicht die kirchlichen Triebe, nicht die längst profanisierte Religion, sondern der Luxus der Zeit und die moderne Politik gehoben, während es vom Mittelalter her noch eine traditionelle innere Ausrüstung behalten hatte, welche Gläubige zur Verehrung zwang.

Fernus bemerkte einmal, daß die gesamte Geschichte der Erde nichts darbiete, was dieser Erhabenheit der Papsterscheinung und diesem Kultus einer Person irgend zu vergleichen sei. Dieser Autor war kein bigotter Papist, sondern ein eifriger Schüler des Pomponius Lätus, und wie alle jene Romantiker des Klassizismus besaß er die lebhafteste Empfänglichkeit für jeden theatralischen Effekt. Er hat nicht Worte genug, einen Zug Alexanders nach S. Maria del Popolo zu schildern: diese sich entfaltenden feierlichen Massen reich geschmückter Menschen, diese siebenhundert Geistlichen und Kardinäle mit ihrer Dienerschaft, diese Ritter und Granden Roms in strahlenden Aufzügen, diese Scharen von Bogenschützen und türkischen Reitern, diese Palastwache mit langen Lanzen und blitzenden Schilden, die zwölf mit Gold gezäumten weißen Pferde, welche reiterlos dahergeführt werden und andere zahllose Dekorationen des Schaugepränges. Solchen Zug, der einem Triumphe gleicht, zu dessen Herstellung heute eine lange Vorbereitung nötig sein würde, kann der Papst im Augenblick improvisieren, denn stets sind die Schauspieler und ihre Garderobe bereit. Er setzt ihn in Bewegung, nur um sich einmal den Römern zu zeigen, auf daß seine Majestät dem Volk zu einem erheiternden Festspiel diene.

Fernus schildert dann diesen Borgia selbst, wie einen daherkommenden Halbgott. „Er sitzt auf einem schneeweißen Pferde mit heiterer Stirn, mit augenblicklich zwingender Würde; so stellt er sich dem Volke dar; so segnet er alle; so wird er vom Blick aller aufgefaßt; so durchdringt auch sein Blick alles; so erfreut er alles; so ist seine Erscheinung gute Vorbedeutung für alle. Wie wunderbar ist die milde Gelassenheit seiner Mienen; der Adel dieses Angesichts ohne Fehl; sein Blick wie liberal. Dieser Wuchs und diese Haltung von zwangloser Schönheit und die unverkümmerte Gesundheitsfülle des Leibes, wie steigern sie die Verehrung, die er einflößt." So und nicht anders muß sich, nach der Meinung des Fernus, einst Alexander der Große dargestellt haben. Es war ein Götzendienst, der mit dem Papsttum fortdauernd getrieben wurde, und niemand fragte, wie das innere und persönliche Wesen dieses prunkenden Idols beschaffen war.

Am Fest seiner Krönung ernannte Alexander seinen Sohn Don Cesar, einen Jüngling von sechzehn Jahren, zum Bischof von Valencia. Er tat dies ohne der Bestätigung Ferdinands des Katholischen sicher zu sein, und in Wirklichkeit sträubte sich auch dieser Monarch lange dagegen, sie zu erteilen; denn die Borgia brachten so das erste Bistum Spaniens gleichsam in ihren Besitz. Cesar befand sich indes am Krönungsfeste seines Vaters nicht in Rom. Am 22. August, also schon elf Tage nach der Wahl Alexanders, meldete der ferrarische Gesandte Manfredi in Florenz der Herzogin Eleonora von Este: „Der Sohn des Papstes, Bischof von Pamplona, welcher sich auf der Universität zu Pisa befand, ist gestern am Morgen von dort auf dessen Befehl abgereist und in die Burg Spoleto gegangen."

In ihr befand sich Cesar sogar noch am 5. Oktober, denn an diesem Tage schrieb er von dort einen Brief an Piero Medici. Dieses Schreiben an den Sohn Lorenzos, den Bruder des Kardinals Johann, ist von solcher Art, daß es eine große Vertraulichkeit zwischen ihm und Cesar voraussetzt. Derselbe sagte darin, daß er wegen seiner plötzlichen Abreise von Pisa nicht mehr mündlich mit ihm sich habe besprechen können, sondern daß sein Präceptor Giovanni Vera seine Stelle habe vertreten müssen. Er empfahl ihm seinen vertrauten Familiar Francesco Romolini zur Anstellung als Professor des kanonischen Rechts in Pisa, da dieser gelehrte Mann eine solche Laufbahn der geistlichen vorziehe. Der Brief ist unterzeichnet: „Als wie Ew. Bruder Cesar de Borja, Erwählter von Valencia."

Offenbar wollte Alexander dadurch, daß er seinen Sohn nicht sofort nach Rom kommen ließ, dasjenige bestätigen, was er feierlich erklärt hatte, nämlich sich vom Nepotismus rein zu erhalten. Vielleicht gab es einen Augenblick, wo die Mahnung an das Beispiel von Calixt, von Sixtus und Innocenz ihn zum Nachdenken brachte, und wo er den Vorsatz faßte, seine Verwandtenliebe zu mäßigen. Jedoch, schon die Ernennung seines Sohnes zum Bischof an seinem Krönungstage bewies, daß ein solcher Vorsatz nicht ernstlich war. Schon im Oktober mochte sich Cesar im Vatikan einfinden, wo jetzt die Borgia die Stelle einnahmen, welche die erbärmlichen Cibò geräumt hatten.

Am 1. September machte der Papst den älteren Juan Borgia, Bischof von Monreale, zum Kardinal; er war der Sohn seiner Schwester Johanna. Der Vatikan füllte sich mit Spaniern, Verwandten oder Freunden des jetzt allmächtigen Hauses, welche nach Glück und

Ehren begierig herbeieilten. „Nicht zehn Papsttümer würden ausreichen, diese Sippschaft zu befriedigen“: so schrieb schon im November 1492 Gianandrea Boccaccio an den Herzog von Ferrara. Von den nächsten Freunden Alexanders wurden Juan Lopez sein Datar, Pedro Caranza und Juan Marades seine geheimen Kämmerer. Rodrigo Borgia, ein Pronepot des Papstes, ward Kapitän der Palastwache, welche vor ihm ein Doria befehligt hatte.

Sofort dachte Alexander daran, seine Tochter glänzender zu versorgen. Er wollte nichts mehr von ihrer Vermählung mit einem spanischen Edelmann wissen; nur ein Fürst sollte ihre Hand erhalten. Ludovico und Ascanio schlugen ihm ihren Verwandten, Giovanni Sforza vor, und er nahm ihn zum Eidam an. Denn obwohl derselbe nur Graf von Cotognola und kirchlicher Vikar Pesaros war, so regierte er doch selbständig, und er gehörte zum erlauchten Hause Sforza. An die Sforza aber schloß sich Alexander in seiner ersten Zeit so fest an, daß der Kardinal Ascanio in Rom allmächtig war. Giovanni, ein Bastard Costanzos von Pesaro, und nur durch die Gnade Sixtus' IV. und Innocenz' VIII. auch sein Nachfolger in jener Herrschaft, war ein Mann von sechsundzwanzig Jahren, wohlgestaltet und von guter Bildung, wie fast alle kleinen Tyrannen Italiens. Im Jahre 1489 hatte er sich mit Maddalena, der schönen Schwester von Elisabetta Gonzaga vermählt, an demselben Tage, als diese sich mit dem Herzog Guidobaldo von Urbino verband. Doch seit dem 8. August 1490, wo seine Gattin an den Folgen einer unglücklichen Entbindung starb, war er verwitwet.

Sforza eilte, die ihm dargebotene Hand der jungen Lucrezia zu ergreifen, ehe sie ein anderer der vielen Bewerber gewann. Er ging aus Pesaro zuerst in die Burg von Nepi, welche Alexander VI. dem Kardinal Ascanio gegeben hatte. Dort hielt er sich einige Tage auf und kam dann am 31. Oktober 1492 heimlich nach Rom. Hier nahm er Wohnung in jenem Palast des Kardinals von S. Clemente, welchen Domenico Rovere im Borgo erbaut hatte, wo er noch wohlerhalten dasteht, gegenüber dem Palast Giraud-Torlonia. Der ferrarische Gesandte meldete die Ankunft Sforzas seinem Herrn mit der Bemerkung: daß derselbe ein großer Mann sein werde, solange als dieser Papst regiere. Er erklärte den Grund der Heimlichkeit, in welcher er sich hielt, durch die Meldung, daß sich zu gleicher Zeit der rechtlich verlobte Bräutigam Lucrezias ebenfalls heimlich in Rom befinde.

Der junge Graf Gasparo war in der Tat mit seinem Vater nach

Rom gekommen, um seine Rechte auf Lucrezia in Besitz zu nehmen, welche ihm gerade jetzt so unermeßliche Vorteile versprachen. Er fand hier einen versteckten, aber schon offenbar gewordenen Nebenbuhler und geriet in Wut, denn der Papst begehrte von ihm einen gerichtlichen Verzicht. Lucrezia, damals erst ein Kind von zwölf und einem halben Jahr, wurde so zum willenlosen Gegenstand des Streites zweier Bewerber, und zugleich zum erstenmal auch zum Gegenstand eines öffentlichen Skandals. Am 5. November schrieb der Bevollmächtigte Ferraras seinem Herrn: „Hier ist ein groß Gerede von dieser Vermählung Pesaros; der erste Bräutigam ist noch da und er macht viel Bravaden als ein Catalan, beteuernd, daß er vor allen Fürsten und Potentaten der Christenheit Klage erheben werde; doch wollend oder nicht, so wird er sich in Geduld ergeben müssen." Am 9. November schrieb derselbe Gesandte: „Der Himmel gebe, daß diese Heirat Pesaros nicht Unheil anrichte. Es scheint, daß der König (von Neapel) darüber mißvergnügt ist, nach dem zu schließen, was Giacomo, der Neffe Pontanos, vorgestern dem Papst gesagt hat. Die Angelegenheit schwebt noch; beiden Teilen gibt man gute Worte, nämlich dem ersten und dem zweiten Verlobten. Beide sind hier. Jedoch glaubt man, daß Pesaro das Feld behaupten wird, zumal da der Kardinal Ascanio seine Sache führt, und dieser ist in Worten wie in Taten mächtig."

Indes schon am 8. November wurde der Ehekontrakt zwischen Don Gasparo und Lucrezia gerichtlich aufgelöst. Der Bräutigam und dessen Vater sprachen nur die Hoffnung aus, daß diese Verbindung unter günstigeren Verhältnissen dennoch zustande kommen dürfte, und Gasparo verpflichtete sich deshalb, vor Jahresfrist keine andere Ehe einzugehen. Noch immer war Giovanni Sforza seines Sieges nicht sicher; noch am 9. Dezember schrieb der mantuanische Agent Fioravante Brognolo an den Marchese Gonzaga: „Die Angelegenheit des erlauchten Herrn Giovanni von Pesaro befindet sich noch in der Schwebe; es scheint mir, daß jener spanische Edelmann, welchem die Nichte Sr. Heiligkeit zugesagt war, nicht von ihr abstehen will; er hat auch einen großen Anhang in Spanien, so daß der Papst dieses Geschäft erst will reifen lassen, ehe er dasselbe zum Abschluß bringt." Selbst noch im Februar 1493 wurde von einer Verbindung Lucrezias mit dem spanischen Conde de Prada gesprochen, und erst wenn dieses Projekt fehlschlug, sollte sie mit Giovanni Sforza vermählt werden.

Sforza war unterdes nach Pesaro zurückgekehrt, von wo er seinen Prokurator Nicolò de Savano nach Rom schickte, um hier die Ehepakten abzuschließen. Der Graf von Aversa wich der Gewalt und ließ sich durch eine Abstandssumme von dreitausend Dukaten beschwichtigen. Sodann wurde am 2. Februar 1493 die Vermählung Sforzas mit Lucrezia durch ein gerichtliches Instrument im Vatikan vollzogen, wobei außer dem Gesandten Mailands wiederum die intimsten Freunde und Diener Alexanders Zeugen waren, Juan Lopez, Juan Casanova, Pedro Caranza und Juan Marades. Die Papsttochter erhielt eine Mitgift von einunddreißigtausend Dukaten: in Jahresfrist sollte sie von ihrem Gemahl in sein Land geführt werden.

Als die Nachricht von diesem Ereignis nach Pesaro kam, gab der beglückte Sforza ein Fest in seinem Palast. Man tanzte dort in dem großen Saal, und tanzend traten die Paare aus dem Schloß heraus, geführt von Monsignor Scaltes, dem Bevollmächtigten des Papstes. So durchtanzte man unter dem Jubel des Volkes die Straßen jener Stadt.

VII

Für Lucrezia hatte Alexander eine Wohnung einrichten lassen, ganz in der Nähe des Vatikans. Es war das ein Haus, welches der Kardinal Battista Zeno im Jahre 1483 erbaut hatte; von ihm oder von seiner Titelkirche hieß es der Palast von S. Maria in Porticu. Es stand an der linken Seite der Peterstreppe, etwa gegenüber dem Palast der Inquisition. Die Bauten der Kolonnaden Berninis haben das dortige Lokal vollkommen unkenntlich gemacht.

In ihrem Palast hielt die junge Lucrezia bereits einen eigenen Hof, dessen Vorsteherin als mütterliche Ehrendame ihre Erzieherin war, Adriana Ursina. Alexander hatte wohl diese seine Verwandte bewogen, zugleich mit Lucrezia den Palast Orsini zu verlassen und in jenen von S. Maria in Porticu zu ziehen, wo wir sie und noch eine andere, dem Papst nur zu nahe stehende Dame bald werden auftreten sehen.

Vannozza blieb in ihrem eigenen Hause in der Regola. Ihr Gatte wurde zum Soldan oder Hauptmann der Torre di Nona gemacht, wo Alexander VI. bald eines ihm ergebenen Kerkervogts bedurfte. Und auch zu diesem angesehenen und einträglichen Amt gab sich Canale mit Freuden her. Seit dieser Zeit trat eine größere Entfernung, wenn auch nicht eine völlige Trennung zwischen Vannozza und ihren Kindern ein. Sie blieben im Verkehr miteinander, aber nur mittelbar durfte jene an dem Glück und der Größe dieser Anteil nehmen. Nie erlaubte sich Vannozza, oder niemals gestattete ihr Alexander einen Einfluß im Vatikan. Nur sehr selten erscheint ihr Name in den Berichten jener Zeit.

In ihrem Palast lernte jetzt Donna Lucrezia als angehende Fürstin sich zu bewegen. Sie nahm dort die Besuche der zahlreichen Verwandten ihres Hauses entgegen, wie der Freunde und Schmeichler der jetzt herrschenden Borgia. Merkwürdigerweise erschien daselbst, in derselben Zeit als ihre Verbindung mit Sforza im Werke war, aber noch durch die Ansprüche Don Gasparos bestritten wurde, auch derjenige Mann, welcher sie einst nach schrecklichen Lebensstürmen in den Ruhehafen retten sollte.

Unter den Fürsten Italiens, die damals Gesandte nach Rom schickten oder in Person kamen, dem neuen Papst zu huldigen, befand sich auch der Erbprinz von Ferrara. Kein italienisches Haus glänzte so hell, als das Ercoles von Este und seiner Gemahlin Eleonora von Aragon, einer Tochter des Königs Ferdinand von Neapel – sie starb bald nach dieser Zeit, am 11. Oktober 1493. Von ihren Kindern war Beatrice im Dezember 1490 mit Ludovico dem Mohren vermählt worden, dem geistvollen und frevelhaften Regenten Mailands für seinen Neffen Giangaleazzo. Die andere Tochter Isabella, eine der schönsten und ausgezeichnetsten Frauen ihrer Zeit, war im Februar 1490, sechzehn Jahre alt, die Gemahlin des Markgrafen Francesco Gonzaga von Mantua geworden. Alfonso war Erbprinz: er hatte sich im Alter von fünfzehn Jahren, am 12. Februar 1491 mit Anna Sforza vermählt, der Schwester jenes Giangaleazzo.

Sein Vater schickte ihn im November 1492 nach Rom, dem Papst seine Staaten zu empfehlen, und mit hohen Ehren empfing dieser den jungen Verwandten des Hauses Sforza, in welches seine eigene Tochter eintreten sollte. Don Alfonso wohnte im Vatikan; bei seinem Aufenthalt daselbst von mehreren Wochen hatte er nicht allein Gelegenheit, sondern es war auch seine Pflicht, Donna Lucrezia zu besuchen. So sah er voll Neugierde zum erstenmal dieses schöne Kind mit dem goldfarbigen Haar und den klugen blauen Augen, und nichts lag ihm ferner als die Ahnung, daß diese Verlobte Sforzas nach neun Jahren in das Schloß der Este zu Ferrara als seine eigene Gemahlin einziehen werde.

Mit welcher Auszeichnung Alexander den Erbprinzen behandelte, geht aus dem Dankschreiben hervor, welches dessen Vater an den Papst richtete. Der Herzog schrieb ihm:

„Heiligster Vater und Herr, mein hochzuverehrender Herr, ich küsse zuvor Eurer Seligkeit Füße und empfehle mich in Demut. Wie Eure Heiligkeit mit dem höchsten Lobe zu verherrlichen sei, habe ich schon längst erkannt und nun sagen es mir auch die Briefe des Bischofs von Modena, meines Gesandten bei Ew. Heiligkeit, und andere nicht allein meines geliebten Erstgeborenen Alfonso, sondern auch aller derer, die seine Begleiter waren. Sie berichteten mir, wie Ew. Heiligkeit uns alle, zumal mich und die Meinigen, mit Güte, Freigebigkeit, Gnade, Humanität und unaussprechlicher Liebe umfaßt haben, während der Ankunft meines Sohnes und der Dauer seines Aufenthalts in Rom. Deshalb bekenne ich mich, wie ich schon längst mit allem was ich vermag Ew. Heiligkeit Schuldner bin, ganz besonders auch in diesem und in mehr als ich zu leisten vermag, zu solchem, und ich sage Ew. Heiligkeit ewigen Dank und so viel als die ganze Welt umfassen kann, als Euer ergebenster und zu Allem was Ew. Heiligkeit lieb und genehm ist bereiter Diener, und ich empfehle mich und alle Meinigen in tiefster Demut (Ferrara am 3. Januar 1493) als Ew. Heiligkeit Sohn und Diener Hercules, Herzog von Ferrara."

Der Brief zeigt, wie viel es dem Herzog darum zu tun war, mit dem Papst gut zu stehen. Er war Lehnsmann der römischen Kirche für Ferrara, und diese strebte danach, sich in eine Monarchie zu verwandeln. Die Fürsten und Republiken Italiens, so viele deren der Machtsphäre des Heiligen Stuhles nahelagen, oder im Lehnsverbande mit ihm standen, blickten daher mit Argwohn und Furcht auf jeden neuen Papst und die Richtung, welche das Nepotenwesen unter ihm nahm. Wie leicht konnte Alexander VI. die Pläne des Hauses Borgia dort wieder aufnehmen, wo sie der Tod seines Oheims Calixtus abgebrochen hatte und in die Fußstapfen Sixtus' IV. treten.

Es waren auch nur zehn Jahre her, seit dieser Papst im Bunde mit Venedig Ferrara bekriegt hatte.

Ercole hatte mit Alexander VI., als dieser noch Kardinal war, freundliche Beziehungen unterhalten; selbst bei der Taufe seines Sohnes Alfonso war Rodrigo Borgia Gevatter gewesen. Für seinen anderen Sohn Hippolyt bewarb sich der Herzog um den Kardinalspurpur, und für diesen Zweck bemühte sich sein Gesandter in Rom, Gianandrea Boccaccio. Derselbe wandte sich an die einflußreichsten Vertrauten Alexanders, an Ascanio Sforza, an den geheimen Kämmerer Marades und an Madonna Adriana. Der Papst wollte seinen Sohn Cesar zum Kardinal machen, und Boccaccio hoffte, daß der junge Hippolyt dessen Glücksgenosse sein würde. Der Gesandte gab Marades zu verstehen, daß beide Jünglinge, von denen der eine Erzbischof von Valencia, der andere von Gran seien, gut zueinander paßten. „Das Lebensalter beider ist wenig verschieden; ich glaube, daß Valencia nicht sechzehn Jahre überschritten hat, während unser Strigonia (Gran) solchem Alter nahe ist." Marades erwiderte, daß dies nicht ganz richtig sei, denn Hippolyt habe nicht das vierzehnte Jahr überschritten, während der Erzbischof von Valencia sich im achtzehnten befinde.

In dem jungen Cesar regten sich andere Triebe, als die nach geistlichen Würden. Nur auf Befehl seines Vaters trug er das ihm verhaßte

Priesterkleid. Obwohl er Erzbischof war, hatte er doch nur die erste Tonsur. Er lebte ganz weltlich. Man sprach sogar davon, daß ihm der König von Neapel eine natürliche Tochter zur Gemahlin geben wolle, und daß er dann in den Laienstand zurücktreten werde. Der Gesandte Ferraras besuchte ihn am 17. März 1493 in seinem Hause in Trastevere, worunter er vielleicht den Borgo meinte. Die Schilderung, welche Boccaccio bei dieser Gelegenheit dem Herzog Ercole von dem Wesen dieses jungen Menschen von siebzehn Jahren machte, ist ein wichtiges und merkwürdiges Porträt, und das erste von Cesar Borgia überhaupt.

„Ich traf Cesar vorgestern zu Hause in Trastevere; er ging gerade auf die Jagd in einer ganz weltlichen Kleidung, d. h. in Seide und bewaffnet, nur mit einer kleinen Clerica wie ein einfacher Kleriker der Tonsur. Indem ich mit ihm ritt, unterhielt ich mich eine Weile mit ihm. Meine Bekanntschaft mit ihm ist sehr familiär. Er ist von großem und ausgezeichnetem Genie und von vornehmem Naturell; er trägt die Art eines großen Fürstensohnes zur Schau; er ist ganz besonders heiter und fröhlich, ganz und gar Festlichkeit. Bei einer großen Bescheidenheit macht er eine viel bessere und vorzüglichere Erscheinung als sein Bruder, der Herzog von Gandìa. Auch dieser ist gut begabt. Der Erzbischof hatte niemals Neigung zum geistlichen Stande. Aber sein Benefizium trägt ihm mehr als 16000 Dukaten ein. Wenn jenes Projekt der Vermählung zustande kommt, so werden seine Pfründen einem anderen seiner Brüder (Jofré) zufallen, welcher etwa dreizehn Jahre alt ist.“

Man wird bemerken, daß der Gesandte die Heiterkeit des Wesens Cesars besonders hervorhebt; sie war ein Grundzug in der Natur Alexanders, und von ihm hatten sie Cesar und Lucrezia geerbt; denn auch an dieser wird noch in späteren Zeiten die immer klare und heitere Erscheinung als eine hervortretende Eigenschaft gerühmt. Was die Bescheidenheit betrifft, so rühmte dieselbe Tugend an Cesar sechs Jahre später kein geringerer Mann als Julian Rovere, der nachmalige Julius II.

Der Herzog von Gandìa befand sich damals in Rom, sollte aber zu seiner Gemahlin nach Spanien abreisen, sobald Sforza seine Hochzeit mit Lucrezia gefeiert hatte. Diese war auf den Tag S. Georg angesetzt worden, aber sie verzögerte sich, weil der Bräutigam nicht zur Zeit eintreffen konnte. Alexander betrieb die Ausstattung seiner Tochter mit großer Freude; ihr Glück oder was dasselbe für ihn war, ihre

Größe lag ihm sehr am Herzen. Er liebte sie leidenschaftlich, im Superlativ, wie der ferrarische Gesandte seinem Herrn schrieb. Auf dessen Mahnung schickte der Herzog von Ferrara ein Hochzeitsgeschenk, ein Paar großer silberner Waschbecken mit dazu gehörigen Gefäßen von der feinsten Arbeit. Zwei Wohnungen wurden für das junge Paar in Aussicht genommen: der Palast von S. Maria in Porticu, und jener des am 4. Februar 1493 verstorbenen Kardinals Domenicus Porta von Aleria an der Engelsburg. Man wählte den ersteren, in welchem Lucrezia bereits wohnte.

Endlich kam Sforza: am 9. Juni hielt er seinen Einzug durch die Porta del Popolo, eingeholt von der ganzen Kurie, von seinen Schwägern und den Gesandten der Mächte. In einer Loge ihres Palastes hatte Lucrezia mit vielen Ehrendamen Platz genommen, um von dort den Zug ihres Bräutigams nach dem Vatikan anzusehen. Im Vorüberreiten grüßte sie Sforza mit vieler Galanterie, was seine Braut erwiderte. Gnädig wurde er von seinem Schwiegervater aufgenommen.

Sforza war ein Mann von wohlgefälliger Erscheinung. Diese können wir freilich nur nach einer Medaille beurteilen, die er zehn Jahre später prägen ließ. Sie stellt ihn dar mit lang herabwallendem Haar und vollbärtig; der Mund ist fein, die Unterlippe etwas eingezogen; die Nase leicht gebogen, die Stirn frei und gewölbt. Die Verhältnisse des Gesichts sind edel, aber nicht bedeutend zu nennen.

Drei Tage nach seiner Ankunft, am 12. Juni, wurde die Vermählung im Vatikan mit geräuschvoller Öffentlichkeit gefeiert.

Alexander hatte dazu den Adel, die Magistrate Roms und die fremden Gesandten eingeladen. Es fand ein Bankett und die Aufführung von Komödien statt, in ganz weltlicher und lasziver Weise, wie das Infessura beschrieben hat.

Um die Genauigkeit des kurzen Berichts dieses Römers zu prüfen und ihn zugleich zu ergänzen, stellen wir ihm den wesentlichen Inhalt einer Depesche des ferrarischen Gesandten wörtlich zur Seite. Am 13. Juni schrieb Boccaccio seinem Herrn:

„Gestern am 12. dieses wurde die Trauung im Palast öffentlich und mit dem größten Pomp und Aufwand gefeiert. Geladen waren dazu alle römische Matronen, auch die angesehensten Bürger, und viele Kardinäle, zwölf an Zahl, wohnten ihr bei, während der Papst auf dem Thron der Majestät in ihrer Mitte saß. Palast und Gemächer waren überall von Menschen erfüllt, die dieses große Wesen anstaunten. Der genannte Herr von Pesaro vermählte sich feierlich mit seiner Gattin, und sofort hielt der Bischof von Concordia eine würdige Rede. Übrigens waren von Gesandten zugegen nur der venezianische, der mailändische und ich, und zuletzt einer von denen des Königs von Frankreich.

Der Kardinal Ascanio war der Meinung, daß ich das Geschenk während der Trauung überreichen sollte, und darüber ließ ich den Papst befragen, dem ich bemerkte, daß ich das nicht für passend hielt, und daß mir ein möglichst geringes Aufsehen als das beste erschien. Alle stimmten mir bei, und so rief mich hierauf der Papst und sagte mir: mir scheint, es ist so gut wie du es gesagt hast; und so wurde angeordnet, daß ich abends spät mich im Palast mit dem Geschenk einfinden solle. Se. Heiligkeit gab dort ein häusliches Mahl zu Ehren des Bräutigams und der Braut; es erschienen dabei die Kardinäle Ascanio, S. Anastasia und Colonna, dann die Braut, hierauf der Bräutigam, hinter ihm der Graf von Pitigliano, Kapitän der Kirche, Herr Julius Orsini, sodann Madonna Julia Farnese, von der so viel geredet wird *(de qua est tantus sermo),* Madonna Teodorina mit ihrer Tochter, der Marchesana von Gerazo, eine Tochter des genannten Kapitäns, Gemahlin des Herrn Angelo Farnese, Bruders der genannten Madonna Julia. Es folgte ein junger Bruder des Kardinals Colonna und Madonna Adriana Ursina. Diese ist die Schwiegermutter der genannten Madonna Julia; sie hat die Braut stets in ihrem eigenen Hause erzogen, da sie die Stellung einer Nichte des Papstes einnimmt. Sie ist die Tochter des leiblichen Vetters des Papstes, des verstorbenen Herrn Pedro de Milla, welcher Ew. Exzellenz bekannt ist.

Nach Aufhebung der Tafel, was etwa zwischen drei und vier Uhr in der Nacht geschah, wurde der Braut das Geschenk des erlauchten Herzogs von Mailand überreicht. Dasselbe bestand in fünf verschiedenen Stücken Goldbrokats und zweien Ringen, einem Diamant und einem Rubin. Das Ganze wurde auf 1000 Dukaten geschätzt. Hierauf übergab ich das Geschenk Ew. Herrlichkeit, mit angemessenen Worten deren Glückwünsche und Freude über die Vermählung und deren Diensterbietung ausdrückend. Das Geschenk gefiel dem Papste sehr. Derselbe drückte neben der Braut und dem Bräutigam Ew. Exzellenz seine unbegrenzte Dankbarkeit aus. Hierauf bot Ascanio sein Geschenk dar, bestehend in einem vollständigen Trinkgeschirr aus vergoldetem Silber, etwa 1000 Dukaten an Wert. Der Kardinal

Monreale schenkte zwei Ringe, einen Saphir und einen Diamant, sehr schön und etwa 3000 Dukaten im Wert; der Protonotar Cesarini ein Becken mit Pokal dazu, wohl 800 Dukaten wert; der Herzog von Gandìa ein Gefäß, im Betrag etwa 70 Dukaten; der Protonotar Lunate ein ähnliches in Form eines Diaspro, von vergoldetem Silber, welches 70 bis 80 Dukaten wert sein mochte. Andere Geschenke wurden nicht gemacht; bei der Hochzeitsfeier werden die übrigen, Kardinäle, Gesandte usw. das Fehlende nachholen, und auch ich werde das Mögliche tun. Man wird sie, wie ich glaube, nächsten Sonntag begehen, doch ist das nicht gewiß.

Zum Schluß tanzten die Frauen, und als Zwischenspiel wurde eine gute Komödie aufgeführt mit viel Gesang und Musik. Der Papst und alle anderen waren zugegen. Was soll ich mehr davon sagen? Des Schreibens würde kein Ende sein. So verbrachten wir die ganze Nacht; ob gut oder übel, das möge Ew. Herrlichkeit beurteilen."

VIII

Die Vermählung Lucrezias mit Giovanni Sforza besiegelte das politische Bündnis, welches Alexander VI. mit Ludovico dem Mohren eingegangen war. Der Regent Mailands wollte Karl VIII. von Frankreich nach Italien rufen, wo er den König Ferdinand von Neapel bekriegen sollte, damit er dann selbst sich jenes Herzogtums bemächtigen konnte. Denn er brannte von Ehrgeiz und Ungeduld, seinen kränklichen Neffen Giangaleazzo vom Thron zu verdrängen. Derselbe aber war der Gemahl Isabellas von Aragon, der Tochter Alfonsos von Kalabrien und der Enkelin eben jenes Königs Ferdinand.

Schon am 25. April war das Bündnis zwischen Venedig, Ludovico, dem Papst und einigen anderen Herren Italiens in Rom veröffentlicht worden. Diese Liga richtete sich offenbar gegen Neapel, und deshalb befand sich der dortige Hof in der heftigsten Aufregung.

Gleichwohl wünschte der König Ferdinand dem Herrn von Pesaro Glück zu seiner Vermählung; er betrachtete ihn als seinen Verwandten, und Sforza war auch in die Familie der Aragonen aufgenommen worden. Der König schrieb ihm aus Capua am 15. Juni 1493:

„Erlauchter Vetter und unser liebster Freund. Wir empfingen Ihren Brief vom 22. des vergangenen Monats, in welchem Sie Uns Ihre Verbindung mit der erlauchten Donna Lucrezia, der Nichte Sr. Heiligkeit Unseres Herrn gemeldet haben. Wir sind darüber hoch erfreut, sowohl weil Wir stets zu Ihnen und Ihrem ganzen Hause Liebe empfunden haben und noch empfinden, als auch weil Wir glauben, daß für Sie nichts vorteilhafter sein kann als diese Heirat. Und so wünschen Wir Ihnen das beste Glück und bitten mit Ihnen Gott, daß diese Vermählung die Macht und das Ansehen Ihrer Person wie Ihres Staates vermehren möge."

Acht Tage zuvor hatte derselbe König an seinen Gesandten in Spanien ein Schreiben gerichtet, worin er den Schutz Ferdinands und Isabellas gegen die Ränke des Papstes anrief, dessen Leben er geradezu ein abscheuliches nannte. Und darunter verstand er nicht die diplomatische Handlungsweise Alexanders, sondern seine Persönlichkeit. Julia Farnese, welche Infessura als „Konkubine des Papstes" unter den Hochzeitsgästen im Vatikan bemerkt hatte, machte damals alle Welt von sich und jenem reden. Dieses junge Weib gab sich einem Greise von zweiundsechzig Jahren hin, in welchem sie zugleich den hohen Priester der Kirche zu verehren hatte. Ihr jahrelanger Ehebruch ist zweifellos, aber die Motive ihrer Leidenschaft sind rätselhaft. Denn wie mächtig auch die dämonische Natur Alexanders gewesen sein mag, so mußte dieselbe doch schon viel von ihrer magnetischen Kraft verloren haben. Vielleicht reizte dieses junge eitle Geschöpf, nachdem es der Verführung erlegen war und das Gefühl der Schande überwunden hatte, die Vorstellung, das heilige Oberhaupt der Welt, vor dem sich alles in den Staub niederwarf, zu ihren eigenen, eines schwachen Kindes Füßen schmachten zu sehen.

Der Argwohn freilich liegt nahe, daß die gierigen Farnese die Kuppler des Verbrechens machten. Denn der Lohn der Sünde Julias bestand zunächst in nichts Geringerem, als dem Kardinalspurpur für ihren Bruder Alessandro. Schon hatte ihn der Papst mit anderen dafür designiert, aber die Ernennung scheiterte noch an der Opposition des heiligen Kollegiums, deren Haupt Julian Rovere war. Auch der König Ferdinand unterstützte diese Opposition; er stellte den Kardinälen, welche sie bildeten, seine Armee zur Verfügung, in ebendenselben Tagen, wo Lucrezia ihre Hochzeit mit Pesaro feierte.

Ihr Gemahl Sforza war augenblicklich ein großer Mann in Rom und in der Intimität aller Borgia. Am 16. Juni sah man ihn neben dem Herzog von Gandìa den einziehenden spanischen Gesandten entgegenreiten, bedeckt mit kostbaren, von Edelsteinen funkelnden Gewändern, „als wären beide zwei Könige". Gandìa rüstete seine Abreise nach Spanien. Er hatte sich dort mit Donna Maria Enriquez, einer vornehmen Valenzianerin vermählt, und wohl kurz vor der Thronbesteigung seines Vaters; denn es gibt ein Breve Alexanders schon vom 6. Oktober 1492, worin er diesem Sohn und seiner Gemahlin von jedem beliebigen Beichtiger die Absolution zu nehmen gestattete. Die hohe Abkunft der Donna Maria zeigt, in welche glänzenden Verhältnisse der Bastard Juan Borgia als Grande Spaniens einzutreten vermochte; denn seine Gemahlin war die Tochter des Don Enrigo Enriquez, Großkomturs von Leon und der Donna Maria de Luna, welche mit dem Königshause Aragon nahe verwandt war. Don Juan verließ Rom am 4. August 1493, um sich auf spanischen Galeeren in Civitavecchia einzuschiffen. Nach dem Bericht des ferrarischen Agenten nahm er eine unglaubliche Menge von Kleinodien mit sich, mit deren Anfertigung die Goldschmiede Roms seit Monaten beschäftigt gewesen waren.

Von den Söhnen Alexanders blieben demnach in Rom Cesar, welcher Kardinal werden, und Jofré, der in Neapel fürstlich versorgt werden sollte. Denn das Zerwürfnis zwischen dem Papst und dem Könige Ferdinand war durch die Bemühungen Spaniens beigelegt worden. Sie bewirkten es, daß Alexander von Frankreich und seiner Verbindung mit Ludovico dem Mohren zurücktrat. Diese überraschende Wandlung besiegelte sodann die Vermählung Don Jofrés, eines Knaben von kaum dreizehn Jahren, mit Donna Sancia, der natürlichen Tochter des Herzogs Alfonso von Kalabrien. Am 15. August 1493 wurde dieselbe im Vatikan durch Prokuration abgeschlossen, und später sollte die Ehe in Neapel verwirklicht werden.

Nun wurde auch Cesar Kardinal, am 20. September 1493. Den Makel seiner Geburt hatten die mit seiner Legitimation beauftragten Kardinäle Pallavicini und Orsini glücklich ausgelöscht. Gianandrea Boccaccio schrieb nach Ferrara am 25. Februar 1493 von der Legitimierung Cesars und sagte voll Ironie, wie folgt: „Man wird seinen Flecken, ein natürlicher Sohn zu sein, hinwegnehmen und mit Grund, ja man wird das Urteil fällen, daß er legitim sei, weil er im Hause geboren ward, als der Mann des Weibes lebte; dies steht fest: derselbe war damals gegenwärtig, bald in der Stadt, bald in Amtsgeschäften in den Ländern der Kirche, hin und her reisend." Doch den Namen dieses Mannes, welchen nur Infessura Domenico d'Arignano nennt, spricht der Gesandte nicht aus.

An demselben Tage erhielten auch Hippolyt von Este und Alessandro Farnese die Kardinalswürde. Dem Ehebruch seiner Schwester verdankte dieser junge Wüstling seine Erhebung in der Kirche, und dies war so stadtkundig, daß ihn der römische Volkswitz den „Schürzenkardinal" nannte. Die frohlockenden Verwandten sahen in Julia nur das Instrument ihres Glückes. Girolama Farnese schrieb am 21. Oktober 1493 aus Casignano an ihren Gatten Puccio: „Ihr werdet Briefe aus Florenz noch vor dem meinigen erhalten und gehört haben, welche Benefizien Lorenzo bekommen, und was alles Julia für ihn ausgewirkt hat, und das wird Euch viel Freude machen."

Selbst die Regierung von Florenz suchte das Verhältnis Alexanders zu Julia auszubeuten, indem sie Puccio, deren Schwager, zum Bevollmächtigten in Rom ernannte. Die Florentiner hatten diesen ausgezeichneten Juristen gleich nach der Thronbesteigung Alexanders zur Obedienzleistung nach Rom geschickt, dann war er ein Jahr lang ihr Kommissär in Faenza, wo er für den unmündigen Astorre Manfredi die Regierung führte. Im Beginn des Jahres 1494 ging er wirklich als Gesandter nach Rom, und hier starb er schon im August.

Sein Bruder Lorenzo Pucci stieg zu Würden in der Kirche auf; später wurde er unter Leo X. ein mächtiger Kardinal.

Die Farnese und ihre zahlreiche Sippschaft standen jetzt in der höchsten Gunst des Papstes wie aller Borgia. Im Oktober 1493 luden sie Alexander und Cesar zu einer Familienzusammenkunft auf das Schloß Capodimonte, wo Madonna Giovanella, Julias Mutter, ein Fest bereitete. Ob dies zustande kam, wissen wir nicht, doch geschah es wohl, da Alexander am Ende jenes Monats sich wirklich in Viterbo befand.

Julia hatte im Jahre 1492 eine Tochter geboren, die den Namen Laura erhielt. Das Kind galt offiziell als das ihres Gemahls Orsini, aber tatsächlich war sein Vater der Papst. Die Farnese und die Pucci kannten dies Geheimnis sehr wohl, und sie suchten daraus ohne jedes Schamgefühl ihren Vorteil zu ziehen. Julia scheute so wenig das Urteil der Welt, daß sie den Palast S. Maria in Porticu bewohnte, als wäre sie die leibliche Verwandte Lucrezias. Alexander selbst hatte sie dort hineingesetzt, als Hofdame seiner Tochter. Ihr Gatte Orsini hatte es vorgezogen, oder es vorziehen müssen, statt in Rom der lästige Zeuge seiner Schmach zu sein, auf seinem Schloß Bassanello zu leben, oder eines der Güter zum Aufenthalt zu wählen, die ihm, dem Gemahl der Madonna Julia, der „Braut Christi", wie die Satire sie nannte, der Papst geschenkt hatte.

Ein merkwürdiger Brief von Lorenzo Pucci an seinen Bruder Giannozzo, geschrieben am 23. und 24. Dezember 1493 aus Rom, gibt über diese und andere Familiengeheimnisse Aufschluß. Er macht uns zu Zuschauern intimer Szenen im Palast Lucrezias. Lorenzo war vom Kardinal Farnese aufgefordert worden, ihn nach Rom zum Weihnachtsfest zu begleiten. Er war mit ihm von Viterbo nach Rignano gegangen, wo die Barone vom Haus Savelli, Verwandte des Kardinals, sie festlich empfingen, dann setzten sie ihre Reise zu Pferde nach Rom fort. Lorenzo teilte nun seinem Bruder zuerst die vertraulichen Gespräche mit, welche er unterweges mit dem Kardinal gehabt hatte. Es handelte sich darum, die kleine Tochter Julias schon jetzt mit einem künftigen Gemahl zu verloben. Der Kardinal offenbarte darüber Lorenzo seine Ansicht. Dem jungen Astorre Manfredi von Faenza wollte Piero Medici seine eigene Tochter geben; dagegen war es der Wunsch Farneses, eine Verbindung zwischen Astorre und der Tochter Julias zustandezubringen. Er hoffte Piero zu überzeugen, daß eine solche Heirat ihm und der Republik Florenz nützlich sein und sein Verhältnis zum Heiligen Stuhl befestigen werde. Man sollte diesem Projekt eine solche Wendung geben, daß es durchaus als ein Werk der Übereinstimmung des Papstes und Pieros erschien. Der Kardinal rechnete hierfür auf die Einwilligung Alexanders und Julias und auf den Einfluß der Madonna Adriana.

Auf diese vertrauliche Mitteilung erwiderte Lorenzo Pucci dem Kardinal wörtlich wie folgt: „Monsignore, ich glaube sicherlich, daß unser Herr (der Papst) diesem Signoren (Astorre) eine Tochter geben wird, denn, wohl verstanden, ich glaube, daß dieses Kind die Tochter des Papstes ist, wie Madonna Lucrezia und die Nichte Ew. Hochwürden." Lorenzo läßt in seinem Briefe den Kardinal nichts auf diese bis zur Frechheit vertrauliche Ansicht erwidern, die jedem Ehrenmanne die Schamröte würde ins Gesicht getrieben haben. Wir glauben statt dieser nur ein Lächeln der Zustimmung auf dem Munde Alessandros Farnese wahrzunehmen. Der dreiste Pucci wiederholte seine Meinung in demselben Briefe, in dem er schrieb: „Sie ist die Tochter des Papstes, die Nichte des Kardinals und die vermeinte Tochter des Signor Orsini, welchem Unser Herr noch drei oder vier Kastelle bei Bassanello geben wird. Außerdem sagt der Kardinal, daß im Falle Herr Angelo (sein Bruder) kinderlos bleiben sollte, dessen Güter an niemand anders fallen werden, als an dieses Kind, welches er gar sehr liebt, und bereits denkt er daran, und somit wird der Erlauchte Piero über die Stimme des Kardinals zu verfügen und sich diesen für immer verpflichtet haben." Lorenzo vergaß sich bei diesen Plänen selber nicht, er sprach offen seine Hoffnung aus, daß sein Bruder Puccio nach Rom kommen werde (als Gesandter der Republik, wie auch alsbald geschah), und daß dann auch für ihn durch die Bemühungen der Madonna Adriana und Julias manches schöne Benefizium würde zu gewinnen sein.

Am 24. Dezember setzte Lorenzo seinen Brief fort; er schilderte darin eine häusliche Szene im Palast Lucrezias, und was er erzählt, läßt jene Frauen, zumal Julia, in leibhafter Wirklichkeit vor uns erscheinen.

„Mein Giannozzo, gestern abend schrieb ich Euch, was oben enthalten ist; hierauf ritt ich heute, an der Vigilia des Festes mit Monsignor Farnese zur Vesper nach dem päpstlichen Palast, und ehe Unser Herr in die Kapelle trat, ging ich in das Haus von S. Maria in Porticu, um Madonna Julia zu sehen. Ich traf sie, wie sie sich eben den Kopf gewaschen hatte; sie saß mit Madonna Lucrezia, der Tochter Unseres Herrn, und mit Madonna Adriana am Feuer, und sie und diese empfingen mich mit großer Freude. Madonna Julia wollte, daß ich mich auf ihre Seite setzte: sie dankte mir, daß ich Jeromina nach Hause geführt hatte und sagte mir: ich müsse sie durchaus auch hierher führen, ihr zu Gefallen. Madonna Adriana setzte hinzu: ist es wahr, daß sie so wenig Erlaubnis hat hierher als nach Capodimonte und Marta zu kommen? Ich antwortete, das sei mir nicht bekannt und mir genug, daß ich Madonna Julia zufriedengestellt habe, indem ich jene nach Hause brachte, denn durch ihre Briefe habe sie mich darum ersucht, und jetzt könnten sie nach Gefallen handeln; ich würde Madonna Julia, welche Verstand genug für ihre Angelegenheiten habe, die Sorge überlassen, wie sie mit ihr zusammentreffen könne; und auch sie wünsche Ihre Herrlichkeit zu sehen, nicht minder als diese selbst sie zu sehen wünscht. Hierauf dankte mir Madonna Julia sehr und sagte mir, sie sei durch mich zufriedengestellt. Ich erinnerte sie daran, wie sehr ich Ihrer Herrlichkeit um das verpflichtet sei, was sie für mich getan habe, wofür ich ihr nicht besser danken konnte, als indem ich Madonna Jeromina nach Hause führte. Sie antwortete mir, daß eine solche Kleinigkeit keinen Dank verdiene; sie hoffe mir noch in größeren Dingen gefällig zu sein, und ich würde das zu seiner Zeit wohl erfahren. Madonna Adriana fiel ein und sagte, ich solle dessen gewiß sein, daß es nicht der Kanzler Messer Antonio oder sein Abgesandter, sondern daß es eben Madonna Julia war, durch deren Gunst ich jene Benefizien erhalten hatte.

Ich stellte mich davon überzeugt, um nicht zu widersprechen, und ich dankte nochmals Ihrer Herrlichkeit. Hierauf fragte mich Madonna Julia sehr dringend um Messer Puccio und sagte mir: Wir werden es bewirken, daß er eines Tages hierher kommt, und wenn wir damals, als er hier war, trotz aller unserer Bemühungen das nicht erreichen konnten, so werden wir es heute ohne Schwierigkeit vermögen. Sie versicherte mir auch, daß ihr der Kardinal gestern abend von dem geredet habe, was wir unterwegs besprochen hatten, und sie bat mich zu schreiben; sie hielt jedoch dafür, daß wenn die Angelegenheit durch Eure Vermittlung behandelt würde, der Erlauchte Piero sie wohl aufnehmen werde. So weit also ist, wie Ihr sehet, die Sache bereits vorgeschritten. Sie wollte auch, daß ich das Kind sehe; dasselbe ist schon recht groß, und wie mir scheint, gleicht es dem Papst *adeo ut vere ex ejus semine orta dici possit.* Madonna Julia hat zugenommen und ist das allerschönste Geschöpf geworden. In meiner Gegenwart löste sie ihre Haare auf und ließ sie sich ordnen; sie fielen ihr bis auf die Füße nieder; nie sah ich etwas dergleichen. Sie hat die schönsten Haare. Sie trug einen Kopfputz von feinem Linnen und darüber ein Netz wie Rauch mit gewissen Profilen von Gold. In Wahrheit, sie strahlte wie eine Sonne. Ich würde viel darum gegeben haben, hättet Ihr gegenwärtig sein können, um Euch über dasjenige aufzuklären, was Ihr öfters zu wissen gewünscht habt. Sie trug ein gefüttertes Kleid nach neapolitanischer Mode, und so auch Madonna Lucrezia, die nach einer Weile fortging es abzulegen. Sie kam sodann zurück in einem Kleide fast ganz von veilchenblauem Samt. Als die Vesper beendigt war und die Kardinäle fortgingen, verließ ich sie.“

Der innige Verkehr mit Julia, von deren ehebrecherischem Verhältnis zu ihrem Vater sie die tägliche Zeugin war, mußte für Lucrezia wenn nicht geradezu eine Schule des Lasters, so doch eine beständige Berührung mit solchem sein. Konnte sich ein junges Geschöpf von erst vierzehn Jahren in dieser Luft rein erhalten? Mußte nicht das Element von Unsittlichkeit, in welchem sie zu leben gezwungen war, ihre Empfindungen vergiften, ihre Vorstellung von Moral und Tugend abstumpfen oder verfälschen und dann auch ihre eigene Natur durchdringen?

IX

Am Ende des Jahres 1493 hatte Alexander VI. für die Zukunft aller seiner Kinder reichlich gesorgt. Don Cesar war Kardinal; Don Juan ein Herzog in Spanien; Don Jofré bald ein Prinz von Neapel. Dieser jüngste Sohn des Papstes vermählte sich mit Donna Sancìa in Neapel schon am 7. Mai 1494, an demselben Tage, wo sein Schwiegervater Alfonso als Nachfolger des Königs Ferdinand den Thron bestieg und vom Kardinallegaten Juan Borgia gekrönt wurde. Don Jofré blieb in Neapel; er wurde Prinz von Squillace. Auch Juan erhielt große Lehen in jenem Königreich; er nannte sich davon Herzog von Suessa und Prinz von Teano.

Noch eine Zeitlang wohnte der Gemahl Lucrezias in Rom, wo ihn der Papst in Sold genommen hatte, gemäß dem früheren Bundesvertrag mit Ludovico dem Mohren, in dessen Condotta derselbe Sforza stand. Aber schon begann seine Stellung am Hofe Alexanders zweideutig zu werden. Seine Oheime hatten ihn mit Lucrezia vermählt, um den Papst zum Genossen und Mitschuldigen ihrer Politik zu machen, welche auf eine Umwälzung in Neapel gerichtet war. Nun aber schloß sich Alexander eng an diese Dynastie Aragon an, er gab dem König Alfonso die Investitur jenes Landes und erklärte sich zum Gegner der beabsichtigten Expedition Karls VIII.

Sforza geriet deshalb in nicht geringe Verlegenheit; am Anfang des April 1494 gab er seinem Oheim Ludovico Meldung von seiner verzweifelten Lage.

„Gestern", so schrieb er ihm, „sagte mir Se. Heiligkeit in Gegenwart von Monsignore (dem Kardinal Ascanio): Nun siehe da, Herr Giovanni Sforza, was hast du mir zu sagen? Ich antwortete: Heiliger Vater, in ganz Rom glaubt man, daß Ew. Heiligkeit mit dem Könige (von Neapel) einverstanden sei, und dieser ist der Feind des Staates von Mailand. Sollte dem so sein, so befinde ich mich in einer schlimmen Lage, da ich im gemeinsamen Solde Ew. Heiligkeit und des genannten Staates stehe. Wenn nun die Dinge so fortgehen, so weiß ich nicht, wie ich dem einen Teile dienen soll, ohne vom anderen abzufallen, und doch wollte ich mich von keinem lossagen. Ich bitte, Ew. Heiligkeit möge geruhen, meine Stellung derart zu regeln, daß ich nicht zum Feinde meines eigenen Blutes werde und nicht den Verpflichtungen entgegenhandle, die ich meiner Kapitulation gemäß gegen Ew. Heiligkeit und den erlauchten Staat von Mailand eingegangen bin. Er entgegnete mir, daß ich mich zu viel um seine eigenen Angelegenheiten bekümmere, und daß ich den Sold von dem einen und vom anderen Teil hinnehmen solle, meinem Vertrage gemäß. Und so befahl er dem genannten Monsignor an Ew. Exzellenz zu schreiben, wie Sie denn das weitere aus den Briefen Sr. Herrlichkeit ersehen werden. Mein Herr, wenn ich geglaubt hätte, in diese Lage zu geraten, so würde ich eher das Stroh unter meinem Leibe aufgegessen als mich auf solche Weise gebunden haben. Ich werfe mich in Ihre Arme: ich bitte Ew. Exzellenz, mich nicht zu verlassen, sondern die Lage zu erwägen, in der ich mich befinde, mir Hilfe, Gunst und Rat zu erteilen, damit ich Ew. Exzellenz guter Diener bleibe. Erhalten Sie mir das Ansehen und dies kleine Nest, welches mir durch die Gnade Mailands meine Vorfahren zurückgelassen haben, der ich mit meiner Person und meinem Kriegsvolk stets Ew. Exzellenz zu Dienste verharren werde. Rom, April 1494. Giovanni Sforza."

Der Brief gibt offenbar noch andere tiefer versteckte Besorgnisse zu erkennen, solche für die Fortdauer seiner Lehnsherrschaft in Pesaro. Die Pläne des Papstes, alle diese kleinen Tyrannen und Vikare im Kirchenstaat zu vertilgen, mochten wohl schon damals hier und da erkennbar werden.

Kurze Zeit darauf, am 23. April, entwich der Kardinal Rovere aus Ostia nach Frankreich, dort Karl den VIII. zum Kriegszuge nach Italien aufzustacheln, nicht um Neapel umzuwälzen, sondern um diesen simonistischen Papst vor ein Konzil zu stellen und abzusetzen.

Am Anfange des Juli verließ auch Ascanio Sforza die Stadt, jetzt in völligem Zerwürfnis mit Alexander. Er begab sich zu den Colonna nach Genazzano, welche im Solde Frankreichs standen. Schon rüstete sich Karl VIII. zum Einmarsch in Italien; der Papst aber und der König Alfonso hielten zu Vicovaro bei Tivoli am 14. Juli eine Zusammenkunft.

Unterdes waren im Palast Lucrezias wichtige Veränderungen vor sich gegangen. Ihr Gemahl eilte, sich aus Rom zu entfernen, und er durfte dies tun als Condottiere der Kirche, in welcher Eigenschaft er zu der neapolitanischen Armee sich zu begeben hatte, die sich unter dem Herzog Ferrante von Kalabrien in der Romagna zusammenzog. Die Artikel seines Ehevertrags ermächtigten ihn dazu, seine Gemahlin mit sich nach Pesaro zu nehmen. Mit ihr gingen ihre Mutter Vannozza, Julia Farnese und Madonna Adriana. Alexander selbst befahl ihre Abreise aus Furcht vor der Pest, die sich zu zeigen begann. Das meldete der mantuanische Gesandte in Rom dem Markgrafen Gonzaga schon am 6. Mai, und derselbe schrieb ihm am 15.: „Der erlauchte Herr Giovanni wird unfehlbar Montag oder Dienstag abreisen samt allen drei Damen, welche nach Anordnung des Papstes bis zum August in Pesaro bleiben, und dann zusammen zurückkehren sollen."

Die Abreise Sforzas mochte am Anfange des Juni vor sich gegangen sein, denn am 11. dieses Monats war ein Brief Ascanios an seinen Bruder nach Mailand gelangt, worin jener meldete, daß der Herr von Pesaro mit seiner Gemahlin, mit Madonna Julia, „der Geliebten des Papstes", und mit der Mutter des Herzogs von Gandìa und Jofrés von Rom abgereist und nach Pesaro gegangen sei, und daß Se. Heiligkeit Madonna Julia gebeten habe, bald zurückzukehren.

Am 18. Juli war Alexander von Vicovaro nach Rom zurückgekommen, und am 24. schrieb er folgenden Brief an seine Tochter in Pesaro:

„Alexander Papst VI., mit eigener Hand."

„Donna Lucrezia, teuerste Tochter. Wir haben seit mehreren Tagen keinen Brief von dir; dies setzt Uns sehr in Verwunderung, und daß du es vernachlässigst, Uns öfter zu schreiben, und von deiner Gesundheit und der des Herrn Giovanni, Unseres geliebten Sohnes Nachricht zu geben. In Zukunft sei sorgsamer und fleißiger. Madonna Adriana und Julia sind in Capodimonte eingetroffen, wo sie den Bruder tot gefunden haben. Dieser Todesfall hat sowohl den Kardinal als Julia so tief betrübt und erschüttert, daß sie beide in das Fieber verfallen sind. Wir haben Pietro Caranza abgeschickt, nach ihnen zu sehen, und für Ärzte und alles Nötige gesorgt. Wir hoffen zu Gott und zur glorreichen Madonna, daß sie bald hergestellt sein werden. In Wahrheit, der Herr Giovanni und du habt bei dieser Abreise von Madonna Adriana und Julia wenig Rücksicht auf Uns genommen, da Ihr sie ohne unsere ausdrückliche Erlaubnis abreisen ließet; denn Ihr hättet, wie es Eure Pflicht gebot, bedenken sollen, daß eine so plötzliche Entfernung ohne Unser Wissen Unser höchstes Mißfallen erregen mußte. Und wenn du sagst, daß sie es so gewollt haben, weil es der Kardinal Farnese so befahl, so hättet Ihr anderen bedenken sollen, ob dies dem Papst gefallen würde. Nun ist es geschehen; doch ein anderes Mal werden wir vorsichtiger sein und Uns wohl umsehen, in welche Hand wir unsere Angelegenheiten legen. Wir befinden Uns, Gott und der ruhmvollen Jungfrau sei es gedankt, sehr wohl. Wir haben eine Zusammenkunft mit dem erlauchten Könige Alfonso gehabt, der Uns mit solcher Liebe und solchem Gehorsam behandelt hat, als wäre er unser eigner Sohn. Wir können dir nicht ausdrücken, mit welcher Genugtuung und Zufriedenheit wir beide voneinander geschieden sind. Sei überzeugt, daß S. Majestät zu Unserem Dienst seine eigene Person und alles, was er in dieser Welt besitzt, dahingeben wird.

Wir hoffen, daß jeder Argwohn und alle Differenzen in betreff dieser Colonna in drei oder vier Tagen vollkommen beigelegt sein werden. So bleibt mir diesmal nichts übrig, als dich zu ermahnen, für dein Wohlbefinden zu sorgen und fleißig zur Madonna zu beten. Gegeben in Rom, beim S. Peter, am 24. Juli 1494."

Dieser Brief ist der erste von den wenigen, uns erhaltenen, welche Alexander an seine Tochter geschrieben hat. Die ihr von demselben zum Vorwurf gemachte Entfernung Julias war wohl die plötzliche und wider die ursprüngliche Bestimmung des Papstes erfolgte Abreise seiner Geliebten von Pesaro, noch vor dem August. Julia ging von dort nach Capodimonte, ihren erkrankten Bruder Angiolo zu besuchen. Nach einem venezianischen Brief bei Marin Sanuto hatte sie überhaupt Rom verlassen, um einer Vermählung bei ihren Verwandten beizuwohnen, und der Schreiber nennt sie bei dieser Gelegenheit „die Favoritin des Papstes, ein junges Weib von großer Schönheit, von Verstand, Klugheit und Sanftmut".

Der Brief Alexanders läßt erkennen, daß seine Geliebte auch nach ihrer Entfernung aus Rom mit ihm in lebhafter Verbindung blieb.

X

Die Stürme, welche alsbald über Alexander hereinbrachen, berührten Lucrezia nicht; denn am 8. Juni 1494 zog sie mit ihrem Gemahl in Pesaro ein. Bei strömendem Regen, wodurch die Feier des Empfangs gestört wurde, nahm sie Besitz von dem Palast der Sforza, der jetzt ihre Residenz sein sollte.

Dies ist in Kürze die Geschichte Pesaros bis auf jene Zeit:

Das alte Pisaurum soll von den Siculern gegründet worden sein und seinen Namen vom Fluß empfangen haben, der sich unweit der Stadt ins Meer ergießt und heute Foglia heißt. Im Jahre 570 Roms wurde diese Stadt eine römische Kolonie. Sie gehörte seit Augustus zur vierten Region Italiens, seit Constantin zur Provinz Flaminia. Nach dem Falle des römischen Reichs erlitt sie die Schicksale aller anderen italienischen Städte, zumal in dem großen Krieg der Goten mit dem griechischen Kaiser. Vitiges zerstörte sie; Belisar stellte sie wieder her.

Nach dem Sturz der Gotenherrschaft wurde Pesaro dem Exarchat einverleibt, indem es mit vier anderen Städten am adriatischen Meere, Ancona, Fano, Sinigaglia und Rimini, die Pentapolis bildete. Als Ravenna in die Gewalt des Langobardenkönigs Aistulf gefallen war, wurde auch Pesaro langobardisch, dann aber kam es infolge der Schenkungen Pipins und Karls in den Besitz des Papstes.

Die spätere Geschichte der Stadt ist in jene des Reiches, der Kirche und der Markgrafschaft Ancona verflochten. Lange Zeit residierten dort kaiserliche Grafen. Innocenz III. belieh mit ihr Azzo von Este, den Herrn jener Mark. Dann war sie während des Kampfes der Hohenstaufen mit dem Papsttum bald in kaiserlicher, bald in kirchlicher Gewalt, bis am Ende des 13. Jahrhunderts die Malatesta erst ihre Podestaten, dann ihre Signoren wurden. Dieses berühmte Guelfengeschlecht aus dem Kastell Verrucchio, welches zwischen Rimini und S. Marino liegt, erwarb im Gebiet von Pesaro zuerst die Burg Gradara und breitete seine Herrschaft allmählich bis gegen Ancona aus. Im Jahr 1285 wurde Gianciotto Malatesta Herr von Pesaro.

Nach seinem Tode im Jahre 1304 erbte seine Gewalt sein Bruder Pandolfo.

Seither beherrschten die Malatesta, Signoren im nahen Rimini, nicht allein Pesaro, sondern einen großen Teil der Mark, welchen sie an sich rissen, als die Päpste in Avignon saßen. Sie sicherten sich den Besitz von Rimini, Pesaro, Fano und Fossombrone durch einen Vertrag zur Zeit des berühmten Gil d'Albornoz, welcher sie dort als Vikare der Kirche bestätigte. Ein Nebenzweig dieses Hauses residierte in Pesaro bis auf Galeazzo Malatesta. Bedroht von seinem Verwandten Gismondo, dem Tyrannen Riminis, und unfähig, Pesaro gegen dessen Angriffe zu behaupten, verkaufte er die Stadt im Jahr 1445 für zwanzigtausend Goldfloren dem Grafen Francesco Sforza, und dieser belieh damit vertragsgemäß seinen Bruder Alessandro, den Gemahl einer Nichte Galeazzos. Sforza war jener große Condottiere, welcher nach dem Ausgang der Visconti als erster Herzog seines Hauses den Thron von Mailand bestieg. Während er dort die Linie der Herzöge Sforza gründete, wurde sein Bruder Alessandro der Stifter des Herrenhauses von Pesaro.

Dieser tapfere Kapitän nahm im März 1445 von Pesaro Besitz; zwei Jahre später erhielt er die päpstliche Investitur. Er war mit Costanza Varano vermählt, einer jener durch Schönheit und Geist ausgezeichneten Frauen in der Frührenaissance Italiens.

Sie gebar ihm Costanzo und eine Tochter Battista, und auch diese glänzte später als Gemahlin Federigos von Urbino durch ihre Tugenden und ihr Genie. Die benachbarten Höfe von Pesaro und Urbino verschwägerten sich, und sie wetteiferten miteinander in der Pflege schöner Künste und Wissenschaften. Eine andere nicht legitime Tochter Alessandros war Ginevra Sforza, zu ihrer Zeit ein nicht minder bewundertes Weib, berühmt als Gemahlin erst des Sante, dann des Giovanni Bentivoglio, der Herren Bolognas.

Nach dem Tode seiner Gattin vermählte sich Alessandro Sforza zum zweitenmal, mit Sveva Montefeltre, einer Tochter Guidantonios von Urbino. Nach einer glücklichen Regierung hinterließ er dann sein Land am 3. April 1473 seinem Sohn.

Costanzo Sforza vermählte sich ein Jahr später mit Camilla Marzana d'Aragona, einer schönen und geistvollen Prinzessin vom königlichen Hause Neapels. Er selbst war glänzend und liberal. Er starb im Jahr 1483, erst sechsunddreißig Jahre alt, ohne legitime Erben; denn seine Söhne Giovanni und Galeazzo waren natürliche Kinder. Die

Regierung Pesaros führte hierauf seine Witwe Camilla für sich und ihren Stiefsohn Giovanni, bis sie dieser im November 1489 nötigte, ihm allein das Regiment zu überlassen.

Dies war die Geschichte der Familie Sforza von Pesaro, in welche jetzt Lucrezia Borgia als Gemahlin eben jenes Giovanni eintrat.

Die Herrschaft dieses Hauses umfaßte damals die Stadt Pesaro und eine Reihe von kleineren Gemeinden, die man Kastelle oder Villen nannte: nämlich S. Angelo in Lizzola, Candelara, Montebaroccio, Tomba di Pesaro, Montelabbate, Gradara, Monte S. Maria, Novilara, Fiorenzuola, Castel di Mezzo, Ginestreto, Gabicce, Monteciccardo und Monte Gaudio. Außerdem war von den Malatesta her auch Fossombrone an die Sforza gekommen.

Das Fürstentum gehörte, wie wir sahen, seit alters der Kirche, von welcher es erst die Malatesta, dann die Sforza unter dem Titel von Vikaren zu Erblehen trugen, gegen den Jahreszins von siebenhundertfünfzig Goldgulden. Die Tochter eines Papstes mußte daher für den Tyrannen Pesaros die passendste Gemahlin sein, die er unter den damaligen Verhältnissen nur wünschen konnte, wo die Päpste danach strebten, jene illegitimen Herrschaften im Kirchenstaat auszurotten. Wenn Lucrezia den Umfang und die Bedeutung ihres kleinen Reiches betrachtete, so konnte sie sich freilich sagen, daß sie hinter jenen Frauen zurückstand, welche in Urbino, Ferrara und Mantua oder in Mailand und Bologna residierten, aber immerhin war sie unter der Oberhoheit des Papstes, ihres eigenen Vaters, eine selbständige Fürstin geworden. Und wenn ihr Besitztum auch nur wenige Quadratmeilen umfaßte, so war es doch ein köstlicher Fruchtgarten Italiens.

Pesaro liegt frei und eben in einem weiten Tal. Eine Kette grüner Hügel bildet um dasselbe einen sanft gebogenen Halbkreis wie eines Theaters, dessen Szene das Meer begrenzt. In dieses hinein lagern sich an den Enden des Halbkreises zwei schroffe Vorgebirge, der Monte Accio und der Ardizio. Der Fluß Foglia durchzieht das Tal. An seinem rechten Ufer liegt die freundliche Stadt mit ihren Türmen und Mauern und dem Kastell am weißen Meeresstrand ausgebreitet. Nordwärts gegen Rimini hin drängen die Berge näher an die See, südwärts ist das Ufer freier, und dort tauchen aus dem Meeresduft die Türme von Fano auf. Weiterhin wird das Kap Anconas sichtbar.

Jene sonnigen Hügel und ihr lachendes Tal, der blaue Himmel darüber und das strahlende Meer bilden zusammen ein Gemälde, über welches der Odem entzückender Lieblichkeit ergossen ist. Es ist die heiterste Idylle am adriatischen Strand. Die Lüfte scheinen hier von Land und See einen lyrischen Wohllaut herzuwehen, welcher das Herz erweitert und Bilder von Glück und Schönheit in die Seele spiegelt. Pesaro ist die Wiege Rossinis und Terenzios Mamiani, des reich begabten Dichters und Staatsmannes, welcher noch heute der Wiedergeburt Italiens seine edlen Kräfte widmen kann.

Die Leidenschaften der Tyrannen dieser Stadt waren nicht so schrecklich, wie die anderer Dynasten ihrer Zeit, vielleicht auch, weil ihr Land für grausame Taten des Ehrgeizes zu klein war. Denn der menschliche Geist formt sich nicht immer nach den Einflüssen der Natur. Einer der gräßlichsten Frevler war Gismondo Malatesta in dem milden und schönen Rimini. Die Sforza in Pesaro aber scheinen als gute und glückliche Herrscher, wenn man sie mit ihren Vettern in Mailand vergleicht. Ihren kleinen Hof schmückte eine Reihe von edlen Frauen, denen nachzueifern jetzt auch Lucrezia Borgia sich verpflichtet fühlen konnte.

Als sie Pesaro betrat, mußte sie, wenn ihre Seele in so jungem Alter noch nicht für ein bescheidenes Glück verdorben war, zum erstenmal das beseligende Gefühl der Freiheit empfinden. Hier konnte ihr das düstere Rom mit dem unheimlichen Vatikan und seinen Verbrechen und Leidenschaften wie ein Kerker erscheinen, dem sie entronnen war. Freilich war alles, was sie in Pesaro umgab, kleinlich im Vergleich zu den Größenverhältnissen Roms, aber hier war sie dem unmittelbaren Einfluß des Willens ihres Vaters und Bruders entrückt, von dem sie der Apennin und eine damals weite Entfernung trennten.

Die Stadt Pesaro, welche heute über zehntausend und mit ihrem Gebiet gegen zwanzigtausend Einwohner zählt, mochte damals etwa die Hälfte davon umfassen. Sie hatte gerade Straßen und Plätze mit noch wesentlich gotischer Architektur, die indes schon durch manche Paläste im Stil der Renaissance unterbrochen wurde. Einige Klöster und Kirchen, die noch heute ihre altertümlichen Portale bewahrt haben, wie S. Domenico, S. Francesco, S. Agostino und Sankt Johann, gaben der Stadt ein ehrwürdiges Ansehen, obwohl keine besonders schön zu nennen war.

Die größten Monumentalgebäude Pesaros waren die Denkmäler des regierenden Tyrannenhauses, die Burg am Meer und der Palast auf dem Stadtplatz. Jene hatte Costanzo Sforza im Jahr 1474 gegründet und dann baute sie sein Sohn Giovanni vollkommner aus. Noch heute liest man über dem Eingangstor dessen Namen auf einer Marmortafel. Das Kastell mit seinen vier stumpfen Rundtürmen oder Bastionen, ganz flach gelegen, von einem Graben umringt, steht an der Ecke der Stadtmauern gegen das Meer hin, und nur dessen damals unmittelbare Nähe konnte ihm einige Festigkeit geben. Trotzdem erscheint es so unbedeutend, daß man sich verwundern muß, wie es auch in jener Zeit, wo die Ausbildung der Artillerie noch sehr unvollkommen war, als widerstandsfähig gelten konnte.

Der Palast der Sforza steht noch auf dem zierlichen Stadtplatz, dessen eine Seite er einnimmt. Er ist ein ansehnlicher, doch nicht imposanter Bau mit zwei großen Höfen. Die Rovere, Nachfolger der Sforza in Pesaro, verschönerten ihn im 16. Jahrhundert. Sie bauten auch die stattliche Fassade, welche auf einer Halle von sechs Rundbogen ruht. Die Wappen der Sforza sind im Palast verschwunden, aber oft genug sieht man über Portalen und an Zimmerdecken die Inschrift Guidobaldus II. Dux und das Wappen Rovere. Zur Zeit Lucrezias bestand schon der prachtvolle Festsaal, die schönste Zierde dieses Palastes, so groß und weit, daß er des mächtigsten Monarchen würdig wäre. Der Mangel an Schmuck der Wände oder der Türen mit edler Marmoreinfassung, wie solche im Schloß zu Urbino Bewunderung erregen, zeigt aber auch hier die kleineren Verhältnisse der Dynastie Pesaros. Die reiche Decke des Saals aus vergoldetem und bemaltem Holzwerk stammt vom Herzog Guidobald her.

Das Andenken an die Zeit, wo Lucrezia Borgia dieses Schloß bewohnte, ist erloschen; es beleben dasselbe nur andere Erinnerungen aus dem späteren Hofleben der Rovere, wo Bembo, Castiglione und Tasso mehrmals hier zu Gast waren. Die weiten Räume des Palastes konnte Lucrezia mit ihrem Hofstaat nicht ausfüllen, denn einen solchen brachte sie mit sich, und nur kurze Zeit hielten sich bei ihr ihre Mutter, Madonna Adriana und Julia Farnese auf. Eine junge Spanierin ihres Gefolges, Donna Lucrezia Lopez, die Nichte des Datars und dann Kardinals Juan Lopez, vermählte sie in Pesaro mit Gianfrancesco Ardizio, dem Arzt und Vertrauten Giovanni Sforzas.

Sie fand im Palast kaum andere Verwandte ihres Gemahls vor als dessen jüngeren Bruder Galeazzo, denn diese Dynastie war nicht fruchtbar und neigte sich dem Aussterben zu. Auch Camilla d'Aragona, die Stiefmutter Giovannis, teilte nicht ihre Gesellschaft, da sie schon im Jahre 1489 Pesaro für immer verlassen und sich auf ein Schloß bei Parma zurückgezogen hatte.

In der Sommerzeit konnte die schöne Landschaft der jungen Fürstin manche Unterhaltung gewähren. Sie mochte den Hof des nahen Urbino besuchen, wo Guidobald von Montefeltre und seine Gemahlin Elisabetta in dem herrlichen Schloß residierten, welches der geistvolle Federigo zu einem Mittelpunkt der Kultur gemacht hatte. Es lebte in Urbino damals Rafael, eine Knabe von elf Jahren, emsig lernend in der Schule seines Vaters Sanzio.

Lucrezia bezog im Sommer eine der schönen Villen auf den Hügeln der Umgegend. Der Lieblingsaufenthalt ihres Gemahls war Gradara, ein hoch gelegenes Schloß über der Straße von Rimini, welches mit seinen roten Mauern und Türmen noch heute unversehrt dasteht. Aber der herrlichste Landsitz war die Villa Imperiale. Sie liegt eine halbe Stunde von Pesaro entfernt auf dem Monte Accio, von wo sie weit in das Land und das Meer niederschaut, ein köstlicher Sommerpalast für große Signoren und für glückliche Menschen von vornehmer Muße und schöner Genußfähigkeit. Einem Garten der Armida muß diese Villa ähnlich gewesen sein. Alessandro Sforza baute sie im Jahr 1464; der von seiner römischen Krönung heimkehrende Kaiser Friedrich III. legte ihren Grundstein, woher sie den Namen Villa Imperiale erhielt. Ihre Vollendung gab ihr später Eleonora Gonzaga, die Gemahlin Francescos Maria Rovere, des Erben Urbinos und des Nachfolgers von Giovanni Sforza in der Herrschaft von Pesaro. Berühmte Maler zierten sie mit allegorischen und historischen Gemälden, Bembo und Bernardo Tasso besangen sie in Versen, und Torquato las dort vor dem Hof der Rovere sein Schäferspiel Aminta vor. Heute ist auch diese Villa in kläglichem Verfall.

Was Pesaro sonst einer jungen Dame, die durch die Gesellschaft Roms verwöhnt war, an Unterhaltung darbot, konnte nicht viel sein. Diese kleine Stadt besaß keinen Adel von Bedeutung. Die Häuser der Brizi, der Ondedei, der Giontini, Magistri, Lana, Ardizi und andere konnten in ihren patriarchalischen Verhältnissen Lucrezia keinen Ersatz für den aufregenden Umgang mit den Großen Roms bieten. Von der humanistischen Kulturbewegung Italiens drang wohl auch eine Welle nach Pesaro hinüber. Es blühte dort und in den Nachbarstädten am adriatischen Meer und bis nach Umbrien hinein die Kunstindustrie der Majolikamalerei, der in ihrer Vollendung nicht unwürdigen Nachfolgerin der Vasenkunst Großgriechenlands und Etruriens.

Schon zur Zeit der Sforza war sie entwickelt. Eine der ältesten Majoliken im Museo Correr zu Venedig, Salomo vor einem Idol in Verehrung darstellend, trägt die Jahreszahl 1482. Sogar schon im 14. Jahrhundert betrieb man diese Kunst in Pesaro, und sie war dort im Aufschwung, als Camilla d'Aragona regierte. Noch heute bewahrt das Stadthaus Pesaros einige Reste aus dem Reichtum der alten Fabriken dieser Stadt.

Dort regte sich auch in anderen Richtungen ein geistiges Leben, welches die Sforza oder ihre Frauen befördert hatten, wetteifernd mit Urbino und jenem Rimini, wo Gismondo Malatesta Dichter und Gelehrte um sich versammelte, denen er im Leben Stipendien gab und nach dem Tode an der Außenmauer des Doms einen Sarkophag errichtete. Besonders war es Camilla, die sich um die Kultur der Wissenschaften bemühte. Im Jahr 1489 berief sie nach Pesaro einen edlen Griechen, Georg Diplovatazio aus Korfu, einen Verwandten der Laskari und Vatazes, welcher als Flüchtling vor den Türken nach Italien gekommen war, und schon lebten im gastlichen Pesaro andere griechische Exilierte aus den Geschlechtern der Angeli, der Komnenen und Paleologen. Diplovatazio hatte in Padua studiert; in Pesaro machte ihn Johann Sforza im Jahr 1492 zum Fiskaladvokaten. Seither glänzte er dort als Rechtsgelehrter bis an seinen Tod, im Jahre 1541.

Diesen ausgezeichneten Mann fand demnach Lucrezia in Pesaro vor, und mit ihm und anderen Griechen hätte sie ihre Studien fortsetzen können, wenn sie dazu Reife des Alters oder Neigung besaß. Eine Bibliothek, welche die Sforza gesammelt hatten, bot ihr dazu die Mittel dar. Sie vermißte einen anderen damals nicht minder berühmten Mann, Pandolfo Collenuccio, einen Dichter, Rhetor und Philologen, der durch seine Geschichte Neapels am bekanntesten geworden ist. Er hatte dem Hause Sforza als Sekretär und Diplomat gedient, und seiner Beredsamkeit verdankte es der Gemahl Lucrezias, daß ihm, dem Bastard Costanzos, die Investitur mit Pesaro von Sixtus IV. und Innocenz VIII. erteilt wurde. Aber Collenuccio fiel in seine Ungnade; er wurde von ihm im Jahr 1488 erst ins Gefängnis gesetzt, dann verbannt. Er ging nach Ferrara, wo er dem dortigen Hof seine Dienste widmete. Den Kardinal Hippolyt begleitete er nach Rom, und hier befand er sich gerade im Jahre 1494, und in der Zeit, als Lucrezia ihren Sitz in Pesaro nahm. In Rom mochte sie diesen Mann kennengelernt haben.

In Pesaro war zu ihrer Zeit auch nicht der junge Dichter Guido Posthumus Silvester, weil er damals noch in Padua studierte. Einst sollte es Lucrezia bedauern, daß sie diesen geistvollen und ruhelosen Poeten nicht an ihrem Hof hatte aufnehmen dürfen, denn ihre bezaubernde Anmut würde ihn vielleicht zu ganz anderen Versen begeistert haben, als diejenigen waren, die er später an die Borgia gerichtet hat.

Man kam der schönen Gemahlin Sforzas in Pesaro mit Liebe entgegen, und bald erwarb sie sich dort viele Freunde. Sie stand in dem ersten Reiz ihrer aufblühenden Jugend und noch trübte keines jener Schicksale ihr Leben, welche sie später zum Gegenstand des Argwohns oder des Mitleids machten. Wenn sie in ihrer Ehe mit Sforza ein wirkliches Liebesglück genoß, so würde sie in Pesaro ihre Tage als die beneidenswerte Königin eines Schäferspiels hingebracht haben. Aber dies Los war ihr nicht beschieden. Der finstere Schatten des Vatikan reichte selbst bis zur Villa Imperiale auf dem Monte Accio. Eine Depesche ihres Vaters konnte sie an jedem Tage nach Rom rufen. Und vielleicht begann ihr selbst der Aufenthalt in Pesaro zu einförmig und zu inhaltlos zu werden, zumal auch ihr Gatte durch seinen Dienst als Condottiere bei der Armee des Papstes und der Venezianer öfters genötigt war, sich von seinem Hof zu entfernen.

Die Ereignisse, welche unterdes Italien umgewälzt hatten, führten Lucrezia nach Rom zurück, nachdem sie in Pesaro ein Jahr lang in Ruhe gelebt hatte.

XI

Am Anfang des September 1494 rückte Karl VIII. in Piemont ein, und alsbald veränderten sich alle Verhältnisse Italiens. Der Papst, dessen Verbündeter Alfonso und Piero Medici sahen sich in kurzer Zeit fast wehrlos. Schon am 17. November hielt der König seinen Einzug in Florenz. Alexander wollte ihm noch seine und die neapolitanischen Truppen bei Viterbo entgegenstellen, wo sich der Kardinal Farnese als Legat befand, aber die Franzosen breiteten sich ungehindert im Patrimonium aus. Dort fielen sogar die Geliebte des Papstes, ihre Schwester Girolama und Madonna Adriana, diejenigen Frauen, welche Alexanders „Herz und Augen“ waren, in die Hände eines französischen Streifkorps.

Der mantuanische Agent Brognolo berichtete darüber seinem Herrn in einer Depesche vom 29. November 1494: „Es hat sich ein Vorfall zugetragen, welcher eine große Beschimpfung für den Papst ist. Denn vorgestern zogen Madonna Hadriana und Madonna Julia mit ihrer Schwester von ihrem Schloß Capodimonte aus, um sich zu deren Bruder, dem Kardinal, nach Viterbo zu begeben; etwa in der Entfernung einer Millie von jenem Ort stießen sie auf einen Trupp französischer Reiterei, und von diesem wurden sie gefangengenommen und nach Montefiascone geführt, samt ihrer Begleitung von fünfundzwanzig bis dreißig Personen zu Pferde.“

Der französische Kapitän, welcher diesen kostbaren Fang machte, war Monseigneur d'Allegre, vielleicht jener Ivo, der später in die Dienste Cesars trat. „Als er erfuhr, wer diese schöne Dame sei, legte er ihr ein Lösegeld von dreitausend Dukaten auf, und meldete durch einen Brief dem Könige Karl, wen er gefangen habe, doch dieser wollte sie nicht sehen. Madonna Julia schrieb hierauf nach Rom, sie werde sehr wohl behandelt, man solle ihr das Lösegeld schicken.“

Die Kunde von diesem Vorfall versetzte Alexander in die größte Bestürzung. Er schickte sofort einen Kammerherrn nach Marino, wo sich damals im Hauptquartier der Colonna der Kardinal Ascanio befand, der auf seine dringenden Bitten am 2. November zurückgekommen war und mit dem Könige Karl unterhandelt hatte. Er beschwerte sich bei diesem Kardinal über den ihm zugefügten Schimpf und forderte seine Verwendung für die Befreiung der Gefangenen. Er schrieb auch an Galeazzo von Sanseverino, welcher den König nach Siena begleitete, und diesen Herren willfahrend, befahl Karl VIII. die Freilassung jener Frauen. Mit einer Bedeckung von vierhundert Franzosen wurden sie bis an die Tore Roms geführt und hier am 1. Dezember von Juan Marades, dem Kämmerer des Papstes, in Empfang genommen.

In ganz Italien machte dieses romantische Ereignis Aufsehen. Man gönnte dem Papst den erlittenen Skandal und verlachte ihn. Ein Brief Trottis, des ferrarischen Gesandten am Hof von Mailand, an den Herzog Ercole mag zeigen, wie Ludovico der Mohr, der Usurpator des Throns seines von ihm vergifteten Neffen, bei dieser Gelegenheit vom Papste urteilte. „Er tadelte heftig Monsignor Ascanio und den Kardinal Sanseverino wegen dieser Zurückgabe von Madonna Julia, Madonna Adriana und Hieronyma an Se. Heiligkeit; denn da diese Frauen das Herz und die Augen des Papstes seien, so würden sie als die besten Geiseln dazu gedient haben, Se. Heiligkeit zu allem, was man wünschen mochte, zu zwingen, da er ohne sie nicht leben will. Die Franzosen, welche sie fingen, haben nicht mehr als dreitausend Dukaten Lösegeld bekommen, und doch würde der Papst mehr als fünfzigtausend gezahlt haben, um sie nur wieder zu erhalten. Der genannte Herr Herzog hat Nachrichten aus Rom, auch von Angelo aus Florenz, welcher dort war, daß, als die Frauen eintrafen, Se. Heiligkeit ihnen entgegenging, gekleidet in ein schwarzes Wams mit Leisten von Goldbrokat, mit einem schönen Gürtel spanischer Mode, und mit seinem Dolch und Degen. Er trug spanische Stiefel und ein samtenes Barett, gar galant. Der Herzog fragte mich lächelnd, was ich dazu dächte, und ich entgegnete ihm ebenso, daß, wenn ich Herzog von Mailand wäre, wie er, ich versuchen wollte, durch den König von Frankreich und auf jedem anderen Wege Se. Heiligkeit unter Vorwand des Akkords zu umgarnen und zu überlisten und mit schönen Worten, wie er selbst getan, ihn und die Kardinäle gefangenzunehmen, was sehr leicht sein würde. Wer den Knecht hat, so sagt man bei uns zu Hause, hat auch den Wagen mitsamt den Ochsen; und ich erinnerte ihn an jenen Vers des Catull, welcher sagt: *tu quoque fac simile ars deluditur arte.*“

Ludovico, der würdige Zeitgenosse der Borgia, einst mit Alexander VI. innig befreundet, haßte jetzt diesen Papst, seitdem er sich von ihm und Frankreich abgewendet hatte, und zumal damals war er über die verräterische Gefangennahme seines Bruders Ascanio tief erbittert. Am 28. Dezember schrieb derselbe Gesandte an Ercole: „Der Herzog Ludovico sagte mir, daß er stündlich erwarte, Messer Bartolommeo da Calco mit einer Stafette ankommen zu sehen, ihm zu melden, der Papst sei festgenommen und enthauptet worden. Es bleibt dem Leser überlassen, anzunehmen oder nicht, daß Ludovico aus eben diesem Haß sich Verleumdungen oder doch Übertreibungen in betreff des Papstes erlaubte, als er jenes Zwiegespräch mit Trotti hatte, oder als er öffentlich in seinem Staatsrat behauptete: „daß sich der Papst soeben drei Frauen hat kommen lassen; die eine ist eine Nonne aus Valencia, die andere ist Castilianerin, die dritte ist ein bildschönes Mädchen aus Venedig, fünfzehn oder sechzehn Jahre alt". „Man spricht hier in Mailand", so fügte Trotti in seiner Depesche hinzu, „öffentlich über diesen Papst solche Schmähungen aus, wie man sie etwa in Ferrara über den Torta auslassen würde."

Es ist in anderen Geschichten zu lesen, wie Karl VIII. siegreich, ohne zu siegen, bis nach Rom und Neapel vordrang. Sein Eroberungszug durch Italien ist vielleicht die demütigendste aller Invasionen, welche dieses Land erlitten hat; aber sie lehrt, daß, wenn Staaten und Völker zum Untergange reif geworden sind, auch die Kraft eines schwachköpfigen Knaben ausreicht, sie zu Fall zu bringen. Der Papst überlistete diesen Monarchen Frankreichs, welcher, statt ihn durch ein Konzil absetzen zu lassen, vor ihm auf die Knie fiel, ihn als den Statthalter Christi anerkannte und mit ihm einen Vertrag schloß.

Er brach dann nach Neapel auf, und dieses Land fiel nach kurzer Zeit in seine Gewalt. Als sich sodann Italien ermannte und die Liga wider ihn schloß, mußte Karl VIII. seinen Rückzug nehmen. Alexander entwich vor ihm erst nach Orvieto und dann nach Perugia. Dorthin rief er Johann Sforza, welcher am 16. Juni 1495 mit seiner Gemahlin kam, vier Tage daselbst blieb und dann nach Pesaro zurückkehrte. Der König von Frankreich schlug sich hierauf am Taro glücklich durch die Armee der Liga, und entrann so mit Ehren dem Tod oder der Gefangenschaft.

Nach Rom zurückgekehrt, setzte sich Alexander VI. nur um so fester auf den Heiligen Stuhl, um welchen er seine ehrgeizigen Bastarde versammelte, und diese Borgia erhoben sich um so furchtloser, als eben die Erschütterung aller Verhältnisse Italiens durch die Invasion Karls VIII. es ihnen leichter machte, ihre Absichten durchzuführen.

Lucrezia blieb noch einige Zeit in Pesaro mit ihrem Gemahl, welchen Venedig für die Liga in Sold genommen hatte. Doch weder in der Schlacht am Taro noch bei der Belagerung Novaras war Giovanni Sforza persönlich erschienen. Als nun im Oktober 1495 der Friede zwischen Karl VIII. und dem Herzog von Mailand geschlossen war, wodurch der Krieg in Oberitalien zum Stillstand kam, mochte Sforza seine Gemahlin nach Rom zurückführen. Marin Sanudo berichtet von ihrer Anwesenheit in dieser Stadt am Ende des Oktober, und Burkard zeigt uns hier Lucrezia am Weihnachtsfest.

Im Dienst der Liga befehligte Sforza dreihundert Mann Fußvolk und hundert schwere Reiter. Mit diesem Korps sollte er im Frühling des folgenden Jahres nach Neapel abrücken, wo die bündische Armee den jungen König Ferrante II. im Kampfe wider die Franzosen unter Montpensier kräftig unterstützte. Dorthin zog selbst der Generalkapitän Venedigs, der Marchese von Mantua, welcher am 26. März 1496 in Rom eintraf. Am 15. April kam auch Sforza mit seinem Söldnerhaufen und rückte am 28. April von Rom ab, indem er hier seine Gemahlin zurückließ. Am 4. Mai erreichte er Fundi.

Noch immer befanden sich damals die beiden Söhne Alexanders, Don Juan und Don Jofré, im Auslande. Jener, der Herzog von Gandìa, war gleichfalls von Venedig in Sold genommen und wurde von Spanien her erwartet, um den Oberbefehl über vierhundert Mann zu übernehmen, welche für ihn sein Leutnant Alovisio Bacheto versammelte. Der andere, Don Jofré, war, wie wir gesehen haben, im Jahre 1494 nach Neapel gegangen, wo er sich mit Donna Sancìa vermählt hatte und zum Prinzen von Squillace ernannt worden war. Als Mitglied des Hauses Aragon teilte er auch die Gefahren der sinkenden Dynastie, um dadurch den Papst zu bewegen, diese nicht preiszugeben. Er begleitete den König Ferrante auf seiner Flucht und folgte auch dessen Fahnen, als derselbe nach dem Rückzuge Karls VIII. mit Hilfe Spaniens, Venedigs und des Papstes sich seines Königreichs wieder bemächtigte und im Sommer 1495 in Neapel einzog.

Erst im folgenden Jahre kam Don Jofré mit seiner Gemahlin nach Rom. Beide hielten ihren Einzug am 20. Mai 1496 mit königlichem Gepränge. Die Gesandten, die Kardinäle, die Magistrate der Stadt, viele Barone zogen ihnen vor das Lateranische Tor entgegen. Auch Lucrezia kam mit ihrem Hofstaate. So wurde das junge Paar nach dem Vatikan geführt. Der Papst empfing Sohn und Schwiegertochter auf seinem Thron, von elf Kardinälen umgeben. Zu seiner Rechten ließ er Lucrezia, zu seiner Linken Sancìa auf Kissen niedersitzen. Es war die Pfingstzeit. An diesem Fest sah man beide Prinzessinnen und deren Hofdamen im S. Peter, wo sie sich dreist auf den Sitzen der Domherren niederließen und dadurch, nach der Bemerkung Burkards, dem Volk ein öffentliches Ärgernis gaben.

Drei Monate später, am 10. August 1496, hielt auch der älteste Sohn Alexanders, Don Juan Herzog von Gandìa seinen Einzug in Rom, um fortan daselbst zu bleiben, wo ihn sein Vater zu einem großen Fürsten zu machen beschlossen hatte. Nirgends wird gesagt, daß er seine Gemahlin Donna Maria mit sich brachte.

So hatte damals Alexander VI. zum erstenmal alle seine Kinder um sich versammelt, und es gab im vatikanischen Borgo nicht weniger als drei Nepotenhöfe. Juan residierte im Vatikan; Lucrezia im Palast S. Maria in Porticu; Jofré im Haus des Kardinals von Aleria an der Engelsburg, und Cesar in demselben Borgo.

Alle diese Menschen waren Emporkömmlinge, die nach Ehren, Macht und Genuß gierten, alle waren sie jung und schön, fast alle auch lasterhaft, anmutsvoll beredte Frevler und, wie solche im alten Rom, von den liebenswürdigsten und feinsten Formen der Geselligkeit. Denn nur das bornierte Urteil, welches nichts sieht als die grellen Taten jener Menschen, mag sich in den Borgia eine wilde und rohe Brut als wie von Tigerkatzen durch Natur ausmalen. Sie waren privilegierte Verbrecher, gleich vielen Prinzen und Herren in ihrer Zeit. Sie gebrauchten Gift und Dolch erbarmungslos; sie räumten fort, was ihrer Leidenschaft im Wege stand, und lachten, wenn die diabolische Tat gelang.

Wenn wir die Mysterien des Lebens kennten, welches jene ausgelassenen Bastarde um den Vatikan her aufführten, in dessen Gemächern jetzt ihr Vater im Bewußtsein seiner Sicherheit und Größe thronte, so würden wir freilich befremdende Dinge vor uns sehen. Es war ein geradezu unerhörtes Schauspiel, welches dieser Bezirk des Sankt Peter darbot, wo zwei junge und schöne Frauen glänzenden Hof hielten, wo man täglich Schwärme von spanischen und italienischen Kavalieren und Damen in Bewegung sah, und die elegante Welt Roms, Adel und Monsignoren, sich herzudrängten, diesen Frauen zu huldigen. Von ihnen war Lucrezia erst sechzehn, Sancìa kaum mehr als siebzehn Jahre alt.

Man mag sich darstellen, welche Liebesränke in den Palästen dieser jugendlichen Weiber alsbald gesponnen wurden, und wie dort Eifersucht und Ehrgeiz ihr verworrenes Spiel trieben. Denn niemand wird glauben, daß diese Prinzessinnen voll Jugendlust und Übermut wie Nonnen oder Heilige im Schatten des Sankt Peter lebten. Ihre Paläste erschallten vielmehr von Musik und Tanz, von Banketten und Maskenspielen. Man sah diese Frauen in prachtvollen Kavalkaden durch Rom und zum Vatikan ziehen; man sah den Papst in täglichem Verkehr mit ihnen, sei es, daß er sie in Person besuchte und an ihren Festen Anteil nahm, oder daß er sie bald privaterweise, bald mit offiziellem Gepränge als Prinzessinnen seines Hauses empfing. Alexander selbst liebte, sosehr er der Sinnlichkeit ergeben war, keine schwelgerischen Gelage. Im Jahre 1495 schrieb von ihm der ferrarische Gesandte Boccaccio an seinen Herrn: „Der Papst ißt nur von einem Gericht, obschon dies reichlich sein muß. Es ist daher eine Pein, mit ihm zu speisen. Ascanio und andere, zumal der Kardinal Monreale, welche die Tischgenossen Sr. Heiligkeit zu sein pflegten, und so auch Valenza, haben sich, weil ihnen solche Kargheit nicht gefällt, dieser Genossenschaft entzogen und fliehen dieselbe, wo und wie sie das nur immer tun können."

Das Treiben im Vatikan mußte tausend Gerüchte erzeugen, und in Rom stand die Skandalsucht seit Alters in üppiger Blüte. Schon im Oktober 1496 erzählte man in Venedig, daß der Herzog von Gandìa seinem Vater eine Spanierin zugeführt habe, mit welcher er lebe; und man meldete dorthin einen frevelhaften Vorgang, der fast unglaublich scheint, aber doch vom venezianischen Botschafter und anderen Personen berichtet wurde.

Viel machte bald Donna Sancìa von sich reden. Sie war schön und leichtfertig; sie fühlte sich als die Tochter eines Königs. Von dem lasterhaftesten der Höfe war sie in das verderbte Rom versetzt, als Gemahlin eines unreifen Knaben. Man erzählte, daß ihre Schwäger Gandìa und Cesar sich um ihren Besitz stritten und ihn abwechselnd erwarben, und daß sich junge Barone oder junge Kardinäle wie Hippolyt von Este ihrer Gunst rühmen konnten.

Wohl mochte Savonarola auch diese Nepotenhöfe im Auge haben, wenn er auf der Kanzel zu S. Marco in Florenz mit glühender Entrüstung gegen das römische Sodom eiferte.

Auch wenn nicht die Stimme des großen Predigers zu ihr drang, von dessen Ruf damals Italien widerhallte, konnte Lucrezia aus eigener Erfahrung wissen, daß die Welt, in der sie lebte, ruchlos war. Sie sah um sich her Laster, die sich schamlos entschleierten oder mit Würde umhüllten; Ehrgeiz und Habsucht, die vor keinem Verbrechen zurückbebten, eine Religion heidnischer als das Heidentum, einen kirchlichen Kultus, in welchem jene heiligen Schauspieler, deren Lebenswandel hinter der Szene sie ganz genau kannte, die Priester, die Kardinäle, ihr Bruder Cesar, ihr eigener Vater die Mysterien der Gottheit mit Pomp und Anstand zu vollziehen wußten. Das alles sah Lucrezia, aber diejenigen irren, welche glauben, daß sie oder andere ihresgleichen es so sah und beurteilte, wie wir heute Lebenden, oder wie wenige damals Lebende von reiner Gesinnung. Denn den Blick der gewöhnlichen Menschen stumpft Erziehung und Gewohnheit für die Erkenntnis des Wahren zu allen Zeiten ab. Zu jener Zeit aber waren selbst die Begriffe von der Religion, vom Schicklichen und Moralischen nicht die heute geltenden.

Nachdem sich in der Renaissance der erste Bruch mit dem Mittelalter und seiner asketischen Kirche vollzogen hatte, trat eine schrankenlose Emanzipation der Leidenschaften ein. Alles, was für heilig gegolten hatte, wurde verlacht. Die italienischen Freigeister erschufen eine Literatur, deren nackter Zynismus nirgend seinesgleichen hat. Von dem Hermaphroditus des Beccadelli bis zu Berni und Pietro Aretino herab breitete sich in Novellen, Epigrammen und Komödien ein literarischer Sumpf aus, vor dessen Anblick der ernste Dante wie vor einem höllischen Pfuhle würde zurückgebebt sein.

Selbst in den minder lasziven Novellen, deren Reihe Piccolomini mit dem Euryalus begann, und in den minder obszönen Komödien sind doch immer Ehebruch und die Verspottung der Ehe das herrschende Motiv. Die Hetäre wurde die Muse der schönen Literatur der Renaissance. Sie stellte sich dreist neben die Heilige der Kirche, mit ihr um die Palme des Ruhms zu streiten. Eine handschriftliche Gedichtsammlung aus der Zeit Alexanders VI. enthält eine fortlaufende Reihe von Epigrammen, welche erst die Jungfrau Maria und viele heilige Frauen feiern, und dann in demselben Atemzuge, ohne Absatz noch Bemerkung, Hetären der Zeit verherrlichen. Denn gleich auf die heilige Paula folgt hier das Epigramm Meretricis Nichine, einer berühmten Kurtisane Sienas; dann eine Reihe ähnlicher Art. Die Heiligen des Himmels und die Jüngerinnen der Venus wurden ohne weiteres nebeneinandergestellt, als berühmte Frauen.

Kein anständiges Weib würde heute bei der Aufführung einer jener

Renaissance-Komödien zugegen sein wollen, welche Päpste und Fürsten oftmals Damen zu Ehren in Szene setzen ließen, und ihre Aufführung würde die Sittenzensur jedes Landes von jeder Bühne verbannen, selbst wenn ihr Publikum nur aus Männern bestände.

Die Natürlichkeit, mit welcher Frauen des Südens Dinge behandeln, welche man im Norden zu verschleiern pflegt, setzt noch heute oft in Verwunderung; aber dasjenige, was der Geschmack oder die Sitte in der Renaissance ertrug, ist geradezu unglaublich. Man muß freilich erwägen, daß jene obszöne Literatur damals keineswegs die Verbreitung hatte, welche heute unsere Novellenliteratur besitzt, und außerdem, daß die südliche Gewohnheit an das Natürliche dem Weibe selbst zur Schutzwehr diente. Vieles blieb äußerlich und ward so behandelt, ohne auf die Phantasie einzuwirken. Mitten in den Lastern der städtischen Gesellschaft gab es Frauen edler Art, die sich rein erhielten.

Was die Sittlichkeit der Großen, zumal der Höfe jener Zeit betrifft, so muß man die Geschichte der Visconti und Sforza, der Malatesta von Rimini, der Baglioni von Perugia und der Borgia von Rom lesen, um davon einen Begriff zu haben. Sie waren nicht sittenloser als die Höfe der Zeit Ludwigs XIV. und XV. und Augusts von Sachsen, aber sie waren schrecklicher durch ihre mörderischen Frevel. Der Wert des Menschenlebens stand im niedrigsten Preise, während die verbrecherische Selbstsucht offen mit dem Prädikat der Großsinnigkeit *(magnanimitas)* bezeichnet wurde, ohne daß man auf die blutigen Opfer sah, welche Ehrgeiz und Habsucht erwürgten. Egoismus und gemütlose Ausbeutung von Verhältnissen und Menschen waren nirgends so an der Regel, als im Vaterland Machiavellis, und die Italiener mögen, wenn sie aufrichtig sein wollen, die Frage beantworten, ob hier diese Fehler nicht auch heute noch öfters zur Erscheinung kommen. Frei von den pedantischen Vorurteilen der Deutschen und deren Verehrung des Standes, Ranges und des Geburtsadels, welche sich bei diesen als eine Angewöhnung vom Mittelalter her festgesetzt hat, haben die Italiener im Gegenteil jede Macht der Persönlichkeit, und mochte sie noch so bastardisch und illegitim sein, sofort anerkannt, aber sie sind auch ebenso leicht die Sklaven des Erfolgs gewesen. Machiavelli behauptet, daß die Schuld des moralischen Verfalls Italiens die Kirche und die Priester trugen, aber waren etwa diese Kirche und diese Priester nicht Produkte Italiens? Er hätte sagen sollen, daß Wesenheiten, welche bei den Germanen innerliche werden, bei den Italienern äußerliche bleiben. Luther konnte unter ihnen nie entstehen. Wer noch daran zweifeln sollte, frage einmal, was und wer hier entstanden ist nach dem letzten Konzil des Jahres 1870.

Wenn für uns die Ansicht über Alexander VI. und Cesar wesentlich durch die Moral bestimmt wird, so war das nicht bei Guicciardini und am wenigsten bei Machiavelli der Fall. Sie beurteilten nicht den sittlichen, sondern den politischen Menschen, nicht seine Motive, sondern seine Praxis. Das Schreckliche war nicht abschreckend, wenn es als die Tat eines kühnen Willens erschien, und das Verbrechen nicht schändlich, wenn es sich als ein Kunstwerk bewundern ließ. Die furchtbare Handlungsweise Ferdinands von Neapel in der Verschwörung der Barone seines Königreichs machte diesen Despoten nicht abscheulich, sondern groß, und die Hinterlist, mit welcher später Cesar Borgia seine abtrünnigen Condottieri in Sinigaglia umgarnte, beschrieb Machiavelli wie ein Meisterstück, während es der Bischof Paul Jovius „den schönsten Betrug“ nannte. In jener Welt des Egoismus, wo es kein Tribunal der öffentlichen Meinung gab, konnte sich der Mensch nur erhalten, wenn er die Gewalt zu überwältigen und die List zu überlisten suchte. Wenn die Franzosen nichts so sehr scheuten und scheuen als die Lächerlichkeit, so war und ist dem Italiener kein Prädikat abscheulicher als das des „Gimpels“.

Mit einer schrecklichen Aufrichtigkeit gibt einmal Machiavelli in seinen *Discorsi* (I, 27) seine Herzensmeinung zu erkennen, und was er sagt, beleuchtet die ganze Moral eines Zeitalters. Er erzählt, daß Julius II. sich nach Perugia hineinwagte, obwohl Giampolo Baglione, der, von ihm eingeschüchtert, jene Stadt ihm übergab, darin viel Kriegsvolk versammelt hatte. Er bemerkt wörtlich dazu, wie folgt: „Leute von Urteil, welche mit dem Papst waren, wunderten sich über dessen Tollkühnheit und die Feigheit Giampolos; sie konnten es nicht begreifen, warum dieser nicht zu seinem ewigen Ruhm mit einem einzigen Schlage seinen Feind erdrückte und von der Beute sich reich machte, da den Papst alle Kardinäle mit all ihren Kostbarkeiten begleiteten. Man konnte unmöglich glauben, daß ihn Güte oder eine Gewissensregung davon abhielt; denn das Herz eines ruchlosen Menschen, welcher es mit seiner Schwester hielt, nachdem er Vettern und Neffen umgebracht hatte, um zu herrschen, konnte keinerlei Bedenken aus Pietät zugänglich sein. Doch man kam zu dem

Schluß, daß die Menschen weder mit Ehren frevelvoll noch vollkommen gut zu sein verstehen, und wenn ein Verbrechen in sich selbst Größe oder eine gewisse Großartigkeit hat, so wissen sie nicht darauf einzugehen. So geschah es mit Giampolo; er, welcher Inzest und öffentlichen Verwandtenmord für nichts achtete, verstand nicht, oder besser gesagt, er wagte nicht, trotz des berechtigten Augenblikkes, eine Tat zu tun, wobei jeder seinen Mut würde bewundert und er einen unsterblichen Namen würde erworben haben. Denn er zuerst würde den Priestern gezeigt haben, wie gering Menschen zu achten sind, welche leben und regieren wie sie, und er zuerst würde eine Tat vollbracht haben, deren Größe jede Schmach und jede Gefahr, die daraus hätte erwachsen können, würde überragt haben."

Darf man sich wundern, daß bei solcher Herabsetzung der Moral auf die Begriffe von Gewinn, Ruhm und Großartigkeit, wie sie Machiavelli dort und in seinem „Fürsten" ausgestellt hat, Menschen wie die Borgia den weitesten Spielraum für ihre kühnen Verbrechen fanden? Sie wußten wohl, daß die Größe des Frevels dessen Schande deckte. Der gefeierte Dichter Strozzi in Ferrara versetzte Cesar Borgia nach seinem Fall unter die Heroen des Olymp, und der berühmte Bembo, einer der ersten Männer jenes Zeitalters, tröstete Lucrezia nach dem Tode des erbärmlichen kleinen Alexanders VI., den er geradezu ihren „großen" Vater nannte.

Kein edler und seiner Bedeutung sich bewußter Mann würde heute in die Dienste eines Fürsten treten wollen, der mit den Verbrechen der Borgia gebrandmarkt wäre, vorausgesetzt, daß ein solcher heute seine fürstliche Stellung behaupten könnte, was unmöglich ist. Aber die besten und genialsten Männer ertrugen oder suchten ohne weiteres die Nähe und die Gunst der Borgia. Pinturicchio und Perugino malten für Alexander VI., und das bewundernswürdigste Genie der Zeit, der große Leonardo da Vinci, trat ohne Bedenken in die Dienste Cesar Borgias als dessen Ingenieur, ihm Festungen in derselben Romagna zu bauen, welche er mit so teuflischen Mitteln erobert hatte.

Die Menschen der Renaissance waren im hohen Grade tatkräftig und schöpferisch; sie gestalteten die Welt um, mit einer revolutionären Energie und fieberhaften Tätigkeit, gegen welche der Prozeß moderner Zivilisation sanft erscheinen muß. Ihre Triebe waren roher und gewaltiger und ihre Nerven stärker als die des heutigen Geschlechts. Es wird immer wunderbar erscheinen, daß die zartesten Blüten der Kunst, die idealsten Schöpfungen der Malerei auf dem

Grunde einer Gesellschaft erwuchsen, deren sittliche Verderbnis und innere Brutalität uns heute Lebenden unerträglich sein müßte. Wenn wir einen Menschen, wie ihn unsere Zivilisation erzogen hat, mitten in jene Renaissance versetzten, so würde die tägliche Barbarei, welche an den damals Lebenden eindruckslos vorüberging, sein Nervensystem zugrunde richten und vielleicht seinen Geist verwirren.

Lucrezia Borgia lebte in jener Luft Roms, und sie selbst war nicht besser und nicht schlimmer als die Frauen ihrer Zeit. Sie war lebensfroh und leichtsinnig. Wir wissen nicht einmal, ob sie jemals sittliche Kämpfe durchgekämpft, ob sie sich je im bewußten Widerspruch zu den Tatsachen ihres Lebens und ihren Umgebungen befunden hat. Sie hielt einen Hof, den ihr Vater reichlich wird ausgestattet haben, und sie war im täglichen Verkehr mit den Höfen ihrer Brüder. Sie war die Genossin und die Zierde ihrer Feste; sie wurde die Vertraute der Intrigen im Vatikan, welche sich auf die Größe der Borgia bezogen, und darin mußte sich bald alles dasjenige konzentrieren, was ihr lebhaftestes Interesse bildete.

Sie erscheint zwar nirgends, und auch nicht in späterer Zeit als eine Frau von außerordentlichem Genie; sie hatte keine der Eigenschaften, welche sie zu einer Virago machen konnten, wie Catarina Sforza oder wie Ginevra Bentivoglio; noch besaß sie den ränkevollen Sinn einer Isotta von Rimini, oder das geistige Leben der Isabella Gonzaga. Wenn sie nicht die Tochter Alexanders VI. und die Schwester Cesars gewesen wäre, so würde sie kaum in der Geschichte ihrer Zeit bemerkt worden sein oder nur als ein reizendes vielumworbenes Weib in der Masse der Gesellschaft sich verloren haben. Doch in den Händen ihres Vaters und Bruders wurde sie das Werkzeug und auch das Opfer von politischen Berechnungen, welchen sie kaum einen Widerstand entgegenzusetzen die Kraft besaß.

XII

Giovanni Sforza mochte im Herbst des Jahres 1496 aus Neapel zurückgekehrt sein, nachdem dort die Reste der französischen Armee kapituliert hatten. Ohne Zweifel war er nach Rom gekommen, um dann mit Lucrezia in sein Land heimzugehen. Er befand sich daselbst am Ende jenes Jahres und brachte den Winter dort zu; aber die Annalisten Pesaros erzählen, daß er am 15. Januar 1497 diese Stadt maskiert verließ und ihm tags darauf Lucrezia nachfolgte, wohl um sich nach Rom zu begeben. Denn hier feierten beide das Osterfest.

Sforza war übrigens ein schon aufgebrauchtes Spielzeug, welches Alexander fortzuwerfen gedachte. Denn die Ehe seiner Tochter mit dem Tyrannen von Pesaro bot ihm keinen Vorteil mehr in einer Zeit, wo die Sforza ihre Bedeutung verloren hatten und sich größere Verbindungen für das Haus Borgia darboten. Es mußte schon auffallen, daß der Papst seinem Schwiegersohn keine Befehlshaberstelle im Krieg wider die Orsini gab, welchen er sofort unternahm, nachdem sein Sohn Don Juan aus Spanien zurückgekehrt war, denn diesen wollte er mit den Gütern jener mächtigen Barone ausstatten. Er rief in seinen Sold den Herzog Guidobald von Urbino, welcher gleichfalls in der bündischen Armee in Neapel gedient hatte, und den ihm die Venezianer abtraten, damit er den Oberbefehl der päpstlichen Truppen übernehme.

Dieser edle Mann war der Letzte vom Haus der Montefeltre, und schon hatten es die Borgia auf sein Erbe abgesehen. Seine Schwester Giovanna war im Jahre 1478 mit dem Stadtpräfekten Giovanni Rovere, dem Bruder des Kardinals Julian vermählt worden, und sie hatte ihm im Jahr 1490 Francesco Maria geboren, welches Kind als Erbe von Urbino galt. Guidobald verschmähte es nicht, gleich allen anderen Dynasten, als Condottiere um Sold und Ehre zu dienen; er war außerdem Lehnsmann der Kirche. Furcht zwang ihn, die Freundschaft der Borgia zu suchen, auch wenn er diese haßte.

Im Krieg wider die Orsini erhielt neben Guidobaldo den Oberbefehl der junge Herzog von Gandìa, welchen Alexander zum Bannerträger der Kirche und zum Rektor von Viterbo und dem ganzen Patrimonium machte, nachdem er Alessandro Farnese von dieser Stelle entsetzt hatte. Daß er dies tat, deutet eine Verstimmung gegen den Bruder Julias an. Am 17. September 1496 schrieb der mantuanische Agent Johannes Carolus aus Rom an die Markgräfin Gonzaga: „Der Kardinal Farnese ist in seiner Legation im Patrimonium kassiert, und wird sie verlieren, wenn nicht die schnelle Rückkehr Julias ihn rettet."

Derselbe Gesandte meldete jener Fürstin wie folgt: „Weil man verhüten will, daß diese Söhne des Papstes in Neid gegeneinander entbrennen, so steht das Leben des Kardinals von S. Georg (Rafael Riario) in Gefahr; stirbt er, so wird Cesar das Amt des Camerlengo und den Palast des verstorbenen Kardinals von Mantua erhalten, welcher der schönste in Rom ist, nebst den besten Benefizien jenes. Ew. Exzellenz möge daraus ersehen, in welchem Zuge das Glück dieser Maranen ist."

Der Krieg wider die Orsini endete übrigens mit der schimpflichsten Niederlage der Päpstlichen bei Soriano am 23. Januar 1497, wobei Don Juan verwundet nach Rom entfloh, und Guidobald in Gefangenschaft geriet. Die Sieger erzwangen alsbald einen sehr günstigen Frieden.

Lucrezias Gemahl mochte erst nach dem Ende jenes Krieges in Rom wieder eingetroffen sein. Er wird uns dort am Osterfest des Jahres 1497 zum letztenmal sichtbar, wo er als Schwiegersohn Alexanders seinen offiziellen Platz bei der Feierlichkeit im S. Peter einnahm und die Osterpalme neben Cesar und Gandìa aus der Hand des Papstes empfing. Aber seine Stellung im Vatikan war unhaltbar geworden: Alexander wollte die Ehe Lucrezias mit ihm auflösen. Man forderte von Sforza, ihr freiwillig zu entsagen und drohte ihm mit dem Äußersten, als er das verweigerte.

Nur schnelle Flucht rettete ihn damals vor den Dolchen oder dem Gift seiner Schwäger. Nach dem Bericht der Chronisten Pesaros war es Lucrezia selbst, die ihrem Gatten dazu verhalf und so ein Zeichen von Teilnahme auf diesen traurigen Weg mitgab. Als sich eines Abends, so erzählen sie, Jacomino, der Kämmerer des Herrn Giovanni, im Gemach Madonnas befand, kam dorthin ihr Bruder Cesar, und Jacomino verbarg sich auf ihr Geheiß hinter einem Spalier. Cesar redete frei mit der Schwester und sagte unter anderem, daß man den Befehl gegeben habe, Sforza umzubringen. Als er fort war, sagte Lucrezia zu Jacomino: „Hast du alles gehört? Geh' und gib es ihm zu wissen." Der Kämmerer tat dies sofort, und Giovanni Sforza warf sich auf ein türkisches Pferd und jagte mit verhängten Zügeln in vierundzwanzig Stunden nach Pesaro, wo das Pferd tot zusammenstürzte.

Nach Briefen des venezianischen Botschafters in Rom fand diese Flucht im März während der heiligen Woche statt, und Sforza entkam unter dem Vorwand eines Ganges nach der Kirche S. Onofrio, wo er die für ihn bereit gehaltenen Pferde fand.

Die Forderung der Ehescheidung war schwerlich von Lucrezia, sondern von ihrem Vater und ihren Brüdern ausgegangen, welche die Hand jener für eine ihren Absichten angemessene Heirat freimachen wollten. Wir wissen nichts von den Auftritten, die nun im Vatikan stattfanden, oder von einem Widerstande Lucrezias, und dieser wird ein nur kurzer gewesen sein; denn ihren Gemahl scheint sie nicht geliebt zu haben. Die Entweichung Pesaros war übrigens den Borgia nicht bequem. Sie hätten diesen Mann lieber für immer stumm machen mögen; nun er entronnen war und Widerspruch erhob, mußte die Ehescheidung durch einen geräuschvollen Prozeß durchgesetzt werden.

Kurze Zeit nach der Flucht Sforzas ereignete sich im Hause der Borgia das schreckliche Trauerspiel, die mysteriöse Ermordung des Herzogs von Gandìa. Nachdem die Absicht Alexanders fehlgeschlagen war, diesen seinen geliebten Sohn mit den Ländereien der Orsini auszustatten, wollte er ihn auf andere Weise entschädigen. Er ernannte ihn zum Herzog von Benevent, wodurch er ihm den Weg zum Thron in Neapel zu bahnen hoffte. Wenige Tage später, am 14. Juni, lud Vannozza ihn und Cesar nebst anderen Verwandten zu einem Abendessen in ihrem Weinberg bei S. Pietro ad Vincula. In der Nacht verschwand der von diesem Familienfest heimgekehrte Don Juan spurlos und drei Tage später fischte man die Leiche des Ermordeten im Tiber auf.

Nach dem allgemeinen Urteil jener Zeit und nach allen Gründen der Wahrscheinlichkeit war Cesar der Mörder seines Bruders. Seit jenem Augenblick, wo Alexander VI. dieses Verbrechen geschehen sah, die Motive und Folgen davon auf sich nahm und dem Mörder verzieh, wurde er auch zum moralischen Mitschuldigen der Tat, und er selbst sank unter die Herrschaft seines furchtbaren Sohnes. All sein späteres Tun stand im Dienst von dessen teuflischem Ehrgeiz.

Kein Bericht jener Zeit erwähnt der Gemahlin Don Juans bei diesem Ereignis in Rom. Man muß deshalb annehmen, daß sie sich nicht hier befand, als ihr Gatte ermordet wurde. Sie hatte vielmehr Spanien nicht verlassen, sondern lebte mit ihren zwei kleinen Kindern in Gandìa oder in Valencia. Sie erhielt dort die Schreckenskunde durch einen Brief, welchen Alexander an seine Schwester Donna Beatrice Boria y Arenos gerichtet hatte. Dies sagt ein valencianisches Aktenstück. Denn am 27. September 1497 erschien in jener Stadt Donna Maria Enriquez vor dem Tribunal des Governators des Königreichs Valencia, Don Luis de Cabaineles, und beanspruchte die Nachfolge des ältesten Sohnes Don Juans, eines Kindes von drei Jahren, in dessen Gütern, namentlich dem Herzogtum Gandìa und den neapolitanischen Lehen Sessa, Teano, Carinola und Montefoscolo. Der Tod des Herzogs wurde durch gerichtliche Zeugnisse beglaubigt, unter denen auch jener Brief Alexanders vorgewiesen ward: demgemäß anerkannte das Tribunal den Sohn Gandìas als den Majoratserben.

Donna Maria reklamierte auch das mobile Vermögen ihres Gatten aus dessen Hause in Rom, und dasselbe, dreißigtausend Dukaten an Wert, hatte Alexander VI. gleich nach dem Tode Don Juans dem Brudermörder Cesar zur Verwaltung für seinen Neffen übergeben, wie das aus einem Aktenstück des römischen Notars Beneimbene vom 19. Dezember 1498 hervorgeht.

Während dieses Ereignisses befand sich Lucrezia nicht in ihrem Palast am Vatikan; sondern sie war schon am 4. Juni in das Nonnenkloster von S. Sisto auf der Via Appia gegangen, und dies hatte großes Aufsehen in Rom gemacht. Unzweifelhaft hing ihre Entfernung mit der gewaltsamen Trennung ihrer Ehe zusammen. Wenn ihr Vater es nicht selber war, der seine Tochter nach S. Sisto verbannte, so mochte sie, aufgeregt durch die Flucht Pesaros und ihre Folgen, und vielleicht im Zerwürfnis mit jenem, diese Zufluchtsstätte gesucht haben. Ein solches Zerwürfnis deutet ein Brief an, welchen Donato Aretino aus Rom am 19. Juni an den Kardinal Hippolyt von Este schrieb: ,,Madonna Lucrezia ist aus dem Palast hinweggegangen *insalutato hospite* und in ein Nonnenkloster gezogen, welches S. Sisto heißt. Dort befindet sie sich. Einige sagen, daß sie Nonne werden will, und andere behaupten viele andere Dinge, die man einem Brief nicht anvertrauen darf."

Was Lucrezia dort an den Altären der Heiligen zu klagen, und was zu beichten hatte, wissen wir nicht; doch mochte sie seit Jahren nie eine Zeit so ernster Einkehr in sich selbst erlebt haben. Sie erfuhr in jenem Kloster den schrecklichen Tod des einen Bruders und bebte vor dem Frevel des anderen zurück. Denn so wenig als ihr Vater und ihre ganze Familie durfte sie daran zweifeln, daß Cesar zum Kain geworden war. Sie kannte die Ziele seines mörderischen Ehrgeizes genau; sie wußte, daß er damit umging, den Kardinalspurpur abzulegen und sich in einen weltlichen Fürsten zu verwandeln; sie mußte es wissen, daß man im Vatikan den Plan erwog, Don Jofré an Cesars Stelle zum Kardinal zu machen, diesen selbst aber mit dessen Gemahlin Donna Sancìa zu vermählen, mit welcher er ein fast offenkundiges Liebesverhältnis unterhielt.

Alexander befahl diesem Jofré mit seinem jungen Weibe Rom zu verlassen und fortan auf seinem Fürstensitz Squillace zu wohnen. Dorthin reiste er auch ab am 7. August. Der Papst, so hieß es, wollte fernerhin weder Kinder noch Nepoten bei sich haben und auch seine Tochter Lucrezia nach Valencia entfernen.

Unterdes war Cesar im Juli noch als Kardinallegat nach Capua gegangen, wo er den letzten der Aragonen Don Federigo zum König von Neapel krönte. Am 4. September kam er nach Rom zurück.

Hier hatte Alexander eine Kommission niedergesetzt, unter dem Vorsitz zweier Kardinäle, welche Lucrezia von Giovanni Sforza scheiden sollte. Diese Richter taten dar, daß Sforza die Ehe niemals vollzogen habe und seine Gemahlin sich noch in jungfräulichem Zustande befinde, worüber ganz Italien lachte, so bemerkt der Zeitgenosse Matarazzo von Perugia. Lucrezia selbst erklärte, dies beschwören zu wollen.

Ihr Gemahl befand sich unterdes in Pesaro. Von dort war er im Juni verkleidet nach Mailand gegangen, um die Protektion des Herzogs Ludovico zu erlangen, in welchen er drang, seinen Einfluß geltend zu machen, damit er seine ihm vorenthaltene Gattin wieder erlange. Er protestierte gegen die erkauften Aussagen in Rom, und Ludovico der Mohr machte ihm den naiven Vorschlag, sich in Mailand vor beglaubigten Zeugen und in Gegenwart des päpstlichen Legaten einer förmlichen Prüfung seiner Tauglichkeit zu unterwerfen, was jedoch Sforza ablehnte. Ludovico und sein Bruder Ascanio drangen endlich in ihren Verwandten, nachzugeben, und der eingeschüchterte Sforza erklärte schriftlich, daß er die Ehe mit Lucrezia niemals vollzogen habe.

Am 20. Dezember 1497 erfolgte sodann die gerichtliche Scheidung, in deren Folge Sforza die Mitgift seiner Gattin von einunddreißigtausend Dukaten wieder herausgab.

Wenn wir annehmen dürfen, daß Alexander seine Tochter zu dieser Trennung zwang, so mag das unser Urteil über das Benehmen Lucrezias in dieser kläglichen Angelegenheit kaum mildern; sie selbst erscheint darin so willenlos wie charakterlos, und auch sie wurde zur Lügnerin. Die Strafe ließ nicht auf sich warten: denn der Scheidungsprozeß setzte sie einem öffentlichen Skandal aus, und er zuerst regte abscheuliche Gerüchte über ihre Privatverhältnisse auf. Sie entstanden oder verbreiteten sich gerade in jener Zeit, wo Gandìa ermordet wurde und die Ehe mit Sforza getrennt werden sollte. Die Ursachen des einen wie des anderen Vorganges suchte man alsbald in Freveln, welche auszusprechen sich das sittliche Gefühl sträubt. Nach einem zweifellosen Zeugnis jener Zeit war es aber der tief beleidigte und wütende Sforza selbst, welcher zuerst und zum Herzog von Mailand denjenigen Verdacht offen aussprach, von dem man heimlich in Rom flüstern mochte. Indem er das zu tun über sich gewann, zeigte er auch, daß er selbst Lucrezia nie geliebt hatte.

Alexander hatte die Ehe seiner Tochter aus politischen Gründen aufgelöst. Seine Absicht war, Lucrezia und Cesar mit dem Königshause in Neapel zu verschwägern. Diese Dynastie hatte sich dort nach der Vertreibung der Franzosen wieder eingerichtet, aber sie war so tief erschüttert, daß sie ihrem letzten Falle zuwankte; eben deshalb lag dem Papst die Aussicht um so näher, Cesar auf den Thron Neapels zu bringen. Der furchtbarste der Borgia nahm jetzt den frei gemachten Platz Gandìas ein, nach welchem er längst getrachtet hatte, und nur aus Rücksichten des Anstandes geduldete sich der Brudermörder noch eine Weile, ehe er das Kardinalsgewand öffentlich ablegte. Aber schon jetzt, da er dasselbe noch trug, unterhandelte der Papst wegen seiner Vermählung.

Er forderte für ihn vom Könige Federigo die Hand seiner Tochter Carlotta, welche als Kind einer Prinzessin von Savoyen am Hofe von Frankreich erzogen wurde. Der König, ein edler Mann, verweigerte das standhaft, und mit Abscheu wies auch die junge Prinzessin die beleidigenden Anträge des Papstes zurück.

Nur zu einem Opfer für den Moloch im Vatikan war der geängstigte Federigo zu bewegen: er willigte in die Verbindung Don Alfonsos, Prinzen von Salerno, des jungen Bruders der Donna Sancìa und natürlichen Sohnes Alfonsos II. mit Lucrezia. Diese Heirat wünschte Alexander aus keinem anderen Grunde, als um den König eben dadurch am Ende doch zur Einwilligung in die Ehe seiner Tochter mit Cesar zu bewegen.

Ehe noch die neue Verbindung Lucrezias gesichert war, ging die Rede in Rom, daß ihr ehemaliger Verlobter Don Gasparo seine Ansprüche wieder geltend mache, ja daß er Aussicht habe, sie zu verwirklichen. Dies geschah indes nicht, aber der Papst anerkannte jetzt, daß die Verlobung Lucrezias mit jenem jungen Spanier auf unrechtmäßige Weise aufgelöst worden war.

In einem Breve vom 10. Juni 1498 stellte er das als einen ungesetzlichen Akt dar, welcher von seiner Tochter ohne hinreichenden Dispens und aus Leichtsinn begangen worden sei, um sodann „durch Irrtum verführt" die Ehe mit Giovanni von Pesaro einzugehen. Wie er in demselben Breve sagte, hatte sich Gasparo von Procida, Graf von Almenara, zwar seither vermählt und Kinder erzeugt, aber Lucrezia hatte das Gesuch gestellt, ihre Verbindung mit ihm jetzt, im Jahre 1498, gesetzlich für nichtig zu erklären. Er absolvierte sie demnach von dem Meineid, in welchen sie dadurch verfallen sei, daß sie trotz ihrer Verbindung mit Don Gasparo Giovanni Sforza geheiratet hatte, und indem er erst jetzt ihre rechtliche Ehe mit dem Grafen von Procida für aufgelöst erklärte, gab er ihr die Freiheit zurück, sich mit jedem anderen Manne, den sie wählen würde, zu vermählen. So frevelhaft spielte ein Papst mit einem der heiligsten Sakramente der Kirche.

Nachdem so Lucrezia gegen alle Ansprüche von Prätendenten ihrer Hand gesichert war, konnte ihr neuer Ehebund geschlossen werden. Dies geschah am 20. Juni 1498 im Vatikan. Wenn wir noch mit den öffentlichen Charakteren der damaligen Zeit unbekannt wären, so würden wir uns verwundern, bei diesem Akt als Stellvertreter des Königs Federigo niemand anders auftreten zu sehen, als denselben Kardinal Ascanio Sforza, welcher erst die Ehe zwischen seinem Neffen und Lucrezia zustande gebracht und dann als Bevollmächtigter Sforzas in ihre schmähliche Trennung gewilligt hatte. So viel lag ihm und seinem Bruder Ludovico an der Erhaltung der Freundschaft der Borgia um jeden Preis.

Lucrezia erhielt eine Mitgift von vierzigtausend Dukaten, und der König Neapels verpflichtete sich, seinem Neffen Alfonso die Städte Quadrata und Biselli als ein Herzogtum zu übergeben.

Der junge Alfonso kam hierauf im Juli nach Rom, um der Gemahl eines Weibes zu sein, welches er mindestens für gewissenlos und in hohem Grade leichtsinnig halten mußte. Er betrachtete sich ohne Zweifel als ein Opfer, welches sein Vater auf die römische Schlachtbank schickte. Ganz still und melancholisch, ohne jede Feierlichkeit, fast heimlich, kam der unglückliche Jüngling nach Rom. Er begab sich sofort zu seiner Gattin in den Palast von S. Maria in Porticu.

Sodann wurde am 21. Juli die Vermählung im Vatikan kirchlich eingesegnet. Zeugen dieser Handlung waren unter anderen die Kardinäle Ascanio, Juan Lopez und Juan Borgia. Nach altem Gebrauch wurde über dem Paar von einem Ritter ein nacktes Schwert gehalten, und diese Zeremonie verrichtete Giovanni Cervillon, Hauptmann der Wachen des Papstes.

XIII

Seit dem Juli 1498 lebte Lucrezia, jetzt Herzogin von Biselli, neben einem neuen Gemahl, einem Jüngling von erst siebzehn Jahren, während sie selbst das achtzehnte vollendet hatte. Sie ging mit ihrem Gatten nicht nach Neapel, sondern blieb in Rom; denn wie der mantuanische Agent seinem Herrn meldete, war es ausdrücklich festgestellt, daß Don Alfonso ein Jahr lang in Rom wohnen sollte, und daß Lucrezia, so lange als ihr Vater lebte, nicht gezwungen werden konnte, ins Königreich Neapel zu gehen.

Der junge Alfonso war liebenswürdig und schön; den schönsten jungen Mann, welcher je in Rom gesehen wurde, nennt ihn Talini, ein römischer Chronist jener Zeit. Lucrezia faßte eine wirkliche Neigung zu ihm; das berichtete der Agent Mantuas schon im August. Aber der jähe Wechsel der Dinge gestattete ihr nicht den ruhigen Genuß eines häuslichen Glücks, wenn von solchem überhaupt die Rede sein konnte.

Das bewegende Prinzip im Vatikan war der maßlose Ehrgeiz Cesars, welcher vor Ungeduld brannte, ein mächtiger Fürst zu werden. Am 13. August 1498 legte er die Kardinalswürde nieder, und jetzt rüstete er seine Abreise nach Frankreich, wo ihm Ludwig XII., seit dem April Nachfolger Karls VIII., den Titel eines Herzogs von Valence und die Hand einer französischen Prinzessin zugesagt hatte. Mit königlicher Verschwendung betrieb Alexander die Ausrüstung seines Sohnes.

Es ereignete sich dabei eines Tages, daß eine Karawane von Maultieren, welche Seiden- und Goldstoffe für Cesar nach Rom führten, von den Leuten des Kardinals Farnese und seines Vetters Pier Paolo im Walde von Bolsena ausgeplündert wurde. Der Papst erließ deshalb heftige Breven an den Kardinal, auf dessen Gütern der Raub, wie er sich beschwerte, in Verwahrung gebracht worden sei.

Im Dienst der Farnese befanden sich viele Korsen, teils ihre Söldner und Bravi, teils ihre Feldarbeiter, und diese überall gefürchteten Menschen mochten jene Güter geplündert haben. Denn kaum wird man glauben dürfen, daß der Kardinal Alessandro diesen Raub auf seine eigene Rechnung unternehmen ließ. Es scheint aber damals eine Spannung zwischen den Farnese und den Borgia bestanden zu haben; der Kardinal lebte meist auf den Gütern seines Hauses, und von seiner Schwester Julia verlautete um jene Zeit nichts. Wir wissen nicht einmal, ob sie in Rom wohnte und ihre Verhältnis zum Papst fortsetzte, doch wird das durch spätere Andeutungen wahrscheinlich. Der Kardinal und seine Schwester werden uns in Rom wieder sichtbar am 2. April 1499, wo im Palast Farnese ein Eheverlöbnis geschlossen wurde zwischen Laura Orsini, der siebenjährigen Tochter Julias, und Federigo Farnese, dem zwölfjährigen Sohn des verstorbenen Condottiere Raymund Farnese, einem Neffen von Pier Paolo. Bei diesem Akt war der vermeintliche Vater Lauras, Ursinus Orsini, anwesend.

Es mochten wohl Adriana und Julia sein, welche das Haus der Orsini mit den Borgia zu versöhnen suchten. Nachdem jene Barone aus ihrem Krieg mit dem Papst siegreich hervorgegangen waren, hatten sie im Frühjahr 1498 einen wütenden Kampf mit ihren Erbfeinden, den Colonna, unternommen, der jedoch für sie mit einer Niederlage endete. Beide Häuser hatten sich hierauf im Juli ausgesöhnt, worüber Alexander in nicht geringe Furcht geriet; denn die feindliche Trennung der zwei mächtigsten Geschlechter Roms war stets eine Bedingung für die weltliche Herrschaft der Päpste über diese Stadt, ihre Vereinigung stets die größte Gefahr für sie. Er suchte daher dieses Bündnis wieder aufzulösen, und es gelang ihm auch, die Orsini in sein Interesse zu ziehen, was diese Herren bald bereuen sollten. Er gewann sie so weit, daß sie sich mit den Borgia verschwägerten. Paul Orsini, der Bruder des Kardinals Giambattista, vermählte am 8. September 1498 seinen Sohn Fabio mit Hieronyma Borgia, einer Schwester des Kardinals Juan Borgia des Jüngeren. Vor einer glänzenden Versammlung wurde dieser Ehebund im Vatikan in Gegenwart des Papstes geschlossen, und dort erschien auch als offizieller Zeuge Don Alfonso von Biselli: er hielt das Schwert über dem jungen Paar.

Bald darauf am 1. Oktober schiffte sich Cesar Borgia nach Frankreich ein; dort ward er Herzog von Valence und er vermählte sich im Mai 1499 mit Charlotte d'Albret, der Schwester des Königs von Navarra. An jenem Hofe fand er zwei Männer, welche später in seine Schicksale entscheidend eingreifen sollten, Georg von Amboise, den

Erzbischof von Rouen, dem er den Kardinalshut mitgebracht hatte, und Julian Rovere. Rovere, bisher der erbitterte Feind Alexanders, ließ sich jetzt durch den König Frankreichs für die Interessen der Borgia gewinnen; ja er gab sich sogar zum Werkzeug der Größe Cesars her.

Diese Aussöhnung sollte auch durch Verschwägerung beider Familien besiegelt werden. Denn am 2. September 1500 verlobte der Stadtpräfekt Johann Rovere, der Bruder Julians, seinen achtjährigen Sohn Francesco Maria mit Angela Borgia.

Angelas Vater, Jofré, war ein Sohn Giovannas, der Schwester Alexanders VI. und des Guglielmo Lançol. Ihre Brüder waren Juan Borgia der Jüngere, der Kardinal Ludovico und Rodrigo, der Kapitän der päpstlichen Wache. Ihre Schwester Hieronyma hatte sich, wie bemerkt ist, mit Fabio Orsini vermählt. Die Verlobung Angelas fand im Vatikan statt, in Gegenwart der Gesandten Frankreichs.

Ludwig XII. hatte mit Venedig eine Liga gemacht, deren Zweck die Vertreibung Ludovicos des Mohren aus Mailand war, und ihr trat der Papst unter der Bedingung bei, daß Frankreich seinem Sohn zur Eroberung der Romagna verhalf.

Ascanio Sforza, welcher das Verderben von Mailand nicht abzuwenden vermochte und sein eigenes Leben in Rom bedroht sah, entfloh am 13. Juli (1499) nach Genazzano und dann weiter nach Genua.

Seinem Beispiel folgte aber auch der junge Gemahl Lucrezias. Wir kennen die Vorgänge im Vatikan nicht, die Don Alfonso veranlaßten, sich heimlich aus Rom zu entfernen, nachdem er hier erst ein Jahr lang mit Lucrezia gelebt hatte. Im allgemeinen mußte sein Entschluß durch die Richtung bestimmt werden, welche die Politik des Papstes genommen hatte. Die Expedition Ludwigs XII. hatte nicht nur den Sturz der Sforza in Mailand zu ihrem Ziel, sondern auch die Eroberung Neapels; denn sie sollte die Fortsetzung jener Unternehmung Karls VIII. sein, die an dem Widerstand der großen Liga gescheitert war. Der junge Prinz kannte die Absichten des Papstes, seinen Oheim Federigo zu verderben, der ihn durch die Verweigerung der Hand Carlottas für Cesar tief beleidigt hatte, und seitdem dies geschehen war, mußte sich auch die Stellung des Gemahls Lucrezias zum Papst ganz verwandelt haben.

Ascanio war wohl der einzige Freund, welchen der unglückliche Prinz in Rom besaß, und wohl mochte er ihm geraten haben, sich durch die Flucht einem unfehlbaren Verderben zu entziehen, wie das einst sein Vorgänger in der Ehe mit Lucrezia getan hatte. Alfonso entwich am 2. August 1499. Der Papst schickte ihm Reiter nach, doch sie erreichten ihn nicht. Ob Lucrezia um diese Flucht wußte, ist ungewiß. Ein venezianischer Brief aus Rom vom 4. August sagt nur: „Der Herzog von Biseglia, der Gemahl der Madonna Lucrezia, ist heimlich entflohen und zu den Colonna nach Genazzano gegangen; er hat seine Gattin im sechsten Monat der Schwangerschaft zurückgelassen, und sie ist beständig in Tränen."

Sie war in der Gewalt ihres Vaters, und diesen hatte die Flucht des Prinzen in große Wut versetzt. Jetzt verbannte er auch Alfonsos Schwester, Donna Sancìa, nach Neapel.

Unter diesen Umständen war die Lage Lucrezias eine sehr peinliche. Ihre Tränen verrieten, daß sie ein Herz besaß. Sie liebte, und vielleicht zum ersten Mal. Mit Vorwürfen mochte sie ihr Vater überhäufen, als sei sie die Mitschuldige ihres Gatten. Alfonso schickte ihr von Genazzano dringende Aufforderungen, ihm zu folgen, und diese Schreiben kamen in die Hände des Papstes. Er zwang sie, ihm Briefe zu schreiben, worin sie ihn zur Rückkehr aufforderte. Es waren wohl die Klagen seiner Tochter, welche Alexander bewogen, auch sie aus Rom zu entfernen. Am 8. August ernannte er sie zur Regentin von Spoleto. Diese Stadt und ihr Gebiet hatten bisher päpstliche Legaten, meist Kardinäle, verwaltet; jetzt aber übertrug der Papst deren Amt einem jungen Weibe von neunzehn Jahren, und dieses Weib war seine eigene Tochter! Dorthin schickte er Lucrezia.

Er gab ihr ein Schreiben an die Prioren Spoletos mit, welches lautete:

Geliebte Söhne, Gruß und den apostolischen Segen. Wir haben dieses Amt der Bewahrung des Schlosses wie die Regierung unserer Städte Spoleto und Foligno und ihres Komitats und Distrikts der in Christo geliebten Tochter, der Edelfrau Lucrezia de Borgia, Herzogin von Biseglia übergeben, zum Heil und friedlichen Regiment eben dieser Orte. Vertrauend auf die besondere Klugheit und die vorzügliche Treue wie Redlichkeit derselben Herzogin, wie Wir das des weiteren in Unseren anderen Breven erklärt haben, und auch auf Grund Eures gewohnten Gehorsams gegen Uns und diesen Heiligen Stuhl, hoffen Wir, daß Ihr nach Pflicht eben diese Herzogin Lucrezia als Eure Regentin mit aller Ehrerbietung aufnehmen und ihr in allen Stücken gehorsamen werdet. Indem Wir aber wünschen, daß dieselbe ganz besonders ehren- und achtungsvoll von Euch empfangen und aufgenommen werde, so befehlen wir Euch durch Gegenwärtiges, insofern Ihr Unsere Gnade wert haltet und Unsere Ungnade vermeiden wollet, daß Ihr dieser Herzogin Lucrezia, Eurer Regentin, in allem und im einzelnen, was immer von Rechts und Gewohnheits wegen sich auf die besagte Regierung bezieht, und was sie Euch zu befehlen für gut halten wird, wie Unserer eigenen Person gehorsamet und mit allem Eifer und Fleiß ihre Gebote ausführet, damit Ihr Euch verdiente Billigung Eurer Dienstbarkeit erwerbet. Gegeben zu Rom am Sankt Peter unter dem Fischerring, am 8. August 1499. Hadrianus (Sekretär).

An demselben Tag verließ Lucrezia Rom, um sich nach ihrem neuen Bestimmungsort zu begeben. Sie nahm mit sich ein großes Gefolge, ihren Hof, und es begleiteten sie ihr Bruder Don Jofré und Fabio Orsini, jetzt als Gemahl von Hieronyma Borgia ihr Verwandter, mit einer Kompanie von Bogenschützen. Als sie sich zu Pferde vom Vatikan fortbewegte, gaben ihr der Stadtgovernator, der Gesandte Neapels und viele andere Herren das Ehrengeleit; ihr Vater aber stand in einer Loge über dem Portal des vatikanischen Palastes, um seine scheidende Tochter und ihre Kavalkade zu betrachten.

Zum ersten Mal fand er sich in Rom von allen seinen Kindern verlassen.

Lucrezia setzte ihre Reise teils zu Pferde, teils in einer Sänfte fort; sie brauchte nicht weniger als sechs Tage, um die Entfernung zwischen Rom und Spoleto zurückzulegen. Bei Porcaria im Umbrischen fand sie zu ihrer Begrüßung eine Deputation der Spoletaner, und diese Herren geleiteten die Regentin ihrer seit Hannibal berühmten Stadt, worin einst mächtige Langobardenherzöge geherrscht hatten, zu ihrer Residenz. Das Schloß von Spoleto ist alten Ursprungs und schreibt sich wohl in seiner ersten Anlage von einem jener Herzöge Faroald und Grimoald her. Im 14. Jahrhundert baute es der große Gil d'Albornoz, der Zeitgenosse Cola's di Rienzo, neu wieder auf, und seine Vollendung gab ihm sodann Nicolaus V. Es ist ein prächtiger Renaissancebau von edlem Stil, über der altertümlichen Stadt an einer tiefen Schlucht gelegen, welche es von dem Monte Luco trennt. Aus seinen hohen Fenstern überblickt man das Tal des Clitumnus und jenes des Tiber, die reiche umbrische Ebene und das mächtige Waldgebirge der Spoletaner Apenninen.

Am 15. August empfing dort Lucrezia die Prioren der Stadt, denen sie ihre päpstliche Bestallung übergab, und diese Magistrate huldigten ihr, worauf die Gemeinde ihr zu Ehren ein Bankett gab.

Der Aufenthalt Lucrezias in Spoleto war von kurzer Dauer. Ihre dortige Regentschaft konnte überhaupt keinen anderen Sinn haben, als diesen, von jenem Landgebiet tatsächlich Besitz zu nehmen, denn mit ihm wollte Alexander seine Tochter ausstatten.

Ihr Gemahl Alfonso hatte sich unterdes zu seinem Unglück doch entschlossen, dem Befehl des Papstes zu gehorsamen und zu seiner Gattin zurückzukehren, vielleicht weil er diese wirklich liebte. Der Papst gebot ihm über Foligno nach Spoleto zu gehen und dann mit seiner Gemahlin nach Nepi zu kommen, wo auch er sich einfinden wollte. Der Zweck dieser Zusammenkunft war, auch hier seine Tochter zur Herrin einzusetzen.

Nepi war niemals ein Lehn von Baronen gewesen, obwohl die Präfekten von Vico und die Orsini sich dieses Orts vorübergehend bemächtigt hatten. Die Kirche verwaltete ihn und sein Gebiet durch Rektoren. Alexander selbst war als Kardinal von seinem Oheim Calixt dort zum Governator gemacht worden und das bis zu seiner Erhebung auf den Papstthron geblieben. Er hatte hierauf Nepi dem Kardinal Ascanio Sforza verliehen. Im Archiv dieser Stadt bewahrt man noch die sauber auf Pergament geschriebenen Statuten der Gemeinde, welche Ascanio am 1. Januar 1495 bestätigte. Aber im Anfang des Jahres 1499 bemächtigte sich Alexander wieder Nepis, indem er den Kastellan, welcher für den flüchtigen Ascanio die dortige Burg befehligte, zwang, sie ihm auszuliefern. Er investierte nun seine Tochter mit Burg, Stadt und Landgebiet von Nepi. Am 4. September 1499 nahm Francesco Borgia, des Papstes Thesaurar und Bischof von Teano, in ihrem Namen davon Besitz.

Alexander ging dorthin am 25. September, begleitet von vier Kardinälen; in der Burg, welche er ehemals selbst ausgebaut hatte, hielt er seine Zusammenkunft mit Lucrezia, die ihren Gemahl und ihren Bruder Jofré mit sich hatte. Schon am 1. Oktober kehrte er in den Vatikan zurück. Am 10. richtete er von dort ein Breve an die Stadt Nepi, worin er ihr anbefahl, der Donna Lucrezia, Herzogin von Biseglia, als ihrer Herrin fortan zu gehorsamen. Am 12. richtete er auch ein Schreiben an seine Tochter, durch welches er ihr erlaubte, die Nepesiner von gewissen Abgaben zu befreien.

Lucrezia war demnach die Gebieterin zweier großer Landschaften geworden, und dies zeigte wohl, wie hoch sie in der Gnade ihres

Vaters stand. Sie kehrte indes nicht mehr nach Spoleto zurück, wo sie das Regiment einem Leutnant überließ. Obwohl Alexander am Anfange des Oktober den Kardinal Gurk zum Legaten für Perugia und Todi machte, so nahm er doch zugunsten seiner Tochter Spoleto von dieser Legation aus. Später, am 10. August 1500, ernannte er zum dortigen Governator Ludovico Borgia, den Erzbischof von Valencia, ohne deshalb die Rechte seiner Tochter zu schmälern, und diese bestanden in den ansehnlichen Einkünften jenes Gebiets.

Schon am 14. Oktober traf Lucrezia wieder in Rom ein. Am 1. November 1499 gebar sie einen Sohn. Man gab ihm den Namen des Papstes, Rodrigo. Die Taufe ihres ersten Kindes wurde am 11. November in der sixtinischen Kapelle mit großem Pomp vollzogen; unter dieser aber ist nicht die heute so genannte zu verstehen, sondern jene, welche Sixtus IV. im S. Peter erbaut hatte. Den Täufling trug Giovanni Cervillon; ihm zu beiden Seiten gingen der Governator Roms und der Botschafter des Kaisers Maximilian. Alle Kardinäle und die Gesandten Englands, Venedigs, Neapels, Savoyens, der Republik Florenz und Sienas wohnten der Zeremonie bei. Der Stadtgovernator hielt das Kind über die Taufe. Paten waren Podocatharo, Bischof von Caputaqua, und der Bischof Ferrari von Modena. Unter Posaunenklängen verließ hierauf der Zug die Taufkapelle.

Unterdes hatte Ludwig XII. am 6. Oktober von Mailand Besitz genommen, nachdem Ludovico Sforza beim Herannahen der französischen Armee zum Kaiser Maximilian entronnen war. Dem Vertrage mit Alexander gemäß, lieh der König hierauf Cesar Borgia Truppen zur Eroberung der Romagna, wo die Vasallen und Vikare der Kirche, die Malatesta von Rimini, die Sforza von Pesaro, die Riarii von Imola und Forli, die Varano von Camerino, die Manfredi von Faenza alsbald vom Papst ihrer Lehen verlustig erklärt wurden.

Cesar kam am 18. November 1499 nach Rom; drei Tage lang blieb er im Vatikan, dann reiste er wieder zu seiner Armee ab, welche Imola belagerte. Er wollte erst diese Stadt nehmen, dann aber Forli angreifen, in dessen Burg die Herrin jener beiden Orte, Catarina Sforza, sich zur Gegenwehr rüstete.

Während er die Romagna bekriegte, versuchte sein Vater den römischen Baronen ihre Stammgüter zu entreißen. Zuerst griff er die Gaetani an. Dieses alte Geschlecht war seit dem Ende des 13. Jahrhunderts in der Campagna und Marittima zu einem großen Landbesitz gelangt. Es hatte sich in verschiedene Zweige geteilt, von denen einer Neapel angehörte. Denn dort waren die Gaetani Herzöge von Traetto, Grafen von Fundi und Caserta, also Lehnsvasallen und Großwürdenträger der Krone Neapel.

Der Mittelpunkt der gaetanischen Ländereien in der römischen Campagna war Sermoneta, ein alter Ort mit einem Baronalschloß, auf den Vorhöhen des Volskergebirges. Über ihm liegen seitwärts die Trümmer der Zyklopenburg Norba, unten die entzückenden Ruinen von Nymfa, während sich zu Füßen das Sumpfland bis zum Meere ausbreitet. Der größte Teil dieses von der Via Appia durchschnittenen Landes, das Kap der Circe inbegriffen, war das Besitztum der Gaetani und gehört ihnen noch am heutigen Tag.

Zur Zeit, von der wir reden, waren dort Herren die Söhne Honoratus' II., eines kraftvollen Mannes, welcher sein Haus aus dem Verfall wieder aufgerichtet hatte. Er starb im Jahre 1490, und hinterließ seine Witwe Catarina Orsini und die Söhne Nicola, den Protonotar Giacomo und Guglielmo. Seine Tochter Giovanella war die Gemahlin Pierluigi Farneses und die Mutter Julias. Nicola hatte sich mit Eleonora Orsini vermählt; er starb im Jahre 1494, so daß, neben dem Protonotar Giacomo, Guglielmo Gaetani das Haupt des Hauses von Sermoneta war.

Alexander lockte den Protonotar nach Rom, wo er ihn als Rebellen in die Engelsburg setzte und ihm den Prozeß machte. Guglielmo vermochte nach Mantua zu entfliehen, aber Nicolas kleiner Sohn Bernardino wurde von den Soldknechten der Borgia umgebracht. Sie erstürmten Sermoneta, dessen Bevölkerung sich nicht ohne Widerstand ergab.

Schon am 9. März 1499 ermächtigte Alexander die apostolische Kammer, seiner Tochter die Güter der Gaetani um den Preis von achtzigtausend Dukaten zu verkaufen. Er sagte in diesem von achtzehn Kardinälen unterschriebenen Akt, daß die Größe der Ausgaben, die er kurz zuvor für die Kirche gehabt habe, ihn zwinge, einige Kirchengüter zu veräußern; zu diesem Zweck aber böten sich dar Sermoneta, Bassiano, Ninfa und Norma, Tivera, Cisterna, S. Felice (das Kap der Circe) und San Donato, welche auf Grund der Rebellion der Gaetani konfisziert seien. Dieser Kauf wurde im Februar 1500 abgeschlossen, und Lucrezia, welche bereits Herrin von Spoleto und Nepi war, ward so auch Gebieterin von Sermoneta. Vergebens erhob der unglückliche Giacomo Gaetani Protest in seinem Kerker;

man vergiftete ihn am 5. Juli 1500. Seine Mutter und seine Schwestern bestatteten ihn in S. Bartolomeo auf der Tiberinsel, wo die Gaetani seit langer Zeit einen Palast besaßen.

Julia Farnese hatte demnach ihre eigenen Oheime nicht retten können. Man erinnere sich, daß Giacomo und Nicola im Jahre 1489 ihre Beistände gewesen waren, als sie sich im Palast Borgia mit dem jungen Orsini vermählte. Wir wissen auch nicht, ob Julia jetzt in Rom lebte. Nur in Epigrammen wird sie bisweilen genannt. So erscheint ihr Name in einer Satire: „Dialog des Todes und des fieberkranken Papstes", worin dieser Julia zu seiner Rettung anruft, der Tod aber andeutet, daß diese Geliebte ihm drei oder vier Kinder geboren habe. Da die Satire dem Sommer 1500 angehört, wo Alexander am Fieber litt, so muß sein Verkehr mit Julia zu dieser Zeit noch fortgedauert haben.

Cesar, welcher am 1. Dezember 1499 Imola erobert hatte, sah voll Unwillen seine Schwester mit den reichen Ländern der Gaetani ausgestattet, deren Einkünfte er selbst gebrauchen konnte. Er sah ebenso ungern ihren wachsenden Einfluß im Vatikan, wo er allein über den Willen seines Vaters gebieten wollte. Er hatte finstere Pläne, für deren Ausführung bald die Zeit kommen sollte.

XIV

Lucrezia konnte über die längere Abwesenheit ihres Bruders nur froh sein. Es war stiller im Vatikan geworden, und nur Don Jofré hielt neben ihr Hof mit Donna Sancìa, die ihre Rückkehr durchgesetzt hatte.

Wir möchten diese Ruhepause benutzen, um uns eine Vorstellung von dem Privatleben Lucrezias, der Einrichtung ihres Hofes und den Personen ihres Umganges zu machen. Aber das ist schwer. Denn kein Zeitgenosse hat davon geredet. Burkard selbst zeigt uns Lucrezia nur selten und immer nur im Zusammenhang mit Ereignissen im Vatikan. Nur einmal führte er uns flüchtig in ihren Palast, am 27. Februar 1496, wo die neuernannten Kardinäle Martinus von Segovia, Juan Lopez, Juan Borgia und Juan de Castro ihr Besuch machten.

Keiner der fremden Diplomaten berichtete in jener Zeit, soviel wir ihre Depeschen kennen, vom Privatleben Lucrezias. Aus ihrer römischen Periode besitzen wir nur wenige Briefe von ihr und kein an sie gerichtetes oder von ihr redendes Gedicht, es sei denn jene giftigen Epigramme von Sannazar und Pontanus, welche sie als die zuchtloseste Hetäre gebrandmarkt haben. Wenn aber je ein junges Weib die Phantasie von Poeten zu entzünden fähig war, so war es sicherlich Lucrezia Borgia in der Blüte ihrer Jugend und Schönheit. Ihre Beziehung zum Vatikan, das Geheimnis, welches sie umgab, die Schicksale, die sie erlitt, machten sie zu dem anziehendsten Weibe jener Zeit in Rom. Irgendwo in Bibliotheken liegen wohl noch die Verse begraben, welche ihr einst die Dichter Roms widmeten, und zahlreich mögen solche sich an den Hof der Papsttochter gedrängt haben, ihrer Schönheit zu huldigen und ihre Protektion zu suchen.

Lucrezia konnte gerade in Rom den Umgang vieler geistvoller Menschen genießen, und selbst unter der Herrschaft der Borgia waren die Musen weder vom Vatikan noch am wenigsten aus Rom verbannt. An den weltlichen Höfen Italiens konnten freilich fürstliche Frauen sich den Interessen der Kultur lebhafter hingeben als am Hofe eines Papstes; auch Lucrezia konnte erst später, in Ferrara, dem

Beispiel der Prinzessinnen von Mantua und Urbino nachstreben. In ihrer römischen Zeit war sie selbst zu jung, und war ihr Hauswesen zu unfrei und zu eingeschränkt, als daß sie Einfluß auf die literarischen und künstlerischen Kreise Roms haben konnte. Doch mußte sie durch ihre Stellung mit ihnen wohl in Berührung kommen.

Ihr Vater war nicht unempfänglich für geistige Genüsse. Er hatte sogar seine Hofsänger und Hofdichter. Der gefeierte Aurelio Brandolini improvisierte zur Laute bei Gastmählern im Vatikan, und ohne Frage ließ er sich auch im Palast Lucrezias hören. Er starb im Jahre 1497. Dieselbe Ehre suchte der Liebling Cesars, Serafino von Aquila, der Petrarca jener Zeit. Er starb jung zu Rom im Jahre 1500.

Cesar selbst liebte Poesie und Künste, entweder wie jeder wohlerzogene Mensch in der Renaissance, oder doch wie jeder große Herr und Tyrann. Sein Hofdichter war Francesco Sperulo, der unter seinen Fahnen diente und seinen Krieg in der Romagna und um Camerino besungen hat. Manche römische Dichter, welche später berühmt geworden sind, werden vor Lucrezia ihre Verse rezitiert haben, so Emilio Boccabella und Evangelista Fausto Maddaleni. Es glänzten bereits als Poeten und Rhetoren die drei Brüder Mario, Girolamo und Celso Mellini. Es waren gleich namhaft die Brüder vom Haus Porcaro, Camillo, Valerio und Antonio. Wir begegneten schon Antonio als Zeugen bei der Vermählung Girolamas Borgia im Jahre 1482, und dann als Prokurator Lucrezias bei ihrer Verlobung mit Centelles im Jahre 1491. Dies zeigt, wie innig die Verbindung der Porcari mit den Borgia war und blieb.

Dieses römische Geschlecht war in der Geschichte der Stadt durch das Schicksal Stefanos, des Epigonen von Cola di Rienzo, berühmt geworden. Von den Catonen wollten die Porcari abstammen und deshalb nannten sie sich Porcius. Mit den Borgia eng befreundet, behaupteten sie auch, mit diesen verwandt zu sein. Denn Isabella, die Mutter Alexanders VI., sollte von römischen Porcari abstammen, die irgendwie nach Spanien gekommen waren. Die Ähnlichkeit des Klanges in den latinisierten Namen Borgius und Porcius gab wohl zu dieser Spielerei Veranlassung.

Neben Antonio war auch Hieronymus Porcius einer der glühendsten Anhänger der Borgia. Gleich nach seiner Thronbesteigung machte ihn Alexander zum Auditor der Rota. Er verfaßte eine im September 1493 zu Rom gedruckte Schrift unter dem Titel Commentarius Porcius, welche er dem Königspaar von Spanien widmete. Sie enthält die Beschreibung der Wahl und Krönung Alexanders VI. und stellt die Obedienzreden in freiem Auszuge zusammen, welche italienische Oratoren an den Papst richteten. Die höfische Schmeichelei kann unmöglich weiter getrieben werden, als es hier Hieronymus getan hat, ein affektierter Pedant, eitler Prahler und fanatischer Papist. Alexander machte ihn zum Bischof von Andria und zum Governator der Romagna, und dort verfaßte Hieronymus im Jahre 1497 zu Cesena einen Dialog, dessen Gegenstand Savonarola und seine „Irrlehre von der Gewalt des Papstes" bilden. Der Kern des Ganzen ist der Grundsatz der Infallibilisten, daß nur derjenige ein Christ ist, welcher dem Papst blindlings gehorcht.

Porcius versuchte sich auch als Poet; in Versen „auf den Stier Borgia" verherrlichte er den Papst und den Kardinal Cesar, welchen er seinen größten Wohltäter nannte. Wahrscheinlich schrieb er auch das Klagelied auf den Tod des Herzogs von Gandìa, welches uns erhalten ist.

Durch die Porcari mochte der junge Phädra Inghirami mit den Borgia und so auch mit Lucrezia in Berührung gekommen sein. Es ist derselbe Ciceronianer, welchen Erasmus bewunderte und Rafael durch sein Porträt unsterblich gemacht hat. Schon damals erregte er die Aufmerksamkeit Roms. Bei dem Totenamt, welches am 16. Januar 1498 der Botschafter Spaniens für den Infanten Don Juan in S. Jacob auf der Navona feiern ließ, hielt Inghirami eine bewunderte Rede. Er glänzte auch als Schauspieler auf dem Theater des Kardinals Rafael Riario.

Das Drama war damals im ersten Aufschwung, nicht allein am Hof der Gonzaga und der Este, sondern auch in Rom. Alexander selbst liebte dasselbe, schon aus Sinnlichkeit. Bei jedem Familienfeste im Vatikan ließ er Komödien und Ballette aufführen. Die Schauspieler mochten junge Akademiker aus der Schule des Pomponius Lätus sein, und nichts hindert uns anzunehmen, daß Inghirami, die Mellini und die Porcari im Vatikan auftraten, so oft ihnen Gelegenheit dazu geboten wurde. Bei diesen Produktionen konnte auch Carlo Canale, der Gatte Vannozzas, gute Dienste leisten, da er von Mantua her mit dem Theater wohl bekannt war, und nicht minder konnte es Pandolfo Collenuccio, welcher mehrmals als Agent Ferraras in Rom war, wo er mit den Borgia in persönliche Beziehungen kam.

Der berühmte Pomponius, welchem Rom die Renaissance des Theaters verdankte, verlebte seine letzten Lebensjahre in hohem Ansehen unter der Regierung Alexanders. Vielleicht war dieser selbst sein Schüler gewesen, wie es der Kardinal Farnese bestimmt gewesen ist. Pomponius starb am 6. Juni 1498, und derselbe Papst, welcher eben erst Savonarola hatte verbrennen lassen, schickte seinen Hof in die Kirche von Aracöli, zu den Exequien jenes Meisters des antiken Heidentums. Auch diese letzte Ehrenbezeigung möchte dartun, daß Pomponius den Borgia persönlich bekannt war. Außerdem war einer seiner eifrigsten Schüler, Michael Fernus, schon seit langem ein enthusiastischer Anhänger Alexanders. Obwohl dieser Papst im Jahre 1501 das erste Zensuredikt erließ, war er doch kein Feind wissenschaftlicher Bildung. Er pflegte die römische Universität, wo zu seiner Zeit bedeutende Männer lehrten, wie Petrus Sabinus und Johann Argyropulos. Selbst eines der größten Genies, von dem die ganze Menschheit Licht empfangen hat, schmückte ein Jahr lang diese Universität und die Regierung dieses Papstes. Es war im Jubeljahre 1500, wo Kopernikus aus dem fernen Preußenlande nach Rom kam und hier Vorlesungen über Mathematik und Astronomie hielt.

Unter den Höflingen Alexanders gab es hervorragende Männer, mit denen Lucrezia notwendig in Verkehr kommen mußte. Der Zeremonienmeister Burkard regelte bei allen Festlichkeiten, in welchen die Papsttochter im Vatikan zu erscheinen hatte, die vorschriftliche Form. Er mochte ihr häufige Besuche abstatten, und sie selbst ahnte nicht, daß noch nach Jahrhunderten die Aufzeichnungen dieses Elsässers der Spiegel sein sollten, in welchem die Nachwelt die Gestalten der Borgia erblickt hat. Jedoch sein Tagebuch gibt keinen Aufschluß über das Privatleben Lucrezias, denn davon zu berichten war nicht seines Amtes.

Nie gab es einen Diarienschreiber, der so kurz und bündig, so nüchtern und gefühllos die Ereignisse seiner Gegenwart beschrieben hat, welche den Stoff für einen Tacitus darboten. Daß Burkard nicht Freund dieser Borgia war, zeigt die Weise, in der er seine Berichte abgefaßt hat, die übrigens keineswegs Fälschungen sind. Aber dieser Mann verstand es, seine Empfindungen zu verbergen, wenn sie nicht überhaupt unter dem Formelkram seines Amtes längst vertrocknet waren. Er ging als eine Maschine des Zeremoniells täglich im Vatikan aus und ein und behauptete dort unter fünf Päpsten seine Stellung. Burkard muß den Borgia als ein durchaus ungefährlicher Pedant erschienen sein, denn wie hätten sie sonst ihm zu beobachten, zu schreiben und zu leben erlaubt. Selbst das wenige, was er in seinem

Tagebuch von Ereignissen niederschrieb, würde hingereicht haben, ihn um seinen Kopf zu bringen, wenn Alexander oder Cesar davon gewußt hätten. Es scheint aber, daß solche Tagebücher der Zeremonienmeister keiner amtlichen Aufsicht unterlagen. Cesar würde ihn sonst nicht verschont haben, da er doch den Liebling seines Vaters, Pedro Calderon Perotto, erstach und auch jenen Ritter Cervillon umbringen ließ, den man bei Festen im Vatikan mehrmals in den ehrenvollsten Funktionen erscheinen sah.

Er verschonte auch nicht den Geheimschreiber Francesco Troche, welchen Alexander VI. viel in diplomatischen Geschäften gebrauchte. Troche, den ein venezianischer Bericht Spanier nennt, war ein gebildeter Humanist, wie Canale, und stand gleich diesem in freundlichem Verkehr mit den Gonzaga. Wir lesen noch Briefe von ihm an die Markgräfin Isabella, worin er sich gewisse Sonette von ihr ausbat; und sie selbst schrieb an ihn in ihren Familienangelegenheiten; einmal beauftragte sie ihn, ihr einen antiken Cupido in Rom aufzutreiben. Ohne Frage gehörte er zu den näheren Bekannten Lucrezias. Im Juni 1503 ließ Cesar auch diesen Günstling seines Vaters erwürgen.

Wie Burkard und wie Lorenz Behaim war noch ein anderer Deutscher sehr wohl mit den Familienangelegenheiten der Borgia bekannt, Goritz aus Luxemburg, der später unter Julius II. und Leo X. als der Liebling aller Akademiker gefeiert wurde. Aber schon zur Zeit Alexanders versammelte er in seinem Hause am Forum Trajanum die gebildete Welt zu akademischen Unterhaltungen. Alle Deutschen suchten ihn auf; er empfing bei sich ohne Zweifel schon Reuchlin, der im Jahre 1498 nach Rom kam, dann Kopernikus, später Erasmus und Ulrich von Hutten, welcher seiner dankbar gedenkt; und wohl hat er in seinem gastlichen Hause auch Luther gesehen. Goritz war Supplikenreferent, und schon als solcher kannte er Lucrezia persönlich, weil sich viele Personen mit ihren Anliegen an die einflußreiche Papsttochter wendeten. Auch er hatte Gelegenheit genug, im Vatikan Beobachtungen zu machen, aber von seinen Erfahrungen hat er nichts aufgezeichnet, oder wenn er das tat, so gingen seine Diarien in der Plünderung Roms im Jahre 1527 unter, wo Goritz alle seine Habe verlor.

Es gab noch einen anderen Mann der persönlichsten Bekanntschaft Lucrezias, welcher vielleicht besser als jeder andere die Memoiren der Borgia hätte schreiben können. Dies war der Nestor der römischen Notare, der alte Camillo Beneimbene, die gerichtliche Vertrauensperson Alexanders und fast aller Kardinäle und Großen Roms. Er kannte die Borgia in ihren privaten wie öffentlichen Angelegenheiten, er kannte Lucrezia von ihrer Kindheit an; alle ihre Ehekontrakte sind von ihm ausgefertigt worden. Seine Schreibstube stand auf dem Platz der Lombarden, welcher heute S. Luigi dei Francesi heißt. Dort war er bis zum Jahre 1505 amtlich tätig, denn bis so weit reichen seine Akten. Ein Mann, welcher seit so langer Zeit der amtliche Zeuge und Rechtsbeistand bei den wichtigsten Familienereignissen der Borgia war und deshalb in ihre Geheimnisse tief eingeweiht sein mußte, nahm in ihrem Hause, und besonders Lucrezia gegenüber, sicherlich die Stellung eines väterlichen Freundes ein. Beneimbene hat nichts von seinen Erfahrungen aufgezeichnet, aber sein hochwichtiges Protokollbuch bewahrt noch das Archiv der Notare des Kapitols.

Den Borgia stand sehr nahe ein hochgebildeter Humanist, Hadrian Castelli von Corneto, Geheimschreiber Alexanders, der ihn später zum Kardinal machte. Schon als Sekretär des Papstes mußte er oft mit Lucrezia in Verkehr kommen. Zu ihren näheren Bekannten gehörten auch ohne Zweifel die berühmten Latinisten Cortesi, der junge Sadoleto, Familiar des Kardinals Cibò, der junge Aldus Manutius, die geistvollen Brüder Rafael und Mario Maffei von Volterra, und Egidius von Viterbo. Dieser später berühmte Kanzelredner und Kardinal blieb noch, als Lucrezia Herzogin von Ferrara war, mit ihr in Verbindung. Er hatte großen Einfluß auf die fromme Richtung, der sie sich in dieser zweiten Periode ihres Lebens hingab.

Wir werden nicht irren, wenn wir die junge Herzogin von Biselli im lebhaften Umgange mit den vornehmen, feingebildeten oder galanten Kardinälen erblicken, wie Medici, Riario, Orsini, Cesarini und Farnese, von den Borgia und allen spanischen Kardinälen nicht zu reden. Wir dürfen sie auch in den Palästen der römischen Großen bei Festen suchen, wie der Massimi und Orsini, der Santa Croce, Altieri und Valle, oder in den Häusern reicher Bankiers, wie der Altoviti und Spanocchi, und des Mariano Chigi, dessen Söhne Lorenzo und der bald berühmte Agostino mit den Borgia sehr vertraut waren.

Einen besonders lebhaften Anteil konnte Lucrezia an den Schöpfungen der Kunst in Rom nehmen. Auch Alexander beschäftigte große Meister im Vatikan, wo Perugino für ihn malte. Sein Hofmaler war Pinturicchio. Er malte im Vatikan die Ehebrecherin Julia Farnese unter dem Bilde der heiligen Jungfrau und stellte in der Engelsburg viele Familienmitglieder des Hauses Borgia dar.

„In der Engelsburg", so sagt Vasari, „malte er viele Stanzen *a grottesche*, aber im Turm unten im Garten Szenen aus der Geschichte Alexanders VI. Er stellte dort die katholische Königin Isabella dar, den Grafen Nicolaus von Pitigliano, Giangiacomo Trivulzio, mit vielen anderen Verwandten und Freunden des Papstes, und besonders Cesar Borgia, den Bruder und die Schwestern und viele bedeutende Menschen jener Zeit." Lorenz Behaim hat die Epigramme abgeschrieben, welche unter sechs dieser Gemälde „in der Engelsburg unten im päpstlichen Garten" zu lesen waren. Alle stellten Ereignisse aus der Zeit jener Krisis so dar, daß sie Alexander als Sieger über Karl VIII. verherrlichten. Man sah den Fußfall des Königs vor dem Papst in demselben Garten an der Engelsburg; man sah die Obedienzleistung Karls im Konsistorium; die Erteilung der Kardinalswürde an Philipp von Sens und Guillaume von S. Malò; die Messe in S. Peter, wobei Karl VIII. ministrierte; den Zug nach S. Paul, wobei der König dem Papst den Steigbügel hielt; den Auszug Karls nach Neapel, wobei er Cesar Borgia und den Sultan Djem mit sich führte.

Alle diese Gemälde gingen unter und mit ihnen auch die Porträts der Familie Borgia. Mehrmals mag gerade Pinturicchio die schöne Lucrezia gemalt haben. Manche Gestalt in Gemälden dieses Meisters überhaupt mag die Züge der Borgia tragen, ohne daß wir es wissen. So mögen auch noch heute irgendwo in der Bilderkammer eines Antiquars oder unter den vielen alten Porträts, welche man in Palästen Roms und in Schlössern der Campagna reihenweise an den bestäubten Wänden hängen sieht, Porträts von Lucrezia, von Cesar und seinen Brüdern sich befinden, ohne daß der Beschauer eine Ahnung davon hat. Es ist gewiß, daß sich über dem Altar der S. Lucia in der Kirche S. Maria del Popolo ein Gemälde befand, welches Alexander VI. und seine Kinder naturgetreu darstellte; ohne Frage ein Werk Pinturicchios. Als später Alexander VII. jene Kirche restaurieren ließ, wurde dasselbe entfernt und in den Klosterhof gebracht, wo es endlich verlorenging.

Von damals berühmten Künstlern mußte Lucrezia auch Antonio di Sangallo kennen, den Baumeister ihres Vaters, sie kannte auch Antonio Pollajuolo, den angesehensten Bildhauer der Florentiner Schule in Rom in den letzten Dezennien des 15. Jahrhunderts. Hier starb er im Jahre 1498.

Doch die merkwürdigste aller Künstlergestalten jener Zeit in Rom war Michelangelo. Er kam zum erstenmal hierher im Jahre 1496, als ein aufstrebender junger Mann von dreiundzwanzig Jahren. Die Stadt Rom war damals eine Welt voll von bezaubernder Magie für jede geniale Künstlernatur. Ihre feierliche Versunkenheit in ihr großes Vergängnis, was aus Monumenten des Altertums wie des Christentums so mächtig sprach, ihre Majestät und weihevolle Stille, und mitten in dieser der plötzliche Losbruch furienhafter Leidenschaften: das alles können wir heutigen Menschen uns ebensowenig mehr vergegenwärtigen, als den Geisterodem der Renaissance, welcher über diesen Trümmern wehte, als die furchtbare profane Natur des Papsttums und als die gesamte Seelenstimmung eines Geschlechts von schöpferischer wie zerstörender Kraft, die oft das Gepräge der Größe trug. Denn derselbe Trieb, welcher die titanischen Verbrechen erzeugte, erschuf auch die titanischen Werke der Renaissance. In großem Stil trat hier das Gute wie das Böse auf. Schamlos und furchtlos wie Nero zeigte sich ein Alexander VI. vor der Welt, deren Urteil er verachtete.

Die Renaissance wird ewig eines der größten psychologischen Probleme der Zivilisation bleiben: schon wegen der tiefen Widersprüche, welche sie hier ganz naiverweise, dort mit dem vollen Bewußtsein des Unmöglichen vereinigte, und wegen des dämonischen Zuges, der durch ihre Charaktere geht.

Alle Kräfte, alle Tugenden und Laster wurden in ihr vom fieberhaften Verlangen nach dem Genusse von Geist, Schönheit, Macht und Ruhm in Bewegung gesetzt. Mit einem Kulturbacchanal hat man die Renaissance verglichen; blickt man in die Antlitze dieser Bacchanten hinein, so verzerren sich dieselben, wie die der Freier beim Homer, welche ihren Untergang ahnen. Denn diese Gesellschaft, diese Kirche, diese Städte und Staaten, diese gesamte humanistische Kultur taumeln dem Abgrunde zu, der sie unrettbar verschlingen wird.

Es ist aufregend, sich vorzustellen, daß in diesem Rom zu einer und derselben Stunde einhergingen Menschen wie Kopernikus, Michelangelo und Bramante, Alexander VI. und Cesar Borgia.

Sah Lucrezia den jungen Künstler, den späteren Freund der edlen Vittoria Colonna, welche das schöne Gegenbild von ihr werden sollte? Wir wissen es nicht, doch wir bezweifeln es nicht. Mit der Neugier des Künstlers und des Menschen wird Michelangelo den Anblick der anmutigsten Frau von Rom gesucht haben. Obwohl noch ein Anfänger, war er doch schon als vorzügliches Talent bekannt. Als er sodann seine ersten Aufträge von dem Römer Gallo und vom Kardinal La Grolaye erhielt, konnte er selbst ein Gegenstand der Neugierde auch für Lucrezia sein.

Unter den Eindrücken der Tragödien des Hauses Borgia, wie der Ermordung Gandìas, welche er in Rom erlebte, arbeitete Michelangelo an dem seltsamen Werk, welches zuerst die Blicke der Stadt auf ihn lenkte. Es war das die Gruppe der Pietà, die ihm jener Kardinal aufgetragen hatte. Er vollendete dieselbe im Jahre 1499, als auch der große Bramante nach Rom kam. Man muß diese Gruppe auf dem Hintergrunde der Zeit der Borgia betrachten: da hebt sich erst die Pietà in ihrer idealen Bedeutung hervor, und sie erscheint in dieser moralischen Finsternis wie eine reine Opferflamme, die ein großer und ernster Geist im geschändeten Heiligtum der Kirche entzündet hat. Vor dieser Pietà stand auch Lucrezia, und dieses Kunstwerk konnte die unglückliche Tochter eines lasterhaften Papstes zu tieferen Empfindungen erregen, als die Rede ihres Beichtigers oder die Ermahnung der Äbtissin von S. Sisto ihr mitzuteilen imstande waren.

XV

Das Jubeljahr 1500 war ein Glücksjahr für Cesar, aber ein Unglücksjahr für Lucrezia. Sie begann es am 1. Januar mit einem festlichen Zuge nach dem Lateran, wohin sie zum Gebete ritt, die vorschriftsmäßige Wallfahrt nach den Kirchen Roms zu tun. Zweihundert Reiter, edle Herren und Frauen, bildeten ihre Kavalkade. Sie ritt auf einem reich geschmückten Zelter, zu ihrer Linken ihren Gemahl Don Alfonso, zur Rechten eine Dame ihres Hofes, und hinter sich den Kapitän der Palastwache Rodrigo Borgia. Als sie mit dieser Prozession über die Engelsbrücke zog, stand ihr Vater in einer Loge des Kastells, um sich an dem Anblick seiner geliebten Tochter zu erfreuen.

Nichts als frohe Botschaften brachte Alexander das neue Jahr, wenn man eine einzige ausnehmen will: den Tod des Kardinallegaten Juan Borgia, Bischofs von Melfi und Erzbischofs von Capua, welchen man zum Unterschied von einem anderen Kardinal desselben Namens den „Jüngeren" nannte. Er starb in Urbino am 8. Januar 1500, wie es scheint, durch einen Fieberanfall hingerafft. Dies meldete Elisabetta, die Gemahlin Guidobalds, ihrem Bruder Gonzaga in einem Brief desselben Tags aus Fossombrone.

Cesar befand sich gerade in Forlì, als er an demselben Morgen des 12. Januar, wo sich ihm diese Zitadelle ergab, die Nachricht vom Tode des Kardinals erhielt; er schickte sie sofort dem Herzog von Ferrara in einem Brief, worin er sagte, daß Juan Borgia, vom Papst nach Rom gerufen, dorthin von Forlì abgereist, und sodann in Urbino an einem Katarrh gestorben sei. Die Tatsache, daß er sich im Lager Cesars befunden hatte, und daß er, wie aus dem Brief Elisabettas hervorgeht, bereits krank in Urbino eingetroffen war, gab dem Argwohn von einer Vergiftung durch jenen Wahrscheinlichkeit.

Es ist auffallend, daß Cesar in seinem Brief an den Herzog jenen Toten seinen Bruder nannte. Ercole kondolierte ihm am 18. Januar wegen desselben Kardinals, den auch er den „Bruder" Cesars nannte. Sollen wir deshalb glauben, daß der jüngere Juan Borgia ein Sohn

Alexanders VI. gewesen war? Noch mehr: der ferrarische Chronist Zambotto nennt an der Stelle, wo er den Tod jenes Kardinals verzeichnet, diesen ausdrücklich „Sohn des Papstes Alexander". Wenn dies der Fall gewesen wäre, so würde sich die Zahl der Söhne desselben noch beträchtlicher vermehren, denn auch Ludovico Borgia war dann sein Sohn. Dieser Borgia wurde nämlich der Erbe der Benefizien Juans, auch Erzbischof von Valencia, und dann Kardinal. Er zeigte seine Beförderung dem Marchese von Mantua in einem Briefe an, worin er durchaus, wie Cesar Borgia, jenen Verstorbenen seinen „Bruder" nannte.

Doch alles dieses kann die bisher geltende Ansicht von der Abkunft des jüngeren Juan Borgia nicht zweifelhaft machen; denn sicherlich irrte Zambotto; das in jenen Briefen gebrauchte Wort *fratre* bedeutet nichts anderes als leiblicher Vetter, *fratello cugino.*

Am 14. Januar kam Meldung in den Vatikan, daß Cesar die Burg Forlì bezwungen habe. Nach tapferer Verteidigung hatte sich ihm dort Catarina Sforza Riario mit ihren zwei Brüdern ergeben müssen. Diese Enkelin des großen Francesco Sforza von Mailand, die natürliche Tochter Galeazzos Maria, und die illegitime Schwester Blancas, der Gemahlin des Kaisers Maximilian, konnte als Ideal jener heroischen Weiber Italiens gelten, welche nicht nur in den romantischen Dichtungen Bojardos und Ariostos, sondern in der Wirklichkeit angetroffen wurden. Ihr Wesen tritt aus den Grenzen des Weiblichen und streift deshalb an die Karikatur. Um die Entstehung solcher Frauencharaktere zu begreifen, in denen Schönheit und Bildung, Mut und Verstand, Wollust und Grausamkeit sich zu einer fremdartigen Erscheinung vereinigten, muß man die Zeitverhältnisse kennen, aus denen sie hervorgingen. Und schon die Schicksale, welche Catarina Sforza der Reihe nach erlebte, mußten sie zu einer Amazone machen.

Sie hatte sich jung mit dem rohen Nepoten Sixtus' des IV. vermählt, mit Girolamo Riario, dem Grafen von Forlì. Bald darauf wurde ihr gräßlicher Vater von Tyrannenmördern in Mailand umgebracht. Dann fiel ihr Gemahl unter den Dolchen von Verschwörern, die den nackten Leichnam Riarios aus den Fenstern des Schlosses von Forlì herabstürzten. Catarina aber wußte mit kühnem Mut die Burg der Stadt für ihre Kinder zu behaupten, und sie rächte ihren Gatten mit schrecklicher Grausamkeit. Seither wurde sie, wie Marin Sanuto sie nennt, „das hochbeherzte Weib, gleichsam eine grausame Virago". Sie erlebte sechs Jahre später den Untergang ihres Bruders Giangaleazzo durch das Gift Ludovicos des Mohren. Vor ihren Augen wurde auch ihr zweiter, doch nicht offizieller Gatte, Giacomo Feo von Savona, durch Verschwörer in Forlì umgebracht. Sie setzte sich auf der Stelle zu Pferde und führte ihre Wachen gegen das Quartier der Mörder, in welchem sie alles Lebende ohne Unterschied, selbst Weiber und Kinder, in Stücke hauen ließ. Sie begrub einen dritten Geliebten, Giovanni Medici, im Jahre 1497.

Mit Klugheit und Kraft hatte diese Amazone ihr kleines Land regiert, bis sie endlich in die Hände Cesars fiel. Wenige mochten ihr Los beklagen. Als die Kunde nach Mailand kam, daß sie in der Gewalt Cesars und somit auch in der des Papstes Alexander sei, sagte der berühmte General Giangiacomo Trivulzio lachend ein freches Wort, welches hinlänglich dartat, wie sehr man ihr solches Schicksal gönnte. Wie eine zweite Königin vom Palmyra führte sie jetzt Cesar, man fabelte in goldenen Ketten, nach Rom, wo er am 26. Februar seinen pomphaften Einzug hielt. Der Papst wies der Gefangenen das Belvedere zur Wohnung an.

Die Stadt erfüllte sich damals mit Pilgern, welche den Jubiläumsablaß selbst von einem Papst Borgia zu nehmen kamen. Unter ihnen befand sich sogar Elisabetta Gonzaga, die Gemahlin Guidobalds von Urbino. Die Pilgerfahrt dieser berühmten Frau war ein kühnes Wagnis, weil der Papst in der Stille auch Urbino auf die Proskriptionsliste der Kirchenlehen gesetzt hatte, und Cesar dieses Land schon als seine Beute betrachtete. Der Gedanke, diesen Borgia in Rom zu begegnen, mußte für sie nicht wenig peinigend sein. Wie leicht konnten jene auch einen Vorwand finden, sie selbst festzuhalten. Ihr Bruder Francesco Gonzaga mahnte sie von ihrem Entschlusse ab, jedoch sie schrieb ihm schon auf der Reise nach Rom einen Brief, der so merkwürdig und so liebenswürdig ist, daß wir ihn mitteilen wollen.

„Erlauchter Fürst und Herr, geehrtester Bruder. Ich bin in diesen Tagen von Urbino abgereist und habe mich auf den Weg nach Rom gemacht, um dort den Jubiläumsablaß zu gewinnen, und von dieser meiner Reise habe ich Ew. Exzellenz vor mehreren Tagen benachrichtigt. Heute nun, wo ich mich in Assisi befinde, empfing ich einen Brief von Ihnen; ich entnehme aus dem, was Sie schreiben, daß Sie in mich dringen, von dieser Reise abzustehen; vielleicht in dem Glauben, daß ich mich noch nicht auf den Weg gemacht habe, und dies bereitet mir großen Kummer und unsägliche Pein, da ich doch so wohl in dieser wie in jeder anderen Sache dem Willen Ew. Herrlichkeit nachzugeben wünsche; denn stets habe ich dieselbe nicht anders als wie meinen geehrtesten Vater betrachtet, und nie einen anderen Vorsatz oder Gedanken gehabt, als diesen Ihrem Willen zu gehorsamen. Jedoch andererseits befinde ich mich, wie gesagt, schon auf dem Wege und schon außerhalb des Landes, und ich habe bereits mit Hilfe des Herrn Fabritius (Colonna) und der Madonna Agnesina, meiner geehrtesten Schwägerin und Schwester, für Wohnung in Rom und alles zu dieser Fahrt Nötige gesorgt; ich habe jene auch wissen lassen, daß ich in vier Tagen zu Marino eintreffen werde, und aus diesem Grunde hat sich Herr Fabritius aufgemacht, um mir Geleit zu geben; auch ist schon etwas von meiner Abreise und meiner Fahrt ruchbar geworden: deshalb nun weiß ich nicht, wie ich ohne meiner Ehre und der meines Gemahls zu nahezutreten noch von dieser Reise abstehen könnte, da die Sache bereits so weit vorgeschritten ist, um so mehr, als ich dies mit gutem Wissen und Willen meines vorgenannten Herrn unternommen und alles und jedes zuvor reiflich überlegt habe. Ew. Herrlichkeit darf daher über diese meine Fahrt sich durchaus nicht beunruhigen noch irgendeinen Argwohn fassen, und damit Sie über alles aufgeklärt seien, mögen Sie wissen, daß ich zuerst nach Marino gehe und von dort in Begleitung von Madonna Agnesina mich inkognito nach Rom begebe, um zum Zweck der Erlangung des Ablasses dieses heiligen Jubiläums die Kirchen vorschriftsmäßig zu besuchen. Ich habe nicht nötig, mich dort vor jemand sehen zu lassen, ja nur mit irgendeiner Person zu reden, da ich während meines Aufenthalts in Rom im Hause des verstorbenen Kardinals Savelli wohnen werde. Das Haus ist gut und entspricht vollkommen dem, was ich wünsche, auch liegt es im Bereich des Anhangs der Colonna, obwohl es meine Absicht ist, bald nach Marino zurückzukehren und dort die meiste Zeit zuzubringen. Ew. Herrlichkeit darf daher ohne jeden weiteren Zweifel sich über meine Fahrt beruhigen und keinen Mißfallen daran nehmen. Obwohl nun alle diese Gründe stark genug sind, mich zu bewegen, nicht allein die Reise fortzusetzen, sondern sie zu beginnen, wenn ich das noch nicht getan hätte, so wollte ich doch, wenn ich noch nicht abgereist wäre, davon Abstand nehmen, nicht aus Zweifel über irgend etwas Widerwärtiges, was aus meiner Fahrt entspringen könnte, sondern um dem Schreiben Ew. Herrlichkeit willfährig zu sein, welcher ich in allem ergeben zu sein wünsche. Weil ich aber nun hier angelangt bin, und weil Ew. Exzellenz bald diesen meinen Brief erhalten werden, so bin ich gewiß, daß Sie meiner Reise zustimmen werden, und so bitte ich Sie dringend, dies zu tun, und mich, damit ich mit mehr Befriedigung und Seelenruhe diesen Ablaß empfangen kann, durch einen nach Rom gerichteten Brief zu versichern, daß Sie damit zufrieden sind. Denn sonst würde ich in beständiger Seelenangst und Bekümmernis schweben. Ew. Exzellenz empfehle ich mich hiermit zu gnädigem Wohlwollen, als Ew. Herrlichkeit jüngste Schwester Elisabetta. Assisi am 21. März 1500."

Agnesina von Montefeltre, von welcher der Brief redet, die geistvolle Schwester Guidobaldos, war mit Fabritius Colonna vermählt, welcher später ein großer Kriegsmann Italiens wurde. Sie war damals achtundzwanzig Jahre alt. Sie lebte mit ihrem Gatten auf dem Schloß Marino im Albanergebirge, und hier hatte sie ihm im Jahre 1490 Vittoria Colonna geboren, die künftige Zierde ihres Hauses. Elisabetta fand dieses schöne Kind bereits als Verlobte von Ferrante d'Avalos, dem Sohn des Marchese Alfonso von Pescara. Denn schon im Jahr 1495 hatte Ferdinand II. von Neapel die Verlobung dieser Kinder vermittelt, um die Colonna, die Anhänger Aragons, sich zu verpflichten.

Im Schutz ihrer edlen Verwandten besuchte die Herzogin von Urbino wirklich Rom, wo sie ihr Inkognito festhielt und bis zum Ostersonnabend blieb. Auf ihrem Gange nach dem S. Peter richtete sie wohl schmerzliche Blicke zu dem Belvedere, wo die kühnste Frau Italiens, welcher sie selbst befreundet sein mochte, als Gefangene trauerte. Denn daß Catarina Sforza schon seit dem Einzuge Cesars, am 26. Februar, sich im Belvedere befand, zeigt ein Brief des venezianischen Gesandten in Rom an seine Signorie von diesem Datum. Die Empfindungen Elisabettas mußten um so peinvoller sein, weil sowohl ihr eigener Gemahl, als ihr Bruder Gonzaga, beide im Dienste Frankreichs, jene Fürstin dem Verderben hatten preisgeben müssen.

Sie hatte kaum Rom verlassen, so empfing Catarina die Nachricht, daß auch ihre beiden Oheime Ludovico und Ascanio in der Gewalt des Königs von Frankreich seien. Nachdem sie im Februar 1500 mit Schweizertruppen Mailand wieder besetzt hatten, wurden sie von denselben Mietlingen schon am 10. April bei Novara schmählich verraten. Ludovico ward nach Frankreich abgeführt, wo er nach zehn Jahren im Turm zu Loches elend starb, und auch der einst so mächtige Kardinal Ascanio mußte als Gefangener nach Frankreich gehen. Ein großes Trauerspiel vollzog sich im Haus der Sforza. Wie mußte nicht Catarina in ihrem Gefängnis aufgeregt werden, als sie ihr ganzes Geschlecht den Schicksalsgewalten erliegen sah. Wer sich da mitten hinein zu versetzen vermag, atmet die schwüle Luft geschichtlicher Verhängnisse, wie sie Shakespeare um seine Gestalten ausgegossen hat.

Die Kerkermeister Catarinas waren die furchtbarsten Menschen der Zeit, der Papst und sein Sohn. Schon der Gedanke an ihre Nähe mußte sie erschrecken. Sie saß dort im hohen Belvedere in beständiger Furcht vor dem Gifte Cesars; und wohl war es ein Wunder, daß sie leben blieb. Sie machte einen mißglückten Fluchtversuch, worauf sie Alexander in die Engelsburg setzen ließ. Aber französische Herren im Dienst ihres Verderbers, namentlich Ivo d'Allegre, retteten sie durch ritterliche Proteste beim Papst. Nach einer Gefangenschaft von einem und einem halben Jahr gestattete ihr derselbe, Florenz zu ihrem Asyl zu wählen. Er selbst empfahl sie der dortigen Signorie in diesem Brief:

„Geliebte Söhne, Gruß und den apostolischen Segen. Es reist zu Euch die in Christo geliebte Tochter, die edle Frau Catarina Sforza, welche Wir, nachdem Wir dieselbe, wie Ihr wißt, aus gewissen Gründen eine Zeitlang gefänglich festgehalten, nachher in Gnaden entlassen haben. Weil Wir nun gemäß Unserer Gewohnheit und Unseres Hirtenamts gegen dieselbe Catarina nicht nur Gnade geübt haben, sondern so viel Wir mit Gott vermögen auch für ihren Vorteil mit väterlicher Güte zu sorgen wünschen, so haben Wir es für gut erachtet, Euch zu schreiben, indem Wir diese Catarina Eurer Devotion sehr empfehlen: auf daß dieselbe, wie sie im höchsten Vertrauen auf Unser Wohlwollen zu Euch, wie in ihr eigenes Vaterland sich zurückzieht, in ihrer Hoffnung und bei Unserer Empfehlung nicht getäuscht werde. Es wird Uns daher gar lieb sein, zu erfahren, daß sie zum Dank für ihre gegen Eure Stadt bewiesene Ehrerbietung und aus Rücksicht auf Uns von Euch wohl aufgenommen und behandelt sei. Gegeben zu Rom am S. Peter unter dem Fischerring, am 13. Juli 1501. Im neunten Jahr Unseres Pontifikats. Hadrianus."

Catarina Sforza starb in einem Kloster zu Florenz im Jahr 1509. Sie ließ ihrem Vaterland einen ihr gleich gearteten Sohn Giovanni Medici zurück, den letzten großen Condottiere dieses Landes, der als Führer der schwarzen Banden in der Kriegsgeschichte berühmt geworden ist. Die sitzende Marmorfigur dieses Kapitäns von herkulischer Kraft und mit dem Nacken eines Zentauren steht noch an der Ecke der Kirche S. Lorenzo in Florenz.

XVI

Seit dem Sturze der Riarier von Imola und Forlì bebten alle Tyrannen im Kirchenstaat vor Cesar, und auch größere Fürsten, wie die Este und Gonzaga, welche entweder gar nicht, oder nur zum Teil Lehnsleute der Kirche waren, bemühten sich um die Freundschaft des Papstes und seines furchtbaren Sohnes. Cesar hatte sich, als Verbündeter Frankreichs, die Dienste jener beiden Fürsten gesichert, und sie hatten ihn seit dem Jahre 1499 in seinen Unternehmungen in der Romagna unterstützt. Er unterhielt einen lebhaften Briefwechsel mit Ercole von Este, den er, ein junger und unreifer Mensch, wie seinesgleichen, wie seinen Bruder und Freund behandelte. Er teilte ihm seine Erfolge mit und empfing dann von ihm in gleich vertraulichem Tone Gratulationen, deren jede eine diplomatische, von der Furcht diktierte Lüge war. Die zwischen Cesar und Ercole gewechselte Korrespondenz bewahrt noch das Archiv Este in Modena; sie ist zahlreich und beginnt mit dem 30. August 1498, wo Cesar noch Kardinal war. Er meldete in diesem lateinisch geschriebenen Brief dem Herzog, daß er nach Frankreich abreise, und bat ihn um ein Reitpferd.

Einen nicht minder vertraulichen Briefwechsel unterhielt Cesar mit Francesco Gonzaga. Er trat zu diesem in ein lebhaftes Verhältnis, welches sogar bis zu seinem Ende fortdauerte. Das Archiv des Hauses Gonzaga in Mantua bewahrt noch einundvierzig Briefe von jenem an den Marchese und dessen Gemahlin Isabella. Der erste datiert vom 31. Oktober 1498 aus Avignon, der zweite vom 12. Januar 1500 aus Forlì; der dritte ist dieses Inhalts:

„Erlauchter Herr, wie ein Bruder zu verehren. Wir erfuhren aus den Briefen Ew. Exzellenz die ersehnte und glückliche Geburt Ihres Erlauchten Sohnes mit nicht minderer Freude, als wir bei der Geburt eines eigenen Sohns würden empfunden haben. Da wir aus innigem und brüderlichem Wohlwollen Ihnen jeden Zuwachs und jedes Glück gönnen, so willigen wir gern darein, Gevatter zu sein, und bestimmen als unseren Stellvertreter denjenigen Ihrer Räte, welchen

Ew. Exzellenz erwählen wird. An unserer statt möge er das Kind aus der heiligen Taufe heben. Wir bitten Gott unseren Herrn, Ihnen dasselbe nach unserem gemeinschaftlichen Wunsche zu erhalten.

Ew. Herrlichkeit mag es nicht beschwerlich fallen, auch Ihrer Erlauchten Gemahlin in unserem Namen Glück zu wünschen. Dieselbe wird, so hoffen wir, mit diesem Sohn die Reihe zahlreicher Nachkommenschaft begonnen haben, welche den Ruhm so Erlauchter Eltern verewigen soll. Rom, im apostolischen Palast, am 24. Mai 1500. Cesar Borgia von Frankreich, Herzog von Valence, und der heil. röm. Kirche Bannerträger und Generalkapitän."

Der Sohn des Markgrafen von Mantua war der am 17. Mai 1500 geborene Erbprinz Federigo. Zwei Jahre später, wo Cesar auf dem Gipfel seiner Macht stand, bewarben sich dieselben Gonzaga um die Ehre, diesen ihren Sohn mit seiner kleinen Tochter Luisa zu verloben.

Cesar blieb mehrere Monate in Rom, um Geldmittel für seine Unternehmungen in der Romagna herbeizuschaffen. Ein Zufall hätte alle seine Pläne in einem einzigen Moment zertrümmern können, wenn nämlich sein Vater am 27. Juni 1500 von dem Zusammensturz eines Kamins im Vatikan wäre erschlagen worden. Man zog ihn leicht verwundet aus dem Schutt hervor. Von niemand als von seiner Tochter wollte er sich pflegen lassen. Als der venezianische Botschafter ihn am 3. Juli besuchte, fand er bei ihm Madonna Lucrezia, Sancìa und deren Gemahl Jofré, und ein Hoffräulein Lucrezias, welches die „Favoritin" des Papstes war. Und dieser Papst war siebzig Jahre alt. Seine Rettung schrieb er der Jungfrau Maria zu, wie in unseren Zeiten Pius IX. die seinige aus dem Zusammensturz des Hauses bei S. Agnese derselben Heiligen zugeschrieben hat. Alexander ließ ihr zu Ehren am 5. Juli ein Hochamt halten, und später nach seiner Herstellung sich in Prozession nach S. Maria del Popolo tragen, wo er der himmlischen Jungfrau einen mit dreihundert Dukaten gefüllten Pokal darbrachte. Der Kardinal Piccolomini schüttete dieses Gold mit Ostentation vor allem Volk über dem Altar aus.

Die Heiligen des Himmels hatten sich zwischen die fallenden Mauern im Vatikan und einen großen Sünder gestellt, aber sie ließen ruhig ein Verbrechen geschehen, welches nur achtzehn Tage nach jenem Einsturz an einem Unschuldigen ausgeführt wurde. Den jungen Alfonso von Biselli hatten vergebens eigene Ahnungen und die Ratschläge seiner Freunde ein Jahr zuvor gemahnt, sich dem Verderben durch die Flucht zu entziehen. Er war als ein Opferlamm seiner Gemahlin nach Rom gefolgt, nur um den Dolchen der Meuchelmörder zu erliegen, vor welchen ihn jene nicht retten konnte. Cesar haßte ihn wie das ganze Haus Aragon. Auch war die Ehe seiner Schwester mit einem Prinzen Neapels jetzt so gut bedeutungslos geworden, wie es einst jene mit Sforza von Pesaro gewesen war, vielmehr sie hinderte die Absichten Cesars, welcher eine ihm selbst einträglichere Heirat Lucrezias ins Auge gefaßt hatte. Da nun ihre Ehe mit dem Herzog von Biselli nicht kinderlos geblieben war und folglich nicht geschieden werden konnte, so beschloß er eine radikale Trennung der Ehegatten.

Am 15. Juli (1500) begab sich Alfonso aus seinem Palast nach dem Vatikan, wo sich seine Gemahlin befand. Es war nach elf Uhr nachts. An der Peterstreppe fielen Vermummte mit Dolchen über ihn her. An Kopf, Arm und Schenkel schwer verwundet, vermochte der Prinz in das Gemach des Papstes zu stürzen. Beim Anblick ihres blutenden Gatten sank Lucrezia ohnmächtig zu Boden.

Man trug Alfonso in ein Gemach des Vatikans; ein Kardinal gab ihm die Absolution. Doch seine Jugend siegte, er genas. Lucrezia, welche der Schrecken fieberkrank machte, und seine Schwester Sancìa pflegten ihn; sie kochten ihm selbst die Speisen, der Papst selbst stellte ihm Wächter auf. Man sprach in Rom vielerlei über diesen Frevel und ihren Täter. Am 19. Juli schrieb der venezianische Botschafter an seine Signorie: „Man weiß nicht, wer den Herzog verwundet hat, aber man sagt, es sei dieselbe Person gewesen, welche den Herzog von Gandìa ermordete und in den Tiber warf. Monsignor von Valencia hat ein Edikt erlassen, daß niemand vom Kastell S. Angelo bis nach dem S. Peter sich mit Waffen solle sehen lassen, bei Strafe des Todes."

Mit teuflischer Ironie sagte Cesar zu demselben Botschafter: „Ich habe den Herzog nicht verwundet, aber wenn ich es getan, so wäre das von ihm wohl verdient gewesen." Sein Haß gegen seinen Schwager muß auch sehr persönliche Motive gehabt haben, die uns dunkel geblieben sind. Er wagte es sogar, den Kranken zu besuchen; hinausgehend sagte er sodann: „Was nicht am Mittag geschehen ist, das kann am Abend geschehen."

So vergingen peinvolle Tage, bis der Mörder die Geduld verlor. Am 18. August, um neun Uhr abends, kam er wieder; Lucrezia und Sancìa jagte er aus dem Gemach des Schwagers; er rief seinen Hauptmann Micheletto, und dieser erwürgte ihn. Ohne Sang und Klang, mit gräßlichem Schweigen, als wie in einem Schattenspiel, ward der tote Prinz in den Sankt Peter fortgetragen.

Die Sache war kein Geheimnis mehr. Offen erklärte Cesar, daß er den Herzog umgebracht habe, weil er ihm selbst nach dem Leben trachtete, und er behauptete, daß Alfonso von Bogenschützen nach ihm habe schießen lassen, als er sich im vatikanischen Garten erging.

Nichts offenbart so sehr die furchtbare Gewalt, welche Cesar über seinen lasterhaften Vater erlangt hatte, als diese Tat, und die Weise wie jener, der Papst, sie aufnahm. Aus den Berichten des venezianischen Botschafters geht hervor, daß sie wider den Willen Alexanders geschehen war, daß er den unglücklichen Prinzen sogar zu retten gesucht hatte. Nachdem aber die Tat vollbracht war, ging der Papst über das Verbrechen schnell hinweg, sowohl weil er es nicht wagte, Cesar, welchem er doch den Brudermord vergeben hatte, zur Rechenschaft zu ziehen, als weil ihm selbst die Folgen des Mordes nur erwünscht waren. Er wird es sich erspart haben, seinem Sohn unnütze Vorwürfe zu machen, über deren Sentimentalität, wenn ein Borgia überhaupt solcher fähig sein konnte, Cesar nur würde gelächelt haben. Oder war die Sorgfalt, mit welcher Alexander seinen unglücklichen Schwiegersohn hatte bewachen lassen, nichts als trügerischer Schein gewesen? Wir haben wahrlich keine Gründe, dem Verdacht entgegenzutreten, daß der Papst diesen Mord entweder selbst geplant oder doch ihm zugestimmt hatte.

Nie sank eine Bluttat so schnell in Vergessenheit. Von der Ermordung eines Prinzen des königlichen Hauses Neapel machte man nicht mehr Wesens, als von dem Tode irgendeines vatikanischen Stallknechts. Kein Mensch zog sich deshalb vor Cesar zurück, kein Priester verweigerte ihm den Eintritt in die Kirche, und kein Kardinal hörte auf, ihm mit tiefen Reverenzen zu nahen. Prälaten eilten, den roten Hut von der Hand des allmächtigen Mörders zu empfangen, denn um teures Geld bot er die Kardinalswürde an den Meistbietenden aus. Er brauchte Geld, um seine Eroberungen in der Romagna fortzusetzen. Es waren in diesen Augusttagen bei ihm seine Condottieri Paul Orsini, Julius Orsini, Vitellozzo Vitelli und Hercules Bentivoglio. Siebenhundert Schwergewaffnete hatte sein Vater für ihn ausgerüstet, und am 18. August berichtete der venezianische Botschafter an seine Signorie, daß er vom Papst beauftragt sei, den Dogen zu bitten, er möge von der Protektion der Signoren Riminis und

Faenzas Abstand nehmen. Man unterhandelte mit Frankreich um praktische Unterstützung Cesars. Am 24. August zog der französische Gesandte in Rom ein, Louis de Villeneuve; bei S. Spirito ritt eine Maske auf ihn zu und umarmte ihn. Die Maske war Cesar. So offen er seine Frevel sonst trieb, so sehr liebte er es doch, in Rom maskiert einherzugehen.

Der junge Alfonso von Aragon ist die am meisten tragische Gestalt unter den Opfern der Borgia, und sein Schicksal noch ergreifender als das Astorres Manfredi. Wenn Lucrezia, wie man allen Grund zu glauben hat, ihren Gatten wirklich liebte, so mußte sie dessen Ende zur Verzweiflung bringen, und selbst wenn sie keine Leidenschaft für ihn empfunden hatte, mußte sich jedes Gefühl in ihr gegen den Mörder empören, von dessen teuflischer Selbstsucht sie das Opfer war. Und auch gegen ihren Vater mußte sie sich auflehnen, der diese Freveltat so gleichgültig behandelte.

Die lakonischen Berichte aus jenen Tagen schildern uns nicht den Zustand, in dem sie sich gleich nach der Tat befand, noch die Vorgänge, die auf dieselbe im Vatikan unter den Mitgliedern des Hauses Borgia stattfanden. Lucrezia war fieberkrank; aber sie starb weder vor Gram, noch erhob sie sich als Rächerin gegen den Mörder ihres Gemahls, noch floh sie aus diesem schrecklichen Vatikan.

Sie fand sich in der Lage ihrer Schwägerin Donna Maria Enriquez nach dem Tode Gandìas, aber wenn diese damals mit ihrem Sohne in Spanien in Sicherheit war, so gab es für Lucrezia selbst kein Asyl, in welches sie sich ohne den Willen ihres Vaters und Bruders hätte begeben können.

Es würde töricht sein, die Unglückliche zu verdammen, weil sie sich in dem furchtbarsten Augenblick ihres Lebens nicht zur Heldin eines Trauerspiels erhoben hat. In Wahrheit, sie erscheint in ihm sehr schwach und klein. Aber wir haben kein Recht, von Lucrezia Borgia die Leidenschaften einer großen Seele zu verlangen, wenn sie solche nicht besaß. Wir suchen nur sie als das aufzufassen, was sie wirklich war. Und wenn wir richtig urteilen, so war sie eben ein Weib, welches nicht die Macht, sondern nur die Anmut ihrer Natur über das gewöhnliche Maß der Frauen gestellt hat. Dieses junge Weib, das der romantischen Phantasie der Nachwelt wie eine Medea oder wie eine immer lodernde Liebesfackel erschienen ist, hat vielleicht in Wirklichkeit nie eine tiefe Leidenschaft gefühlt. Sie war in der römischen Epoche ihres Lebens stets in Abhängigkeit vom Willen anderer, denn ihr Schicksal wurde erst von ihrem Vater, dann von ihrem Bruder bestimmt. Wie weit, bei tatsächlicher Unfreiheit den Verhältnissen gegenüber, ihr moralischer Widerstand ausreichen konnte, in ihnen die Würde des Weibes zu behaupten, das wissen wir nicht. Wenn aber Lucrezia jemals den Mut besaß, ihre persönlichsten Gefühle und Rechte denen gegenüber geltend zu machen, deren Opfer sie war, so muß sie dies nach der Ermordung ihres Gatten zu tun gewagt haben. Und wohl mag sie damals den mörderischen Bruder mit Anklagen, den Vater mit Tränen bestürmt haben. Die Lästige wollte deshalb Cesar aus der Nähe des Vatikan entfernt wissen, und Alexander schickte sie auf einige Zeit ins Exil, wahrscheinlich weil sie das selbst begehrte. Ein zwischen ihr und dem Vater entstandenes Zerwürfnis deutet der venezianische Botschafter Polo Capello an. Er hatte Rom am 16. September 1500 verlassen, und machte, nach Venedig zurückgekehrt, seiner Regierung über die dortigen Zustände Bericht, wobei er sagte: „Madonna Lucrezia, welche klug und liberal ist, stand zuvor in der Gunst des Papstes, aber jetzt liebt er sie nicht mehr."

Am 30. August verließ Lucrezia Rom mit einem Gefolge von sechshundert Reitern, um sich nach Nepi zu begeben, von welcher Stadt sie Herrin war. Dort wollte sie sich, wie Burkard sagt, von den Gemütsbewegungen erholen, die ihr der Tod des Herzogs von Biseglia zugezogen hatte.

XVII

In jener Zeit reiste man von Rom nach Nepi, wie heute, auf der Via Cassia über Isola Farnese, Baccano und Monterosi. Die Straße war damals noch teilweise die antike, aber in dem schlechtesten Zustande. Nahe bei Monterosi lenkte man in die Via Amerina ein, deren altes Pflaster noch jetzt in weiten Strecken und bis unter die Mauern Nepis erhalten ist.

Wie fast alle etrurischen Städte liegt auch diese (Nepe oder Nepete) auf einer Hochfläche, deren steile Ränder sich in tiefe vulkanische Erdspalten niedersenken, und durch diese bahnen sich kleine Flüsse, Rii genannt, über Felsgetrümmer ihren Weg. Die nackten Tuffwände dienten zur natürlichen Befestigung, und wo sie minder hoch sind, half man ihnen mit Mauern nach.

Die südliche Stadtseite Nepis, wo der Rio Falisco durch ein minder tiefes Tal fließt, ehe er in die große Schlucht hinabstürzt, war schon im Altertum durch hohe Mauern befestigt worden. Sie bestanden aus länglichen Quadern von Tuff, die man ohne Zement übereinander legte, wie jene der Mauern des benachbarten Falerii. Noch stehen ansehnliche Reste dieser Mauern Nepis an der Porta Romana, während anderes Material derselben zum Bau der Burg und auch für die hohen Bogen der farnesischen Wasserleitung gedient hat.

Die Burg schützte die schwächste Seite von Nepi, und auch im Altertum stand wohl auf derselben Stelle die Arx der Stadt. Im 8. Jahrhundert war sie der Sitz eines mächtigen Dux Toto, der auch in der Geschichte der Stadt Rom namhaft geworden ist. Der Kardinal Rodrigo Borgia gab ihr diejenige Form, welche sie noch heute bewahrt. Denn er ließ das Schloß neu ausbauen, und die zwei inneren mächtigen Türme aufführen, von denen der größere rund, der kleinere viereckig ist. Später wurde dasselbe Schloß von Paul III. und seinem Sohn Pierluigi Farnese, dem ersten Herzog von Castro und Nepi, restauriert und durch Bastionen erweitert.

Die Burg war im Jahre 1500 nicht minder fest als jene von Civitacastellana, welche Alexander VI. gleichfalls ausbaute. Heute ist sie kläglich verfallen. Dichter Efeu umschlingt die Trümmer des Schloßpalastes und alle Außenwände. Nur die beiden Turmkolosse haben der Zeit getrotzt.

Man tritt von der Stadtseite in dieses zerstörte Schloß durch eine Pforte, über welcher in schöner Renaissanceschrift geschrieben steht YSV. VNICVS CVSTOS. PROCVL HINC TIMORES. YSV. Zunächst gelangt man in einen viereckigen Hofraum, welchen vermauerte und zerstörte Portiken umgeben und dessen ganze Fläche ein Gemüsegarten einnimmt. Vor sich hat man die verfallene Fassade des Schlosses, einen zweistöckigen Bau im Stil der Renaissance, mit Fenstern, deren Einfassung aus Peperin besteht. Auf dem Gesims des Portals zeigt die Inschrift P. LOISIVS FAR. DVX PRIMVS CASTRI auch hier einen farnesischen Umbau an.

Das Innere bietet nur noch einen Schutthaufen dar. Die Gemächer sind alle eingestürzt. Niemand hielt den Untergang dieses merkwürdigen Denkmals der Vergangenheit auf; und erst vor fünfzig Jahren brach der letzte Saal zusammen. Nur ein einziges Oberzimmer, zu welchem man auf einer Leiter emporklettern muß, ist erhalten. Man sieht darin noch die Stelle des Kamins und sogar die ursprüngliche Decke aus Holzgetäfel, wie man solches in der Frührenaissancezeit anzuwenden pflegte. Die Balkenenden bilden zierlich ausgeschnitzte Konsolen. Das ganze Holzwerk ist dunkelbraun angestrichen, und hie und da sind an die Decke Schilder von Holz angelehnt, auf denen das Wappen Borgia in Farben gemalt ist.

Auch an den Wänden im Innern, wie außen auf den Türmen der Burg erblickt man noch hie und da dasselbe Wappen in Stein. Zwei sehr gut gemeißelte Wappen, die man in der Vorhalle des Gemeindehauses von Nepi eingemauert sieht, sind dorthin aus dieser Burg gebracht worden, wo sie wohl Lucrezia hatte aufrichten lassen. Sie vereinigen unter einer Herzogskrone das Wappen Borgia mit dem des Hauses Aragon, und das letztere hatte Lucrezia als Herzogin von Biselli angenommen.

Das einsame Nepi, welches heute nur 2500 Einwohner zählt, war im Jahre 1500 kaum volkreicher: ein kleiner Campagnaort mit Straßen von gotischer Architektur, mit einigen alten Palästen und Türmen edler Geschlechter, von denen die Celsi die angesehensten waren; mit dem kleinen Stadtplatz, dem ehemaligen Forum, worauf das Kommunalhaus stand; mit dem alten Dom, der ursprünglich auf den Trümmern des Jupitertempels erbaut worden war, und noch im Jahre 1500 seine Basilikenform bewahrt hatte; mit einigen anderen uralten Kirchen und Klöstern, wie S. Vito und S. Eleuterio, und wohl noch mit manchen Resten des Altertums, die jetzt verschwunden sind. Denn nur zwei antike Statuen, Ehrenbilder von verschollenen Bürgern Nepetes, stehen noch an der Fassade des Gemeindepalastes, eines zierlichen Gebäudes aus der letzten Epoche der Renaissance.

Die Landschaft Nepis hat, wie die der meisten etrurischen Gegenden, einen ernsten und melancholischen Charakter, und diesen erzeugt die vulkanische Natur des Erdbodens zusammen mit der geschichtlichen Verstorbenheit, welche ganz Etrurien eigen ist. Diese zerrissenen und düsteren Schluchten mit ihren Felsblöcken und steilen Wänden bald aus schwarzem, bald aus dunkelrotem Tuff, diese in ihrer Tiefe brausenden Bäche bringen einen großartigen aber schwermutsvollen Eindruck hervor; und so ernst stimmen auch die weiten und stillen Hochflächen und die idyllischen Weidetriften, auf denen man fort und fort das klagende Blöken der Schafherden und die trauervollen Töne der Hirtenflöte hört.

Hie und da stehen dunkle Eichenwälder. Vor vier Jahrhunderten waren sie um Nepi her voller und dichter als heute, wo sie auf der Seite nach Sutri und nach Civitacastellana schon stark gelichtet sind; aber noch immer bilden sie prächtige Gebüsche. Vom Altan der Burg bietet sich den Blicken ein großes Panorama dar, welches noch umfassender ist als jenes, dessen Anblick das Schloß von Spoleto gewährt. Am Horizont erhebt sich hier der finstere Höhenzug der Vulkane von Bracciano mit dem Monte di Rocca Romana, dort der ciminische Bergwald vor Viterbo, auf dessen breiten Abhängen der farnesische Ort Caprarola deutlich sichtbar ist. Gegenüber steigt der inselartige Soracte auf. Nach Norden zu sinkt das Hochland leise zum Tibertal nieder, über welchem in der duftigen Ferne die blauen Bergreihen der Sabina sich mächtig darstellen, mit vielen Kastellen auf ihren Vorhöhen.

Die junge Witwe Alfonsos zog am 31. August in das Schloß Nepi ein, dessen Räume sich nun mit einem Teile ihres Hofstaates belebten; sie hatte mit sich ihr Kind Rodrigo. Aber alle diese sonst so ausgelassenen Kavaliere und Damen waren von wirklicher oder offizieller Trauer verdüstert. In der einsamen Burg konnte Lucrezia ungestört um den schönen Jüngling weinen, der zwei Jahre lang ihr Gatte gewesen war und mit dem sie kaum ein Jahr zuvor eben dieses Schloß bewohnt hatte. Nichts störte dort ihre düsteren Gedanken; vielmehr Burg, Stadt und Landschaft stimmten sehr wohl zu ihnen.

Wir besitzen aus der Zeit jenes trauervollen Aufenthaltes Lucrezias in der Burg Nepi einige ihrer Briefe, und diese sind außerordentlich wertvoll als die einzigen überhaupt, welche aus der ganzen römischen Periode der berühmten Frau erhalten oder doch bis jetzt entdeckt worden sind. Sie stammen aus ihrer Kanzlei in Ferrara. Lucrezia richtete sie an ihren vertrauten Diener Vincenzo Giordano in Rom, teils eigenhändig, teils durch ihren Sekretär Cristoforo. Sie unterzeichnete sich darin: „die unglückselige Prinzessin von Salerno", doch hat sie dann die Worte *principessa de Salerno* selbst wieder durchstrichen und nur das Wort *La infelicissima* stehen lassen; nur in einem einzigen undatierten Briefe blieb die ganze Unterschrift.

Der erste Brief, datiert vom 15. September 1500 „in unserer Burg Nepi", handelt von häuslichen Angelegenheiten, namentlich von Kleidern, deren sie benötigt ist, und so auch der zweite vom 24. Oktober. Am 26. Oktober schreibt sie, daß sie dem Kardinal von Lissabon, ihrem Gevatter, geschrieben habe zugunsten des Überbringers dieses Briefes, des Giovanni von Prato. Am 28. Oktober trägt sie Vincenzo auf, Kleider für den kleinen Rodrigo anfertigen zu lassen, und ihr dieselben schnell durch einen Boten zu senden. Sie befiehlt ihm ferner, in allen Klöstern von neuem Gebete halten zu lassen „wegen dieser meiner neuen Leiden." Am 30. Oktober schrieb sie:

„Vincenzo. Weil wir beschlossen haben, daß das Totengedächtnis für die Seele des Herrn Herzogs meines Gemahls – die Glorie der Seligen sei ihm zuteil – gefeiert werde, so wirst du, im Angesicht dieses, dich zum Ehrwürdigen Herrn Kardinal von Cosenza begeben, welchen wir mit diesem Offizium beauftragt haben, und dasjenige tun, was Se. Ehrwürden dir befehlen wird: sowohl in bezug auf die Bezahlung des genannten Totenamts, als auch die Betreibung dessen was Se. Herrlichkeit dir befehlen wird, und du wirst zusehen was du von den fünfhundert ausgibst, die du hast: denn ich werde Befehl geben, daß sie dir wiedererstattet werden, so es nötig sein wird. Aus der Burg Nepi, am vorletzten Oktober 1500. Die Unglückselige Prinzessin von Salerno."

Ein undatierter Brief Lucrezias mag derselben Zeit angehören, weil er von trauerfarbenem Zeuge handelt, welches sie begehrt, den

Himmel über ihrem Bette damit zu versehen. Die letzten datierten Briefe sind vom 31. Oktober und vom 2. November, und enthalten unwichtige häusliche Aufträge; sie beweisen, daß Lucrezia noch im November in Nepi war. Auf ihre Rückkehr nach Rom bezieht sich ein anderes undatiertes Schreiben an denselben Vincenzo Giordano; es enthält absichtliche nicht mehr zu entziffernde Dunkelheiten und offenbar mit ihrem Diener verabredete Namen; auch die Unterschrift ist eine konventionelle Ziffer. Lucrezia sagt darin wörtlich: „Ich bin so mißmutig und so mit Verdruß erfüllt wegen meines Kommens nach Rom, daß ich nicht zu schreiben vermag; ich kann nur immerfort weinen. Und alle diese Tage, da ich sah, daß Farina mir nicht antwortete noch schrieb, habe ich weder essen noch schlafen können, nur immer weinen. Und Gott verzeihe Farina, der doch alles hätte zum Besseren wenden können, und es nicht getan hat. Ich werde zusehen, ob ich ihm Roble schicken kann, ehe ich abreise, denn ihn will ich schicken. Nichts anderes. Nochmals besorge wohl jene Sache. Und auf keine Weise lasse Rexa diesen Brief sehen."

Es scheint, daß Lucrezia sich von Nepi fortsehnte und nach Rom zurückzukehren begehrte, was ihr Vater ihr anfangs verweigern mochte. Vielleicht ist Rexa in jenem Briefe Alexander, und der Name Farina mochte den Kardinal Farnese bedeuten, auf dessen Vermittlung sie hoffte. Vincenzo schrieb ihr endlich, daß er mit dem Papst selbst gesprochen habe, und Lucrezia drückte ihrem Diener in einem (undatierten) Brief ihre Freude darüber aus, daß alles besser gegangen sei, als sie selbst es gehofft hatte. Dies ist der einzige Brief, in welchem die Unterschrift „Die Unglückselige Prinzessin von Salerno" nicht durchgestrichen ist.

Wir wissen nicht, wie lange Zeit Lucrezia in Nepi blieb, wo gerade in der Sommerschwüle die aus den Felsenschlünden aufsteigenden Dämpfe eine tödliche Fieberluft erzeugen, welche noch heute jenen Ort und Civitacastellana ungesund macht. Ihr Vater mochte sie schon vor Weihnachten nach Rom zurückrufen, und alsbald wandte er ihr seine Gunst wieder zu, zumal ihr Bruder die Stadt verlassen hatte. Und kaum gingen Monate hin, so war die Seele Lucrezias von anderen glänzenden Bildern der Zukunft erfüllt, hinter denen die Schattengestalt des unseligen Alfonso in Vergessenheit sank. Ihre Tränen trockneten so schnell, daß nur nach einem Jahre in diesem jungen lachenden Weibe niemand die Witwe eines ermordeten und aufrichtig betrauerten Gatten würde erkannt haben. Lucrezia hatte von ihrem Vater, wenn auch nicht die unzerstörliche Lebenskraft, so doch jenen Leichtsinn geerbt, welchen die Zeitgenossen unter dem Namen eines immer heiteren Wesens sowohl an ihm wie an ihr ausdrücklich bemerkt haben.

XVIII

Am Ende des September 1500 brach Cesar nach der Romagna auf, mit siebenhundert Mann schweren, mit zweihundert leichten Reitern und sechstausend Fußsoldaten. Er wandte sich zuerst gegen Pesaro, von dort seinen ehemaligen Schwager zu vertreiben. Sforza hatte sich bei der Nachricht von dem schrecklichen Ende seines Nachfolgers in der Ehe mit Lucrezia glücklich preisen können, daß er diesem Schicksal entgangen war. Es quälte ihn glühender Haß gegen alle diese Borgia, aber statt seine Beschimpfung rächen zu können, sah er sich jetzt einer größeren fast wehrlos ausgesetzt. Er war durch seine Agenten in Rom und den ihm freundlichen Botschafter Spaniens von den Rüstungen seines Todfeindes unterrichtet worden, wie dies seine Briefe an Francesco Gonzaga dartun, den Bruder seiner ersten Gemahlin Maddalena.

Am 1. September 1500 meldete er jenem Markgrafen die Absicht Cesars, Pesaro anzugreifen, und er bat ihn, seine Sache dem Kaiser Maximilian zu empfehlen. Am 26. schrieb er dringender um Hilfe. Der Markgraf versagte sie ihm nicht, aber er schickte ihm doch nur hundert Mann mit einem albanesischen Kapitän. Es zeigte sich sofort, wie diese illegitimen Herrschaften Italiens bei jedem Windstoß ins Schwanken kamen. Nur in Faenza liebte das Volk seinen Herrn, den jungen schönen Astorre Manfredi, und blieb ihm treu; aber in allen anderen Städten der Romagna war das Tyrannenregiment verhaßt. Auch Sforza konnte gewalttätig und grausam sein, und wohl nicht fruchtlos hatte er die Schule der Borgia in Rom durchgemacht.

Nie wurde ein Thron so schnell umgestürzt als der seinige, oder vielmehr so schnell verlassen, ehe er noch umgestürzt war. Cesar näherte sich noch nicht einmal Pesaro, als sich hier eine Bewegung zu seinen Gunsten im Volke kundgab: eine dem Sforza feindliche Partei bildete sich, während die Gesamtheit der Bürgerschaft, aufgeregt durch die Vorstellung der Folgen der Erstürmung ihrer Stadt durch den erbarmungslosen Feind, ein Abkommen mit diesem verlangte. Vergebens rief der Dichter Guido Posthumus, welcher kurz zuvor aus Padua in seine Vaterstadt heimgekehrt war, seine Mitbürger in geharnischten Versen zum Widerstande auf. Das Volk erhob sich am Sonntag den 11. Oktober, ehe noch Cesar vor der Stadt erschienen war. Was weiter geschah, erzählt der Brief Sforzas an Gonzaga:

„Erlauchtester Herr und geehrtester Schwager. Ew. Exzellenz wird wohl erfahren haben, wie am Sonntag des Morgens das Volk von Pesaro, von vier Elenden aufgewiegelt, sich in Waffen erhob, und wie ich mich mit wenigen Getreuen, so gut es ging, in die Burg zurückziehen mußte. Als ich hier sah, daß die Feinde sich mir näherten, und Ercole Bentivoglio, der bei Rimini lag, vorwärts rückte, so verließ ich, um nicht eingeschlossen zu werden, auf den Rat und mit Hilfe des Albanesen Jacomo nachts die Burg. Ich habe mich hierher gerettet, auf bösen Wegen und mit großer Not; wofür ich zuallererst Ew. Exzellenz zu danken habe, da Sie mir jenen Jacomo zusandten; sodann aber ihm selbst, da er mich so wohl in Sicherheit gebracht hat. Was ich weiter tun werde, weiß ich noch nicht; aber wenn ich innerhalb vier Tagen nicht zu Ew. Exzellenz komme, so will ich Jacomo absenden, der Ihnen alles, und wie es ergangen ist, und meine Absichten mitteilen wird. Unterdes wünsche ich, daß Sie die Gewißheit meiner Rettung erhalten, und empfehle mich Ihnen. Bologna am 17. Oktober 1500. Ew. Exz. Schwager und Diener, Johannes Sforza von Aragon, Graf von Cotignola und Pesaro."

Am 19. Oktober schrieb derselbe aus Bologna, daß er nach Ravenna gehen und von dort nach Pesaro zurückkehren wolle, wo sich die Burg noch tapfer halte, und er bat den Markgrafen, ihm dreihundert Mann zur Hilfe zu schicken. Aber drei Tage später meldete er von Ravenna aus, daß jene Burg sich ergeben habe.

Die Stadt Pesaro hatte Cesar Borgia nicht nur ohne Widerstand, sondern willig aufgenommen, und mit öffentlichen Ehren zog er in den Palast der Sforza ein, worin vor nur vier Jahren seine Schwester als Herrin gewohnt hatte. Er besichtigte die Burg am 28. Oktober, ließ einen Maler rufen und befahl ihm, ein Bild davon auf Papier zu machen, welches er dem Papst schicken wolle. Zwölf Trompeter schmetterten von den Zinnen dieses Schlosses der Sforza herab ihre Jubelklänge, und Herolde riefen Cesar als Herrn von Pesaro aus. Am 29. Oktober ging er nach dem Schloß Gradara.

Zeuge seines Einzuges in Pesaro war Pandolfo Collenuccio. Diesen Mann, welchen Sforza einst verbannt und der in Ferrara eine Freistätte gefunden hatte, schickte der Herzog Ercole auf die Nachricht vom Falle Pesaros an Cesar, ihm seine Glückwünsche darzubringen, und diese preßte ihm sowohl Furcht, als eine wichtige Unterhandlung ab, welche der Papst mit ihm angeknüpft hatte und von der wir bald reden werden. Collenuccio gab dem Herzog Bericht von seiner Sendung am 29. Oktober in diesem merkwürdigen Briefe:

,,Mein Erlauchtester Herr. Nach meiner Abreise von Ew. Herrlichkeit gelangte ich in zwei und einem halben Tage nach Pesaro. Denn dort traf ich am Dienstag um die vierundzwanzigste Stunde ein. Gerade in derselben Stunde hielt der Herzog von Valence seinen Einzug; das ganze Volk war am Tor, und man empfing ihn bei großem Regen und überreichte ihm die Schlüssel der Stadt. Er nahm Wohnung im Palast, in dem Zimmer, welches ehemals Signor Giovanni bewohnt hatte. Sein Einzug ging sehr feierlich vor sich, wie mir diejenigen von den Meinigen sagten, welche ihn gesehen haben, mit großer Ordnung und vielen Pferden und Garden zu Fuß. An demselben Abend ließ ich ihn meine Ankunft wissen, und daß ich Audienz erwarte, sobald es seiner Herrlichkeit bequem sei. Gegen zwei Uhr des Nachts (acht Uhr abends) schickte er mir Signor Ramiro und den Majordomus, mich zu besuchen und mit vielen ehrenvollen Worten zu fragen, ob ich gut wohne und ob ich bei solcher Menschenmenge Mangel leide, und er ließ mir sagen, daß ich mich ausruhen solle und er am folgenden Tage mich anhören wolle. Am Mittwoch in der Frühe schickte er mir mit ehrenvoller Botschaft zum Geschenk einen großen Sack voller Gerste, ein Faß Wein, einen Hammel, acht Paar Kapaunen und Hühner, zwei große Fackeln, zwei Bündel Wachslichter und zwei Schachteln mit Konfekt. Doch Audienz gab er mir nicht, obwohl er sich entschuldigen und mir sagen ließ, es solle mich das nicht wundernehmen. Der Grund war, weil er sich um die zwanzigste Stunde (zwei Uhr nachmittags) aus dem Bett erhebt und aufgestanden speist. Darauf ging er nach der Burg, wo er bis zur Nacht blieb und von wo er dann sehr angegriffen zurückkam, infolge eines Leistengeschwürs, welches er hat.

Nachdem er heute um die zweiundzwanzigste Stunde (vier Uhr nachmittags) gespeist hatte, ließ er mich durch Signor Ramiro zu sich einführen; und mit vieler Vertraulichkeit und der besten Miene fing zuerst Se. Herrlichkeit sich zu entschuldigen an, daß Sie mich gestern nicht hatte anhören können, sowohl wegen seiner Beschäftigung in der Burg, als wegen des Leidens, welches ihm sein Geschwür verursacht. Nach dieser Einleitung und nachdem ich gesagt hatte, daß der wesentliche Zweck meiner Sendung sei, Sr. Herrlichkeit aufzuwarten, Glück zu wünschen, zu danken und Diensterbietung zu machen, antwortete mir Dieselbe, und in der Tat mit aller Kunst wohlgesetzter Rede, Punkt für Punkt und mit Gemächlichkeit. Die Summe davon war, daß er, die Klugheit und Güte Ew. Herrlichkeit kennend, Dieselbe immer geliebt und gewünscht habe, mit Ew. Exzellenz in persönlichen Verkehr zu kommen. Er habe das gewollt, als Dieselben in Mailand waren; doch die damaligen Zustände und Geschäfte vereitelten dies. Nun da er in diese Lande hier gekommen sei, habe er, an seinem Wunsche festhaltend, aus freiem Entschluß und Trieb seiner Seele und zum Beweis seiner kindlichen Liebe jenen Brief mit der Meldung seiner Erfolge geschrieben und für sicher angenommen, daß Ew. Herrlichkeit darüber Freude empfinden würden. Dasselbe werde er auch in der Zukunft tun, denn er wünsche mit Ew. Exzellenz eine innige Freundschaft zu schließen und biete Derselben alles dar, was er besitze und vermöge, was Ew. Herrlichkeit, so Sie dessen bedürften, tatsächlich erkennen werde. Ich möchte ihn Derselben sehr empfehlen, da er Sie als einen Vater erachten wolle. Er dankte auch Ew. Herrlichkeit für die briefliche Antwort und daß Sie ihm diese durch einen Boten schickten, da solches in der Tat nicht nötig war: denn auch ohne dies würde er davon versichert gewesen sein, daß Ew. Herrlichkeit über jeden seiner Vorteile Freude empfinden würden. Kurz und gut, er konnte nicht bessere und passendere Worte gebrauchen, als er sagte, und stets nannte er Sie seinen Vater und sich Ihren Sohn.

Indem ich das Wesentliche und alle seine Worte zusammenfasse, begreife ich, daß es ihm lieb sein würde, ein praktisches Verhältnis und gute Freundschaft mit Ew. Herrlichkeit zu unterhalten. Ich glaube wohl an seine Absichten: doch ich kann nichts anderes als Gutes daraus entnehmen. Daß Ew. Herrlichkeit ihm einen Boten schickte, war ihm sehr angenehm, und ich hörte, daß er davon dem Papst geschrieben hat; und mit den Seinigen hier hat er so davon gesprochen, daß er zeigte, wie bedeutend und hoch er es anschlägt.

Nach einigen kurzen Antworten und hin und her von Erwiderungen, womit ich ihm bemerkte, daß ich es nur als Klugheit rühmen könne, wenn Se. Herrlichkeit diesen Weg in betreff Ew. Exzellenz einschlage, und dies wegen unserer Verhältnisse und unseres Staates, was doch alles nur zu seinem Vorteil gereichen könne, bestätigte er das mit Nachdruck; er gab mir zu verstehen, daß er es sehr wohl erkenne, und so kamen wir, den Faden des Gesprächs abbrechend, auf Faenza zu reden. Se. Herrlichkeit sagte mir: ich weiß nicht, was Faenza tun will; es würde uns so wenig Mühe machen, wie alle diese anderen; oder es wird temporisieren. Ich entgegnete ihm, daß ich glaube, es werde tun wie diese anderen, wenn aber nicht, so würde es nur Sr. Herrlichkeit zur Ehre gereichen, denn es würde Derselben Gelegenheit geben, Ihre Tüchtigkeit und Stärke in seiner Eroberung darzutun. Er nahm das wohl auf und meinte, daß er es hart bedrängen wolle. Von Bologna war nicht die Rede. Er freute sich über die Empfehlungen, die ich ihm von den Ihrigen darbrachte, vom Herrn Don Alfonso und vom Kardinal, von dem er so viel Gutes sagte in so viel Ausdrücken von Liebe, daß er damit nicht enden konnte.

Und so nahm ich, nachdem wir eine starke halbe Stunde beisammen gewesen, Urlaub, und Se. Herrlichkeit stieg zu Pferde und zog von hier fort. Diesen Abend geht er nach Gradara, morgen nach Rimini und so weiter. Er hat all sein Volk und seine Artillerie mit sich. Wie er mir selbst sagte, rückt er nur deshalb so langsam vor, weil er sich nicht von der Artillerie trennen will.

In diesem Ort sind zweitausend Mann und mehr einquartiert; sie haben keinen bemerkenswerten Schaden getan. Die Landschaft wimmelt von Soldaten: ob sie viel Schaden getan, wissen wir noch nicht. Der Stadt hat er kein Privilegium noch Exemtion bewilligt. Als seinen Stellvertreter ließ er einen Doktor von Forlì. Aus der Burg nahm er siebzig Stück Artillerie; die Wache, die er darin zurückließ, ist sehr gering.

Ich will Ew. Exzellenz etwas sagen, was man mir von mehreren Seiten mitgeteilt hat; ausdrücklich aber sagte es mir ein portugiesischer Kavalier, Soldat des Herzogs von Valence, der hier im Hause meines Schwiegersohnes mit fünfzehn Pferden einlogiert ist, ein rechtschaffener Mann und Freund unseres Herrn Don Fernando, da er mit dem Könige Karl war. Er also sagte mir, daß der Papst diese Stadt als Mitgift Madonna Lucrezia geben werde, und daß er ihr zum Manne einen Italiener gibt, der stets mit Valence guter Freund sein wird. Ob es wahr sei, weiß ich nicht. Man glaubt es so.

Was Fano betrifft, so hat es der Herzog nicht erhalten. Er war dort fünf Tage drinnen. Er hat es nicht verlangt noch haben es ihm die Bürger gegeben, und sein wird es, wenn er es will. Sie sagen, der Papst habe ihm befohlen, mit Fano sich nicht einzulassen, wenn es nicht die Bürger selbst verlangen. So sind sie im *statu quo* geblieben."

Nachschrift.

,,Das Leben des Herzogs ist dies. Er geht zu Bette um die achte, neunte und zehnte Stunde nachts (drei bis fünf Uhr morgens). Sodann ist die achtzehnte Stunde für ihn die Morgendämmerung, die neunzehnte der Sonnenaufgang, die zwanzigste die Zeit des Aufstehens. Gleich nachdem er aufgestanden, setzt er sich zur Tafel, und hier und darauf betreibt er Geschäfte. Er gilt für mutig, kraftvoll und liberal, und daß er große Stücke auf rechtschaffene Männer hält. Er ist hart in der Rache. So sagen mir viele. Ein Mensch von großem Sinn, und welcher Größe und Ruhm sucht; wie es scheint, ist es ihm mehr darum zu tun, Staaten zu erobern, als sie zu befestigen und zu ordnen. Pesaro am Donnerstag, den 29. Oktober, sechs Uhr nachts, 1500. Ew. Erlauchten Herzoglichen Herrlichkeit Diener Pandulphus.

Gefolge des Herzogs:

Bartolomeo von Capranica, Feldmeister. Piero Santa Croce. Julio Alberino. Mario Don Marian de Stephano. Ein Bruder desselben. Menico Sanguigni. Jo. Baptista Mancini. Dorio Savello.	Alles römische Edelleute.

Männer von Ansehen im Haus des Herzogs:

Bischof von Elna, Bischof von Sancta Sista,	Spanier.

Bischof von Trani, Italiener.
Ein neapolitanischer Abt.
Herr Ramiro del Orca, Governator. Dieser ist das Faktotum.
Don Hieronymo, Portugiese.
Messer Agabito von Amelia, Sekretär.
Messer Alexandro Spannocchia, Schatzmeister, welcher gesagt hat, daß der Herzog, seit er Rom verließ, bis hier täglich achtzehnhundert Dukaten regelmäßig auszugeben hat.

In seinem Brief tat Collenuccio keine Erwähnung davon, daß er selbst diesem Cesar, dem neuen Gebieter Pesaros, eine Klageschrift wider seinen alten Herrn Johann Sforza einreichte, und daß er von jenem in alle seine konfiszierten Güter wieder hergestellt wurde.

Diesen Schritt sollte er nach wenig Jahren bitter zu bereuen haben. Guido Posthumus dagegen, dessen Besitztum Cesar einzog, war zu den Rangone nach Modena gegangen. Der vertriebene Sforza selbst befand sich schon am 2. November in Venedig, wo er, nach der Angabe Malipieros, der Republik sein Land Pesaro verkaufen wollte, aber damit abgewiesen wurde. Von dort ging er nach Mantua. Diese beiden Städte waren damals die Asyle gestürzter Tyrannen, und besonders nahm das schöne Schloß der Gonzaga in dem von den Minciosümpfen gedeckten Mantua jetzt und noch lange Zeit nachher solche Flüchtlinge gastlich auf.

Nach dem Falle Pesaros verjagte auch Rimini seine verhaßten Tyrannen, die Brüder Pandolfo und Carlo Malatesta, und Cesar Borgia belagerte hierauf Faenza. Der junge Astorre, dessen Signor, ergab sich endlich seinem Verderber gegen die eidliche Zusage seiner Freiheit, am 25. April 1501, doch Cesar schickte den Unglücklichen nach Rom, wo er mit seinem Bruder Octavian und anderen Opfern in der Engelsburg eingekerkert wurde. Es war das derselbe Astorre, welchen einst der Kardinal Alessandro Farnese mit der Tochter seiner Schwester Julia hatte vermählen wollen, und vielleicht konnte es der unselige Jüngling jetzt beklagen, daß diese Verbindung nicht zustande gekommen war.

XIX

Lucrezia befand sich unterdes im Palast am S. Peter mit ihrem Kinde Rodrigo. Wenn sie noch um ihren Gemahl trauerte, so ließ ihr Vater ihr keine Zeit, sentimentalen Gefühlen nachzuhängen. Er weckte ihren Leichtsinn oder ihre Eitelkeit auf; denn der tote Alfonso sollte durch einen zweiten größeren Alfonso ersetzt werden. Kaum war der Herzog von Biselli beseitigt, so wurde an eine neue Hochzeit gedacht. Schon im November des Jahres 1500 begann man davon zu reden, daß Lucrezia mit dem Erbprinzen von Ferrara sich vermählen solle, welcher seit 1497 ein kinderloser Witwer war und erst vierundzwanzig Jahre zählte. Von diesem Plan berichtete am 26. jenes Monats zuerst Marin Zorzi, der neue Botschafter Venedigs in Rom, an seine Signorie. Aber schon viel früher, ja zweifellos noch als ihr Gemahl lebte, war im Vatikan an diese neue Verbindung gedacht worden. Man sprach in der Weihnachtszeit des Jahres 1500 freilich auch von einer Heirat mit dem Herzog von Gravina. Dieser Orsini war durch die Schicksale zweier Männer Lucrezias so wenig abgeschreckt, daß er im Dezember nach Rom kam, um ihre Hand zu werben. Man lockte ihn vielleicht nur mit dieser Aussicht, um sich der Dienste der Orsini versichert zu halten.

Der Plan, Lucrezia mit Alfonso von Ferrara zu vermählen, war von Alexander ausgegangen. Er begehrte diese Heirat sowohl zugunsten seiner geliebten Tochter als zum Vorteile Cesars; denn sie sicherte diesem nicht nur den Besitz der Romagna, den ihm die Republik Venedig entreißen konnte, sondern sie bot ihm mehr Aussicht, seine Absichten auf Bologna und Florenz durchzuführen. Sie zog zugleich die mit Ferrara verschwägerten Dynastien von Mantua und Urbino in das Interesse der Borgia. Sie konnte der Ausgangspunkt für eine größere Liga werden, welche Frankreich, den Papst, die Staaten Cesars, Ferrara, Mantua und Urbino umfaßte, und diese Bundesgenossen waren stark genug, um Alexander und sein Haus gegen alle Feinde sicherzustellen.

Vor allem bedurfte der König von Frankreich des Papstes, wenn er seine Stellung in Italien behaupten wollte. Hier besaß er Mailand, und sollte er die Hälfte des Königreichs Neapel erobern und fortan als Lehnsmann der Kirche besitzen; denn schon hatten Frankreich und Spanien jenen ruchlosen Teilungsvertrag über Neapel abgeschlossen, welchem Alexander VI. noch seine Zustimmung geben oder verweigern konnte.

Um den Herzog von Ferrara für seinen Antrag zu gewinnen, bediente sich Alexander zunächst des ihm ganz ergebenen Modenesen Giambattista Ferrari, eines langjährigen Dieners Ercoles, den er zum Datar, dann zum Kardinal ernannt hatte. Ferrari wagte es, dem Herzog jenen Heiratsvorschlag zu machen, aus Rücksicht, so schrieb er ihm, auf die großen Vorteile, die daraus seinem Staat erwachsen müßten. Ercole geriet durch diesen Antrag in eine nicht geringere Verlegenheit, als sie in ähnlichem Falle der König Federigo von Neapel empfunden hatte. Sein Stolz empörte sich. Seine Tochter, die edle Markgräfin Isabella von Mantua und deren Schwägerin Elisabetta von Urbino waren außer sich. Der junge Alfonso offenbarte den tiefsten Widerwillen. Überdies war es im Plan, diesen Erbprinzen mit einer Fürstin des königlichen Hauses von Frankreich zu vermählen, mit Louise, der Witwe des Herzogs von Angouleme. Ercole wies den Antrag entschieden zurück.

Alexander sah diesen Widerstand voraus, aber er zweifelte nicht, ihn zu brechen. Nur noch dringender ließ er dem Herzog die Vorteile jener Verbindung und die Nachteile der Weigerung vorstellen: dort die Sicherung der Staaten Ferraras und ihren Zuwachs, hier die Feindschaft des Papstes und Cesars, und vielleicht auch die Frankreichs. So gewiß war er seines Sieges, daß er aus dem Heiratsplan kein Hehl machte, und sogar im Konsistorium davon wie von einer Tatsache mit Genugtuung redete. Es kam darauf an, den französischen Hof für diesen Plan zu gewinnen, und das war nicht schwierig, weil Ludwig XII. eben seine Armee aus Toscana durch den Kirchenstaat nach Neapel wollte vorgehen lassen, und dies nicht ohne das innigste Einverständnis mit dem Papst tun konnte. Vor allem durfte dieser auf die Unterstützung des Kardinals Amboise rechnen, welchem Cesar Borgia einst den roten Hut nach Frankreich gebracht hatte, und dessen ehrgeizige Gedanken auf den Papstthron gerichtet waren. Diesen aber hoffte er nach dem Tode Alexanders eben durch den Einfluß seines Freundes Cesar und der spanischen Kardinäle einzunehmen.

Und doch ist es Tatsache, daß Ludwig XII. anfangs entschieden gegen diese Heirat war und sie sogar zu hintertreiben suchte. Er selbst wollte keineswegs die Vergrößerung der Macht Cesars und des Papstes, sondern er wünschte seinen Einfluß auf Ferrara durch die Verbindung Alfonsos mit einer französischen Prinzessin dauernd zu befestigen. Alexander hatte im Mai einen Sekretär nach Frankreich geschickt, den König zu bewegen, daß er die Heirat vermittle: aber Ludwig XII. zeigte sich abgeneigt. Dagegen wollte er es in Ferrara durchsetzen, daß Don Ferrante, Alfonsos Bruder, sich mit Lucrezia vermähle und mit dem Lande Piombino ausgestattet werde. Er hatte auch dem Umsichgreifen Cesars in Mittelitalien Einhalt getan, so daß dessen Versuche auf Bologna und Florenz fehlgeschlagen waren.

Das ganze Eheprojekt würde gescheitert sein, wenn nicht gerade in diese Zeit die französische Expedition nach Neapel gefallen wäre. Wir dürfen annehmen, daß die Zustimmung des Papstes zu ihr neben anderem auch an die Einwilligung des Königs in diese Heirat geknüpft wurde.

Am 13. Juni 1501 kam Cesar selbst, von seinem Vater bereits zum Herzog der Romagna ernannt, heimlich nach Rom, wo er drei Wochen lang blieb, und auch seinerseits alle Künste in Bewegung setzte, um den Plan durchzuführen. Hierauf folgte er mit seinem Kriegsvolk dem französischen Marschall Aubigny, welcher aus der Nähe Roms mit der Armee nach Neapel aufbrach zu einem der gottlosesten Eroberungskriege, in dessen Greueln das Haus Aragon in der kürzesten Zeit seinen Untergang fand.

Schon im Juni gab der französische Hof dem Verlangen des Papstes nach, indem er seinen Einfluß in Ferrara geltend zu machen begann. Dies geht aus einer Depesche des ferrarischen Gesandten in Frankreich vom 22. Juni hervor. Er meldete Ercole, daß er dem König vorgestellt habe, wie der Papst drohe, dem Herzog seinen Staat zu nehmen, wenn er nicht in die Heirat willige, worauf der König erwidert habe, daß Ferrara in seinem Schutze stehe und nur mit Frankreich untergehen könne. Der Gesandte äußerte Furcht, daß der Papst sich der Investitur Neapels, welche der König begehre, bedienen werde, um diesen für seinen Plan zu gewinnen. Er schrieb endlich dem Herzog, daß Monsignor de Trans, der einflußreichste Mann an des Königs Hof, ihm den Rat erteile, in die Heirat zu willigen unter der Bedingung der Zahlung von zweimalhunderttausend Dukaten, des Erlasses des Jahreszinses für Ferrara, und gewisser Benefizien für die Mitglieder des Hauses Este.

Amboise schickte den Erzbischof von Narbonne und andere Agenten nach Ferrara, um den Herzog zu überreden; der französische König selbst schrieb an ihn, drang in ihn, seine Einwilligung zu geben, und verweigerte jetzt die Hand der französischen Prinzessin für Don Alfonso. Gleichzeitig mit den Gesandten Frankreichs bedrängten den Herzog die Boten des Papstes und die Agenten Cesars. Er war von einem Gewebe von Intrigen umstrickt, und Furcht bewog ihn endlich nachzugeben.

Schon am 8. Juli ließ er Ludwig XII. erklären, daß er bereit sei, sich seinem Willen zu fügen, wenn er mit dem Papst über die Bedingungen sich vereinigen könne. Nur den Forderungen des Königs wollte er nachgegeben haben, aber auch dieser hatte zu der Heirat nur deshalb geraten, weil er des Papstes bedurfte. In derselben Zeit, wo er Ercole auffordern ließ, seine Einwilligung zu geben, riet er ihm, sich nicht zu übereilen, seinen Sohn Don Ferrante nicht nach Rom zum Abschluß der Sache zu senden, sondern diesen so viel als möglich in die Länge zu ziehen, bis er selbst im September nach der Lombardei gekommen sei. Er ließ sogar Ercole versichern, daß er seine Zusage der Hand von Madonna d'Angouleme für Don Alfonso festhalte, und ganz offen zeigte er sein Mißfallen über dieses Ehebündnis. Dem ferrarischen Gesandten sagte er, daß er den Herzog für unklug halten würde, wenn er seinen Sohn mit der Tochter des Papstes vermählen wollte; denn an dem Tage, wo dieser gestorben sei, würde er nicht mehr wissen, mit wem er diese Verwandtschaft abgeschlossen habe, und noch viel unverständiger würde Alfonso handeln.

In der Tat beeilte sich auch der Herzog keineswegs; er schickte zwar seinen Sekretär Hector Bellingeri nach Rom, aber nur um dem Papst zu erklären, daß er sich den Wünschen Frankreichs fügen wolle unter der Voraussetzung, daß auch seine Forderungen befriedigt würden. Der Papst und Cesar forderten dagegen den schnellen Abschluß der Heiratsverträge, und sie drangen in den Kardinal Rouen, der sich damals im Mailand befand, es durchzusetzen, daß Ercole seinen Sohn Alfonso dorthin (nach Mailand) absende, damit unter den Augen des Kardinals die Angelegenheit abgeschlossen werde. Dies lehnte der Herzog ab. Vor allen Dingen bestand er darauf, daß der Papst ihm zuvor die Bedingungen zugestehe, die er an seine Einwilligung geknüpft hatte.

Während diese für Lucrezia beschämenden Unterhandlungen langsam vorschritten, war Cesar in Neapel ein Werkzeug und Zuschauer des jähen Sturzes jenes ihm verhaßten Hauses Aragon, auf dessen Thron sich zu schwingen ihm nicht erlaubt war. Alexander aber benutzte die Gelegenheit, sich der Güter der Barone Latiums zu bemächtigen, namentlich jener der Colonna, Savelli und Estouteville, welche alle der neapolitanische Krieg schutzlos gemacht hatte. Die Konfiskation jener Güter hing, wie wir bald sehen werden, mit dem Heiratsplan genau zusammen. Schon im Juni 1501 hatte er viele Städte jener Signoren besetzen lassen, und dies unter dem Druck der noch bei Rom lagernden französischen Armee. Er selbst ging am 27. Juli mit Reitern und Fußvolk nach Sermoneta.

Es war damals, daß er vor seiner Abreise seine Tochter zu seinem Stellvertreter im Vatikan einsetzte. Dies sind die Worte Burkards: „Bevor Se. Heiligkeit unser Herr die Stadt verließ, übertrug er den ganzen Palast und die eingehenden Geschäfte der Donna Lucrezia Borgia, seiner Tochter, und gab ihr Vollmacht, an Se. Heiligkeit einlaufende Briefe zu öffnen; in sehr wichtigen Fällen sollte sie bei dem Herrn Kardinal von Lissabon sich Rat erholen.

Als nun, ich weiß nicht welcher Fall eintrat, wandte sich, so sagt man, Lucrezia an den genannten Kardinal und legte ihm den Auftrag des Papstes und den Fall vor. Hierauf sagte jener zu ihr: so oft der Papst im Konsistorium Vorlagen macht, pflegt solche der Vizekanzler oder für ihn ein anderer Kardinal niederzuschreiben und die Ansichten der Abstimmenden aufzuzeichnen, deshalb ist es auch jetzt nötig, daß jemand das Gesagte niederschreibe. Lucrezia entgegnete, daß sie sehr wohl zu schreiben wisse. Wo ist Eure Feder? fragte der Kardinal; Lucrezia begriff den Scherz und lächelte; und so gaben sie ihrer Konferenz einen passenden Abschluß."

Man stelle sich diese Szene im Vatikan vor: ein junges, blühendes Weib, des Papstes Tochter, führt den Vorsitz im Konsistorium der Kardinäle! Diese eine Szene reicht hin, die grenzenlose Verderbnis darzutun, in welcher die römische Kirche versunken lag; ja sie sagt mehr davon als tausend Satiren und tausend Berichte der Zeit davon zu sagen vermögen. Die Geschäfte, welche der Papst seiner Tochter übertrug, bezogen sich freilich nur, so wollen wir wenigstens annehmen, auf weltliche, nicht auf kirchliche Dinge, aber doch war diese freche Handlung beispiellos. Solche Auszeichnung, der höchste Beweis von Gunst, den ihr Vater ihr geben konnte, hatte übrigens auch bestimmte Motive. Alexander war nämlich gerade in jenen Tagen der Einwilligung Alfonsos von Este in seine Ehe mit Lucrezia versichert worden, und aus Freude darüber machte er diese zur Regentin im Vatikan. Es war dies der Ausdruck ihrer Anerkennung als einer politischen Person, als der künftigen Herzogin Ferraras. Und darin ahmte er das Beispiel Ercoles und vieler anderer Fürsten nach, welche, wenn sie selbst aus ihren Staaten abwesend waren, ihren Frauen die Staatsgeschäfte zu übertragen pflegten.

Dem Herzog war es nicht leicht geworden, den Widerwillen seines Sohnes zu überwinden. Denn nichts konnte den jungen Prinzen so tief beleidigen, als die Zumutung, Lucrezia Borgia zu seiner Gemahlin zu machen. Nicht ihre uneheliche Geburt schreckte ihn zurück, denn ein solcher Flecken bedeutete nicht viel in jener Blütezeit der Bastarde in allen romanischen Ländern. Viele Dynastien Italiens trugen denselben Mangel an sich, die Sforza, die Malatesta, die Bentivogli, selbst die Aragonen in Neapel; ja sogar der glänzende Borso, der erste Herzog von Ferrara, war der illegitime Bruder seines Nachfolgers Ercole gewesen. Aber Lucrezia war die Tochter eines Papstes, ein Pfaffenkind, und darin lag für das Gefühl der Este das Schmähliche ihrer Geburt, vielleicht sogar ein religiöses Bedenken. Weder die Zuchtlosigkeit ihres Vaters noch die Frevel Cesars konnten schwer in das Gewicht der Moral des Hofes von Ferrara fallen. Aber kein Fürstenhaus war zu keiner Zeit so verderbt, daß ihm der Ruf einer Frau gleichgültig blieb, welche ein hervorragendes Mitglied von ihm zu werden bestimmt war.

Alfonso sollte der Gatte eines jungen Weibes sein, welches im Alter von einundzwanzig Jahren schon so viele Schicksale erlebt hatte. Zweimal war Lucrezia rechtskräftig verlobt, zweimal vermählt gewesen, zweimal unter frevelvollen Umständen zur Witwe geworden. Ihr Ruf war geradezu abschreckend, und niemals konnte Alfonso, er selbst ein galanter Lebemann, an die Tugend dieses jungen Weibes glauben, auch wenn er den schlimmsten Gerüchten über sie den Glauben versagte. Die skandalöse Chronik von allem, was an irgendeinem Hofe geschah, ging damals so schnell von Hof zu Hof, wie am heutigen Tage. Durch seine Agenten war der Herzog und mit ihm sein Sohn von allem unterrichtet worden, was in der Familie Borgia sich Wirkliches zugetragen hatte, oder was über sie erdichtet war. Die schrecklichen Motive, welche der beschimpfte Sforza dem Vater Lucrezias für die Trennung seiner Ehe zugeschrieben hatte, waren auf der Stelle dem Herzog nach Ferrara gemeldet worden. Ein Jahr später hatte ihm sein Agent in Venedig mitgeteilt, „daß man von Rom her versichere, die Tochter des Papstes habe ein uneheliches Kind geboren". Außerdem, alle jene Satiren, mit denen die Feinde der Borgia auch Lucrezia verfolgten, waren am Hofe Ferraras wohl bekannt und sicherlich unter schadenfrohem Lachen gelesen worden. Soll man nun annehmen, daß die Este jene Gerüchte und Satiren für wirklich begründet hielten und es dennoch über ihre Ehre gewannen, eine Thais in ihr Haus aufzunehmen, statt unter weit geringeren Gefahren dem Beispiel Federigos von Neapel zu folgen, der die Hand seiner Tochter Cesar Borgia standhaft verweigert hatte?

Es ist hier der Ort, die Beschuldigungen Lucrezias einer Untersuchung zu unterwerfen, und diese darf nach demjenigen, was Roscoe und andere bereits mit Erfolg davon gesagt haben, kurz sein. Die Reihe ihrer Ankläger unter den Zeitgenossen ist nicht gering. Um nur die bedeutendsten zu nennen, so haben sie des Inzests geradezu oder andeutend beschuldigt: die Dichter Sannazar und Pontanus, die Geschichtsschreiber und Staatsmänner Matarazzo, Marcus Attilius Alexius, Petrus Martyr, Priuli, Machiavelli und Guicciardini. Von ihnen entlehnten ihre Urteile Spätere bis in unsere Zeiten herab. Auf der anderen Seite stehen die Lobredner Lucrezias, ihre Zeitgenossen und deren spätere Nachfolger bis zu unserer Gegenwart.

Hier ist festzustellen: daß die Kläger und die Anklagen Lucrezias nur ihrer römischen Periode angehören können, und daß ihre Bewunderer nur in ihrer zweiten Epoche auftreten, wo sie Herzogin von Ferrara war. Unter diesen gibt es nicht minder berühmte Männer, als unter ihren Klägern: Titus und Hercules Strozzi, Bembo, Aldus Manutius, Tebaldeo, Ariosto, sämtliche Chronisten Ferraras, und der französische Biograph Bayards. Sie alle sind die Zeugen ihrer Ehre in der Epoche von Ferrara, aber nicht die Zeugen derselben in ihrer römischen Vergangenheit. Der Advokat Lucrezias kann daher aus ihren Huldigungen nur negative Beweise ziehen: er darf sagen, daß edle Männer wie Aldus, Bembo und Ariosto trotz ihrer höfischen Schmeichelei doch niemals so schamlos sein konnten, ein Weib als Ideal der Frauen ihrer Zeit zu verherrlichen, wenn sie dasselbe gräßlicher Frevel, die sie vor kurzem sollte begangen haben, für schuldig oder nur für fähig gehalten hätten. In diesem Fall müßte selbst Ariosto für uns zum Abscheu werden.

Wenn wir nun die Ankläger Lucrezias vernehmen wollen, so können von ihnen nur wirklich römische Zeugen Geltung haben. Ihr heftigster Feind, Guicciardini, gehört nicht zu ihnen. Was er ihr nachsagte, hat aber gerade deshalb das Urteil aller Späteren bestimmt, weil er ein berühmter Staatsmann und Geschichtsschreiber war. Er selbst schöpfte seine Meinung entweder aus Gerüchten oder aus den Satiren des Pontanus und Sannazar, und beide Dichter lebten in Neapel und nicht in Rom. Ihre Epigramme beweisen nichts als den begründeten Haß gegen Alexander und Cesar, die Werkzeuge des Sturzes der Aragonen, und außerdem lehren sie, was man frevelhaften Menschen, wie jene waren, zutrauen durfte.

Von weit mehr Gewicht müßte die Stimme Burkards sein, des täglichen Beobachters der Vorgänge im Vatikan. Gegen ihn hat sich die besondere Wut der Papisten gerichtet, denen er noch heute als die vergiftete Quelle gilt, aus welcher die Feinde des Papsttums, zumal die Protestanten, ihre Verleumdungen Alexanders VI. geschöpft haben sollen. Diese Wut ist erklärlich, denn Burkards Diarium ist, außer dem Tagebuch Infessuras, welches schon mit dem Anfange des Jahres 1494 abbricht, die einzige in Rom verfaßte Schrift über den Hof Alexanders, und sie hat sogar einen amtlichen Charakter. Aber die Beschöniger aller päpstlichen Handlungen würden ihren Haß gegen Burkard doch gemindert haben, wenn sie die Berichte der venezianischen Botschafter und die Depeschen so vieler anderen Gesandten, die hier benutzt und mitgeteilt sind, gekannt hätten.

So wenig boshaft ist Burkard gewesen, daß er von allen geheimen Verhältnissen Alexanders durchaus schweigt. Er verzeichnet nur Tatsachen, niemals Gerüchte, und selbst jene schwächt er ab oder umschleiert sie diplomatisch. Wie Cäsar Borgia den Kammerherrn Perotto unter dem Mantel des Papstes erdolchte, berichtet der venezianische Botschafter Polo Capello, aber Burkard nicht. Daß Cesar seinen Bruder Gandìa umgebracht habe, spricht derselbe Gesandte offen aus, und sagt ein ferrarischer Agent, aber Burkard hat kein Wort davon. Er hat auch keines darüber, daß und wie Cesar seinen Schwager Alfonso aus der Welt schaffte. Die Beziehungen der Mitglieder der Familie Borgia zueinander oder zu fremden Personen wie den Farnese, Pucci und Orsini, das Intrigenspiel am Hof des Papstes, die lange Reihe verübter Frevel, die Gelderpressungen, den Verkauf der Kardinalshüte und so vieles andere, wovon die Depeschen der Gesandten voll sind, das alles erfahren wir nicht von Burkard. Selbst Vannozza nennt er nur einmal und mit nicht genauem Namen. Es sind auch hauptsächlich nur zwei Stellen in jenem Diarium, welche den meisten Anstoß erregt haben: der Bericht vom Gelage der fünfzig Hetären im Vatikan und die Klageschrift gegen die Borgia in dem anonymen Brief an Silvio Savelli. Sie finden sich in allen bekannten Abschriften und stammen ohne Zweifel vom Original des Tagebuchs selbst her. Daß der Brief an Silvio nicht ein Machwerk weder Burkards noch boshafter Protestanten ist, beweist die Tatsache, daß ihn auch Marin Sanuto in sein Tagebuch aufgenommen hat. Daß Burkard oder spätere ebensowenig die Fabel vom vatikanischen Bacchanal erfunden haben, beweist wiederum jener Brief, dessen Verfasser sich darauf als auf eine bekannte Tatsache bezieht. Es beweist dasselbe auch Matarazzo von Perugia. Denn auch er erzählt davon nicht nach Burkard, dessen Handschrift er schwerlich jemals gesehen hat, sondern nach Berichten, die er selbst gehört hatte. Er bemerkt dazu, daß er ihnen vollen Glauben schenke; denn der Vorgang, so sagt er, ist weit und breit bekannt geworden, und weil meine Gewährsmänner nicht allein das römische, sondern auch das italienische Volk sind, so habe ich davon geschrieben.

Diese Bemerkung läßt die Quelle jener skandalösen Erzählung selbst erkennen: es ist die Sage im Volk. Sie mochte auf Grund eines wirklichen Festes entstanden sein, welches Cesar in seiner Wohnung im Vatikan gegeben hatte. Er mag dort eine Orgie solcher oder ähnlicher Art veranstaltet haben; doch wer darf glauben, daß Lucrezia selbst, die schon rechtlich erklärte Gemahlin Alfonsos von Este und schon im Begriff, nach Ferrara abzureisen, die lachende Zuschauerin davon gewesen ist?

Jene Stelle ist die einzige im Diarium Burkards, worin Lucrezia in solchem Licht erscheint. Sonst hat er ihr nichts Unehrenhaftes nachgesagt. Es ist also nicht sein Tagebuch, welches den Anklagen der Neapolitaner und Guicciardinis den Schein der Bestätigung gibt. Man findet solchen auch nicht anderswo; oder man müßte Matarazzo eine Autorität zuschreiben, die er nicht beanspruchen kann. Er erzählt, daß Giovanni Sforza das frevelvolle Verhältnis seiner Gemahlin zu Cesar und zu Don Juan entdeckt habe, wozu ein noch schwärzerer Verdacht gekommen sei; er habe deshalb Gandìa ermordet und sei hierauf aus Rom entflohen: infolgedessen habe Alexander seine Ehe aufgelöst. Abgesehen von der ungeheuerlichen Vorstellung, wonach man sich dasselbe junge Weib in derselben Zeit eines dreifachen Inzests schuldig zu denken hätte, enthält die Erzählung

Matarazzos auch eine geschichtliche Unrichtigkeit, denn Sforza hatte schon zwei Monate vor der Ermordung Gandìas Rom verlassen.

Die authentische Depesche des ferrarischen Gesandten in Mailand, vom 23. Juni 1497, hat aber unwiderleglich klargemacht, daß der wahre Urheber jenes Gerüchts über Lucrezia ihr schimpflich verstoßener Gatte war. Sicherlich konnte damals niemand den Charakter und die Lebensweise Lucrezias besser kennen, als ihr eigener Gemahl. Aber trotzdem würde Sforza vor jedem Tribunal jeder Zeit der letzte aller Zeugen sein, dessen Aussage Glauben verdiente. Von Haß und Rache glühend, schrieb er dem lasterhaften Papst jene Motive der Ehescheidung zu. So wurde der von ihm ausgestreute Verdacht zum Gerücht und das Gerücht zur Meinung. Hier ist es aber doch auffallend, daß Guido Posthumus, der treue Anhänger Sforzas, welcher die Beschimpfung seines Herrn in Epigrammen auf Alexander rächte, weder jenen Verdacht ausgesprochen noch überhaupt Lucrezias irgend Erwähnung getan hat.

In keiner der vielen Depeschen jener Zeit wird ein ähnlicher Verdacht laut, es sei denn in einem Privatbrief bei Malipiero aus Rom vom 17. Juni 1497 und in dem Berichte Polos Capello, welcher auf das „Gerücht" von dem frevelhaften Verhältnis der Schwester zum Bruder Juan anspielte. Sollten es nur diese Gerüchte veranlaßt haben, daß sonst niemand Lucrezia ein Liebesverhältnis zu irgendeiner anderen mit Namen genannten Person nachgesagt hat, obwohl in Rom so viele Höflinge, so viele junge Barone oder üppige Kardinäle ihre täglichen Gesellschafter waren? Denn in der Tat, nirgends entdeckt man dort die Spur irgendeiner wirklichen Liebesintrige dieses jungen und schönen Weibes. Selbst die Stimme jenes Gesandten, der nicht aus Rom, sondern aus Venedig nach Ferrara meldete, daß Lucrezia ein Kind geboren habe, ist eine vereinzelte. Sie war damals schon ein Jahr lang von ihrem Gatten Sforza getrennt. Wir wollen selbst annehmen, daß dieses Gerücht begründet war und daß Lucrezia in Rom ein Liebesverhältnis zu einem Manne hatte, dessen Person uns unbekannt geblieben ist. Aber sind nicht solche Verhältnisse und Fehltritte in der Gesellschaft zu allen Zeiten häufig genug? Man verzeiht sie auch heute nirgends leichter als in der vornehmen Welt.

Niemand wird glauben dürfen, daß Lucrezia Borgia mitten in der Verderbnis Roms und in der persönlichen Umgebung, welcher sie angehörte, sich fehllos erhalten konnte. Aber ebensowenig wird jeder unbefangen urteilende Mensch behaupten wollen, daß sie sich jener namenlosen Frevel wirklich schuldig gemacht hat. Wenn man der Natur eines jungen Weibes die unbegreifliche Stärke zutrauen könnte, deren selbst der ruchloseste und in Sünden hart gewordene Mann kaum fähig wäre, nämlich die innere moralische Zerstörung, welche das gräßlichste der Verbrechen in dem ganzen geistigen Wesen anrichten muß, hinter der Maske lachender Anmut zu verbergen, so würde man sagen müssen, daß Lucrezia Borgia in dieser Meisterschaft der Heuchelei eine alle Grenzen des Menschlichen übersteigende Kraft besessen hat. Nichts aber entzückte die Ferraresen so sehr, als die immer heitere Grazie der jungen Gemahlin Alfonsos. Jedes fühlende Weib mag urteilen, ob unter der Voraussetzung solcher Frevel diese Erscheinung Lucrezias möglich war und ob jenes Antlitz, wie es die Braut Alfonsos von Este im Jahre 1502 im Bilde darstellt, das Angesicht der entmenschten Furie im Epigramm des Sannazar sein konnte.

XX

Harte Kämpfe bestand der Erbprinz von Ferrara, ehe er dem Drängen seines Vaters nachgab. Und so fest bestand dieser auf seiner Heirat, daß er ihm erklärte, er selbst werde sich, wenn er bei seiner Weigerung beharre, zur Vermählung mit Lucrezia entschließen müssen. Als der Sohn eingewilligt, als der Herzog seinen Stolz überwunden hatte, betrachtete er diese Ehe lediglich als ein vorteilhaftes Staatsgeschäft. Er verkaufte die Ehre seines Hauses um den höchst möglichen Preis. Die päpstlichen Agenten in Ferrara, erschreckt über seine Forderungen, schickten Raimondo Romolini nach Rom, davon Bericht zu geben, und Alexander suchte die Vermittlung des Königs von Frankreich, um von Ercole billigere Bedingungen zu erlangen. Ein Brief des ferrarischen Gesandten in Frankreich an seinen Herrn wird hierüber am besten aufklären.

„Mein erlauchtester Herr, gestern sagte mir der Gesandte des Papstes, daß Se. Heiligkeit ihm geschrieben, wie Ew. Exzellenz dorthin einen Boten gesandt und gefordert habe zweimalhunderttausend Dukaten, die Befreiung vom Jahreszins, die Verleihung des Juspatronatus für das Bistum Ferrara durch Konsistorialbeschluß, und viele andere Dinge. Er sagte mir, daß der Papst hunderttausend Dukaten geboten habe; für das Übrige solle ihm Ew. Exzellenz vertrauen, da er Ihnen mit der Zeit willfahren und das Haus Este so hoch erheben werde, daß jedermann seine Liebe zu ihm erkennen solle. Er sagte mir ferner, daß er den Auftrag habe, die Allerchristlichste Majestät zu ersuchen, dem Erlauchtesten Kardinal zu schreiben, er möge Ew. Exzellenz ermahnen, sich damit zu begnügen. Als treuer Diener Ew. Exzellenz erinnere ich deshalb, obwohl das überflüssig ist, daß, wenn diese Heirat gemacht werden soll, Sie dieselbe in solcher Weise und mit solcher Sicherheit abschließen, daß nicht ‚langes Versprechen und kurzes Halten' Sie später es bereuen macht. In einem anderen Brief habe ich Ew. Exzellenz mitgeteilt, wie der Allerchristlichste König mir gesagt hat, daß er in dieser Angelegenheit nichts anderes wolle als Ew. Exzellenz, und daß, wenn diese Sache geschehen soll,

Sie aus derselben den höchstmöglichen Vorteil ziehen mögen, wenn aber nicht, so sei Se. Majestät stets bereit, Don Alfonso diejenige Dame zu geben, welche Ew. Exzellenz für ihn in Frankreich begehren wolle. Ew. Herzogl. Exzellenz Diener Bartolomeo Cavaleri. Lyon, 7. August 1501."

Alexander wollte seine Tochter nicht mit leeren Händen nach Ferrara schicken, aber die Mitgift, welche Ercole forderte, war groß; sie war größer als jene, welche Blanca Sforza dem Kaiser Maximilian mitgebracht hatte, und sie beschädigte geradezu die kanonischen Gesetze. Denn außer der bedeutenden Geldsumme verlangte der Herzog die Erlassung des jährlichen Tributs an die Kirche für das Lehen Ferrara, die Abtretung von Cento und Pieve, Städten, die dem Erzbistum Bologna angehörten, sogar die Abtretung des Porto Cesenatico, und eine Menge von Benefizien zugunsten der Familie Este. Man unterhandelte eifrig, doch so heftig war die Begierde des Papstes, seiner Tochter den Herzogsthron Ferraras zu sichern, daß er sich bereit erklärte, die Forderungen Ercoles im wesentlichen zu bewilligen, und dazu bewog ihn auch die Meinung Cesars. Nicht minder war es Lucrezia selbst, die ihren Vater bestürmte, nachzugeben. Sie wurde seither der beste Advokat des Herzogs in Rom, und Ercole bekannte, daß er hauptsächlich ihrer Klugheit es zu verdanken hatte, wenn er seine Forderungen durchsetzte.

Die Unterhandlungen nahmen diese günstige Wendung seit dem Ende des Juli oder dem Anfang des August, und dieser Zeit gehören auch die ersten derjenigen Briefe des Herzogs an Lucrezia und den Papst, welche sich im Staatsarchiv des Hauses Este erhalten haben.

Am 6. August schrieb Ercole seiner künftigen Schwiegertochter, daß er ihr Agostino Huet (einen Sekretär Cesars) als Agenten empfehle, welcher in der Führung der Unterhandlungen den größten Eifer bewiesen habe.

Am 10. August setzte er dem Papst den bisherigen Gang dieser Konferenzen auseinander und ersuchte ihn, seine Forderungen nicht unmäßig zu finden. Er wiederholte das in einem Schreiben vom 21., worin er jene, wie ein Kaufmann, als billig und sogar geringfügig hervorhob.

Unterdes war dieser Heiratsplan in der Welt bekannt und zum Gegenstand für diplomatische Erwägungen geworden. Denn weder den Mächten Italiens noch des Auslandes konnte die Stärkung des Papsttums genehm sein. Florenz und Bologna, nach deren Eroberung Cesar trachtete, waren in Furcht; die Republik Venedig, die mit Ferrara in steter Spannung war und Absichten auf die Küsten der Romagna hatte, verhehlte nicht ihre Mißstimmung, zumal sie das ganze Projekt dem Ehrgeiz Cesars zuschrieb. Der König von Frankreich machte nur gute Miene zum bösen Spiel, und dasselbe tat Spanien; aber Maximilian war über die Heirat so ungehalten, daß er sie zu hintertreiben suchte. Ferrara begann gerade das politische Gewicht zu erlangen, welches zur Zeit Lorenzo Medicis Florenz gehabt hatte; seine Parteistellung war daher zu wichtig, als daß dem deutschen Kaiser die enge Verbindung dieses Staates mit dem Papsttum und mit Frankreich gleichgültig bleiben konnte. Außerdem war Blanca Sforza die Gemahlin Maximilians, und andere Mitglieder und Anhänger ihres gestürzten Hauses, erbitterte Feinde der Borgia, befanden sich am deutschen Hof.

Der Kaiser schickte im August Briefe nach Ferrara, worin er Ercole abmahnte, sich mit dem Papst zu verschwägern. Dem Herzog konnte diese Erklärung Maximilians nur erwünscht sein, denn mit ihr vermochte er einen Druck auf den Papst auszuüben. Er machte ihm davon Mitteilung, versicherte ihn aber, daß er in seinem Entschluß nicht erschüttert werde; dann beauftragte er seinen Rat Gianluca Pozzi, auf die Schreiben des Kaisers zu antworten. Der Brief Ercoles an seinen Kanzler datiert vom 25. August; aber noch ehe dessen Inhalt nach Rom gelangte, hatte sich der Papst beeilt, die Bedingungen des Herzogs anzunehmen und den Heiratsvertrag abzuschließen. Dies geschah durch einen gerichtlichen Akt im Vatikan am 26. August 1501.

Unverzüglich übersandte er durch den Kardinal Ferrari diesen Kontrakt an Ercole, und Don Ramiro Romolini nebst anderen Prokuratoren eilte nach Ferrara. Hier wurde im Schloß Belfiore am 1. September 1501 der Ehebund *ad verba* abgeschlossen.

An demselben Tage schrieb der Herzog an Lucrezia, daß wenn er sie bisher um ihrer Tugenden willen und aus Rücksicht auf den Papst und ihren Bruder Cesar geliebt habe, er sie jetzt mehr als eine Tochter liebe. Er schrieb in demselben Ton an Alexander selbst, teilte ihm den Abschluß der Heirat mit und dankte ihm für die Erteilung der Würde des Erzpriesters von S. Peter an den Kardinal Hippolyt, seinen Sohn.

Weniger diplomatisch war die Sprache Ercoles in dem Brief, worin er dem Marchese Gonzaga Meldung von dieser Tatsache machte.

Seine kühle Stimmung geht daraus deutlich hervor; er entschuldigte sich gleichsam, zu diesem Schritt gedrängt worden zu sein.

„Erlauchter Herr und unser geliebtester Bruder. Wir haben Ew. Herrlichkeit mitgeteilt, daß Wir in den letzten Tagen uns entschlossen hatten, in die Betreibung der Praktiken zur Verschwägerung mit Sr. Heiligkeit einzuwilligen, dadurch, daß Wir die Erlauchte Donna Lucrezia Borgia, die Schwester des erlauchten Herzogs der Romagna und von Valence als Gemahlin Don Alfonsos unseres Erstgeborenen annahmen, hauptsächlich auf Grund dessen, daß Wir dazu durch Seine Allerchristlichste Majestät dringend aufgefordert wurden, und unter Voraussetzung der Übereinkunft mit Sr. Heiligkeit in bezug auf alle dieses Ehebündnis betreffenden Einzelheiten. Da nun seither diese Angelegenheit verhandelt worden ist, sind Se. Heiligkeit und Wir in ihr übereingekommen, und der Allerchristlichste König hat uns fortdauernd gedrängt, zum Abschluß der Ehepakten zu kommen. Dieser ist denn heute im Namen Gottes unter Vermittlung der (franz.) Gesandten und der hier anwesenden Prokuratoren Sr. Heiligkeit geschehen und am heutigen Morgen verkündigt worden. Ich wollte Ew. Herrlichkeit unverzüglich davon Meldung geben, da unsere gegenseitige innige Verbindung und Liebe verlangt, daß Sie an allem, was uns betrifft, Anteil nehmen. Und so entbieten Wir uns Ihrem Wohlgefallen zu bereitwilligem Dienst. Ferrara am 2. September 1501."

Am 4. September brachte ein Kurier die Botschaft, daß der Ehekontrakt in Ferrara unterzeichnet worden sei. Alexander ließ sofort Schüsse auf der Engelsburg abfeuern und den Vatikan erleuchten. Ganz Rom erscholl vom Freudengeschrei der Anhänger des Hauses Borgia.

Dieser Augenblick war der Wendepunkt im Leben Lucrezias. Wenn Ehrgeiz und Trieb nach weltlicher Größe in ihrer Seele lebten, so hatte sie jetzt die Gewißheit, auf einen der ältesten Fürstenthrone Italiens zu steigen. Wenn Reue und Abscheu vor dem, was sie in Rom umgab, und Sehnsucht nach besseren Zuständen in ihr mächtiger waren als jene eitlen Empfindungen, so bot sich ihr jetzt ein Ruhehafen dar. Sie sollte die Gemahlin eines Fürsten werden, der nicht als ein genialer und fein gebildeter, aber als ein praktischer und ruhiger Mann galt. In ihrer frühen Jugend hatte sie ihn gesehen, als er nach Rom kam, und sie selbst die Verlobte Sforzas war. Kein Opfer wäre ihr wohl zu schwer erschienen, wenn sie damit die Erinnerungen jener neun Jahre auslöschen konnte, die seitdem vergangen waren. Der Sieg, welchen sie jetzt durch die Einwilligung des Hauses Este gewonnen hatte, war mit einer tiefen Demütigung verbunden, denn sie wußte es, daß Alfonso, nur nach langem Sträuben und gezwungen, sich herabgelassen hatte, ihre Hand anzunehmen. Ein kühnes und ränkevolles Weib konnte sich über diese Demütigung mit dem Bewußtsein ihres Genies und ihrer Künste erheben, ein minder starkes, doch schön und anmutvoll begabtes, einen großen Reiz in der Vorstellung empfinden, einen widerstrebenden Mann durch den Zauber ihrer Persönlichkeit zu entwaffnen. Die Frage aber, ob es ihr Ehre brachte, sich mit einem Gatten zu vermählen, der dies nicht aus freier Wahl war, oder ob nicht der Stolz einer edlen Frau die Ehe unter solchen Verhältnissen von sich weisen mußte, hat ein so eitles Weib, wie Lucrezia war, vielleicht niemals an sich gerichtet, oder wenn sie das wirklich tat, so erlaubten ihr doch Cesar und ihr Vater nicht, diese undiplomatische Frage auszusprechen. Wir entdecken keine Spur von sittlichem Stolz in ihr. Wir sehen nur Zeichen einer kindisch naiven Freude über das ihr bevorstehende Glück.

Mit dreihundert Reitern und vier Bischöfen sah man sie am 5. September durch Rom ziehen. Sie brachte in S. Maria del Popolo ihre Dankgebete dar. Nach dem wunderlichen Gebrauch jener Zeit, wo, wie in Dramen Calderons und Shakespeares, dem Ernsten das Närrische zur Seite stand, schenkte Lucrezia das kostbare Gewand, in welchem sie gebetet hatte, einem ihrer Hofnarren. Der Buffo eilte jubelnd durch die Straßen Roms und rief: Es lebe die erlauchte Herzogin von Ferrara! Es lebe der Papst Alexander! Mit lärmenden Demonstrationen feierten die Borgia und ihre Anhänger das große Ereignis.

Alexander berief ein Konsistorium, als wäre dieses Familiengeschäft eine wichtige Angelegenheit der Kirche. Er rühmte voll kindischer Prahlerei den Herzog Ercole und nannte ihn den größten und weisesten Fürsten Italiens; er pries Don Alfonso, der ein schöner und größerer Mann sei als sein Sohn Cesar, und zu seiner ersten Gemahlin die Schwägerin des Kaisers gehabt habe. Ferrara sei ein glücklicher Staat und das Haus Este sei alt; bald werde ein Hochzeitsgeleit von großen Herren nach Rom kommen, die Braut abzuholen, und diese werde die Herzogin von Urbino begleiten.

Am 14. September kam Cesar Borgia aus Neapel zurück, wo Federigo, der letzte König jenes Landes vom Hause Aragon sich Frankreich hatte ergeben müssen. Er fand zu seiner Genugtuung Lucrezia schon als künftige Herzogin Ferraras wieder. Am 15. trafen die Gesandten Ercoles ein, Saraceni und Bellingeri. Sie sollten dahin wirken, daß die Verpflichtungen des Papstes so schnell als möglich erfüllt würden. Der Herzog traute ihm nicht; er war ein praktischer Mann. Nicht eher wollte er das Brautgeleit absenden, als bis er die Bullen in Händen hatte. Lucrezia unterstützte die Gesandten mit solchem Eifer, daß Saraceni seinem Herrn schrieb, sie scheine ihm bereits die beste Ferraresin zu sein. Sie wohnte im Vatikan den Verhandlungen bei, welche Alexander, um seine Sprachfertigkeit zu zeigen, bisweilen in fließendem Latein führte; eines Tages befahl er, aus Rücksicht auf seine Tochter sich der italienischen Sprache zu bedienen, und dies beweist, daß Lucrezia des Lateinischen doch nicht ganz mächtig war.

Aus den Depeschen jener Gesandten geht hervor, daß man im Vatikan sehr guter Dinge war. Man sang, musizierte und tanzte dort jeden Abend. Es war überhaupt einer der größten Genüsse Alexanders, dem Tanz schöner Frauen zuzusehen. Wenn nun Lucrezia und ihre Hofdamen tanzten, pflegte er die Gesandten Ferraras herbeizurufen, damit sie die Schönheit seiner Tochter bewunderten. Lachend sagte er ihnen eines Abends, sie sollten sehen, daß die Herzogin nicht lahm sei.

Er war unermüdlich, die Nächte so hinzubringen, während doch selbst der kräftige Cesar davon angestrengt wurde. Als sich dieser herabließ, den Gesandten Audienz zu bewilligen, eine Gnade, welche, wie sie nach Ferrara schrieben, kaum von Kardinälen zu erlangen war, empfing er sie angekleidet im Bette liegend, und Saraceni bemerkte darüber in seiner Depesche: ich fürchte, daß er krank ist, denn gestern abend tanzte er ohne Unterlaß, und so wird er auch heute beim Papst tun, zu welchem die Erlauchte Herzogin zur Abendtafel geht. Lucrezia betrachtete es als eine Erholung, daß der Papst auf einige Tage nach Civitacastellana und Nepi ging. Am 25. September schrieben die Gesandten nach Ferrara: „Diese Erlauchte Madonna fährt fort, noch etwas leidend zu sein und sich sehr ermattet zu fühlen; trotzdem mediziniert sie nicht, noch unterbricht sie die Betreibung der Angelegenheiten, und sie gibt wie gewöhnlich Audienz. Wir glauben, daß diese Unpäßlichkeit nichts weiter zu bedeuten hat, denn Ihre Herrlichkeit nimmt sich in acht. Auch wird ihr die Ruhe in diesen Tagen, wo Se. Heiligkeit entfernt sein wird, wohl tun; denn so oft ihre Herrlichkeit bisher zum Papste ging, wurde jede Nacht mit Tanz und Spiel bis gegen zwei oder drei Uhr hingebracht, und dies hat ihr sehr geschadet."

Ein peinlicher Gegenstand, welchen der Papst damals mit den Gesandten Ferraras besprach, betraf Giovanni Sforza von Pesaro, den geschiedenen und verjagten Gemahl Lucrezias. Was man von ihm fürchtete, zeigt diese Depesche an Ercole:

„Erlauchtester Fürst und unser besonderster Herr. Weil Se. Heiligkeit der Papst gebührende Rücksicht auf solche Dinge nimmt, die dem Gefühl nicht allein Ew. Exzellenz und des Erlauchten Don Alfonso, sondern auch dem der Frau Herzogin, und auch seinem eigenen mißfällig werden könnten, so hat er uns aufgetragen, Ew. Exzellenz zu schreiben und Sie zu bitten, dahin zu wirken, daß der Herr Giovanni von Pesaro, welcher wie Se. Heiligkeit benachrichtigt ist, sich in Mantua befindet, zur Zeit der Hochzeitsfeier nicht in Ferrara anwesend sei. Denn obwohl jene Scheidung zwischen ihm und der vorgenannten Erlauchten Herrin durchaus rechtmäßig und der lauteren Wahrheit gemäß vollzogen worden ist, wie das der Prozeß öffentlich bestätigt und auch Signor Giovanni selbst aus freien Stücken bekannt hat, so kann doch noch ein Rest von Übelwollen bei ihm auch sonstwoher zurückgeblieben sein. Wenn er sich nun an einem Ort befände, wo die genannte Herrin von ihm gesehen werden könnte, so würde Ihre Exzellenz dadurch gezwungen sein, sich in irgendein Gemach zurückzuziehen, um sich nicht die Vergangenheit ins Gedächtnis zurückzurufen. Er ermahnt daher Ew. Exzellenz mit Ihrer gewohnten Einsicht dem vorzubeugen. Se. Heiligkeit ließ sich hierauf über die Angelegenheiten des Herrn Marchese von Mantua aus, tadelte heftig Se. Herrlichkeit, weil nur er allein gestürzten Leuten ein Asyl gebe, und zwar solchen, die nicht nur in seinem (des Papstes), sondern des Allerchristlichsten Königs Banne stehen. Wir bemühten uns zwar, den Herrn Marchese zu entschuldigen, indem wir sagten, daß er, großmütig wie er ist, sich schämen würde, seine Länder denen zu verschließen, die sie aufsuchten, zumal wenn sie große Herren sind, und wir bedienten uns, dies zu verteidigen, aller der Worte, die uns dafür als die passendsten erschienen. Doch mit unserer Entschuldigung schien Se. Heiligkeit nicht zufrieden zu sein. Ew. Exzellenz möge demnach in Ihrer Weisheit diejenigen Anordnungen treffen, welche Sie für geeignet halten. Und so empfehlen wir uns Ew. Exzellenz Gnade in Demut. Rom, 23. September 1501."

Infolge des Dringens Ercoles war am 17. September im Konsistorium die Frage wegen der Herabsetzung des Lehnszinses Ferraras von vierhundert Dukaten auf hundert Floren zur Sprache gebracht worden. Hier fürchtete man einen heftigen Widerspruch. Alexander setzte auseinander, was Ercole für Ferrara getan hatte, seine Stiftung von Klöstern und Kirchen und vor allem seine Befestigung der Stadt, wodurch er diese zu einem Bollwerk des Kirchenstaats gemacht habe. Die Kardinäle waren zugunsten dieser Reduktion bearbeitet worden, durch den Kardinal von Cosenza, ein Geschöpf Lucrezias, und durch Messer Troche, den Vertrauten Cesars. Sie genehmigten den Erlaß, und der Papst dankte ihnen, indem er namentlich die älteren Kardinäle rühmte, während die jüngeren, seine eigenen Geschöpfe, hartnäckiger gewesen seien.

An demselben Tage traf er über die Besitzungen Bestimmung, die er den am 20. August von ihm geächteten Baronen entrissen hatte. Diese Güter, welche einen großen Teil der römischen Campagna umfaßten, wurden in zwei Gebiete geteilt: das eine hatte Nepi, das andere Sermoneta zum Mittelpunkt, Orte, auf welche Lucrezia ihre frühere Herrin, fortan verzichtete. Beide Herzogtümer verlieh Alexander an zwei Kinder, Giovanni Borgia und Rodrigo. Der Papst hatte erst die Vaterschaft des erstgenannten Kindes seinem eigenen Sohne Cesar zugeschrieben, dann aber wieder offen bekannt, daß er selbst dessen Vater sei.

Man möchte an eine so beispiellose Schamlosigkeit nicht glauben, aber die Aktenstücke liegen vor. Beide Bullen sind an den geliebten Sohn, den „Edlen Giovanni de Borgia und römischen Infanten“ gerichtet, und beide datieren vom 1. September 1501. In dem ersten erklärte Alexander, daß Giovanni, ein Kind von drei Jahren, der uneheliche Sohn Cesars Borgia sei, eines ledigen Mannes (was er bei dessen Geburt auch war) von einer ledigen Frau. Er legitimierte dieses Kind aus apostolischer Macht und setzte es in alle Rechte seiner Verwandten ein. Im zweiten Breve bezog er sich auf die dem Kinde als einem Sohne Cesars erteilte Legitimation und sagte wörtlich: „Weil Du aber diesen Mangel (legitimer Geburt) nicht von dem genannten Herzog (Cesar), sondern von Uns und der genannten ledigen Frau trägst, was Wir aus guten Gründen in der voraufgegangenen Schrift nicht haben ausdrücken wollen, so wollen Wir, auf daß jene Schrift niemals als null erklärt werde und Dir nicht im Lauf der Zeit daraus eine Beschwerde erwachse, dem in Gnaden vorsehen, und Wir bestätigen Dir aus Unserem freien Entschluß, aus Unserer Großmut und Machtvollkommenheit durch das Gegenwärtige die volle Gültigkeit von allem, was in jener Schrift enthalten ist." Er erneuerte demnach die Legitimation, und erklärte, daß, wenn sein als Cesars Sohn legitimiertes Kind in der Zukunft in Schriften und Akten jeder Art auch als solcher genannt und bezeichnet werden, und wenn es sich auch des Wappens Cesars bedienen sollte, demselben daraus in keiner Weise ein Nachteil erwachsen dürfe, sondern daß alle solche Akte die gleiche Rechtskraft haben sollten, welche sie haben müßten, wenn dieses Kind in der Legitimationsschrift als sein eigener und nicht als Cesars Sohn wäre bezeichnet worden.

Es wird auffallen, daß diese beiden Schriftstücke an ein und demselben Tage erlassen wurden; aber das erklärt sich daraus, daß die kanonischen Gesetze den Papst verhinderten, einen eigenen Sohn anzuerkennen. Alexander half sich demnach aus dieser Verlegenheit dadurch, daß er in der ersten Bulle eine Lüge aussprach. Diese Lüge machte die Legitimation des Kindes oder dessen Ausstattung mit legitimen Rechten möglich, und nachdem sie zu einem legalen Aktenstück geworden war, konnte der Papst ohne weiteren Schaden für das Kind an die Stelle jener Lüge die Wahrheit setzen.

Cesar befand sich an jenem 1. September 1501 nicht in Rom. Vielleicht würde selbst ein Mensch seiner Art über seinen Vater errötet sein, der ihn, den Sohn, zum Nebenbuhler in dem Eigentumsrecht auf einen Bastard machte. Der kleine Giovanni Borgia galt in der Tat später, nach dem Tode Alexanders, als Cesars Sohn, aber auch noch der Papst selbst bezeichnete ihn mehrmals in Breven als solchen.

Wer die Mutter dieses rätselhaften Kindes war, ist unbekannt. Burkard nennt sie nur eine gewisse Römerin. Wenn Alexander, welcher sie eine ledige Frau nannte, hier die Wahrheit sagte, so würde das den Gedanken an Julia Farnese ausschließen. Es könnte aber noch ein anderer Fall möglich sein, nämlich dieser, daß auch die zweite Aussage des Papstes eine Unwahrheit, und daß der „römische Infant" nicht sein Sohn, sondern ein uneheliches Kind Lucrezias war. Man wird sich erinnern, daß ein ferrarischer Gesandter im März 1498 dem Herzog Ercole meldete, daß man von Rom her versichere, die Tochter des Papstes habe ein Kind geboren. Dieses Datum stimmt vollkommen zu dem Lebensalter, welches der Infant Giovanni im September 1501 hatte. Die beiden Aktenstücke von dessen Legitimation, welche heute das Archiv Este bewahrt, kamen in dasselbe aus der

Kanzlei Lucrezias, sei es, weil sie dieselben schon von Rom nach Ferrara mit sich genommen oder später an sich gebracht hatte. Wir werden endlich den Infanten an ihrem eigenen Hof in Ferrara, freilich als ihren „Bruder", auftreten sehen. Alle diese Tatsachen könnten zu der Meinung führen, daß der mysteriöse Giovanni Borgia ein Sohn Lucrezias gewesen ist, aber diese Meinung hat immer nur die geringe Kraft einer Hypothese und nichts mehr.

Dieses Kind also erhielt die Stadt Nepi als ein Herzogtum mit sechsunddreißig anderen Ortschaften.

Das zweite Ländergebiet mit dem Herzogtum Sermoneta und achtundzwanzig Kastellen wurde dem kleinen Rodrigo zugewiesen, dem einzigen Sohn Lucrezias von Alfonso von Aragon. Das Dasein dieses Kindes war unter den neuen Verhältnissen für sie, die Mutter, eine offenbare Verlegenheit, denn sie mochte oder durfte keinen Stiefsohn mit sich nach Ferrara nehmen. Wir wollen zu ihrer Ehre glauben, daß sie gezwungen wurde, dieses ihr rechtmäßiges Kind fremden Händen zu überlassen, aber die Forderung, das zu tun, scheint nicht von Ferrara ausgegangen zu sein. Denn der Gesandte Gerardi gab am 28. September seinem Herrn von einem Besuche Meldung, welchen er Madonna Lucrezia machte, und er schrieb davon: „Da hier ihr Sohn anwesend war, so fragte ich mit einer geschickten Wendung, was mit ihm werden solle, und sie antwortete mir: er wird in Rom bleiben und eine Rente von fünfzehntausend Dukaten haben." In der Tat wurde für den kleinen Roderich reichlich gesorgt. Er ward unter die Vormundschaft zweier Kardinäle gestellt, des Patriarchen von Alexandria und des Francesco Borgia, Erzbischofs von Cosenza. Er bezog die Einkünfte Sermonetas und besaß auch Biselli, das Erbe seines unglücklichen Vaters. Denn am 7. Januar 1502 bevollmächtigten der König Ferdinand und Isabella von Kastilien ihren Botschafter in Rom, Francesco de Roxas, jenem Rodrigo den Besitz des Herzogtums Biselli und der Stadt Quadrata zu bestätigen. Seine Titel waren diesem Akt gemäß: Don Roderico Borgia von Aragon, Herzog von Biselli und Sermoneta und Herr von Quadrata.

XXI

Lucrezia war ungeduldig, Rom zu verlassen, welches ihr, wie sie den Gesandten Ferraras sagte, als ein Gefängnis erschien; der Herzog nicht minder ungeduldig, diesen Handel abgeschlossen zu sehen. Aber die Ausfertigung der neuen Investiturbulle ließ auf sich warten, und die Abtretung von Cento und Pieve konnte nicht ohne die Einwilligung des in Frankreich lebenden Kardinals Julian Rovere geschehen, welcher Erzbischof von Bologna war. Ercole hielt deshalb mit der Absendung des Brautgeleits zurück, obwohl die zum Winter vorrückende Jahreszeit für eine so beschwerliche Reise immer ungünstiger wurde. So oft Lucrezia die Gesandten Ferraras sah, fragte sie dieselben, wann das Geleite kommen werde, sie abzuholen. Sie bemühte sich, die Hindernisse wegzuräumen. Die Kardinäle zitterten zwar vor dem Papst und vor Cesar, aber sie zauderten, jene Bulle zu unterschreiben, welche den Lehnszins Ferraras der Kirche entfremdete, und am wenigsten wollten sie diesen Erlaß auf die ganze Nachkommenschaft von Alfonso und Lucrezia ausdehnen, höchstens ihn bis zur dritten Generation bewilligen. Der Herzog schrieb dringend an den Kardinal von Modena und an Lucrezia, welche endlich im Oktober diese Sache durchsetzte und deshalb das höchste Lob ihres Schwiegervaters empfing. Gerade aus der ersten Hälfte des Oktober sind mehrere Briefe von ihr an den Herzog und von diesem an jene erhalten. Sie zeigen eine wachsende Vertraulichkeit beider. Offenbar begann Ercole sich mit dieser Mißheirat auszusöhnen, weil er in seiner Schwiegertochter mehr Verstand erkannte, als er vorausgesetzt hatte. Sie selbst schrieb ihm Briefe voll Schmeichelei, zumal als sie hörte, daß der Herzog unpäßlich sei, und Ercole dankte ihr, daß sie ihm eigenhändig geschrieben habe, worin er einen besonderen Beweis von Zuneigung sehe.

Die Gesandten berichteten ihm: „Als wir der Erlauchten Herzogin von Ew. Exzellenz Krankheit Mitteilung machten, zeigte Ihre Herrlichkeit den größten Kummer; sie erblaßte und stand eine Weile in Gedanken. Sie bedauerte es sehr, daß sie sich nicht in Ferrara befand, um mit ihren Händen Ew. Exzellenz zu pflegen, wenn Sie das genehmigt hätten. So hat sie auch damals, als der vatikanische Saal einstürzte, vierzehn Tage lang Se. Heiligkeit gepflegt und ist in dieser Zeit nicht zur Ruhe gekommen, da der Papst nur von ihren Händen behandelt sein wollte."

Wohl mochte die Erkrankung ihres Schwiegervaters Lucrezia erschrecken; denn sein Tod würde, wenn nicht ihre Verbindung mit Alfonso aufgehoben, so doch sicherlich verzögert haben. Und noch hatte sie keine Beweise, daß der Widerwille ihres künftigen Gemahls sich gelegt hatte. Aus dieser ganzen Zeit gibt es keinen Brief Alfonsos an sie noch einen Lucrezias an diesen, und dies gänzliche Schweigen ist zum mindesten auffallend. Noch aufregender mußte für Lucrezia der Gedanke sein, daß ihr Vater sterben könnte; denn sein Tod würde unfehlbar ihre Verbindung mit Alfonso aufgelöst haben. Alexander erkrankte bald nachdem Ercole krank geworden war. Er hatte sich eine Erkältung zugezogen und verlor einen Zahn. Um zu verhüten, daß übertriebene Gerüchte nach Ferrara gelangten, ließ er den Gesandten des Herzogs rufen und befahl ihm, seinem Herrn zu schreiben, daß seine Unpäßlichkeit nichts bedeute. Wenn der Herzog hier anwesend wäre, sagte der Papst, so wollte ich, obwohl ich ein verbundenes Gesicht habe, ihn einladen, mit mir ein wildes Schwein zu jagen, und der Gesandte bemerkte in seiner Depesche, daß der Papst aus Rücksicht auf seine Gesundheit besser täte, nicht vor Tagesanbruch den Palast zu verlassen und dann erst bei Nachtzeit zurückzukommen. Denn dies sei so seine üble Angewohnheit, und man habe ihm das auch in liebevoller Weise vorgestellt.

Von allen Seiten erhielten Ercole und der Papst Glückwünsche. Kardinäle und Gesandte verherrlichten in diesen Briefen die Schönheit und Klugheit Lucrezias. Der spanische Botschafter in Rom pries sie in überschwenglichen Ausdrücken, und Ercole dankte ihm für dies seiner Schwiegertochter ausgestellte Zeugnis ihrer Tugenden. Selbst der König von Frankreich gab seine außerordentliche Freude über ein Ereignis zu erkennen, welches, wie er jetzt herausfand, dem Staate Ferrara zum höchsten Vorteil gereichen werde. Im Konsistorium las der Papst freudestrahlend einen von diesem Monarchen und seiner Gemahlin an ihn gerichteten Glückwunsch vor. Ludwig XII. hatte sich sogar herabgelassen, einen Brief an Madonna Lucrezia zu richten, an dessen Ende er eigenhändig zwei Worte geschrieben hatte; Alexander war darüber so entzückt, daß er eine Abschrift des Schreibens nach Ferrara schickte. Nur vom Hofe Maximilians traf nichts Ähnliches ein. Der Kaiser zeigte sich vielmehr so sehr aufgebracht, daß Ercole darüber in Unruhe geriet, wie dieser Brief an seine beiden Bevollmächtigten in Rom lehrt:

Der Herzog von Ferrara usw.

„Unsere Geliebtesten. Wir haben Sr. Heiligkeit Unserem Herrn nichts weiter über die Stimmung des Erlauchtesten Königs der Römer gegen ihn mitgeteilt, seitdem Messer Michele Remolines von hier abreiste. Denn Wir hatten nichts Sicheres darüber; jetzt aber sind Wir durch eine glaubwürdige Person, mit welcher der genannte König gesprochen hat, davon unterrichtet, wie Se. Majestät mißgestimmt ist und sich sehr vorwurfsvoll über Se. Heiligkeit ausläßt und die Verschwägerung tadelt, die wir mit Derselben geschlossen haben, was er auch in an uns gerichteten Briefen vor Abschluß der Heirat getan hat, indem er uns abriet, diese Verbindung einzugehen, wie Ihr aus den Abschriften jener Briefe ersehen werdet. Wir schicken sie Euch hier beiliegend. Sie wurden den hiesigen Gesandten Sr. Heiligkeit gezeigt und vorgelesen. Obwohl wir nun, was Uns selbst betrifft, nicht viel Wesens von dieser Meinung Sr. Majestät machen, da wir aus Gründen der Vernunft gehandelt haben und darüber täglich mehr Befriedigung empfinden, so scheint es uns dennoch passend, aus Rücksicht unserer Verbindung mit Sr. Heiligkeit und damit Dieselbe Ihrer Weisheit gemäß über diese Demonstration sich ein Urteil bilde, Derselben unsere Meinung darüber mitzuteilen. Wir sind überzeugt, daß Se. Heiligkeit mit Ihrer Weisheit prüfen und erkennen werde, inwieweit die genannte Mißstimmung Sr. Majestät ihr von Bedeutung sein könne.

Ihr werdet Derselben demnach alles mitteilen und auch die Abschriften sehen lassen, wenn es Euch passend erscheint; aber ihr sollt Dieselbe in Unserem Namen ersuchen, Uns nicht die Urheberschaft davon beizumessen, auch nicht in dem Falle, daß Wir die genannten Abschriften dringender Gründe wegen in andere Hände gelangen lassen. Ferrara, 23. Oktober 1501."

Der Herzog ließ sich nicht mehr wankend machen. Schon am Anfange des Oktober hatte er das Brautgeleit ausgewählt, dessen Abreise von Ferrara er freilich noch von dem Fortgange seiner Unterhandlungen mit dem Papst abhängig machte. Es war eine hochwichtige Frage, aus welchen Personen sowohl das ferrarische, als das römische Hochzeitsgeleit bestehen sollte; und darüber gibt eine Depesche Gerardis Aufschluß.

,,Erlauchter Herr usw. Heute, am sechsten, waren Wir, Hector und ich, allein beim Papst mit den Briefen Ew. Herrlichkeit vom 26. des vergangenen Monats, vom ersten des gegenwärtigen und mit der Liste des Brautgeleits. Diese gefiel Sr. Heiligkeit sehr; sie erschien Derselben ehrenvoll und reich, besonders weil darin Stand und Qualität der Personen genau bezeichnet waren. Wie ich aus bester Quelle weiß, hat Ew. Exzellenz die Erwartung des Papstes übertroffen. Nachdem wir eine Weile mit Sr. Heiligkeit im Gespräch gewesen waren, ließ Dieselbe den Erlauchten Herzog der Romagna und den Kardinal Orsini rufen; es waren auch zugegen Monsignor Elna, Monsignor Troche und Messer Adriano. Der Papst wollte, daß die Liste nochmals gelesen werde, und sie wurde noch mehr gelobt, besonders vom Herzog, welcher sagte, daß er mit mehreren darin genannten Personen bekannt sei. Er behielt auch die Liste und dankte mir gar sehr, als ich sie ihm wieder gab, da er sie mir zurückstellen wollte.

Wir bemühten uns, die Liste desjenigen Ehrengeleits zu haben, welches mit der Erlauchten Herzogin kommen wird; doch sie ist noch nicht in Ordnung. Se. Heiligkeit sagt, daß sich wenige Damen darunter befinden werden, denn diese Römerinnen seien etwas wild und ungeschickt zu Pferde. Bis jetzt hat die Herzogin im Hause fünf oder sechs Fräulein, vier sehr junge Mädchen und drei bejahrte Damen, welche bei Ihrer Herrlichkeit bleiben werden. Vielleicht wird eine und die andere hinzukommen. Man hat ihr mit Geschick davon abgeraten, indem man ihr sagte, daß sich ihr zahllose Ehrendamen in Ferrara darbieten würden. Bei ihr ist auch eine Madonna Hieronyma, die Schwester des Kardinals Borgia, welche mit einem Orsini vermählt ist. Dieselbe wird sie mit drei Frauen begleiten. Andere Ehrendamen haben sie bisher nicht. Ich glaube, sie werden solche bis in Neapel aufzutreiben suchen, wie ich gehört habe; doch glaubt man, daß sie deren wenige bekommen werden, und dies nur, um die Herzogin zu begleiten. Die Herzogin von Urbino hat sagen lassen, daß sie mit fünfzig Pferden kommen wolle. Was die Männer betrifft, so sagte Se. Heiligkeit, daß auch sie mangeln, da in Rom keine anderen Herren vom Adel übrig sind, als die Orsini, und diese befinden sich meist draußen. Doch hofft er eine genügende Anzahl auftreiben zu können, zumal wenn der Herzog der Romagna nicht ins Feld zieht, denn im Gefolge Sr. Herrlichkeit befinden sich viele Edelleute. Se. Heiligkeit sagt, daß man von Priestern und gelehrten Leuten genug mitschicken könne, doch nicht solche Personen, die dazu geeignet wären; indes werde das Geleit Ew. Herrlichkeit für das eine und das andere Ersatz geben, um so mehr als es, nach der Behauptung Sr. Heiligkeit, Sitte sei, daß das große Geleit vom Bräutigam geschickt werde, die Braut aber nur mit wenigen komme. Jedoch glaube ich, daß sie nicht weniger als zweihundert Personen zu Pferde bei sich haben wird. Über die Straße, auf welcher Ihre Herrlichkeit reisen sollte, ist der Papst im Zweifel; er meint, sie solle über Bologna gehen, und sagt, daß auch die Florentiner sie eingeladen hätten. Obwohl Se. Heiligkeit darüber noch keinen Entschluß gefaßt hat, so sagte doch die Herzogin, welche uns mitgeteilt hatte, daß sie durch die Marken reisen werde, der Papst habe ebendies beschlossen. Vielleicht wünscht er, daß sie aus den Ländern des Herzogs der Romagna nach Bologna gehe.

In betreff dessen, daß nach dem Wunsch Ew. Herrlichkeit ein Kardinal die Herzogin begleiten solle, entgegnete Se. Heiligkeit, daß es Ihr nicht geziemend scheine, daß irgendein Kardinal von Rom aus sie begleite; daß er aber an den Kardinal von Salerno, den Legaten in der Mark, geschrieben habe, seinen Weg gegen die Länder des Herzogs der Romagna hinzunehmen und dort zu warten, um sie nachher nach Ferrara zu begleiten und die Hochzeitsmesse zu lesen. Er glaubte, daß der Kardinal dies tun werde, wenn ihn nicht seine Kränklichkeit verhindert. Sollte aber das der Fall sein, so wolle Se. Heiligkeit für einen anderen sorgen. – – –

Als der Papst während dieser unserer Unterredung vernahm, daß wir keine Audienz beim Erlauchtesten Herzog hatten erhalten können, so zeigte er sich darüber sehr mißgestimmt und sagte, daß Se. Herrlichkeit diesen Fehler an sich habe, und daß die Gesandten von Rimini schon seit zwei Monaten hier seien, ohne je mit ihm sprechen zu können; daß er aus dem Tage Nacht und aus der Nacht Tag mache. Er beklage diese Lebensweise sehr und wisse nicht, ob er so das Erworbene werde behaupten können. Dagegen lobte er die Erlauchte Herzogin, da sie klug sei und ohne Schwierigkeit Audienz gebe, und wo es Not sei, zu liebkosen wisse. Er rühmte sie hoch, und daß sie das Herzogtum Spoleto zu aller Welt Freuden regiert habe. Gar sehr erhob er sie und sagte, daß Ihre Herrlichkeit auch dann, wenn sie mit ihm, dem Papst, etwas zu verhandeln habe, ihre Partie sehr wohl zu gewinnen wisse. Ich glaube, Se. Heiligkeit redete so mehr in der Absicht, Gutes von ihr zu sprechen (wie sie das nach meinem Dafürhalten verdient) als um jenem Übles nachzusagen, wenn Dieselbe auch das Gegenteil zu erkennen gab. Ew. Herrlichkeit sei ich immerdar empfohlen. Rom, 6. Oktober."

Der Papst ließ selten eine Gelegenheit vorübergehen, ohne die Schönheit und die Klugheit seiner Tochter zu preisen. Er stellte zwischen ihr und den damals berühmtesten Frauen Italiens, der Markgräfin von Mantua und der Herzogin von Urbino, Vergleiche an. Eines Tages sprach er zu den Gesandten Ferraras auch über ihr Alter und bemerkte, daß sie im April (1502) das zweiundzwanzigste Lebensjahr vollende, während Cesar in derselben Zeit das sechsundzwanzigste erreichen werde.

Er fühlte sich durch die Auswahl des Brautgeleits sehr befriedigt, denn die Personen, welche es bilden sollten, waren Fürsten des Hauses Este und die vornehmsten Männer Ferraras. Er genehmigte auch, daß sich Annibale Bentivoglio, der Sohn des Herrn von Bologna, dazu gesellte, und lachend sagte er dem Gesandten Ferraras: wenn sein Herr selbst Türken zur Einholung der Braut nach Rom schicken wollte, so sollten sie ihm willkommen sein.

Die Florentiner schickten, aus Furcht vor Cesar, Gesandte an Lucrezia, sie zu ersuchen, auf ihrer Reise nach Ferrara durch ihr Land den Weg zu nehmen; doch der Papst stellte fest, daß sie ihn durch die Romagna zu machen habe. Nach der barbarischen Willkür jener Zeit waren die Landschaften, durch welche ein solcher Reisezug sich fortbewegte, gehalten, ihn zu ernähren. Um nun die Romagna nicht zu sehr zu belasten, wurde bestimmt, daß das ferrarische Geleit den Hinweg nach Rom durch Toscana nehmen solle; aber die Republik Florenz weigerte sich, dasselbe überall in ihrem Gebiete freizuhalten; sie wollte es nur in der Stadt Florenz bewirten oder durch ein Geschenk ehren.

Man betrieb unterdes in Ferrara die Zurüstungen zu den Hochzeitsfesten. Der Herzog schickte Einladungen an ihm befreundete Fürsten. Er hatte sogar an die Rede gedacht, die bei der Übergabe Lucrezias an ihren Gemahl in Ferrara gehalten werden sollte; denn solche Deklamationen galten in der Renaissance als der wichtigste Moment eines Festes, und jene Rede sollte ein wahres Prachtstück werden. Deshalb hatte Ercole seine Gesandten in Rom beauftragt, ihm Notizen über das Haus Borgia einzuschicken, damit der Festredner sich ihrer bedienen könne. Die Gesandten vollzogen den Auftrag ihres Herrn mit Gewissenhaftigkeit, und sie antworteten ihm, wie folgt:

„Erlauchtester Fürst und unser besonderster Herr. Wir haben keinen Fleiß und kein Studium gespart, um alles über die Taten dieses Erlauchtesten Hauses Borgia aufzufinden, wie dies Ew. Exzellenz uns befohlen hat; wir hielten deshalb überall Nachforschungen und ebenso waren die Unsrigen hier in Rom geschäftig, nicht nur die Gelehrten, sondern auch solche, von denen wir glaubten, daß dergleichen ihre Liebhaberei sei. Obwohl wir nun endlich herausgefunden haben, daß dieses Haus in spanischen Landen sehr edel und sehr alt ist, so finden wir doch nicht, daß dessen Vorfahren etwas Ausgezeichnetes getan haben, weil man in jenem Lande ein sehr ziviles und delikates Leben führt, und Ew. Exzellenz weiß, daß dies so in Spanien und namentlich in Valencia Sitte ist.

Nur von Calixtus bis auf unsere Zeit läßt sich Bemerkenswertes melden, und besonders von den eigenen Taten Calixts, von denen Platina genug berichtet. Was alles aber dieser Papst getan hat, das ist allgemein bekannt. Wer daher die Rede zu halten haben wird, der findet ein weites Feld vor sich. Demnach haben wir, Erlauchtester Herr, über das Haus nichts mehr gefunden, als Sie schon wissen, sondern nur über die Personen der Päpste aus demselben und die an sie gerichteten Obedienzreden. Was aber die Päpste getan haben, zeigt alles dasjenige an, was von ihnen gesagt werden kann. Sollten wir mehr auffinden, so werden wir Ew. Exzellenz davon Mitteilung machen, welcher wir uns in Demut empfehlen. Rom, 18. Okt. 1501."

Als der Herzog vom alten Haus der Este diese lakonische Depesche las, mochte er lächeln, und ihre Aufrichtigkeit so wenig diplomatisch finden, daß sie fast wie Ironie erschien. Die wackeren Gesandten scheinen sich übrigens nicht an die rechte Quelle gewendet zu haben, denn wenn sie die intimsten Höflinge der Borgia, etwa die Porcari um Rat gefragt hätten, so würden sie von ihnen einen Stammbaum erhalten haben, welcher die Abkunft der Borgia von den alten Königen Aragons, wenn nicht von Herkules dartat.

Unterdes stieg die Ungeduld des Papstes und Lucrezias mit jedem Tage, denn die Absendung des Brautgeleites verzögerte sich, und schon begannen die Feinde der Borgia darüber zu spotten. Der Herzog erklärte, daß er nicht daran denken könne, Madonna Lucrezia einholen zu lassen, wenn ihm nicht die Investiturbulle übergeben sei. Er beschwerte sich über die Langsamkeit, mit welcher man in Rom an die Ausführung der Versprechungen ging. Er forderte die bare Auszahlung der Mitgift, welche durch Bankhäuser in Venedig, Bologna und anderen Orten betrieben wurde, mindestens beim Eintreffen des Ehrengeleites in Rom, und drohte, dieses ohne die Braut wieder nach Ferrara zurückkehren zu lassen, wenn die Summe nicht vollständig gezahlt sei. Da sich die Übergabe von Cento und Pieve nicht so schnell bewerkstelligen ließ, so begehrte er ein Pfand dafür vom Papst, entweder das Bistum Bologna für seinen Sohn Hippolyt, oder eine Kaution. Er stellte Forderungen von Benefizien für seinen Bastard Don Giulio und für seinen Botschafter Gianluca Pozzi, und diesem wußte Lucrezia das Bistum Reggio zu verschaffen, wie sie auch für die ferrarischen Gesandten ein Haus in Rom vom Papst erlangte.

Eine wichtige Angelegenheit war auch der Schmuck von Pretiosen, mit welchem Lucrezia ausgestattet werden sollte. Die Leidenschaft dafür ist noch heute in Rom groß, wo die Frauen edler Häuser keine Gelegenheit versäumen, in Diamanten zu strahlen, und wo bisher solches Besitztum in der Regel ein Fideikommiß war. In der Renaissancezeit hatte diese Leidenschaft den Grad einer förmlichen Manie erreicht. Ercole ließ seiner Schwiegertochter sagen, daß sie ihre Juwelen mit sich bringen und nicht veräußern möchte; er werde ihr jedoch durch das Brautgeleit einen reichen Schmuck übersenden, denn da sie selbst, so fügte er voll Galanterie hinzu, das kostbarste Juwel sei, so verdiene sie mehr und schönere Edelsteine zu haben, als er selbst und seine eigene Gemahlin sie besessen haben; er sei zwar nicht ein so großer Mann, wie der Herzog von Savoyen, aber dennoch wohl imstande, ihr nicht minder schöne Juwelen zu senden, als dieser besitze.

Das Verhältnis zwischen Ercole und seiner Schwiegertochter war das freundlichste, welches sich wünschen ließ, denn Lucrezia ermüdete nicht, seinen Forderungen beim Papst Gehör zu verschaffen, aber dieser selbst war über das Verfahren des Herzogs tief aufgebracht. Er ließ ihn dringend bitten, das Geleit nach Rom zu schicken, und versicherte ihn, daß die beiden Kastelle der Romagna ausgeliefert sein würden, ehe noch Lucrezia in Ferrara anlangte. Wenn sie erst dort sei, so werde sie alles, was sie begehre, von ihm erreichen, denn so groß sei seine Liebe zu ihr, daß er sogar daran denke, im

Frühjahr ihr einen Besuch in Ferrara zu machen. Er argwöhnte sogar, daß die Verzögerung des Brautgeleites durch eine Intrige des Kaisers veranlaßt sei. Maximilian schickte noch im November seinen Sekretär Agostino Semenza an den Herzog mit der Mahnung, jenes Geleit nicht nach Rom abgehen zu lassen, und er versprach Ercole dafür erkenntlich zu sein. Der Herzog erließ am 22. November ein Schreiben an diesen kaiserlichen Bevollmächtigten, worin er ihm erklärte, er habe sofort einen Kurier an seine Gesandten in Rom geschickt; es sei bald Winter, die Zeit zur Einholung Lucrezias daher ungünstig; wenn der Papst einwillige, wolle er jene aufschieben, ohne jedoch mit ihm zu brechen. Se. Majestät möge bedenken, daß der Papst sein Feind werden müsse, wenn er dies täte; er würde dann eine ewige Verfolgung und sogar einen Krieg von ihm zu erwarten haben. Und gerade, um diese Gefahren zu vermeiden, habe er sich herbeigelassen, sich mit Sr. Heiligkeit zu verschwägern. Er vertraute deshalb auf Se. Majestät, welche ihn solcher Gefahr nicht aussetzen, sondern mit gewohnter Gerechtigkeit seine Entschuldigung gelten lassen werde.

Zugleich trug Ercole seinem Gesandten in Rom auf, dem Papst von den Drohungen des Kaisers Kunde zu geben, und ihm zu erklären, daß er bei seinen Verpflichtungen bleibe, um so dringender aber die Ausfertigung der Bullen verlangen müsse, weil jede weitere Zögerung Gefahr bringe.

Alexander geriet darüber in den heftigsten Zorn; er überhäufte den Gesandten mit Vorwürfen und nannte den Herzog selber einen „Krämer". Ercole erklärte hierauf dem Boten des Kaisers am 1. Dezember, daß er die Absendung des Brautgeleits nicht länger verzögern könne, ohne offen mit dem Papst zu brechen. An demselben Tage schrieb er an seinen Gesandten in Rom und beklagte sich über den Titel des „Kaufmanns", den ihm der Papst gegeben hatte. Diesen aber beruhigte er durch die Versicherung, daß er die Abreise des Brautgeleits von Ferrara auf den 9. oder 10. Dezember festgesetzt habe.

XXII

Unterdes wurde die Aussteuer Lucrezias mit einer Verschwendung besorgt, die einer Königstochter würdig war. Am 13. Dezember 1501 schrieb der Agent des Markgrafen Gonzaga in Rom seinem Herrn: „Die Mitgift wird im ganzen dreimalhunderttausend Dukaten betragen, ohne die Geschenke, welche Madonna an diesem oder jenem Tage erhalten wird: zuerst hunderttausend Dukaten bar und in Ferrara ratenweise; dann Silberzeug für mehr als dreitausend Dukaten, Juwelen, feines Linnen, kostbarer Schmuck für Maultiere und Pferde, im ganzen für andere hunderttausend. Unter anderem hat sie ein besetztes Kleid, mehr als fünfzehntausend Dukaten an Wert, und zweihundert kostbare Hemden, von denen manches Stück hundert Dukaten Wert besitzt; jeder einzelne Ärmel kostet allein dreißig Dukaten, mit Goldfransen und dergleichen." Ein anderer Berichter meldete der Markgräfin Isabella, daß ein einziges Kleid Lucrezias einen Wert von zwanzigtausend Dukaten habe, ein einziger Hut auf zehntausend geschätzt werde. „Man hat", so schrieb jener Agent Mantuas weiter, „hier und in Neapel in sechs Monaten mehr Gold verarbeitet und verkauft, als sonst in zwei Jahren. Drittens bringt sie andere hunderttausend Dukaten, den Wert der Kastelle (Cento und Pieve), und die Befreiung Ferraras vom Tribut. Die Zahl der Pferde und der Personen, welche der Papst seiner Tochter mitgeben wird, soll tausend betragen, und zweihundert Wagen, dazu vielleicht einige französische, wenn die Zeit es erlaubt; und dazu wird das Geleite kommen, welches sie abholt."

Dieses Brautgeleit beschloß der Herzog endlich abzusenden, obwohl ihm die Bullen noch nicht ausgefertigt waren. Da er der nun faktischen Verbindung seines Sohnes mit Lucrezia jetzt auch den größten Glanz geben wollte, schickte er zu ihrer Einholung eine Kavalkade von mehr als fünfhundert Personen. Ihr Führer war der Kardinal Hippolyt, und diesen begleiteten noch andere fünf Mitglieder des herzoglichen Hauses, seine Brüder Don Ferrante und Don Sigismondo, sodann Niccolò Maria von Este, Bischof von Adria,

Meliaduse von Este, Bischof von Comacchio, und Don Ercole, ein Neffe des Herzogs. Vornehme Freunde und Verwandte oder Lehnsmannen Ferraras bildeten das Gefolge, die Signoren von Correggio und Mirandola, die Grafen Rangone von Modena, einer der Pii von Carpi, die Grafen Bevilacqua, Roverella, Sagrato, Strozzi von Ferrara, Annibale Bentivoglio von Bologna und viele andere.

Diese Herren, in prachtvolle Gewänder gekleidet, dicke goldene Ketten um den Hals, auf schönen Pferden reitend, brachen am 9. Dezember von Ferrara auf, mit einer Bande von dreizehn Trompetern und acht Pfeifern, und so durchzog die Hochzeitskavalkade, einen lebenslustigen Kardinal an ihrer Spitze, lärmend die Landschaften Italiens. Wer ihr heute begegnen könnte, würde sie für einen Trupp fahrender Kunstreiter halten. Diese munteren Reisenden bezahlten nirgends ihre Zeche; denn im Gebiet von Ferrara lebten sie auf des Herzogs, das heißt seiner Untertanen Kosten; im Gebiet anderer Signoren fanden sie ähnliche Aufnahme, und sobald sie den Kirchenstaat erreichten, mußten die Orte, welche sie berührten, ihren Unterhalt bestreiten.

Trotz allem Luxus der Renaissance war damals das Reisen eine große Mühseligkeit; man reiste überall in Europa, wie man heute noch im Orient reist. Große Herren und Damen, welche jetzt in den bequemsten Salonwagen die Länder durchfliegen und daher auch sehr häufig unterwegs sind, würden sich im 16. Jahrhundert in den zivilisierten Staaten Europas nur zu Pferde und zu Maultier oder abwechselnd in Sänften schrittweise fortbewegt haben, allen Unbilden von Wetter, Wind und grundlosen Straßen ausgesetzt. Um die Entfernung von Ferrara nach Rom zurückzulegen, was man heute in vierzehn Stunden tun kann, brauchte die Kavalkade dreizehn volle Tage.

Sie erreichte endlich am 22. Dezember Monterosi, ein elendes Kastell fünfzehn Millien vor Rom, in einem nahezu schrecklichen Zustande, vom Winterregen durchnäßt, vom Schmutz der Wege entstellt, und Mann und Pferde wie von den Strapazen eines Feldzugs zugrunde gerichtet. Der Kardinal sandte von dort einen Boten mit einem Trompeter nach Rom, die Befehle des Papstes einzuholen. Es kam die Antwort zurück, daß der Einzug durch die Porta del Popolo geschehen solle.

Dieser Einzug der Ferraresen in Rom ist das heiterste Festgemälde während der Regierung Alexanders VI. gewesen. Die Kavalkade überhaupt war das beliebteste Schaugepränge des Mittelalters. Staat,

Kirche und Gesellschaft stellten in Reiterzügen ihren Glanz und ihre Bedeutung wie in öffentlichen Triumphen dar. Das Pferd war noch Symbol und Träger eines großen Teils der Kraft wie der Herrlichkeit der Welt. Seine Bedeutung in der Zivilisation ist mit dem Rittertum geschwunden, und in ganz Europa kam die Kavalkade außer Gebrauch. Wo sie noch in ihren Resten erscheint, als fürstliche Suite bei Revuen oder bei Aufzügen von Zünften, wird sie durch das uniforme oder fade Galakostüm unwirksam. Wie sich der Formen- und Festsinn der Menschen gerade in Italien, dem Vaterland der Kavalkade, verändert hat, konnte man am 2. Juli 1871 in Rom bemerken, als Victor Emanuel in seine neue Hauptstadt einzog. Wenn dieser Moment, einer der bedeutendsten der ganzen Geschichte Italiens, in der Zeit der Renaissance hätte stattfinden können, so würde er sich zu einem der großartigsten Triumphzüge zu Pferde gestaltet haben. Aber der Einzug des ersten Königs des geeinigten Italiens in Rom erschien nur wie eine Auffahrt von bestäubten Wagen, welche Reisende, den König und seinen Hof, von der Eisenbahn in ihre Logis führten. In dieser bürgerlichen Einfachheit lag freilich mehr moralische Größe, als der geräuschvollste Pomp eines Cäsartriumphs würde ausgedrückt haben; doch wir sprechen hier nicht von dem inneren Wert öffentlicher Szenen, sondern nur von der Verschiedenheit der Zeiten in bezug auf ihre festlichen Formen und Bedürfnisse. Das Erlöschen jenes großen Festsinnes, wie ihn die Renaissance ausgebildet hatte, wäre sicherlich eine Verarmung zu nennen; sein Bedürfnis macht sich auch noch heute immer wieder geltend, und die schönsten Schauzüge, welche man in den neuesten Zeiten in Europa sah, waren die Heimzüge der deutschen Krieger aus Frankreich in ihr Vaterland. Sie waren militärische Schauspiele, denen jedoch der reiche Schmuck der Städte und die festliche Teilnahme aller Bürger den einseitigen Charakter nahm.

Das Ansehen Alexanders VI. würde sich geradezu gemindert haben, wenn er bei einer solchen Familienangelegenheit nicht seine Herrlichkeit vor dem Volk in einem glänzenden Schauspiel zur Erscheinung brachte. Deshalb ging später Hadrian VI. im Gespött der Römer unter, weil er diese Bedürfnisse der Renaissance nicht verstand und nicht zu ehren wußte.

Am 23. Dezember gelangten die Ferraresen um zehn Uhr des Morgens nach Ponte Molle, wo sie in irgendeiner Villa ein Frühstück bereit fanden. Das Aussehen der Gegend dort war damals nicht wesentlich anders als heute. Kasinos und Winzerhäuser standen auf den Abhängen des Monte Mario, dessen Gipfel bereits eine Villa der Mellini einnahm, und auf den Hügeln über der Flaminia. Die Tiberbrücke hatte Nicolaus V. erneuert, und auch mit einem Turm versehen, welchen Calixt III. vollendete. Von Ponte Molle zog sich bis zur Porta del Popolo eine ärmliche Vorstadt fort, wie am heutigen Tage.

An der Tiberbrücke wurde das Hochzeitsgeleit vom Senator Roms, dem Stadtgovernator und dem Barisello oder Polizeihauptmann begrüßt, welche Herren mit zweitausend Mann zu Fuß und zu Pferde gekommen waren. Einen halben Bogenschuß vom Tor entfernt traf man sodann das Gefolge Cesars, erst sechs Pagen, dann hundert Edelleute zu Pferde, hierauf zweihundert Schweizer zu Fuß, in schwarzen und gelben Samt gekleidet, die Devise des Papstes, mit Federbaretten, und Hellebarden tragend. Hinter ihnen ritt der Herzog der Romagna neben dem Botschafter Frankreichs. Er trug ein französisches Kostüm mit einem goldenen Gurt. Die Begrüßung fand unter Klängen der Musik statt, wobei alle Herren von ihren Pferden stiegen. Cesar umarmte den Kardinal Hippolyt und ritt dann an seiner Seite zum Stadttor.

Wenn er ein Gefolge von viertausend, die städtischen Obrigkeiten zweitausend Mann bei sich hatten, und wenn man dazu die Menge von Zuschauern rechnet, so begreift man nicht, wie solche Massen sich vor der Porta del Popolo entfalten konnten. Die Häuserreihe vor diesem Tor muß damals nicht bestanden haben, und die Fläche, welche heute die Villa Borghese einnimmt, nahezu frei gewesen sein.

Am Stadttor begrüßten den Zug neunzehn Kardinäle, von denen jeder zweihundert Personen mit sich führte. Der Empfang unter Deklamationen nahm hier zwei Stunden in Anspruch, so daß es darüber Abend wurde. Endlich bewegte sich diese ganze Kavalkade von so viel tausend Reitern unter dem Schalle von Trommeln, Pfeifen und Hörnern durch den Korso über Campo di Fiore nach dem Vatikan, begrüßt von Salutschüssen des Kastells S. Angelo.

Alexander stand an einem Fenster des Palastes, diesen Aufzug zu betrachten, welcher den kühnsten Wünschen seines Hauses die Verwirklichung brachte. Als dann seine Kämmerer die Ferraresen an der Treppe des Palastes empfingen und sie zu ihm führten, kam er ihnen mit zwölf Kardinälen entgegen. Sie küßten seine Füße, und er erhob und umarmte sie. Man blieb eine Weile im heiteren Gespräch, dann führte Cesar die Prinzen Ferraras zu seiner Schwester.

Lucrezia ging ihnen bis zur Treppe ihres Palastes entgegen, gelehnt auf den Arm eines in schwarzen Samt gekleideten ältlichen Kavaliers, der eine goldene Kette um den Hals trug. Nach vorher festgestelltem Zeremoniell küßte sie ihre Schwäger nicht, sondern sie neigte nur Gesicht zu Gesicht, was als französische Form galt. Sie trug ein Kleid von weißem in Gold gestickten Tuch, darüber einen Überwurf aus schwarzbraunem Samt mit Zobelbesatz; die Ärmel von weißem Goldbrokat, eng und mit Querschnitten nach spanischer Mode; der Kopfputz aus grünem Flor, von einem dünnen Goldfaden und zwei Reihen Perlen umgeben; um den Hals hatte sie eine dicke Perlenschnur mit einem nicht gefaßten Balaß. Es wurde eine Erfrischung gereicht, und Lucrezia verteilte kleine Geschenke, Arbeiten römischer Juweliere. Die Prinzen verabschiedeten sich, mit ihrem Empfange wohl zufrieden. „Das weiß ich gewiß", so schrieb El Prete, „daß unserem Kardinal Hippolyt die Augen leuchteten: sie ist eine reizende und sehr anmutige Dame."

Auch der Kardinal schrieb noch an demselben Abend an seine Schwester Isabella von Mantua, um ihre Neugierde über den Anzug Lucrezias zu befriedigen. Die Kleidung war damals ein wichtiger Gegenstand, zumal für einen Hof; und wohl gab es keine Zeit, wo das Kostüm der Frauen reicher und edler durchgebildet war als in der Renaissance. Die Markgräfin scheint einen Agenten ausdrücklich nach Rom geschickt zu haben, ihr über Persönlichkeiten und Feste Bericht zu machen, wobei er vorzüglich die Kleidung beachten mußte. El Prete entledigte sich seines Auftrages so gewissenhaft, wie es heute nur ein Reporter der Times tun würde. Nach seinen Schilderungen könnte ein Maler ein Porträt Lucrezias malen, welches der Wirklichkeit ziemlich nahe kommen müßte.

Noch an demselben Abend stattete auch der Gesandte Ferraras Donna Lucrezia seinen offiziellen Besuch ab, worauf er dem Herzog den Eindruck beschrieb, den seine Schwiegertochter auf ihn gemacht hatte:

„Mein Erlauchtester Herr. Heute nach dem Abendessen begab ich mich mit Messer Girardo Saraceno zur Erlauchtesten Madonna Lucrezia, um derselben im Namen Ew. Exzellenz und Sr. Herrlichkeit Don Alfonso aufzuwarten. Bei dieser Gelegenheit hatten wir ein langes Gespräch über verschiedene Dinge. Sie gab sich hier in Wahrheit als sehr klug und liebenswürdig und von guter Natur zu erkennen, Eurer Exzellenz und dem Erlauchten Don Alfonso höchst ehrerbietig ergeben, so daß man wohl urteilen darf, daß Ew. Hoheit und Don Alfonso über sie eine wahre Genugtuung empfinden werden. Sie besitzt außerdem eine vollkommene Grazie in allen Dingen, nebst Bescheidenheit, Lieblichkeit und Sittsamkeit. Nicht minder ist sie eine gläubige Christin und zeigt sich gottesfürchtig. Morgen will sie zur Beichte gehen und dann am Weihnachtsfest kommunizieren. Ihre Schönheit ist schon an sich hinreichend groß; aber die Gefälligkeit ihrer Manieren und die anmutige Weise sich zu geben, lassen sie noch weit größer erscheinen: kurz und gut, ihre Eigenschaften dünken mir solcher Art, daß man von ihr nichts Schlimmes zu argwöhnen hat, vielmehr stets nur die besten Handlungen zu erwarten berechtigt ist. Ich hielt es für passend, durch dieses mein Schreiben der Wahrheit gemäß Ew. Hoheit davon Zeugnis abzustatten, und Dieselbe möge versichert sein, daß gleicherweise wie ich meiner Pflicht und meinem Amt gemäß leidenschaftlos die Wahrheit schreibe, dies mir als Ew. Exzellenz ergebenem Diener zu ganz besonderer Freude gereicht. Ew. Hoheit gnädigem Wohlwollen empfehle ich mich. Rom am 23. Dezember 1501, in der sechsten Stunde der Nacht. Ew. Exzellenz Diener Johannes Lucas."

Der Brief Pozzis beweist, wie groß das Mißtrauen des Herzogs und seines Sohnes noch in der letzten Stunde war. Es mußte für beide eine Demütigung sein, wenn sie sich herabließen, ihren Gesandten in Rom zum Vertrauten ihrer Aufregung in dieser ihrer persönlichsten Angelegenheit zu machen, und von ihm gleichsam ein Zeugnis über die Eigenschaften einer Dame zu verlangen, welche die künftige Herzogin von Ferrara war. Schon die eine Phrase des Briefes, worin Pozzi zu sagen wagt, daß von Lucrezia nichts „Sinistres" zu argwöhnen sei, beleuchtet die finsteren Gerüchte, welche über sie umgingen. Das Attest fiel glänzend aus. In der Hand jedes Advokaten Lucrezias kann es sogar als eins der wichtigsten Dokumente gelten. Hätte sie selber es lesen können, so würde vielleicht die Beschämung darüber ihrer Genugtuung gleich gekommen sein.

Die Prinzen Ferraras bezogen ihre Wohnung im Vatikan, andere Herren im Belvedere; die Mehrzahl wurde bei Kurialen untergebracht, welche ihren Unterhalt bestreiten mußten. Die Päpste behandelten damals ihre Privatangelegenheiten wie solche des Staates. Um deren Kosten aufzubringen, besteuerten sie ohne weiteres ihre Hofbeamten, und der Schwarm dieser lebte und bereicherte sich ohnehin nur durch die päpstliche Gnade. Jedoch auch Kaufleute mußten die

Lasten des päpstlichen Glanzes tragen. Mehrere Beamte murrten über ihre ferrarische Einquartierung und versorgten diese so schlecht, daß der Papst einschreiten mußte.

Am Weihnachtsfest las er Messe im Sankt Peter, wobei ihm die Prinzen ministrierten, und der Gesandte des Herzogs beschrieb seinem Herrn die prächtige und auch „religiöse" Erscheinung des Papstes etwa so, wie man das Auftreten eines vollendeten Schauspielers beschreiben würde.

Auf Befehl Alexanders nahm die Karnevalsfeier schon jetzt ihren Anfang, und täglich fanden Feste im Vatikan statt.

El Prete hat von einer Abendunterhaltung im Palast Lucrezias eine naive Schilderung gemacht, welche uns die Sitten jener Zeit vergegenwärtigt. „Diese erlauchte Madonna", so schrieb der Reporter, „zeigt sich wenig, weil sie mit ihrer Abreise beschäftigt ist. Abends am Sonntag von S. Stefan (26. Dezember) ging ich noch in Eile in ihre Wohnung. Ihre Herrlichkeit saß dort neben dem Bett; in der Ecke des Gemachs standen etwa zwanzig Römerinnen *a la romanesca* gekleidet, mit den hergebrachten Tüchern auf dem Kopf *(con quelli drapi in testa);* dann waren da ihre Hofdamen, zehn an der Zahl. Den Tanz begann ein Edelmann aus Valencia mit einem Hoffräulein, welches Nicola heißt. Dahinter tanzte sehr schön und mit vieler Anmut Madonna mit Don Ferrante. Sie trug eine Camorra von schwarzem Samt mit Goldborten und schwarzen Ärmeln; die Manschette enge, das übrige nach oben aufgeschnitten und das Hemde draußen; die Brust bis zum Halse mit einem goldstreifigen Schleier bedeckt, eine Perlenschnur um den Hals, auf dem Kopf einen grünen Putz, eine Lenza von Rubinen; einen Überwurf von schwarzem Samt mit Pelzbesatz, farbig und schön. Ihre Hoffräulein sind noch nicht ausstaffiert; die unsrigen können, was Aussehen und alles übrige betrifft, sich dreist neben sie stellen. Zwei oder drei sind graziös. Eine Valencianerin Catalina tanzte gut; eine andere Angela ist reizend. Ohne daß sie es merkt, habe ich sie zu meinem Liebling auserkoren. Gestern abend (am 28.) ging der Kardinal mit dem Herzog und Don Ferrante maskiert durch die Stadt, und dann gingen wir abends zur Herzogin, wo getanzt wurde. Man sieht in Rom nur Kurtisanen in Masken von Morgen bis zum Abend; denn mit dem Glockenschlag vierundzwanzig dürfen sie sich nicht mehr außer dem Hause sehen lassen, weil es sonst schlimme Händel gibt."

Obwohl die Heirat schon in Ferrara durch Prokuration abgeschlossen war, so wollte doch Alexander, daß dieser Akt nochmals in Rom geschehe; um nun eine Wiederholung zu vermeiden, war das Gelöbnis zu Ferrara nur durch die Formel *vis volo* vollzogen, der Ringwechsel aber vorbehalten worden.

Am Abend des 30. Dezember holten die Ferraresen Madonna Lucrezia zum Vatikan ab. Die Braut Alfonsos trat aus ihrem Palast mit ihrem ganzen Hofstaat und fünfzig Ehrendamen. Sie war in Goldbrokat und karminroten Samt mit Hermelinbesatz gekleidet; die Ärmel ihres Gewandes hingen bis zur Erde nieder; die lange Schleppe trugen Hoffräulein. Ihr goldfarbenes Haar umschlang ein schwarzes Band, und ihr Haupt war mit einem Schmuck aus Gold und Seide leicht bedeckt. Sie trug um den Hals eine Perlenschnur mit einem Gehänge, welches aus einem Smaragd, einem Rubin und einer großen Perle bestand.

Don Ferrante und Don Sigismondo führten sie an der Hand; so setzte sich der Zug in Bewegung, während auf der Peterstreppe Musikchöre spielten. In der Sala Paolina erwartete sie der Papst auf dem Thron, dreizehn Kardinäle und seinen Sohn Cesar neben sich. Von fremden Gesandten waren die Botschafter Frankreichs, Spaniens und Venedigs anwesend; der deutsche fehlte. Die Zeremonie begann mit der Verlesung der Mandate des Herzogs von Ferrara. Dann hielt der Bischof von Adria die Trauungsrede, welche jedoch der Papst abzukürzen befahl. Es wurde ein Tisch vor ihn gestellt, an welchen Don Ferrante als Stellvertreter seines Bruders und Donna Lucrezia traten. Ferrante richtete an sie die Frageformel, und auf ihre Bejahung steckte er ihr den Ring an den Finger mit folgenden Worten: Diesen Vermählungsring sendet dir, erlauchte Donna Lucrezia, der erlauchte Don Alfonso aus freier Wahl, und in seinem Namen reiche ich dir denselben dar. Sie antwortete: Und so aus freier Wahl empfange ich ihn.

Der Vollzug des Aktes wurde durch den Notar in einem Instrument beglaubigt. Sodann folgte die Übergabe der Juwelen an Lucrezia durch den Kardinal Hippolyt. Der Herzog, welcher ihr dies kostbare Geschenk im Wert von siebzigtausend Dukaten machte, legte ein besonderes Gewicht auf die Weise, in der dasselbe überreicht werden sollte. Am 21. Dezember hatte er seinem Sohn geschrieben, daß er die Juwelen mit denjenigen Worten zu übergeben habe, die ihm sein Gesandter Pozzi angeben würde, und er hatte ihm bemerkt, daß dies aus Vorsicht geschehe, damit im Falle Madonna Lucrezia Alfonso untreu würde, die Kleinodien nicht verloren gingen. Bis zum letzten Augenblick behandelte der Herzog diese Borgia mit dem Mißtrauen eines Mannes, welcher betrogen zu werden fürchtet. Am 30. Dezember schrieb ihm deshalb Pozzi: „Über diese Vermählung ist ein Instrument aufgenommen worden, in welchem nur gesagt ist, daß ihr (Madonna Lucrezia) der Brautring zum Geschenk gemacht werde, aber von keinem anderen Geschenk die Rede ist; und so ist Ew. Exzellenz Absicht auf das beste entsprochen worden. Hier ist also in keiner Weise von Schenkung die Rede, und Ew. Exzellenz darf darüber keinen Zweifel hegen."

Hippolyt vollzog seinen Auftrag mit solcher Grazie, daß der Papst ihm sagte, er habe die Schönheit des Schmuckes erhöht. Die Kleinode lagen in einem Kästchen, welches der Kardinal erst vor den Papst hinstellte und dann öffnete. Ein ferrarischer Schatzmeister half ihm, die Kostbarkeit der Juwelen ins rechte Licht zu stellen. Der Papst selbst nahm sie in die Hand und zeigte sie seiner Tochter. Es waren Ketten, Ringe, Ohrgehänge und schön gefaßte Edelsteine; besonders prächtig war eine Perlenschnur, und vor allem liebte Lucrezia Perlen. Hippolyt überreichte seiner Schwägerin auch seine eigenen Geschenke, darunter vier schön gearbeitete Kreuze. Die Kardinäle brachten ähnliche Gaben dar.

Hierauf begab man sich an die Fenster des Saales, um die Spiele auf dem St. Petersplatz zu betrachten, nämlich ein Wettrennen und einen Kampf um ein Schiff. Acht Edelleute verteidigten dasselbe gegen acht Angreifer; man kämpfte mit scharfen Waffen, wodurch fünf Personen verwundet wurden.

Sodann ging die Festgesellschaft in das Zimmer des Papageien. Der Papst nahm auf dem Throne Platz, zu seiner Linken die Kardinäle, zu seiner Rechten Hippolyt, Donna Lucrezia und Cesar. „Er forderte", so schrieb El Prete, „Cesar auf, mit Madonna Lucrezia einen Tanz zu machen, und das tat dieser mit vielem Anstande. Seine Heiligkeit war in beständigem Lachen. Es tanzten die Hoffräulein paarweise und vortrefflich. So dauerte das länger als eine Stunde. Alsdann begannen die Komödien. Die erste wurde nicht zu Ende geführt, weil sie zu lang war, die andere in lateinischen Versen, worin ein Hirt und Kinder auftraten, war sehr schön. Was sie vorstellte, habe ich nicht verstanden. Als die Komödien vorüber waren, ging alles hinweg, nur Se. Heiligkeit, die Braut und die Schwäger blieben, denn an diesem Abend gab der Papst den Hochzeitschmaus, von dem ich nichts zu berichten weiß; man tafelte in Familie."

Die Feste setzten sich täglich fort, während Rom vom Lärm des Karnevals erfüllt war. Am letzten Jahrestage brachten der Kardinal Sanseverino und Cesar Komödien zur Aufführung. Die von Cesar veranstaltete war eine Ekloge mit landschaftlicher Szenerie, worin Hirten das junge Paar, den Herzog Ercole und den Papst als Beschützer Ferraras verherrlichten.

Mit besonderer Pracht wurde der erste Tag des neuen Jahres (1502) gefeiert. Da setzten die Regionen Roms einen Aufzug in Szene. Dreizehn Triumphwagen, das Banner der Stadt mit den Magistraten an der Spitze, zogen mit Musikchören von der Navona nach dem Vatikan. Im ersten sah man den Triumph des Herkules, in den anderen Julius Cäsar und andere römische Helden. Sie stellten sich vor dem Vatikan auf, aus dessen Fenstern der Papst und seine Gäste das Schauspiel betrachteten. Man deklamierte Verse zu Ehren des Brautpaares. Vier Stunden lang dauerte diese Vorstellung.

Es folgten Komödien in der Kammer des Papageien und eine glänzende Moresca, das heißt ein Ballett, im „Saal der Päpste", für welchen ehedem Innocenz VIII. die schönsten Polster von Goldstoff hatte anfertigen lassen. Hier war eine niedrige Bühne aufgeschlagen und mit Laub geschmückt. Fackeln erhellten sie. Die Zuschauer nahmen auf Bänken oder an der Erde Platz, wie es jedem bequem war. Nach dem Vortrag einer Ekloge begann ein als Weib verkleideter Jongleur die Moresca zu tanzen. Auch Cesar trat in ihr als Tänzer auf, im reichsten Kostüm und trotz der Maske sofort kenntlich. Dieses Ballett begleitete der Schall von Tamburinen. Trompeten kündigten ein zweites an: es erschien ein Baum, auf dessen Gipfel ein Genius schwebte und Verse rezitierte; er warf neun seidene Stricke herab, deren Enden neun Tänzer ergriffen, worauf sie um den Baum her ein Ballett aufführten, welches der Genius aus seiner Hand zu spinnen schien. Diese Moresca fand sehr großen Beifall. Zum Schluß wünschte der Papst, seine Tochter tanzen zu sehen. Sie tanzte mit dem Hoffräulein aus Valencia, und hinter ihr folgten paarweise alle Tänzer und Tänzerinnen des Balletts.

Komödien und Moresken waren demnach bei diesen Festlichkeiten die Hauptsache. Die Dichter Roms, die Porcari, Mellini, Inghirami, Evangelista Maddaleni mochten diese Stücke verfaßt haben und vielleicht selbst in ihnen auftreten; denn seit lange hatten die Römer keine so glänzende Gelegenheit gefunden, ihre Fortschritte in der dramatischen Kunst darzutun. Lucrezia wurde täglich mit einem Regen von Sonetten und Epithalamien überschüttet. Um so auffallender ist es, daß sich von all' dem nichts erhalten hat, ja daß nicht einmal ein römischer Poet jener Tage als Verfasser irgendeiner Festkomödie genannt wird.

Am 2. Januar gab man ein Stiergefecht auf dem St. Petersplatz. Die spanische Sitte der Stierkämpfe war schon im 14. Jahrhundert nach Italien eingedrungen, aber erst im folgenden wurde sie allgemeiner. Die Aragonen verpflanzten sie nach Neapel, und die Borgia nach Rom, wo man bisher nur Stierhetzen auf der Navona oder am Testaccio zum besten gegeben hatte. Cesar zeigte in diesen barbarischen Spielen gern seine Gewandtheit und Kraft. Bei einem solchen Kampf im Jubiläumsjahr hatte er ganz Rom zur Bewunderung hingerissen, denn mit einem Hieb vermochte er einem Stier das Haupt abzuschlagen.

Er ritt am 2. Januar mit neun anderen Spaniern, welche wirkliche Matadore sein mochten, in das Gehege, wo zuerst zwei Stiere losgelassen wurden. Den wildesten bestand er allein, zu Roß und mit der Lanze. Dann trat er auch zu Fuße auf, in Gesellschaft von zehn anderen Spaniern. Nach diesem Heldenstück überließ der Herzog die weitere Arbeit den Matadoren. Man erlegte zehn Stiere und einen Büffel.

Am Abend wurden die Menächmen des Plautus und andere Szenen aufgeführt, welche die Verherrlichung Cesars und Ercoles zum Inhalt hatten. Die Gesandten Ferraras gaben davon einen Bericht, der ein kostbares Zeitgemälde zu nennen ist.

„In dieser Nacht wurden im Gemache des Papstes die Menächmen *(la comedia del Menechino)* rezitiert, und sehr gut führten ihre Rollen aus der Sklave, der Parasit, der Kuppler und die Frau des Menechino. Aber die Menächmen selbst spielten ohne Grazie; sie hatten keine Masken, auch gab es keine Szenerie, denn das Gemach war nicht groß genug. In jener Stelle, wo Menechino auf Befehl des Schwiegervaters, der ihn für närrisch hält, ergriffen wird und wo er schreit, daß ihm Gewalt angetan werde, sagte er: es sei unbegreiflich, daß ihm dies geschehe, da Cesar mächtig, Zeus gnädig und Herkules günstig sei.

Vor der Aufführung dieser Komödie fand folgende Vorstellung statt: zunächst erschien ein Knabe in Frauenkleidern, welcher die Tugend darstellte, und ein anderer in der Figur der Fortuna. Sie haderten darüber, welche die mächtigere sei, und siehe, da erschien der Ruhm auf einem Triumphwagen, stehend über einem Globus, auf dem man diese Worte las: *Gloria Domus Borgiae.* Der Ruhm, welcher sich auch das Licht nannte, gab der Tugend vor dem Glück den Preis, indem er sagte, daß Cesar und Ercole durch die Virtus die Fortuna besiegt hätten, und er berichtete von vielen edlen Taten des Erlauchten Herzogs der Romagna. Hierauf erschien Herkules mit dem Löwenfell und der Keule, und gegen ihn schickte Juno die Fortuna aus. Herkules überwand sie, ergriff und fesselte sie. Sodann bat Juno Herkules, die Fortuna freizulassen, und er, milde und hochherzig, bewilligte sie der Juno unter dieser Bedingung, daß weder sie noch jene je etwas Feindliches wider das Haus Ercoles und das Haus Cesars Borgia unternehmen solle. Das gelobten sie, und außerdem versprach Juno, den zwischen beiden Häusern geschlossenen Ehebund zu begünstigen.

Darauf kam Roma auf einem Triumphwagen. Sie beklagte sich, daß Alexander, der die Stelle Jupiters vertrete, ihr so viel Unrecht antue, daß er ihr die Erlauchte Madonna Lucrezia hinwegnehme, und sie pries dieselbe mit hohem Lobe, indem sie zeigte, daß sie die Zuflucht von ganz Rom sei. Hierauf kam Ferrara, doch ohne Triumphwagen, und diese sagte, daß Madonna Lucrezia nicht in eine unwürdige Stadt gehe und Rom sie nicht verliere. Es trat Merkur hinzu, von den Göttern abgesandt, Rom und Ferrara zu versöhnen, denn ihr Wille sei es, daß Madonna Lucrezia nach Ferrara gehe. Hierauf ließ er Ferrara sich auf dem Ehrenplatz im Triumphwagen niedersetzen.

Alle diese Dinge wurden in sehr elegantem heroischem Versmaß rezitiert. Man verherrlichte dabei stets die Verschwägerung zwischen Cesar und Ercole, mit der ausdrücklichen Absicht darzutun, daß beide vereint große Taten gegen die Feinde Ercoles verrichten würden. Wenn demnach die Wirklichkeit diesem Prognostikon entsprechen sollte, so würden unsere Angelegenheiten einen guten Gang nehmen. Und so empfehlen wir uns Ew. Exzellenz Gnade. Rom, am 2. Januar 1502. Ew. Hoheit Diener Johann Lucas, Gerardus Saracenus."

Es kam endlich der Tag der Abreise Lucrezias, der 6. Januar. Mit der größten Pracht sollte ihr Auszug vor sich gehen; wie eine Königin sollte sie durch die Landschaften Italiens einherziehen. Selbst ein Kardinal fand sich, sie als Legat zu begleiten, Francesco Borgia, der Erzbischof von Cosenza. Er hatte den Purpur Lucrezia zu verdanken und war ihr treuester Anhänger, ein alter Herr und eine gute Person vom Haus der Borgia, wie Pozzi nach Ferrara schrieb. Auch drei Bischöfe, von Carniola, Venosa und Orte, wurden Madonna mitgegeben.

Alexander suchte so viel römische Edelleute und Edelfrauen als möglich zu überreden, sich dem Brautzuge anzuschließen. Er setzte das auch durch. Denn die Stadt Rom ernannte vier Ehrengesandte, welche auch den Festen in Ferrara beiwohnen sollten: Stefano del Bufalo, Antonio Paoluzzo, Giacomo Frangipane und Domenico Massimi. Der römische Adel wählte zu gleichem Zweck Francesco Colonna von Palestrina und Giuliano, Grafen von Anguillara; dazu kamen noch Ranuccio Farnese von Matelica und Don Giulio Raimondo Borgia, Kapitän der Palastwache, des Papstes Nepot. Von römischen Edelleuten zweiten Ranges sollten Lucrezia acht Herren begleiten.

Cesar rüstete in seinem eigenen Namen ein Ehrengeleit von zweihundert Reitern, mit einem Musikchor und mit Buffonen, die seine Schwester unterwegs erheitern sollten. Spanier, Franzosen, Römer und Italiener aus vielen Provinzen setzten diese Schar zusammen. Unter ihnen erlangten später zwei einen berühmten Namen, Ivo d'Allegre und Don Ugo Moncada. Von Römern waren in demselben Gefolge der Ritter Orsini, Piero Santa Croce, Giangiorgio Cesarini, ein Bruder des Kardinals Julian, und andere Herren von den Alberini, Sanguigni, Crescenzi und Mancini.

Lucrezia selbst nahm einen Hofstaat von hundertundachtzig Personen mit sich. In der uns aufbewahrten Liste desselben werden auch ihre Hofdamen namentlich angegeben. Ihr erstes Hoffräulein war Angela Borgia, *una damigella elegantissima,* wie sie ein Chronist von Ferrara nennt. Ihre Schönheit pries schon in Rom ein Dichter, Diomede Guidalotto. Mit ihr war auch ihre Schwester Donna Girolama, die Gemahlin des jungen Fabio Orsini. Sodann begleiteten Lucrezia Madonna Adriana Ursina, eine zweite Adriana, die Gemahlin des Don Francesco Colonna, und noch eine Dame vom Haus der Orsini, welche nicht mit Namen bezeichnet wird. Daß unter ihr Julia Farnese zu verstehen sei, ist nicht wahrscheinlich.

Viele Wagen, welche der Papst in Rom hatte bauen lassen, und hundertundfünfzig Maultiere trugen die Aussteuer Lucrezias. Diese Bagage wurde zum Teil vorausgeschickt. Die Herzogin nahm alles mit sich, was ihr der Papst zu nehmen erlaubt hatte. Er wollte auch nicht, daß davon ein Inventarium gemacht wurde, wie dies der Notar Beneimbene angeraten hatte. „Denn ich will", so sagte er den ferrarischen Gesandten, „daß die Herzogin über ihr Besitztum frei verfüge und es nach Belieben verschenke." Er hatte ihr auch neuntausend Dukaten zu ihrer und ihrer Diener Bekleidung verehrt und eine schöne Sänfte nach französischer Mode geschenkt, worin die Herzogin von Urbino neben ihr sitzen sollte, sobald sie dieselbe unterwegs würde getroffen haben.

Indem Alexander vor den Gesandten Ferraras die Keuschheit und Sittsamkeit seiner Tochter pries, sprach er den Wunsch aus, daß ihr Schwiegervater sie nur mit rechtschaffenen Hofdamen und Kavalieren umgeben möge. „Sie selbst habe ihm gesagt", so schrieben diese Gesandten ihrem Herrn, „daß sie Se. Heiligkeit durch ihre Handlungsweise nie beschämen werde, und das halten wir für gewiß, soweit wir urteilen können; denn je länger wir mit ihr verkehren und je genauer wir ihr Leben betrachten, um so größer wird unsere Meinung von ihrer Güte, ihrer Sittsamkeit und Diskretion. Wir bemerken auch, daß das Leben in ihrem Hause nicht nur ein christliches, sondern auch ein religiöses ist."

Selbst der Kardinal Ferrari erdreistete sich, dem Herzog, dessen Diener er einst gewesen war, einen Brief zu schreiben, worin er ihn in salbungsvollem Ton ermahnte, seine Schwiegertochter liebevoll zu behandeln, und deren außerordentliche Eigenschaften in den Himmel erhob.

Am 5. Januar wurde der Rest der Mitgift in barem Gelde den Ferraresen ausgezahlt, und die Gesandten meldeten dem Herzog, daß alles geordnet sei, daß seine Schwiegertochter auch die Bullen mit sich bringe, und die Kavalkade sich in Bewegung setzen werde.

Alexander hatte die Stationen dieser langen Reise vorgeschrieben; sie waren folgende: Castelnovo, Civitacastellana, Narni, Terni, Spoleto, Foligno. Hier sollte sich der Herzog Guidobaldo oder seine Gemahlin einfinden, um Madonna Lucrezia nach Urbino zu geleiten. Von dort sollte sie durch die Staaten Cesars, über Pesaro, Rimini, Cesena, Forlì, Faenza und Imola nach Bologna ziehen, und sodann auf dem Po Ferrara erreichen.

Weil die Orte, die man passierte, zu große Lasten hätten tragen müssen, wenn sie die ganze Kavalkade zugleich beherbergten, so wurde diese bisweilen geteilt und schlug verschiedene Wege ein. Wie man hierbei verfuhr, mag das Breve des Papstes an die Prioren von

Nepi lehren, welches der Großkönig von Persien nicht lakonischer hätte verfassen können:

„Geliebte Söhne, Gruß und den apostolischen Segen. Weil bei der Reise unserer in Christo geliebten Tochter, der edlen Frau Herzogin Lucrezia de Borgia, welche von hier am nächsten Montag zu dem geliebten Sohn, dem edlen Alfonso von Ferrara, des Herzogs Erstgeborenen, ihrem Gemahl, mit einem großen Geleit von Edlen hinübergeführt werden soll, zweihundert Reiter zu Euch den Nebenweg nehmen werden, so wollen Wir und so befehlen Wir Euch, sofern Ihr unsere Gnade wert haltet und unsere Ungnade vermeiden wollet, daß Ihr die genannten zweihundert Reiter, die einen Tag und zwei Nächte bei Euch bleiben werden, aufnehmet und sie ehrenvoll traktiert, denn so wird Euch aus Eurer Bereitwilligkeit bei Uns ein verdienter Beifall erwachsen. Gegeben zu Rom am St. Peter, unter dem Fischerring, am 28. Dezember 1501, dem zehnten Jahre Unseres Pontifikats."

In gleicher Weise wurde mit vielen anderen Orten verfahren. In jeder Stadt, welche die Kavalkade berührte und zumal da, wo sie rastete, sollte man Lucrezia, dem Befehle des Papstes gemäß, mit Ehrenpforten, Illuminationen und Aufzügen begrüßen. Allen diesen Aufwand mußten die Stadtgemeinden unentgeltlich bestreiten.

Am 6. Januar nahm Lucrezia Abschied von Rom, von ihrem Kinde Rodrigo, von ihrem Bruder Cesar und ihren Eltern. Sie mag nur unter vier Augen Vannozza gesehen haben. Keiner der Berichterstatter über die Festlichkeiten im Vatikan hat dieser Frau auch nur mit Namen gedacht.

In der Kammer des Papageien verabschiedete sie sich von ihrem Vater, mit dem sie eine Weile allein blieb, bis Cesar hinzukam. Als Alexander sie entließ, rief er ihr mit lauter Stimme zu: Sie solle guten Mutes sein und ihm schreiben, so oft sie etwas von ihm wolle, denn er werde in der Ferne mehr für sie tun, als er in Rom für sie getan habe. Er ging sodann von Ort zu Ort, der Tochter nachzusehen, bis er ihre Kavalkade aus dem Auge verlor.

Der Abzug Lucrezias fand um drei Uhr nachmittags statt. Bis vor die Porta del Popolo begleiteten sie alle Kardinäle, die Gesandten und die Magistrate Roms. Sie ritt auf einem weißen mit Gold gezäumten Zelter in einem Reiseanzug von roter Seide und Hermelin, einen Federhut auf dem Kopf, mitten in einem Zuge von mehr als tausend Personen. Neben sich hatte sie die Prinzen von Ferrara und den Kardinal Cosenza. Ihr Bruder Cesar begleitete sie eine Strecke lang, dann kehrte er mit dem Kardinal Hippolyt nach dem Vatikan zurück.

So schied Lucrezia Borgia für immer von Rom und einer schrecklichen Vergangenheit.

Zweites Buch

Lucrezia Borgia in Ferrara

I

Die Kavalkade, welche Donna Lucrezia nach Ferrara führte, legte nur kurze Tagesstrecken zurück, und auch diese waren für Frauen sehr ermüdend, zumal in der Winterzeit, wo es auch im römischen Lande rauhe und regnerische Tage gibt.

Erst am siebenten Tag erreichte der Zug Foligno. Wir teilen den Bericht mit, welchen die ferrarischen Gesandten von dort ihrem Herrn einschickten, weil er Reise und Reiseerlebnisse bis dorthin auf das anschaulichste darstellt.

„Erlauchtester und hochzuverehrender Herr. Obwohl wir von Narni Ew. Exzellenz über Rom und durch Post geschrieben haben, daß wir von Terni nach Spoleto und von Spoleto hierher in ununterbrochenen Tagereisen vorwärtsgehen würden, so hat doch die Erlauchteste Herzogin mit ihren Frauen sich so ermüdet gefühlt, daß sie beschloß, einen ganzen Tag in Spoleto und einen anderen hier (in Foligno) auszuruhen. Wir werden demnach von hier erst morgen abreisen und nach Urbino nicht früher gelangen, als am nächsten Dienstag, das ist am 18. des laufenden Monats. Denn morgen werden wir Nocera, am Sonnabend Gualdo, am Sonntag Gubbio, am Montag Cagli, am Dienstag Urbino erreichen, wo wir noch einen ganzen Tag, das heißt den Mittwoch, bleiben werden; sodann wird die Reise am 20. nach Pesaro fortgesetzt werden und so weiter von Stadt zu Stadt, wie wir das in anderen Briefen Ew. Exzellenz geschrieben haben.

Wir sind jedoch dessen gewiß, daß sich die Herzogin viele ganze Tage in vielen der genannten Städte ausruhen wird, so daß wir ohne Zweifel Ferrara nicht früher erreichen werden, als am letzten des gegenwärtigen Monats oder am ersten des kommenden, und vielleicht am zweiten oder dritten. Ich habe es daher für passend gehalten, dies Ew. Exzellenz von hier aus zu melden, damit Sie wissen, wo wir sind und wo wir zu sein glauben, und damit Sie dasjenige anzuordnen vermögen, was Sie für das beste erachten. Denn sollte es Ihnen gefallen, daß die Ankunft in Ferrara auf den 2. oder 3. Februar verschoben werde, so glauben wir, daß dies leicht zu machen sein wird. Sollten Sie aber es lieber sehen, daß wir am letzten dieses Monats eintreffen oder am 1. Februar, so mögen Sie uns davon benachrichtigen, denn in diesem Fall würden wir, wie wir bisher getan haben, die Rasttage zu mindern suchen.

Der Grund, weshalb ich der oben ausgesprochenen Ansicht bin, ist dieser, daß die Erlauchte Madonna Lucrezia von zarter Konstitution und des Reitens ungewohnt ist und ihre Frauen noch weniger daran gewöhnt sind, und weil wir wohl merken, daß sie nicht von der Reise zerschlagen und zerrüttet in Ferrara ankommen will.

In allen den Orten, welche Ihre Herrlichkeit passiert hat, wurde sie gern und liebevoll und mit großen Ehren aufgenommen, und auch von den Frauen in solcher Weise beschenkt, daß alles aus Rücksicht für Ihre Herrlichkeit zu geschehen schien. So sehr will man ihr überall in diesen Orten wohl, in denen sie auch sehr wohl bekannt ist, weil sie ehemals die Legation von Spoleto verwaltet hat. Hier (in Foligno) hat sie eine noch bessere Aufnahme und größere Zeichen der Freude empfangen als anderswo außerhalb Roms. Denn nicht allein die Signoren dieses Ortes, welche als Präsidenten der Stadtgemeinde so genannt werden, kamen ihr in Mänteln von roter Seide bis zum Tor entgegen, alle zu Fuß, und begleiteten sie bis zu ihrer Herberge auf dem Platz, sondern nahe am Tor kam ihr auch eine Trophäe entgegen, über welcher eine Person stand, vorstellend die römische Lucrezia mit einem Dolch in der Hand. Dieselbe sagte einige Verse dieses Sinnes: da Ihre Herrlichkeit, von der sie selbst an Keuschheit, Bescheidenheit, Klugheit und Beständigkeit übertroffen sei, ihr hier entgegentrete, so weiche sie und räume ihr ihre Stelle ein.

Sodann stand am Platz ein Triumphwagen, vor dem sich ein Kupido befand, und auf dem Wagen stand Paris, den goldenen Apfel in der Hand. Er sagte einige Reime dieses Inhalts: er habe einst durch sein Urteil den Apfel der Venus zugesprochen, die allein Juno und Pallas an Schönheit übertroffen habe; aber jetzt widerrufe er seine Sentenz und schenke den Apfel Ihrer Herrlichkeit als derjenigen Frau, welche alle jene drei Göttinnen besiege, da in ihr größere Schönheit, Weisheit und Reichtum oder Macht vereinigt seien, als in allen jenen drei Gottheiten.

Zuletzt trafen wir auf dem Platz eine bewaffnete türkische Galeere, die uns bis über die Hälfte desselben entgegenkam. Einer der Türken, welcher auf dem Vorderteile stand, sagte einige gereimte Verse dieses Inhalts: daß sein Großkönig wohl wisse, wie mächtig Lucrezia in Italien sei, und wie sie sich dazu eigne, die Friedensvermittlerin zu sein; er habe ihr daher diese zur Begrüßung geschickt und erbiete ihr die Zurückgabe von allem dem, was er vom Christenland besitze. Wir bemühten uns nicht, den Text dieser Verse zu erhalten, denn sie sind nicht gerade Verse Petrarcas, auch schien mir die Vorstellung dieses Schiffs weder sehr gelungen, noch überhaupt sehr am Ort.

Wir wollen nicht zu sagen vergessen, daß sie (Lucrezia) vier Millien vor Foligno von allen regierenden Baglioni begrüßt wurde, die von Perugia und von ihren Kastellen gekommen waren, ihr aufzuwarten und sie nach Perugia einzuladen.

Ihre Herrlichkeit beharrt bei ihrem Wunsch, von Bologna nach Ferrara zu Wasser zu reisen, um der Unbequemlichkeit des Reitens und des Landweges zu entgehen, wie wir dies Ew. Exzellenz von Narni aus gemeldet haben.

Seine Heiligkeit unser Herr ist um Ihre Herrlichkeit so sehr besorgt, daß er jeden Tag und jede Stunde über die Fortschritte ihrer Reise unterrichtet sein will, und sie muß von jedem Ort aus eigenhändig Sr. Heiligkeit schreiben, wie sie sich befinde. Das bestätigt, was Ew. Exzellenz schon mehrfach geschrieben worden ist, nämlich daß Se. Heiligkeit sie mehr liebt als jede andere Person von seinem Blut.

Wir werden nicht ermangeln, bei jeder Gelegenheit, die sich uns darbietet, Eurer Exzellenz von Tag zu Tage über diese Reise und was auf ihr vorkommt, Bericht zu machen.

Zwischen Terni und Spoleto im Tal der Strettura geriet ein Stallknecht des Erlauchten Don Sigismondo in heftigen Wortwechsel mit einem solchen des edlen Römers Stefano dei Fabii, der im Gefolge der Herzogin ist, und das aus nichtiger Veranlassung gewisser Turteltauben. Einer und der andere legten Hand an die Waffen, worüber ein gewisser Pizaguerra, auch von den Dienstleuten des Erlauchten Don Sigismondo, zu Pferde herbeikam und den Stallknecht des genannten Stefano am Kopf verwundete. Hierüber geriet Stefano, der von Natur zornig und insolent ist, so sehr in Aufregung, daß er erklärte, nicht weiter mitreisen zu wollen. Wie er nun in die Burg von Spoleto kam, ging er an den Erlauchten Don Ferrante und Don Sigismondo vorüber, ohne sie zu grüßen noch irgend zu beachten. Weil sich aber die Natur dieses Vorfalls als zufällig herausstellte und wir alle ihn sehr beklagten, und weil Pizaguerra und auch der Stallknecht des Don Sigismondo geflohen waren, so daß sich nichts weiter tun ließ, so gaben der Kardinal von Cosenza, die Erlauchteste Madonna Lucrezia und alle anderen Stefano Unrecht, und dieser beruhigte sich auch und ging mit den anderen weiter. Ew. Exzellenz Gnade empfehlen wir uns. Aus Foligno am 13. Januar 1502. Ew. Hoheit Diener Johannes Lucas und Gerardus Saracenus.

N. S. Der Ehrwürdigste Kardinal von Cosenza soll, soviel wir bisher vernommen haben, die Grenze der Staaten des Erlauchtesten Herrn Herzogs von Urbino nicht überschreiten."

Von Foligno wurde die Reise über Nocera und Gualdo fortgesetzt nach Gubbio, einer der ansehnlichsten Städte des Herzogtums Urbino. Zwei Millien vor derselben begrüßte Lucrezia die Herzogin Elisabetta und geleitete sie in den Palast der Stadt. Beide Frauen trennten sich nicht mehr, denn jene hielt ihr Versprechen, Lucrezia nach Ferrara zu begleiten.

Der Kardinal Borgia kehrte aus Gubbio nach Rom zurück, und jene reisten weiter über Cagli in der bequemen Sänfte, welche Alexander seiner Tochter geschenkt hatte. Als sich die Kavalkade am 18. Januar Urbino näherte, wurde sie vom Herzog Guidobaldo begrüßt, der sich mit seinem ganzen Hof eingefunden hatte. Er geleitete Lucrezia in seine Residenz, den Prachtbau Federigos, welchen sie mit den Prinzen von Este bezog, während er selbst und die Herzogin ihn aus Höflichkeit räumten. Sowohl in Urbino, als in anderen Orten seines Gebiets hatte der artige Guidobaldo die Wappen der Borgia und des Königs von Frankreich aufrichten lassen.

Nur mit Widerwillen war die Heirat Lucrezias von den Montefeltre betrachtet worden, aber jetzt ehrten sie ihren Gast sowohl aus Rücksicht auf Ferrara als aus Furcht vor dem Papst. Sie kannten Lucrezia von Rom her, wo Guidobaldo als Condottiere Alexanders den Krieg wider die Orsini so unglücklich geführt hatte, und auch von Pesaro her. Sie mochten jetzt hoffen, daß die Sicherheit Urbinos an dem Einfluß und der Freundschaft Lucrezias eine Stütze finden werde. Aber nur wenige Monate sollten hingehen, und Guidobaldo und seine Gemahlin wurden durch den teuflischen Verrat des Bruders ihres Gastes umgarnt und unter Todesnöten aus ihrem Lande gejagt.

Nach einer Rast von einem Tage verließen Lucrezia und die Herzogin Urbino am 20. Januar, eine Strecke weit von Guidobaldo auf den Weg nach Pesaro begleitet. Die Kavalkade erreichte diesen Ort spät des Abends; der Weg, welcher beide Städte verbindet, führt heute als eine bequeme Fahrstraße durch ein schönes Hügelland, aber damals war er nur für Pferde passierbar, so daß die Reisenden ganz erschöpft in Pesaro anlangten.

Lucrezia betrat diese Stadt mit peinlichen Gefühlen; denn hier mußte ihr die Gestalt ihres von ihr verstoßenen Gemahls Sforza vor Augen stehen, welcher rachebrütend im Exil zu Mantua sich befand und vielleicht doch in Ferrara auftreten konnte, ihr Hochzeitsfest zu stören. Pesaro war jetzt das Eigentum ihres Bruders Cesar. Er hatte Befehl gegeben, seine Schwester in allen Städten seines Gebiets, welche sie berührte, glänzend zu empfangen. Hundert Kinder, in seine Farben gelb und rot gekleidet, Ölzweige in den Händen, begrüßten sie am Tor von Pesaro mit dem Geschrei: Duca! Duca! Lucrezia! Lucrezia! und die Behörden der Stadt geleiteten sie in den Palast, ihre frühere Residenz.

Die edelsten Frauen empfingen dort ihre ehemalige Gebieterin mit Freudenbezeugungen; unter ihnen war auch Lucrezia Lopez, einst ihre Hofdame und jetzt die Gattin des Gianfrancesco Ardizi.

Einen Tag lang blieb Lucrezia in Pesaro, ohne sich sehen zu lassen. Sie erlaubte, daß des Abends die Damen ihres Gefolges mit denen von Pesaro tanzten, aber sie selbst nahm daran nicht teil. Wie Pozzi dem Herzog Ercole berichtete, „blieb sie stets in ihrer Kammer, sowohl um sich den Kopf zu waschen, als weil sie von Natur sehr zur Einsamkeit und Absonderung neigte". Aber ihr Verhalten in Pesaro konnte richtiger aus melancholischen Gedanken erklärt werden.

In allen Städten des Herzogs der Romagna fand ein ähnlicher Empfang statt; überall überreichten die Magistrate Lucrezia die Stadtschlüssel an den Toren. Im Namen Cesars begleitete sie jetzt Don Ramiro d'Orco, sein Statthalter in Cesena, derselbe gräßliche Bluthund, welchen er kaum ein Jahr später dort vierteilen ließ.

Über Rimini und Cesena erreichte man Forlì am 25. Januar. Der Saal des dortigen Palastes war mit kostbaren Tapeten behängt und selbst die Decke mit buntfarbigem Tuch bezogen. Eine Tribüne war für die Damen aufgeschlagen. Die Magistrate machten Geschenke in Viktualien, Konfekt und Wachskerzen. Trotz des strengen Regiments, welches die Rektoren Cesars, zumal jener Ramiro, in der Romagna handhabten, machten doch Räuberbanden die Straßen unsicher. Aus Furcht, daß der kühne Bandit Giambattista Carraro den

Brautzug überfallen könne, wenn er die Landmark von Cervia passierte, wurde dort eine Bedeckung von tausend Mann Fußvolk und hundertfünfzig Reitern mitgegeben, unter dem Schein, als wäre das ein von der Bevölkerung gestelltes Ehrengeleit.

In Faenza erklärte Lucrezia, daß sie den ganzen Freitag über in Imola bleiben müsse, um sich den Kopf zu waschen, denn das könne sie später nur erst nach der Beendigung des Karnevals wiederholen. Dieses Kopfwaschen, das wir als eine Prozedur der damaligen Toilette schon mehrmals zu bemerken Gelegenheit hatten, muß demnach mit besonderen Künsten der Behandlung des Haars verbunden gewesen sein. Der ferrarische Gesandte berichtete von diesem Vorhaben Lucrezias seinem Herrn als von einem bedauerlichen Hindernis, wodurch der Einzug Madonnas in Ferrara bis zum 2. Februar sich verzögern würde. Und desgleichen schrieb Don Ferrante aus Imola, daß Lucrezia hier einen Rasttag verlangt habe, um ihren Schmuck in Ordnung zu bringen und sich den Kopf zu waschen, was sie, wie sie sagte, seit acht Tagen nicht mehr getan habe, weshalb sie an Kopfschmerzen zu leiden beginne.

Auf der Reise von Faenza nach Imola berührte der Zug Kastell Bolognese, welches der von Cesar bedrohte Giovanni Bentivoglio diesem hatte abtreten müssen; man fand die Mauern des Ortes geschleift und seine Gräben ausgefüllt, auch seinen Namen in Cesarina verändert.

Nach dem Rasttag in Imola, am 28. Januar, machte sich die Kavalkade nach Bologna auf. Als sie die Grenze des Gebietes dieser großen Stadt und ihrer Signoren erreichte, empfingen sie alle Söhne Bentivoglios und seiner Gemahlin Ginevra mit glänzendem Gefolge, und Giovanni selbst begrüßte sie zwei Millien vor dem Tor.

Der Tyrann Bolognas, welcher nur dem Schutze Frankreichs seine Rettung vor Cesar verdankte, sparte nichts, um die Schwester seines Feindes zu ehren. Mit vielen hundert Reitern führte er sie wie im Triumph durch die Stadt, welche er mit den Wappen der Borgia, Cesars, des Papstes, Lucrezias und mit denen Frankreichs und der Este gleichsam übersät hatte. Am Portal seines herrlichen Palastes empfing Lucrezia die stolze Matrone Ginevra mit vielen Edeldamen. Wie mochte diese berühmte Frau, die Tante Giovanni Sforzas von Pesaro, diese Borgia in der Seele hassen! Aber nicht Alexander und Cesar, sondern Julius II., Rovere, sollte nach nur vier Jahren sie und ihr ganzes Geschlecht für immer aus Bologna vertreiben.

Unter prachtvollen Festen wurde dort der 30. Januar hingebracht. Abends gaben die Bentivogli einen Ball und ein Bankett.

Am folgenden Tage geleiteten sie Lucrezia hinweg, da sie ihre Reise nach dem schon nahen Ferrara zu Schiff auf dem Kanal fortsetzen wollte, welcher damals von Bologna nach dem Po führte, ehe er durch die spätere Ableitung des Flusses Reno abgeschnitten wurde.

An demselben 31. Januar erreichte Lucrezia abends das Kastell Bentivoglio, welches zwanzig Millien von Ferrara entfernt liegt; und kaum war sie hier angekommen, so erschien plötzlich ihr Gemahl Alfonso. Sie war tief überrascht, doch faßte sie sich schnell und empfing ihn „mit vieler Ehrerbietung und Grazie", was er in galanter Weise erwiderte. Der Erbprinz von Ferrara hatte bisher gegen seine ihm aufgezwungene Gattin eine stumme Zurückhaltung beobachtet. Die Menschen jener Zeit besaßen keine Spur von der schwärmerischen Gefühlsseligkeit oder von der Sentimentalität der unsrigen; aber wenn dem auch so war, so ist es doch auffallend, daß von einer Korrespondenz zwischen Lucrezia und Alfonso während der Zeit, wo man ihre Heirat betrieb und dann feststellte, und woraus sich viele zwischen Lucrezia und Ercole gewechselte Briefe erhalten haben, durchaus kein Zeichen vorhanden ist. Jetzt nun trat dieser rauhe und einsilbige Alfonso aus seiner Zurückhaltung hervor, sei es aus Unterwürfigkeit gegen seinen Vater, aus Artigkeit oder aus Neugierde. Er war verkleidet gekommen. Zwei Stunden blieb er, dann kehrte er nach Ferrara zurück.

Dies kurze Begegnis nahm eine drückende Last von der Seele Lucrezias, und wahrscheinlich reichten jene zwei Stunden hin, Alfonso wenn nicht zu entwaffnen, so doch ihn den Zauber seines jungen Weibes empfinden zu lassen. Nicht ganz grundlos hatten die galanten Bürger Folignos Lucrezia den Parisapfel zuerkannt. Von diesem Zusammentreffen sagt ein Chronist Ferraras: Es freuten sich das ganze Volk und noch mehr die Braut und die Ihrigen darüber, daß Se. Herrlichkeit Verlangen empfand, sie zu sehen, und so sie gerne annahm, und das war ein Zeichen, daß sie wohl empfangen und noch besser würde behandelt werden.

Vielleicht war niemand froher darüber als der Papst. Seine Tochter gab ihm sofort Kunde davon, denn täglich schrieb sie ihm vom Fortgang ihrer Reise und täglich erhielt er Depeschen auch von anderen Personen. Er zweifelte noch an dem guten Empfange Lucrezias von Seiten der Este, und das beunruhigte ihn. Nach ihrem Abzug aus

Rom forderte er den Kardinal Ferrari wiederholt auf, den Herzog zu ermahnen, seine Schwiegertochter freundlich zu behandeln. Er bemerkte dabei, daß er viel für sie getan habe und noch mehr tun werde. Die Befreiung vom Zins Ferraras würde, so sagte er, wenn mit Geld bezahlt, nicht unter zweimalhunderttausend Dukaten zu erlangen gewesen sein, und nur für die Ausfertigung der Bullen hätten die Kanzleibeamten fünf- bis sechstausend Dukaten beanspruchen dürfen. Die Könige von Frankreich und Spanien hätten für die Erlassung des Zinses von Neapel, der doch nur in einem weißen Pferde bestand, dem Herzog der Romagna eine jährliche Rente von zwanzigtausend Dukaten in jenem Königreich geben müssen. Ferrara aber habe alles umsonst erhalten.

Der Herzog beantwortete die Ermahnungen jenes Kardinals am 22. Januar und versicherte ihn, daß seine Schwiegertochter die liebreichste Aufnahme finden werde.

II

Am 1. Februar setzte Lucrezia ihre Fahrt auf dem Kanal nach Ferrara fort. Bei Malalbergo fand sie Isabella Gonzaga, die ihr entgegengefahren war. Die Markgräfin war auf die dringende Einladung ihres Vaters gekommen, um in seinem Palast die Ehren des Festes zu machen, und nur widerwillig folgte sie diesem Ruf. Mit „heitrer Furie", so schrieb sie ihrem daheimgebliebenen Gemahl, begrüßte sie jetzt und umarmte sie die anlangende Schwägerin. Hierauf begleitete sie dieselbe zu Schiff bis nach Torre della Fossa, wo jener Kanal in einen Arm des Po einmündet. Der Po fließt als ein majestätischer Strom vier Millien von Ferrara entfernt, und nur ein Nebenarm, Po di Ferrara, oder heute Canale di Cento genannt, erreicht die Stadt selbst, wo er sich in den Volano und den Primaro teilt, welche beide Arme in das adriatische Meer gehen. Sie sind nur schmale Kanäle; die Fahrt auf ihnen konnte zu keiner Zeit weder ein Vergnügen, noch ein imposantes Schauspiel sein.

Bei Torre della Fossa erwartete die Ankommende der Herzog mit Don Alfonso und seinem Hof. Als Lucrezia aus ihrem Schiffe stieg, küßte er sie, nachdem sie selbst ihm ehrfurchtsvoll die Hand geküßt hatte. Hierauf bestiegen alle einen prachtvoll geschmückten Bucintoro, wo sich die fremden Gesandten und viele Kavaliere der Braut vorstellten, deren Hand sie berührten. Unter Musik und Kanonendonner fuhr man zum Borgo S. Luca, wo man landete. Hier bezog Lucrezia den Palast Albertos von Este, eines natürlichen Bruders von Ercole. Sie wurde daselbst von Lucrezia Bentivoglio, einer natürlichen Tochter Ercoles, und von vielen Ehrendamen empfangen. Der Seneschall des Herzogs stellte ihr Madonna Teodora und zwölf Fräulein vor, welche ihre ferrarischen Hofdamen sein sollten. Fünf schöne Wagen je mit einem Viergespann wurden ihr als Geschenk ihres Schwiegervaters vorgeführt. Lucrezia blieb in jener Villa die Nacht. Dieses Landhaus ist untergegangen; die Vorstadt S. Luca dauert noch, aber das ganze Lokal hat sich bis zur Unkenntlichkeit verändert.

Die Residenz der Este war bereits mit Tausenden von Ankömmlingen erfüllt, welche die Einladung des Herzogs oder Neugierde herbeirief. Alle ritterlichen Vasallen des Staates waren erschienen, doch regierende Fürsten nicht. Die Herrscher von Urbino und von Mantua ließen sich durch ihre Frauen vertreten, das Haus der Bentivogli vertrat Annibale; Rom, Venedig, Florenz, Lucca, Siena und der König von Frankreich hatten Gesandte geschickt, welche in Palästen des Adels Aufnahme fanden. Cesar war durch seine Kavaliere vertreten, aber selbst in Rom geblieben. Dagegen sollte, auf den Wunsch Alexanders, dessen Gemahlin Charlotte d'Albret aus Frankreich zu den Hochzeitsfesten nach Ferrara kommen und daselbst einen Monat bleiben; indes sie erschien nicht.

Mit königlicher Verschwendung hatte Ercole die Zurüstungen zu den Feierlichkeiten betrieben und seit Wochen die Magazine des Hofs und der Stadt mit Vorräten angefüllt. Was die Renaissance auch in Ferrara Schönes erschaffen hatte, an einem geistvollen Hof und in einer wohlhabenden Bürgerschaft, wo Studien, Künste und Gewerbe in Blüte standen, das stellte sich bei dieser Gelegenheit reichlich dar.

Der Einzug Lucrezias am 2. Februar war daher eines der glänzendsten Schauspiele jener Zeit, und für sie selbst die Feierstunde ihres Lebens, wo sie von dem Höchsten und Besten Besitz ergriff, dessen ihre Natur überhaupt fähig war.

Um zwei Uhr nachmittags begab sich der Herzog mit allen Gesandten und seinem Hof in das Landhaus Albertos, die Schwiegertochter einzuholen. Die Kavalkade ordnete sich, um über die Brücke des Po-Arms durch das Tor von Kastell Tedaldo zu ziehen, einer Festung, die heute nicht mehr vorhanden ist.

Den Zug eröffneten fünfundsiebzig Bogenschützen zu Pferde, in der Devise des Hauses Este, weiß und rot, hinter sich achtzig Trompeter und viele Pfeifer. Es folgten der Adel Ferraras ohne Ordnung; sodann die Höfe der Markgräfin von Mantua, welche selbst im Residenzpalast zurückgeblieben war, und der Herzogin von Urbino. Dahinter ritt neben seinem Schwager Hannibal Bentivoglio Don Alfonso, von acht Pagen umgeben. Er war gekleidet in roten Samt nach französischer Mode, das Haupt bedeckt mit einem schwarzen Samtbarett, an welchem ein Schmuck von geschlagenem Golde befestigt war. Er trug schwarzsamtne französische Gamaschen und Stiefeletten von Inkarnatfarbe. Sein braunes Pferd war mit Karmesin und Gold gedeckt.

Es ist auffallend, daß Don Alfonso nicht neben seiner Gemahlin in Ferrara einzog, aber die Etikette jener Zeit hatte andere Anschauungen als die unsrige. Indem der Bräutigam dem Zuge voraufritt, dessen Mittelpunkt die Braut war, und der Schwiegervater denselben schloß, sollte so Lucrezia als die Hauptperson dieser Festlichkeit ausgezeichnet werden. Gleich hinter Alfonso kam ihre Kavalkade: erst Pagen und Hofbeamte, darunter mehrere spanische Kavaliere; sodann fünf Bischöfe; hinter diesen die Gesandten in aufsteigender Ranglinie, so daß ihren Zug die vier Deputierten Roms schlossen, reitend auf schönen Pferden, in langen Brokatmänteln und schwarze Samtbarette auf den Köpfen. Hinter diesen kamen sechs Tamburschläger und zwei Lieblingspossenreißer Lucrezias.

Dann zog die Braut einher, strahlend von Schönheit und Glück, auf einem mit Scharlach gedeckten weißen Pferde, neben welchem Stallmeister einhergingen. Lucrezia war gekleidet in eine breitärmelige Camorra von schwarzem Samt mit feinen Goldleisten und in eine Sbernia von Goldbrokat mit Hermelinbesatz. Ihr Haupt bedeckte ein schleierartiges, von Diamanten und Gold funkelndes Netz ohne Diadem, das Geschenk ihres Schwiegervaters; ihren Hals umschlang eine Kette von großen Perlen und Rubinen, welche einst der Herzogin von Ferrara gehört hatte, wie Isabella Gonzaga seufzend bemerkte. Ihr schönes Haar wallte frei auf die Schultern herab. Sie ritt unter einem purpurnen Baldachin, welchen die Doktoren Ferraras abwechselnd trugen, das heißt die Mitglieder der Kollegien des Rechts, der Medizin und der Mathematik.

Um den König von Frankreich, den Schutzherrn Ferraras und der Borgia, zu ehren, hatte Lucrezia dessen Gesandten Philipp della Rocca Bertì herbeigerufen und an ihre linke Seite genommen, so daß er neben ihr, doch außer dem Baldachin einherritt. Solche Auszeichnung sollte dartun, wie es jener mächtige Monarch sei, welcher diese Braut in den Palast der Este führe.

Hinter Lucrezia kam der Herzog in schwarzem Samt auf einem dunklen Pferde, das mit gleichem Samt bedeckt war. So ritt er zur Linken der Herzogin von Urbino, welche ein schwarzsamtnes Gewand trug.

Es folgten Edle und Pagen, dann die anderen Prinzen des Hauses Este, von denen jeder einer Dame Lucrezias zur Seite ritt. Nur der Kardinal Hippolyt fehlte, da er in Rom geblieben war. Von den Frauen, welche Lucrezia begleitet hatten, waren nur drei zu Pferde,

Hieronyma Borgia, die Gemahlin Fabios Orsini, eine andere Orsini, die nicht näher bezeichnet wird, und Madonna Adriana, „eine verwitwete edle Frau und Verwandte des Papstes".

Dahinter kamen vierzehn Galawagen mit schön geschmückten Ehrendamen Ferraras, von denen zwölf Fräulein für den Hof der jungen Herzogin bestimmt waren. Sodann wurden zwei weiße Maultiere und zwei weiße Pferde einhergeführt, gedeckt mit Samt und Seide und kostbarem Goldschmuck. Es folgte der Zug von sechsundachtzig Maultieren, welche die Garderobe und Schätze der Braut trugen. Als dieser lange Troß durch die gaffende Volksmenge einherzog, mochten sich die guten Ferraresen sagen, daß es eine reiche Braut sei, die Alfonso erwählt hatte, aber nur wenige sich vorstellen, daß alle diese mit prahlerischem Prunk herbeigeschleppten Ballen, Kisten und Kasten das verschwendete Eigentum der gebrandschatzten Länder der Christenheit seien.

Am Tor von Kastell Tedaldo wurde das Pferd Lucrezias durch einen Kanonenschuß erschreckt und warf die Hauptperson des Schauspiels ab. Die Braut erhob sich; der Herzog setzte sie auf ein anderes Pferd, worauf der Zug sich vorwärts bewegte. Es gab die üblichen Begrüßungen an Triumphbogen und Tribünen, Deklamationen und mythologische Szenen, worunter die auffallendste ein Zug von Nymphen war, welche ihre auf einem roten Stier sitzende Königin umgaben, während Satyrn um sie her sprangen. Sannazar hätte glauben können, daß dieser Verherrlichung des Wappens Borgia sein eigenes Epigramm zugrunde lag, worin er Julia Farnese als Europa auf dem Stier verspottet hatte.

Als der Zug den Domplatz erreichte, stiegen zwei Seiltänzer von zwei Türmen nieder und richteten Komplimente an die Braut. So mischte sich in jener Zeit stets das Possenhafte mit dem Feierlichen.

Es war Abend geworden, als die Kavalkade diesen Domplatz und die Residenz des Herzogs erreichte, in welchem Augenblick allen Gefangenen die Freiheit geschenkt wurde. Alle Trompeter und Pfeifer versammelten sich dort auf einem Punkt und ließen ihre Instrumente ertönen.

Es ist schwer, bestimmt anzugeben, wo damals jene Residenz stand, in welche Lucrezia einzog. Die Este hatten in der Stadt viele Paläste gebaut, in denen sie abwechselnd wohnten; so Schifanoja, Diamanti, Paradiso, Belvedere und Belfiore und Kastell Vecchio. Ein städtischer Chronist verzeichnete zum Jahre 1494 unter den Wohnungen, „welche die Herren vom Haus Este besaßen", für den Herzog seinen Palazzo del Cortile und dann Kastell Vecchio; für Alfonso Kastell Vecchio; für den Kardinal Hippolyt den Palast der Certosa. Im Jahre 1502 residierte demnach Ercole in einem der beiden genannten Paläste, und diese hingen zusammen, da von dem alten Kastell eine Reihe von Bauten sich bis zum Domplatz fortzog und erst im Palast della Ragione endete. Die Verbindung besteht noch heute, obwohl alle jene Gebäude sich verändert haben.

Die damalige Residenz des Herzogs lag gegenüber dem Dom, hatte einen großen Hof mit Marmortreppe und wurde deshalb Palazzo del Cortile genannt. Dieser Hof hat sich wohl in demjenigen erhalten, welcher heute Cortil Ducale heißt. Man tritt in ihn vom Domplatz durch den hohen Bogen, an dessen Enden jene beiden Säulen stehen, die einst die Statuen Nicolos III. und Borsos getragen haben. Die Berichterstatter vom Einzuge Lucrezias sagen ausdrücklich, daß sie vom Pferde stieg an der Treppe des Marmorhofes *(a le scale del Cortile di marmo).*

Hier empfing sie die Markgräfin Gonzaga mit vielen vornehmen Damen. Die junge Gemahlin Alfonsos hätte, wenn ihr die Aufregung des Moments dazu Zeit ließ, mit Lächeln bemerken können, daß ihr das edle Haus Este eine recht stattliche Schar von Bastardtöchtern zum Willkommen aufgestellt hatte; denn es begrüßten sie an jener Treppe: Lucrezia, die natürliche Tochter Ercoles und Gemahlin Annibales Bentivoglio, und drei natürliche Töchter Sigismunds von Este, Lucrezia, Gräfin von Carrara, die schöne Diana, Gräfin Uguzoni, und Bianca Sanseverino.

Es war Nacht geworden; Lichter und Fackeln erhellten den Palast. Unter schallender Musik wurde das junge Paar in den Empfangssaal geführt, wo es sich auf einem Throne niederließ. Es fanden zeremoniöse Vorstellungen des Hofpersonals statt, und wahrscheinlich richtete jetzt ein Redner an Madonna jene feierliche Rede, für welche der Herzog Notizen über das Haus Borgia hatte sammeln lassen. Der beglückte Orator ist uns nicht bekannt geworden, aber wir kennen einige Poeten Ferraras, die der schönen Fürstin ihre Hochzeitcarmina überreichten. Nicolaus Marius Paniciatus verfaßte eine Reihe von begeisterten lateinischen Gedichten und Epigrammen zu Ehren Lucrezias, Alfonsos und Ercoles, die er unter dem Titel „Borgias" zusammenstellte. Es sind darunter feurige Glückwünsche zur Vermählung des jungen Paars, und die Schönheit Lucrezias wird darin schon deshalb über die von Helena gestellt, weil sie sich mit unvergleichlicher Sittsamkeit vereinige.

Dieser Poet hatte seine Verse, wie es scheint, nicht drucken lassen, da sie sich nur im Manuskript in der Bibliothek zu Ferrara vorfinden, aber einen Tag vor dem Einzuge Lucrezias machte der Drucker Laurentius ein Hochzeitgedicht fertig, welches ein junger Latinist verfaßt hatte. Es war das der später auch als Mathematiker hochberühmte Celio Calcagnini, der Günstling des Kardinals Hippolyt und auch Freund des großen Erasmus. Die Erfindung des Gedichts ist sehr einfach: Venus verläßt Rom und begleitet Lucrezia; Mnemosyne ermahnt ihre Töchter, die Musen, die edle Fürstin zu verherrlichen, was sie denn auch mit Überschwenglichkeit zustande bringen. Es werden die Prinzen des Hauses nicht vergessen, denn Euterpe singt das Lob Ercoles, Terpsichore preist Alfonso, und Kalliope verherrlicht die Siege Cesars in der Romagna.

Unter den huldigenden Poeten Ferraras trat bei dieser Gelegenheit noch ein anderer Mann auf, welcher schon damals hohe Erwartungen von seinem Genie erregte. Es war Ariosto, zu jener Zeit siebenundzwanzig Jahre alt, bereits bekannt am Hofe Ferraras und in den gebildeten Kreisen Italiens als Latinist und Komödiendichter. Auch er schrieb ein Ephitalamion, welches er Lucrezia überreichte. Es ist leicht und anmutig, nicht mit mythologischer Pedanterie überladen, aber durch Erfindung nicht ausgezeichnet. Der Poet preist das Glück der Stadt Ferrara, welche fortan alle Fremden um den Besitz eines unvergleichlichen Juwels beneiden werden, während Rom durch Lucrezias Verlust verarmt und gleichsam nochmals in Ruinen gefallen sei. Er verherrlicht die junge Fürstin als die *pulcherrima virgo* und spielt schon hier auf die antike Lucrezia an.

Nach Beendigung der Empfangsfeierlichkeiten geleitete der Herzog seine Schwiegertochter in die für sie bereiteten Gemächer. Sie konnte mit ihrer Aufnahme im Haus der Este mehr als zufrieden sein, und auch der Eindruck, den ihre Persönlichkeit gemacht hatte, war der günstigste. Der Chronist Bernardino Zambotto schrieb davon: „Die Braut ist vierundzwanzig Jahre alt (worin er sich irrte), sehr schön von Antlitz, mit lebhaften und fröhlichen Augen, schlank von Gestalt, scharfsinnig, sehr klug und verständig, heiter, anmutig und human. Sie gefiel diesem Volk so sehr, daß alle die höchste Befriedigung empfinden und Schutz und gutes Regiment von ihrer Herrlichkeit erwarten. Sie sind wahrhaft erfreut, denn sie hoffen, daß dieser Stadt durch sie viel Gutes widerfahren werde, zumal durch die Macht des Papstes, welcher seine Tochter gar sehr liebt, wie er das durch die ihr geschenkte Mitgift und durch die Don Alfonso verliehenen Städte bewiesen hat."

Die Anmut Lucrezias muß damals bezaubernd gewesen sein; ihre Medaille lehrt es, und die Augenzeugen sagen es alle. Cagnolo von Parma schrieb von ihr: „Sie ist von mittlerer Größe und von zierlicher Gestalt; ihr Gesicht länglich, die Nase schön profiliert, die Haare goldhell, die Augen von blauer Farbe; der Mund ist etwas groß, die Zähne blendend weiß; ihr Hals schlank und weiß, bedeutend und doch voll Maß. Ihr ganzes Wesen atmet stets lachende Heiterkeit."

Das Wort, welches Cagnolo für die Farbe des Auges Lucrezias gebraucht, ist *bianco*, und das bedeutet noch heute in der Redeweise des italienischen Volkes „blau". Mehrmals wird in den toskanischen Volksliedern, welche Tigri gesammelt hat, von *occhi bianchi* geredet, das ist von „blauen Augen". Der Florentiner Firenzuola fordert in seiner Abhandlung „von der vollkommenen Schönheit einer Frau", daß die Haare blond, die Augen weiß seien mit nicht ganz schwarzer Pupille, obwohl Griechen und Italiener das liebten. Die beste Farbe des Auges sei, wie er sagt, *tané*. Dem graziösen Wesen Lucrezias mit dem heiteren Angesicht und dem goldhellen Haar mochte ein Auge von unbestimmtem Blau entsprechen. Die Dichter Ferraras, welche alsbald die blendende Macht des Auges ihrer schönen Herzogin besangen, haben von dessen Farbe nichts gesagt.

Es war nicht Hoheit, noch klassische Schönheit, sondern unbeschreibliche Grazie mit einem Zusatz von etwas Geheimnisvollem und Fremdartigen, wodurch diese merkwürdige Frau alle Menschen bezauberte. Anmut und Sanftmut der Erscheinung, Heiterkeit und Liebenswürdigkeit in der Rede sind die Eigenschaften, welche alle Zeitgenossen an Lucrezia gepriesen haben. Wenn man sich dies zartgefärbte, von Geist belebte Antlitz vorstellt, mit großen blauen Augen und umwallt von dem goldfarbenen Haar, so wird man eine romantische Schönheit vor sich sehen, wie sie vielleicht Shakespeare in Imogen gedacht haben mochte.

III

Sechs Tage lang, während des Karnevals, dauerten die Vermählungsfeste in Ferrara. Der geistige Gehalt von Hoffesten in der Renaissancezeit war kaum bedeutender als der ähnlicher Feierlichkeiten unserer Gegenwart; aber das prächtige Kostüm, ein idealer Schönheitssinn und die feinere Etikette gaben Festen in dem Zeitalter, aus welchem der Cortegiano Castigliones hervorging, doch einen höheren Charakter.

In manchen Produktionen stand das 16. Jahrhundert hinter dem unsrigen zurück, so im Theater, im Feuerwerk und der Konzertmusik. Man kannte wohl Beleuchtungen, man führte Fackeltänze zu Pferde aus und brannte Raketenschwärme ab, aber ein illuminiertes Gartenfest, wie es in unseren Tagen der österreichische Kaiser dem Schah von Persien in Schönbrunn veranstaltete, würde damals nicht möglich gewesen sein. Dasselbe gilt von Musikaufführungen, namentlich kombinierter Konzerte, die noch unbekannt waren. Die damalige Gesellschaft würde freilich die Massenmusik unserer Zeit verabscheut haben, und die ohrenzerreißenden Zapfenstreiche würden dem Italiener der Renaissance so gut barbarisch erschienen sein, wie die militärischen Paraden, welche noch immer die beliebtesten Produktionen sind, mit denen vornehme Gäste an den großen Höfen Europas geehrt oder eingeschüchtert werden. Man führte damals an italienischen Höfen sogar nur selten Turniere auf, bisweilen aber Zweikämpfe, wobei die Gewandtheit des Streiters bewundert werden konnte.

Der Herzog hatte das Programm der Hochzeitsfeste mit seinen Zeremonienmeistern lange reiflich überlegt. Im Grunde konnte es doch nur, wie bei gleichen Veranlassungen in unserer Zeit, in drei wesentlichen Belustigungen bestehen, in Banketten, Bällen und theatralischen Aufführungen. Und gerade von dem letzten Teile seines Programms versprach sich Ercole die größte Wirkung und den ehrenvollsten Ruf in der ganzen gebildeten Welt.

Er war einer der leidenschaftlichsten Begründer des Renaissancetheaters. Er hatte schon viele Jahre zuvor von Dichtern an seinem Hof Stücke des Plautus und Terenz in *terza rima* übersetzen und dann aufführen lassen. Guarino, Berardo, Collenuccio, selbst Bojardo hatten für ihn zu diesem Zwecke gearbeitet. Schon im Jahr 1486 waren die Menächmen, das beliebteste Stück des Plautus, in einer italienischen Umarbeitung zu Ferrara aufgeführt worden. Im Februar 1491, wo Ercole die glänzenden Feste der Vermählung seines Sohnes Alfonso mit Anna Sforza gefeiert hatte, waren dieselben Menächmen dargestellt, dann an den folgenden Tagen eine Komödie des Terenz und der Amphitruo gegeben worden, welchen Collenuccio für die Bühne eingerichtet hatte.

Es gab zwar noch kein stehendes Theater in Ferrara, aber doch ein temporäres, das für die Aufführung von Stücken diente, und solche fand außer bei ungewöhnlichen Gelegenheiten nur während des Karnevals statt. Ercole hatte dazu einen Saal im Palast des Podestà eingerichtet, einem großen der Langseite des Doms gegenüberstehenden Gebäude von gotischer Architektur, welches noch erhalten ist und Palazzo della Ragione hieß. Dieser Saal stand mit der Residenz selbst durch einen Gang in Verbindung.

Die erhöhte Bühne, welche man Tribunale nannte, war etwa vierzig Ellen lang und fünfzig Ellen breit. Sie zeigte Häuser von bemaltem Holz und das Nötige von Szenerie, Felsen, Bäume und dergleichen. Gegen den Zuschauerraum war sie durch eine hölzerne Wand mit einem mauerartigen Zinnenaufsatz abgeschlossen. Auf dem vorderen Teil der Bühne, der Orchestra, saßen die fürstlichen Personen, während der Zuschauerraum ein Amphitheater von dreizehn Sitzreihen bildete. Diese waren mit Polstern gedeckt, und so abgeteilt, daß die Frauen in der Mitte, die Männer zu beiden Seiten saßen. Der ganze Raum faßte etwa dreitausend Personen.

Nach den Angaben Strozzis, Ariostos, Calcagninis und anderer Humanisten Ferraras mochte Ercole dieses Theater eingerichtet haben; sie und andere Akademiker übernahmen vielleicht einige Rollen, aber auch von auswärts, von Mantua, Siena und Rom wird der Herzog Schauspieler herbeigerufen haben. Denn ihr gesamtes Personal bestand aus hundertundzehn Männern und Frauen, für welche er eine neue Garderobe hatte anfertigen lassen. Die Erwartung von dieser Produktion bei einer so glanzvollen Gelegenheit mußte daher sehr groß sein. Am 3. Februar nahmen die Feste ihren Anfang, und bald zeigte es sich, daß sie ihr Licht von der Schönheit der drei hervorragenden Frauen empfingen, Lucrezias, Isabellas und der Herzogin von Urbino. Alle drei zählte man zu den schönsten Damen ihrer Zeit, und namentlich mochten Kenner zweifeln, ob Isabella oder Lucrezia des Parisapfels würdiger sei. Die edle Markgräfin von Mantua war freilich sechs Jahre älter als ihre Schwägerin, aber eine vollendete Frauengestalt. Mit weiblicher Eifersucht beobachtete sie die Erscheinung Lucrezias. In ihren Briefen, welche sie ihrem Gemahl nach Mantua täglich schrieb, schilderte sie genau den jedesmaligen Anzug ihrer Nebenbuhlerin, aber sie sagte kein Wort von ihren Reizen. „Von der Gestalt der Madonna Lucrezia", so schrieb sie schon am 1. Februar, „schweige ich, da ich weiß, daß Ew. Herrlichkeit sie von Ansehen kennen." In einem anderen Brief vom 3. Februar gab sie ihrem Gatten voll Selbstgefühl zu verstehen, daß sie hoffe, in bezug auf ihre Persönlichkeit und ihre Begleitung, den Vergleich mit anderen auszuhalten und wohl gar den Preis davonzutragen. Mit demselben Urteil tröstete den Markgrafen von Mantua eine Hofdame seiner Gemahlin, die Marchesana von Cotrone, welche ihm schrieb: „Die Braut ist nicht besonders schön, aber von anmutigem Gesicht, und trotz ihrer vielen Damen und trotz der erlauchten Madonna von Urbino, welche sehr schön ist und in Wahrheit beweist, daß sie die Schwester Ew. Exzellenz ist, trägt doch meine erlauchte Herrin Isabella nach der Ansicht der Unseren und derer, welche mit dieser Herzogin Ferraras gekommen sind, den Preis der Schönsten davon; und dies ist zweifellos, denn neben ihrer Herrlichkeit waren alle anderen nichts. Demnach werden wir das Pallium in das Haus meiner Gebieterin davontragen."

Am ersten Festabend wurde im großen Saal der Residenz ein Ball gegeben, unter solchem Zudrange von Personen, daß der Raum nicht ausreichte. Lucrezia saß unter einem Thronhimmel auf einer Tribüne, auf welcher auch die Fürstinnen von Mantua und Urbino und andere vornehme Damen, endlich auch die Gesandten Platz nahmen. Man konnte daher die strahlende Schönheit dieser Frauen, ihre reichen Gewänder und ihre Brillanten trotz des Gedränges bewundern. Ein Ball in der Renaissancezeit hatte nicht die steifen Formen unserer Mode: dieses Vergnügen war natürlicher und einfacher; oft tanzten nur Frauen miteinander, und zwar Einzeltänze. Die Tanzweisen selbst waren bereits vorwiegend französisch, wie überhaupt schon damals Frankreich seine Moden anderen Völkern zu diktieren begann; doch führte man auch spanische und nationalitalienische Tänze auf. Lucrezia war eine zierliche Tänzerin und zeigte gern ihre Kunst und Anmut. Sie stieg von der Tribüne herab und tanzte wiederholt römische und spanische Tänze zum Schall der Tamburine.

Auf den Ball folgte die sehnlich erwartete dramatische Vorstellung. Der Herzog ließ erst das gesamte Theaterpersonal vortreten, in Larven und Kostümen, um über dasselbe die Musterung abzuhalten. Der Dramaturg oder der Direktor der Truppe trat dabei als Plautus auf und rezitierte kurz sein Theaterprogramm, das heißt das Argument aller Stücke, welche an fünf Abenden gespielt werden sollten. Die Auswahl von Komödien lebender Dramendichter konnte im Jahr 1502 dem Herzog keine Schwierigkeit bereiten, denn es gab deren noch keine namhafte; die Calandra Dovizis, welche wenige Jahre später so viel Aufsehen machte, war noch nicht geschrieben. Wohl hatte Ariosto bereits seine Cassaria und die Suppositi verfaßt, aber sein Name war damals noch nicht so groß, daß er die Ehre ihrer Aufführung beim Hochzeitsfest erlangt hätte. Auch wollte der Herzog eine durchaus klassische Produktion; die Welt sollte von ihr reden; und in der Tat war sie eine theatralische Leistung, wie man solche bisher in Italien kaum gesehen hatte. Wir haben genaue Schilderungen davon, welche in der Geschichte des Theaters noch nicht verwertet worden sind. Sie zeigen deutlicher als spätere Berichte vom vatikanischen Theater unter Leo X. das Wesen dramatischer Vorstellungen in der Renaissance und sind davon ein klassisches Zeitgemälde.

Wenn man nach jenen Berichten Cagnolos, Zambottos und Isabellas sich dies glänzende Publikum von Hochzeitsgästen vorstellt, die in reichsten Kostümen auf den Sitzreihen Platz genommen haben, so hat man eine der schönsten und vornehmsten Festversammlungen der Renaissance vor sich. Diese ganze formen- und farbenreiche Szene, verbunden mit der antikisierenden Bühne und dem, was auf ihr vorgestellt wird, nämlich der Plautinischen Komödie und der in den Zwischenakten eingelegten Pantomime oder Moresca von mythologischem, rein phantastischem und bis zur Zote burleskem Charakter, ist so romantisch, daß wir uns in den Sommernachtstraum Shakespeares versetzt glauben und den Herzog Ercole von Ferrara mit Theseus, dem Herzog von Athen, verwechseln, vor welchem und den glücklichen Brautpaaren Komödien und Ballette aufgeführt werden.

Nach dem Theaterprogramm sollten hintereinander vom 3. bis

zum 8. Februar, mit Auslassung eines Abends, fünf Stücke von Plautus gegeben werden. Die Pausen sollten musikalische Vorträge und Moresken ausfüllen. Die Moresca war das, was wir heute das Ballett nennen, die getanzte Pantomime. Ihr Ursprung stammt aus dem Altertum, und ihr Gebrauch wird schon im dunkelsten Mittelalter sichtbar. Sie war ursprünglich ein kostümierter Waffentanz und erhielt sich als solcher bis in unsere Zeit; denn noch im Jahre 1852 sah ich sie öffentlich am Hafen von Genua tanzen. Ihren Namen erhielt sie, wie ich glaube, davon, daß in allen jenen romanischen Ländern, welche die Invasion der Sarazenen erlitten hatten, das Waffenspiel der Tänzer als ein Kampf zwischen Mauren und Christen vorgestellt wurde, und diese Mauren pflegte man schon um des Gegensatzes willen als Mohren darzustellen. Man dehnte dann den Begriff der Moresca auf das Ballett überhaupt aus: man führte tanzend zum Takt von Flöten und Violinen allerlei Szenen auf, aus der antiken Mythe, dem Rittertum, wie aus dem wirklichen Leben. Es gab auch Rüpeltänze von phantastischen Ungeheuern, von Tölpeln und Bauern, von Wilden und Satyrn, wo man in der rohesten Weise Prügel austeilte. Das antik-romantische Ballett scheint gerade in Ferrara eine besondere Kultur entwickelt zu haben, denn diese Stadt war das Vaterland des romantischen Epos, des Mambriano und des Orlando. Es ist unnötig zu sagen, daß ganz wie bei uns das Ballett die meiste Anziehung auf das Publikum ausübte, welches, wenn es aufrichtig war, bei dieser Plautinischen Komödie, die auf modern empfindende Menschen nur wie ein Spiel von Holzpuppen wirken kann, eine herzliche Langeweile empfand. Und vier bis fünf Stunden hindurch, von sechs oder sieben Uhr des Abends bis zur Mitternacht, dauerten diese Vorstellungen.

Als der Herzog am ersten Abend seine Gäste in den Theatersaal geführt und diese ihre Sitze eingenommen hatten, trat erst Plautus vor das fürstliche Brautpaar und rezitierte ein Kompliment. Darauf begann die Vorstellung des Epidicus. Nach der Vollendung des ersten Akts, und so nach jedem folgenden wurde das Ballett aufgeführt. Dem Epidicus wurden fünf „sehr schöne Moresken" beigegeben. Es traten zuerst zehn Gladiatoren auf; sie tanzten zum Schall von Tamburinen einen Tanz mit abwechselnden Waffen. Es folgte ein zweites Fechterspiel von zwölf Personen in anderem Kostüm. Die dritte Moresca führte einen Wagen auf, den ein von einer Jungfrau gelenktes Einhorn zog. Oben sah man einige Personen an einen

Stamm gebunden und vier Lautenschläger unter Büschen sitzend. Die Jungfrau löste die Gefesselten, welche herabstiegen und tanzten, während die Lautenschläger schöne Kanzonen sangen. So versicherte wenigstens Cagnolo, aber die feingebildete Markgräfin von Mantua urteilte, daß diese Musik so trist war, daß sie kaum Erwähnung verdiente. Isabella erscheint überhaupt in ihren merkwürdigen Briefen als eine scharfe Rezensentin nicht allein des Festtheaters, sondern auch der Hochzeitsfeste selbst. Die vierte Moresca tanzten zehn Mohren, brennende Kerzen im Munde; die fünfte wieder zehn phantastisch gekleidete Männer mit Federn auf den Köpfen und Lanzen in der Hand, auf deren Spitzen Flammen brannten. Am Schluß des Epidicus wurde ein Jongleurspiel zum besten gegeben.

Am 4. Februar, dem Freitag, zeigte sich Lucrezia nicht vor dem Nachmittage. Der Herzog führte unterdes seine Gäste in der Stadt umher. Man machte einer Heiligen, der Schwester Lucia von Viterbo, Besuch, welche der strenggläubige Ercole als eine Rarität nach Ferrara gezogen hatte. Diese Nonne erlebte nämlich an jedem Freitag die Passion Christi, da sich die fünf Wundmale an ihrem Leibe darstellten. In der Tat beschenkte sie den französischen Gesandten mit einigen Lappen, welche jene Male berührt hatten, und Monseigneur Rocca Bertì nahm sie mit großer Andacht an sich. Sodann wurde das alte Kastell in Augenschein genommen, worin der Herzog seinen Gästen die ferrarische Artillerie vorzeigte, und diese war der Lieblingsgegenstand der Studien Alfonsos. Man machte hierauf Madonna Lucrezia Aufwartung, welche später, von allen Gesandten begleitet, im großen Saal erschien. Bis sechs Uhr abends wurde hier getanzt; sodann fand die Aufführung der Bacchiden statt, und diese währte fünf Stunden lang. Isabella fand die ganze Vorstellung erstaunlich lang und langweilig. Man gab Ballette ähnlicher Art wie beim Epidicus; in fleischfarbene Trikots gekleidete Personen hielten tanzend Fackeln in den Händen, woraus wohlriechendes Feuer strömte; andere phantastische Figuren führten ein Kampfspiel mit einem Drachen auf.

Am folgenden Tage blieb Lucrezia unsichtbar. Sie war damit beschäftigt, sich den Kopf zu waschen und Briefe zu schreiben. Die Hochzeitsgäste vergnügten sich, Ferrara zu durchstreifen. Es fanden keine öffentlichen Feierlichkeiten statt. Der französische Gesandte schickte Geschenke an die Prinzen des Hauses im Namen des Königs von Frankreich: dem Herzog einen goldenen Schild mit dem Bilde des Heiligen Franciscus in Email, eine Pariser Arbeit von hohem Wert; dem Erbprinzen Alfonso einen ähnlichen Schild mit dem Bilde der Maria Magdalena, wozu der genannte Botschafter bemerken ließ, daß Se. Herrlichkeit sich eine Gemahlin erwählt habe, welche Magdalena an Tugend und Anmut ähnlich sei: *quae multum meruit, quia multum credidit.* Vielleicht war es eine absichtliche Ironie des französischen Königs, wenn er dieses auf Magdalena bezügliche Geschenk Alfonso machte. Außerdem erhielt derselbe eine schriftliche Anweisung zum Guß von Kanonen. Don Ferrante wurde ebenfalls mit einem goldenen Schild beschenkt. Lucrezia erhielt einen Rosenkranz von goldenen mit Moschus gefüllten Kugeln. Ihre reizende Hofdame Angela wurde mit einer kostbaren Kette beehrt.

Man schmeichelte dem Stellvertreter Frankreichs auf jede Weise. An demselben Sonnabend lud ihn die Markgräfin von Mantua zur Abendtafel, wo er zwischen ihr und der Herzogin von Urbino seinen Platz hatte. Man unterhielt sich, so erzählt Cagnolo, mit galanten Reden in den feinsten Formen. Nach Tische sang die Frau Markgräfin die schönsten Lieder zur Laute, dem Herrn Botschafter zu Gefallen. Sie nahm ihn dann mit sich in ihre Kammer, wo sie sich im Beisein zweier Hoffräulein mit ihm fast eine Stunde lang vertraulich unterhielt. Dann zog sie ihre Handschuhe aus und reichte sie ihm mit zierlichen Worten huldvoll zum Geschenk, ,,und der Herr Botschafter empfing sie mit Ehrerbietung und Liebe, da sie einen so reizenden Ursprung hatten. In Wahrheit, er verwahrt sie im Reliquienschrein bis zum Ende der Welt". Wir wollen Cagnolo glauben und sogar annehmen, daß der beglückte Botschafter Frankreichs diese Reliquien einer schönen und blühenden Dame fast so kostbar fand als die Lappen, welche ihm die arme Heilige Lucia verehrt hatte.

Am Sonntag, den 6. Februar, fand ein feierliches Hochamt im Dome statt; ein päpstlicher Kammerherr übergab dort Don Alfonso den ihm von Alexander VI. geschickten geweihten Hut und Degen, mit welchen ihn der Erzbischof vor dem Altar bekleidete. Nachmittags holten die Prinzen Este und die Fürstinnen Madonna Lucrezia aus ihren Gemächern ab und führten sie nach dem Festsaal. Man tanzte zwei Stunden lang. Mit einem Hoffräulein tanzte Lucrezia einige französische Tänze. Am Abend wurde der Miles Gloriosus aufgeführt. Eine der hier eingelegten Moresken mochte ein wirklicher Rüpeltanz sein, wobei zehn Schäfer mit Widderhörnern an den Köpfen miteinander kämpften.

Am 7. Februar wurde auf dem Domplatz zwischen einem Bolognesen und einem Imolesen ein Turnier zu Pferde abgehalten und ohne Blutvergießen beendigt. Abends gab man die Asinaria mit einer gar wunderlichen Moreske. Es traten vierzehn Satyrn auf, von denen einer einen versilberten Eselskopf in Händen trug, in welchem eine Spieluhr angebracht war. Die Rüpel tanzten zu deren Melodie und führten dann eine Jagd von allerhand Vögeln und wilden Tieren aus. Auf dieses Satyrspiel folgte im zweiten Zwischenakt eine Produktion von acht Sängern und Sängerinnen, unter denen eine Virtuosin aus Mantua sich auf drei Lauten hören ließ. Den Schluß machte eine Moresca von Tänzern, die der Reihe nach die Verrichtungen des Landbaues darstellten, ackerten, die Saat ausstreuten, Getreide sichelten und ausstampften und den Ernteschmaus hielten. Dieses heitere Ballett, vielleicht das gelungenste von allen anderen, schloß mit einem ländlichen Tanz zum Spiel der Sackpfeife.

Der letzte Festtag, der 8. Februar, war auch das Ende des Karnevals. Die Gesandten, welche bald darauf abreisen wollten, überreichten der Braut Geschenke, teils in schönen Stoffen, teils in gearbeitetem Silber. Das sonderbarste Geschenk machten ihr die Repräsentanten Venedigs. Diese erlauchte Republik hatte zwei edle Herren zu den Festen nach Ferrara geschickt, Nicolò Dolfini und Andrea Foscolo, und sie auf Staatskosten prächtig gekleidet. Die Kleidung war damals so kostbar wie schön; und nur mit Verachtung würden die Kleiderkünstler der Renaissance auf die unserer Gegenwart herabsehen, denn im Zeitalter der höchsten Kunstentfaltung waren auch jene wirkliche Künstler; sie arbeiteten mit den herrlichsten Stoffen von Samt, Seide und Goldstickerei, während die Farbenstimmung, den Faltenwurf und die Form der Gewänder Maler angaben. Die Kleidung war daher etwas, worauf man als auf eine wesentliche Bedingung der Erscheinung schöner Persönlichkeit den höchsten Wert legte. Alle Berichterstatter von den Festen Ferraras bemerkten mit Genauigkeit, in welchen Gewändern bei jeder Feierlichkeit Madonna Lucrezia und andere hervorragende Frauen erschienen, und sie schilderten auch die Kleidung der Männer. Welches Gewicht man diesen Dingen überhaupt und an allen Orten gab, lehren auch Berichte, welche Venezianer darüber nach ihrer Heimat schickten, und die Marin Sanuto in sein Diarium aufgenommen hat. Noch mehr geht dies aus folgendem hervor: ehe die beiden Abgesandten Venedigs nach Ferrara reisten, mußten sie sich vor dem versammelten Senat in ihren neuen Kleidern öffentlich vorstellen, in Mänteln von karmesinrotem Samt mit Pelzbesatz und ähnlichen Kapuzen. Mehr als viertausend Personen bestaunten sie im Saal des Großen Rats, und der Platz von San Marco war von Volk erfüllt, welches sie wie Wundertiere sehen wollte. Von diesen neuen Staatsmänteln enthielt der eine zweiunddreißig, der andere achtundzwanzig Ellen Samt. Ebendiese Mäntel nun brachten die Gesandten der Herzogin Lucrezia zur Brautgabe dar, wie das die venezianische Signorie vorausbestimmt hatte. Das wunderliche Geschenk wurde in der anspruchsvollsten und doch naivsten Weise überreicht, denn diese edlen Herren hielten zuerst, der eine lateinisch, der andere italienisch, eine lange Rede, darauf gingen sie in ein Vorzimmer, zogen dort ihre Prachtmäntel aus und übersandten dieselben der Braut. Dieses Geschenk und die Pedanterie der beiden Venezianer erregten übrigens am Hof von Ferrara Spott und Lachen.

Abends tanzte man zum letztenmal, und wohnte dann der letzten theatralischen Aufführung, der Casina, bei. Ehe diese Komödie begann, wurde eine Musik Rombonzinos ausgeführt, wobei man Barzeletten zum Preise der Vermählten sang. Überhaupt waren gerade in die Casina mehrere Musikstücke eingelegt worden. Im dritten Zwischenakt spielten sechs Violinisten sehr schön, und unter diesen ließ sich Don Alfonso selber als Virtuose hören. Der Erbprinz war ein ausgezeichneter Dilettant auch in der Musik. Das Violinspiel scheint aber gerade in Ferrara besonders ausgebildet gewesen zu sein, denn Cesar Borgia ersuchte, als er im Jahr 1498 an den französischen Hof ging, den Herzog Ercole um einige Violinspieler, welche er nach Frankreich mit sich nehmen wolle, wo solche Künstler sehr gesucht seien.

Das Ballett war ein Tanz von wilden Männern, die um eine schöne Jungfrau stritten, bis der Liebesgott erschien, begleitet von Musikern, welche jene befreiten. Hierauf sah man eine große Kugel, die sich in zwei Hälften zerlegte und von Harmonien zu ertönen begann. Am Schluß traten zwölf Schweizer mit Hellebarden und ihrer Landesfahne auf, und sie hielten kunstvoll tanzend ein Fechterspiel.

Wenn diese Szene, wie Cagnolo berichtet, die dramatischen Aufführungen überhaupt beschloß, so hätte man den Festordnern vorwerfen können, daß sie wenig sinnvoll und geradezu geistlos war. Die Moresken vereinigten in sich den Charakter von Oper und Ballett; sie waren die einzigen selbsterfundenen Festproduktionen bei dieser Hochzeitsfeier. Vergleicht man sie mit jenen, welche zu Ehren der Vermählung Lucrezias im Vatikan aufgeführt worden waren, so erscheinen sie weit niedrigeren Ranges als sie. Denn unter den römischen bemerkten wir Pastoralkomödien mit allegorischen Beziehungen auf Lucrezia, die Fürsten von Ferrara, Cesar und Alexander. Von solchen sinnreichen oder für sinnreich geltenden Szenen ist aber bei den Festspielen in Ferrara nicht die Rede.

Trotz des Aufwandes, welchen der Herzog gemacht hatte, erscheinen uns seine Feste doch ermüdend und monoton; aber sicher befriedigten sie die Mehrzahl der Anwesenden. Ein mißfälliges Urteil fällte freilich Isabella. „In Wahrheit", so schrieb sie ihrem Gemahl, „das ist eine sehr kühle Hochzeit. Mir scheint es tausend Jahre zu währen, ehe ich wieder in Mantua bin, sowohl um Ew. Herrlichkeit und mein Söhnchen zu sehen, als um mich von hier zu entfernen, wo es auch nicht eine Spur von Vergnügen gibt. Ew. Exzellenz möge mich daher um meine Gegenwart bei dieser Hochzeit nicht beneiden, welche von solcher Frostigkeit ist, daß ich vielmehr diejenigen beneide, die in Mantua geblieben sind." Das Urteil der edlen Frau war offenbar noch von dem tiefen Widerwillen gegen die Verbindung ihres Bruders mit Lucrezia beeinflußt, aber doch mochte es auch durch den Charakter der Festlichkeiten selbst bestimmt werden; denn die Markgräfin fügte durchaus die Klage über ihre Ermüdung hinzu.

Bald nach den Festen reiste auch die Markgräfin nach Mantua zurück; ihr letzter Brief an ihren Gemahl aus Ferrara datiert vom 9. Februar. Aus Mantua schrieb sie sodann am 18. Februar ihren ersten Brief an ihre Schwägerin Lucrezia:

„Erlauchte Herrin. Die Liebe, welche ich zu Ew. Herrlichkeit hege und der Wunsch, zu erfahren, daß sie in jener guten Gesundheit fortdauern, in welcher Sie sich bei meiner Abreise befunden haben, machten mich glauben, daß auch Sie in derselben Erwartung in betreff meiner sind, und deshalb benachrichtige ich Sie, in der Hoffnung, Ihnen damit etwas Angenehmes zu erweisen, daß ich am Montag in dieser Stadt wohl und gesund eingetroffen bin, wo ich auch meinen Erlauchtesten Herrn Gemahl in der besten Gesundheit gefunden habe. Es bleibt nur übrig, daß ich auch von Ew. Herrlichkeit Befinden unterrichtet werde, damit ich wie an einer herzlichen Schwester mich dessen erfreue. Und obwohl ich es für überflüssig halte, Ihnen anzubieten, was Ihnen gehört, so will ich Sie doch ein für allemal erinnern, daß Sie über meine Person und mein Vermögen verfügen können, als wie über Ihr Eigentum. Ihnen sei ich immerdar empfohlen, und ich bitte, empfehlen Sie mich Ihrem Erlauchtesten Herrn Gemahl, meinem geehrtesten Bruder."

Lucrezia antwortete darauf der Markgräfin mit diesem Brief:

„Meine erlauchteste Herrin, Schwägerin und geehrteste Schwester. Obwohl es meine Pflicht gewesen ist, Ew. Exzellenz in dem Beweis von Liebenswürdigkeit zuvorzukommen, welchen Sie mir gegeben haben, so will ich doch diese Unterlassung gern ertragen, nur damit Ew. Erlauchte Herrlichkeit mich um so mehr zu Ihrem Dienst verpflichtet halten. Ich kann Ihnen niemals ausdrücken, mit welcher Freude und Genugtuung ich Ihre glückliche Ankunft in Mantua und das Wohlbefinden Ihres Erlauchten Herrn Gemahls vernommen habe; möge derselbe zugleich mit Ew. Herrlichkeit, wie ich Gott bitte, fortfahren in allem Glück und Zuwachs des Guten, Ihrem Wunsch gemäß. Und um dem Befehle Ew. Herrlichkeit, wie ich wünsche und muß zu gehorsamen, gebe ich Ihnen zu wissen, daß ich mich durch die Gnade Gottes wohl befinde und immer bereit bin, Ihnen zu willfahren." Ferrara am 22. Februar 1502. Ergebene Schwester, welche Ihnen zu dienen wünscht, Lucrezia Estensis de Borgia.

Mit diesen Schreiben von offizieller Artigkeit begann der Briefwechsel, welchen diese beiden berühmten Frauen durch siebzehn Jahre fortsetzten. Er liefert den Beweis, daß die erst widerstrebende Markgräfin Isabella mit der Zeit die aufrichtige Freundin ihrer Schwägerin wurde.

Der Herzog von Ferrara war herzlich froh, als seine Gäste endlich abreisten. Nur Madonna Adriana, Hieronyma und jene ungenannte Orsini machten noch keine Anstalten, nach Rom zurückzukehren. Alexander hatte diesen Frauen aufgetragen, so lange dort zu bleiben, bis die Gemahlin Cesars ankomme. Dieser sollten sie bis in die Lombardei entgegengehen, und dann dieselbe nach Rom begleiten. Aber die Herzogin der Romagna hatte trotz der dringenden Aufforderungen des Nuntius Frankreich nicht verlassen wollen. Nur ihr Bruder, der Kardinal d'Albret, war am 6. Februar in Ferrara eingetroffen, von wo er bald weiter nach Rom reiste.

Adriana hatte am Hof Ercoles, schon als nahe Verwandte des Papstes und Lucrezias, eine ehrenvolle Behandlung gefunden, und sie war auch zur Markgräfin Isabella in nähere Beziehung gekommen. Das beweist ein Brief, den diese an Adriana an demselben 18. Februar richtete, an dem sie an Lucrezia schrieb. Er bezieht sich auf eine

Person, welche ihr Adriana in ihrem Namen und auch in dem von Madonna Julia in Ferrara empfohlen hatte, und daraus geht hervor, daß jene ungenannte Orsini nicht Julia Farnese war.

Ercole wünschte dringend die Abreise jener Frauen.

In einem Brief vom 14. Februar an seinen Gesandten Costabili in Rom beklagte er sich mit einer gewissen Heftigkeit über das „nutzlose" Verbleiben derselben an seinem Hof. „Wir sagen Euch", so schrieb er ihm, „daß diese Anwesenheit der genannten Madonnen mit sich bringt, daß eine große Zahl anderer Personen, sowohl Männer als Frauen, ebenfalls hier bleiben, weil sie deren Abreise erwarten, und das ist eine große Last und eine unerträgliche Ausgabe. Denn zählt man das Personal der Begleitung dieser Frauen und andere zusammen, so sind noch hier ungefähr vierhundertfünfzig Menschen und dreihundertfünfzig Pferde." Er möge das dem Papst vorstellen, und daß die Lebensmittel aufgezehrt seien, und die Herzogin der Romagna nicht zu Ostern kommen werde. Er könne die Kosten nicht mehr bestreiten; denn für die Hochzeitsfeier habe er bereits mehr als fünfundzwanzigtausend Dukaten ausgegeben. Der Papst möge daher jene Frauen zurückrufen. In einer Nachschrift desselben Briefs fügte der Herzog hinzu: „Ich habe die Edelleute des Erlauchten Herrn Herzogs der Romagna, nachdem sie zwölf Tage hier gewesen waren, verabschiedet, weil sie impertinent waren, und ihre Anwesenheit weder Sr. Heiligkeit noch dem Herzog einen Vorteil brachte."

Die unbequemen Frauen reisten endlich ab, aber wie es scheint später, als Ercole lieb war; denn es findet sich eine Depesche des Orators Gerardo Saraceni aus Rom vom 4. Mai, worin er dem Herzog meldet, daß Monsignor von Venosa und Madonna Adriana, aus Ferrara zurückgekehrt, dem Papst ihre Dankbarkeit für den liebevollen Empfang ausgedrückt hätten, der ihnen dort zuteil geworden sei.

An demselben 14. Februar schrieb Ercole dem Papst einen Brief, dessen Ausdruck, wenn man einige Phrasen abzieht, nicht erheuchelt sein mochte:

„Heiligster Vater und Herr.

Bevor die Erlauchte Herzogin, unsere gemeinschaftliche Tochter, hierher kam, war es mein fester Vorsatz sie, wie es sich gebührte, mit Freundlichkeit aufzunehmen und hochzuhalten und es ihr in allen Dingen an besonderer Liebe nicht fehlen zu lassen. Nun, da Ihre Herrlichkeit angekommen ist, hat sie mich durch die Tugenden und würdigen Eigenschaften, welche ich an ihr finde, so sehr befriedigt, daß ich nicht allein in jenem meinem Vorsatz bestärkt bin, sondern daß mein Wille und Wunsch so zu tun in mir sich sehr vermehrt hat, um so mehr, als ich sehe, daß Ew. Heiligkeit durch ein eigenhändiges Schreiben mich liebevoll dazu ermahnt haben. Ew. Heiligkeit möge demnach guten Mutes sein, denn ich werde die Herzogin so behandeln, daß Ew. Heiligkeit erkennen soll, wie ich dieselbe für das Teuerste erachte, was ich auf der Welt besitze."

IV

Seit ihrem Einzuge in das Schloß der Este gehörte Lucrezia völlig neuen Verhältnissen, neuen Interessen, man darf sagen einer für sie neuen Welt an. Sie fand sich als Fürstin in einem der ansehnlichsten Staaten Italiens und in einer fremdartigen Stadt, welche erst seit einem halben Jahrhundert so bedeutend geworden war, daß der Geist der italienischen Nationalkultur in ihr eine neue Stätte und Form gefunden hatte. Sie sah sich aufgenommen in ein hochberühmtes Fürstengeschlecht, um welches Alter und Geschichte einen romantischen Glanz verbreiteten. Ein grenzenloses Glück hatte sie in dieses edle Haus geführt, dessen sie selbst sich nun würdig machen sollte.

Der Stamm der Este war neben dem der Herzöge von Savoyen der älteste und vornehmste Italiens, und er verdunkelte diesen durch die wichtige Stellung, welche der Staat Ferrara schon auf Grund seiner geographischen Lage einnahm.

Dies ist in Kürze die Geschichte der Este:

Die Herren, welche ihren Feudalnamen von einem kleinen Kastell zwischen Padua und Ferrara trugen, stammten von der langobardischen Einwanderung her und von einer Familie, deren Stammvater Albert hieß. Die Namen Adalbert und Albert erhielten im Italienischen die Form Oberto, die sich als Diminutiv wiederum in Obizzo und Azzo verwandelte. Im 10. Jahrhundert erscheint ein Markgraf Oberto, welcher erst Anhänger des Königs Berengar, dann Ottos des Großen war. Es ist unbekannt, von welchem Ländergebiet er und seine nächsten Nachkommen den Markgrafentitel führten, doch waren sie große Herren in der Lombardei wie in Toskana. Ein Urenkel Obertos, Alberto Azzo II., wird urkundlich Marchio de Longobardia genannt; er war mächtig von Mantua bis zum adriatischen Meer und bis in das Gebiet des Po, wo er Este und Rovigo besaß. Er vermählte sich mit Kunigunde, der Schwester des Grafen Welf III. von Schwaben, wodurch das berühmte deutsche Geschlecht der Welfen mit dem der Oberti in Verbindung kam und in die italienischen Verhältnisse gezogen wurde. Als Alberto Azzo im Jahre 1096 mehr als hundertjährig starb, hinterließ er die Söhne Welf und Folco. Diese wurden die Stammväter des Hauses der Este in Italien und des Welfenhauses Braunschweig in Deutschland. Denn Welf erbte die Güter seines mütterlichen Großvaters Welf III., mit dem im Jahre 1055 der Mannesstamm seines Hauses erloschen war. Er ging nach Deutschland, wo er Herzog von Bayern wurde und die Welfenlinie begründete.

Folco erbte die italienischen Besitzungen seines Vaters und setzte den Stamm der Este fort. In dem großen Kampf der deutschen Kaiser mit dem Papsttum waren die Markgrafen von Este wilde und unermüdliche Streiter, erst eifrige Anhänger, dann Häupter der Guelfenpartei, und das begründete ihre Macht auch in Ferrara.

Diese Stadt war aus unbekannten Anfängen und wohl erst nach der Völkerwanderung entstanden. Seit der Schenkung Pippins und Karls beanspruchte ihren Besitz die Kirche. Auch in der Mathildischen Schenkung war sie einbegriffen. In jenen Kriegen zwischen Papst und Kaiser, welchen der Streit um das Erbe Mathildens Nahrung gab, erlangte Ferrara die Autonomie als Republik.

Es war gegen das Ende des 12. Jahrhunderts, daß die Este anfingen, hier aufzutreten. Der Enkel Folcos, Azzo V., vermählte sich damals mit Marchesella Adelardi, der Erbin des Hauptes der Guelfen in jener Stadt, während Salinguerra dort Haupt der Ghibellinen war. Seither gewannen die Markgrafen von Este Einfluß in Ferrara. Sie wurden die Führer der Guelfenpartei auch in Oberitalien.

Im Jahre 1208 glückte es Azzo dem VI., Salinguerra aus Ferrara zu vertreiben, und diese Stadt hatte der lange Parteikrieg so tief ermüdet, daß sie den Sieger zu ihrem erblichen Podestà machte. Dies war das erste Beispiel der Unterwerfung einer freien Republik unter einen Herrn. So gründeten die Este die erste Dynastengewalt auf den Trümmern einer Stadtgemeinde. Der kühne Salinguerra, eine der merkwürdigsten Heldengestalten aus der Hohenstaufenzeit Italiens, warf Azzo und auch dessen Nachfolger Azzo VII. wiederholt aus Ferrara, bis er endlich im Jahre 1240 erlag und im Kerker sein Leben endigte. Seither wurden die Este die Gewalthaber Ferraras.

Für einige Zeit, während des Beginns des Avignonischen Exils der Päpste, durch die Kirche von dort verjagt, kehrten sie im Jahre 1317 wieder, gerufen von den Bürgern, welche sich gegen die Statthalter jener empört hatten. Johann XXII. bestätigte sie durch ein Investiturdiplom, wonach sie Ferrara von der Kirche zu Lehn trugen, gegen den Jahreszins von zehntausend Goldgulden. Die Este richteten sich nun als Tyrannen in Ferrara ihren Staat ein, welchem die Fortdauer der Dynastie unter vielen Kriegen Bestand gab. Und diese Dynastie war nicht, wie diejenigen fast aller italienischen Herrschaften, das Produkt augenblicklicher Eroberungen illegitimer Emporkömmlinge, sondern alt, erblich und festgewurzelt.

Mit Aldobrandino, dem Herrn von Ferrara, von Modena, Rovigo und Comacchio, begann eine Reihe meist ausgezeichneter Fürsten zur Herrschaft zu gelangen, durch welche der kleine Staat Ferrara zu der Bedeutung gehoben wurde, die er am Anfang des 16. Jahrhunderts besaß. Auf Aldobrandino folgten seine Brüder, Nicolò von 1361 bis 1388, und Alberto bis 1393. Dann herrschte dessen Sohn Nicolò III., ein mächtiger und kriegerischer Mann, bis zum Jahr 1441. Da seine legitimen Kinder Ercole und Sigismondo unmündig waren, wurde sein Bastard Lionello sein Nachfolger. Dieser Fürst setzte nicht allein fort, was sein Vater begründet hatte, sondern er machte Ferrara zu einem angesehenen Staat. Der große Alfonso von Neapel gab ihm im Jahr 1444 seine Tochter Maria zur Gemahlin, und so traten die Este in die engste Verbindung mit dem Königshause Aragon. Lionello war klug und liberal, ein Pfleger aller Künste und Wissenschaften, ein Fürst „unsterblichen Namens“. Im Jahre 1450 folgte ihm sein Bruder Borso, Bastard wie er, indem man auch jetzt die legitimen Söhne Nicolaus' III. zu übergehen wagte.

Borso war einer der glänzendsten und prächtigsten Fürsten seiner Zeit. Friedrich III. machte ihn, als er sich auf der Heimkehr von seiner Kaiserkrönung in Ferrara aufhielt, zum Herzog von Modena und Reggio, zum Grafen von Rovigo und Comacchio, welche Länder alle zum Reich gehörten. Seither nahmen die Este, deren Wappenzeichen ein weißer Adler gewesen war, den schwarzen Reichsadler an, wozu sie die Lilien Frankreichs fügten, die einst Karl VII. ihnen verliehen hatte. Am 14. April 1471 erhob auch Paul II. in Rom Borso zum Herzog von Ferrara. Kurze Zeit darauf starb dieser berühmte Fürst am 27. Mai, unvermählt und kinderlos.

Auf ihn folgte Ercole, der legitime Sohn Nicolaus' III., so daß die Regierung an den echten Stamm der Este zurückkehrte, nachdem Ferrara gerade durch zwei Bastarde zu größerer Bedeutung erhoben worden war. Im Juni 1473 vermählte sich Ercole mit Eleonora von Aragon, der Tochter Ferdinands von Neapel, unter prächtigen Festlichkeiten. Seither waren bis zu dem Tage, wo dieser zweite Herzog von Ferrara Lucrezia mit gleicher Pracht seinem Sohn vermählte, neunundzwanzig Jahre unter vielen Kämpfen hingegangen. Ercole hatte die größte Gefahr, die seinem Staat drohte, den Krieg Venedigs und des Papstes Sixtus IV. wider ihn im Jahre 1482, glücklich, doch nicht ohne Abtretung einiger Gebiete an die Venezianer, zu Ende geführt. Aber dieselbe Gefahr konnte sich erneuern; die ärgsten Feinde Ferraras blieben Venedig und die Kirche. Politische Rücksichten zwangen ihn daher, sich an Frankreich anzuschließen, welches Mailand beherrschte und vielleicht Neapel dauernd an sich bringen konnte. Sie hatten ihn auch genötigt, seinen Sohn mit Lucrezia Borgia unter den vorteilhaftesten Bedingungen zu vermählen. So konnte sich Lucrezia der hohen Bedeutung ihrer Person für den Staat Ferrara bewußt sein, und das gab ihr das Gefühl der Sicherheit gegenüber dem edlen Hause, dem sie jetzt angehörte.

Der Herzog wies den Vermählten das Kastell Vecchio zu ihrer Residenz an; dort richtete Lucrezia ihren Hofstaat ein. Dieses berühmte Schloß dauert noch als eines der imposantesten Monumente des Mittelalters. Es überragt ganz Ferrara und ist auf Meilenweite sichtbar. Seine dunkelrote Farbe, sein düsterer Ernst bei vollkommen zu nennender architektonischer Regelmäßigkeit, seine vier mächtigen Türme bringen eine fast schauerliche Wirkung hervor, zumal wenn sich in der Mondnacht der Schatten dieser Türme in dem Wasser der Gräben spiegelt, von denen die Burg noch heute wie in alten Zeiten umgeben ist. Dem Betrachter erscheinen dann die Gestalten der merkwürdigen Menschen, welche dies Schloß einst bewohnt oder belebt haben, Ugo und Parisina Malatesta, Borso, Lucrezia Borgia und Alfonso, René von Frankreich und Calvin, Ariosto, Alfonso II., der unglückliche Tasso und Eleonora.

Das Kastell Vecchio hatte der Marchese Nicolò im Jahre 1385 errichten lassen, infolge eines Aufstandes der Bürgerschaft. Seine Nachfolger vollendeten dasselbe und schmückten es im Innern aus. Bedeckte Gänge verbanden es mit der Residenz gegenüber dem Dom. Ehe Ercole Ferrara nach der Nordseite erweiterte, stand diese Burg am Ende der Stadt und an ihren Mauern. Einer der Türme des Schlosses, Turm des Löwen genannt, deckte dort das Stadttor. Ein Poarm, welcher damals nahe vorüberfloß, versorgte die Gräben mit Wasser, und über diese führten Zugbrücken.

Zur Zeit Lucrezias war überhaupt die Gestalt des Schlosses nur in seiner wesentlichen Form die heutige; denn die Turmaufsätze sind späteren Ursprungs; die Türme selbst waren niedriger; sie und alle Mauern hatten Zinnen, wie die Burg der Gonzaga in Mantua. Ringsum standen die Kanonen, welche Alfonso hatte gießen lassen. Das Innere bildete einen viereckigen, gepflasterten Hof mit Arkaden. Man zeigte dort Lucrezia die Stelle, wo Nicolaus III. im Jahre 1425 seinen unglücklichen Sohn Ugo und dessen Stiefmutter, die schöne Parisina, hatte enthaupten lassen, und diese grauenvolle Stätte mahnte die Tochter Alexanders, ihrem Gatten treu zu sein.

Breite Marmortreppen führten in die zwei Geschosse der Burg, von denen das untere die Residenz der Fürsten war, eine Reihe von Sälen und Gemächern. Im Lauf der Zeit sind diese so verändert worden, daß auch die kundigsten Kenner Ferraras gestehen, nicht mehr zu wissen, wo die Wohnung Lucrezias lag. Auch von den Gemälden, mit welchen die Este ihr Schloß schmücken ließen, ist wenig mehr übrig geblieben, als einige Fresken von Dossi und einem anderen Meister.

Dieses Schloß war immer eine düstere Residenz von fast bedrükkender Schwere. Es entsprach dem Charakter Ferraras. Denn noch heute macht diese Stadt den Eindruck von monotonem Ernst. Wenn man von den Zinnen der Burg auf die meilenweite, reich bebaute aber doch einförmige Fläche blickt, deren Horizont nicht schön ist, weil die Alpen Veronas nur in der Ferne sich andeuten, und der nähere Apennin sich nicht bedeutend genug darstellt; wenn man in die schwärzlichen Massen der Stadt selbst niederblickt, so wundert man sich, daß hier die heitere Dichtung Ariostos entstanden ist. Denn den Himmel, das Land und das Meer für seine Inspiration würde man eher in jenem elysischen Sorrento suchen, welches die Wiege Tassos war: ein Beweis mehr für die oft wahrgenommene Wahrheit, daß die dichterische Phantasie vom Lokal unabhängig ist.

Ferrara liegt in einer ungesunden Ebene, welche die Arme des Po und viele Kanäle durchschneiden. Der Hauptstrom selbst gibt weder der Stadt noch ihrer Landschaft Leben, weil er mehrere Millien entfernt bleibt. Feste Mauern mit vier Toren umgaben die Stadt von allen Seiten. Außer dem Kastell Vecchio am Nordende bestand noch zur Zeit Lucrezias das Kastell Tealto oder Tedaldo auf der südwestlichen Seite. Diese Festung stand an einem Poarm und hatte ein Tor, durch welches man in die Stadt ging, während eine Schiffbrücke in die jenseitige Vorstadt Sankt Georg führte. Durch jenes Tor hatte Lucrezia ihren Einzug gehalten. Heute besteht nichts mehr vom Kastell Tedaldo. Es wurde im Anfang des 17. Jahrhunderts abgerissen, als der Papst, nach der Vertreibung des Nachkommen Alfonsos aus Ferrara, die neue große Festung erbauen ließ.

Geräumige Plätze und regelmäßige Straßen mit Portiken durchzogen Ferrara. Auf dem Hauptplatz stand der Dom, ein ansehnlicher Bau gotisch-lombardischen Stils vom Jahre 1135, wo er geweiht wurde. Seine hohe, dreifach geteilte und gegiebelte Fassade mit drei Reihen von halbgotischen und romanischen Bogen, die auf Säulen ruhen, und mit den altertümlichen Skulpturen, von der Zeit ganz geschwärzt, macht eine befremdende Erscheinung von mittelalterlicher Originalität und bizarrer Romantik. Nichts überrascht heute in Ferrara so sehr, als der erste Anblick dieser Domfassade. Man glaubt eine Gestalt aus der Fabelwelt Ariostos vor sich zu sehen. Gegenüber der einen Langseite der Kathedrale steht noch der gotische Palast della Ragione und standen zwei alte Türme, von denen der eine Rigobello hieß. Der Fassade gegenüber lag die Residenz der Este, worin Ercole wohnte und wo einst Eugen IV. gewohnt hatte, als er das berühmte Konzil in Ferrara hielt. Vor ihr erhoben sich die Standbilder der zwei großen Fürsten Ferraras, Nicolaus' III. und Borsos, die erste eine Reiterfigur, die andere eine sitzende Statue, beide auf Säulen gestellt und deshalb von kleinen Verhältnissen. Die verstümmelten Säulen stehen noch am Durchgangsbogen; die Statuen wurden im Jahre 1796 zerstört.

Die Este wetteiferten mit anderen Fürsten und Republiken im Bau von Kirchen und Klöstern, an denen Ferrara noch reich ist. Die ansehnlichsten derselben waren um das Jahr 1500 S. Domenico, S. Francesco, S. Maria in Vado, S. Antonio, S. Giorgio vor der Porta Romana, das Kloster Corpus Domini und die Certosa. Alle sind mehr oder weniger erneuert worden, und obwohl einige durch schöne Verhältnisse und Räumlichkeit ausgezeichnet sind, haben sie doch keine hervorragende künstlerische Individualität.

Seit dem 15. Jahrhundert erfüllte sich auch Ferrara mit Palästen, die noch jetzt die verödete Stadt zieren und bedeutende Glieder in der Geschichte der Baukunst zu nennen sind, von der Frührenaissance bis zum Übergang in den Barockstil. Manche sind in kläglichem Verfall. Am Ende des 14. Jahrhunderts baute der Markgraf Alberto die Paläste del Paradiso (die heutige Universität) und Schifanoja. Ercole errichtete den Palast Pareschi. Überhaupt war er der Erneuerer Ferraras. Er erweiterte die Stadt, indem er ihr nach Norden ein neues Quartier hinzufügte, die Addizione Erculea. Sie ist noch heute der glänzendste Stadtteil des modernen Ferrara. Zwei lange und breite Straßen durchschneiden denselben, der Corso di Porta Po mit seiner Fortsetzung Corso di Porta Mare, und die Strada dei Piopponi. Wenn man diese totenstillen Straßen durchwandert, erstaunt man über die lange Reihe von schönen Palästen der Renaissance, die noch die Denkmäler eines reichen Lebens sind, welches jetzt ausgestorben ist. Ercole legte dort einen großen Platz an, um welchen her der Adel Paläste aufführte. Er heißt heute Piazza Ariostea, weil in seiner Mitte das Denkmal des großen Poeten steht. Es ist vielleicht das schönste eines Dichters überhaupt; denn hoch und frei erhebt sich dies marmorne Standbild auf einer herrlichen Säule, so daß es auf ganz Ferrara niederblickt. Auch die Geschichte dieses Monuments gibt ihm einen hohen Reiz. Ursprünglich sollte auf dem Platz die Reiterstatue Ercoles über zwei Säulen aufgestellt werden. Man brachte dieselben zu Schiff auf dem Po herbei, und die eine versank. Die andere benutzte man im Jahre 1675, um das eherne Standbild des Papstes Alexander VII. darauf zu stellen. Dieses wurde in der Revolution des Jahres 1796 herabgeworfen und durch die Statue der Freiheit ersetzt, deren feierlicher Aufstellung der General Napoleon Bonaparte beiwohnte. Drei Jahre später warfen die Österreicher die Freiheit von der Säule herab, welche stehen blieb, bis im Jahr 1810 die Kaiserstatue Napoleons darauf erhoben wurde. Sie fiel, als der Kaiser selbst unterging, und im Jahre 1833 stellte Ferrara auf ebendiese Säule das Standbild Ariostos. Kein Wechsel politischer Herrschaft und keine Menschenhand wird jemals mehr dieses Bild von dem hohen Kapitell herabstürzen, wo es seine unsterbliche Dichtung schützt.

In den neuen Anlagen Ercoles entstanden prächtige Paläste. Sein Bruder Sigismondo baute den großartigen Palast Diamanti, worin heute die Bildergalerie Ferraras aufgestellt ist. Die Trotti, Castelli und Sacrati, und die Bevilacqua errichteten ihre Privatpaläste, die noch dauern. Ein reicher Adel, zum Teil alten Grafengeschlechtern angehörend, bewohnte überhaupt Ferrara; es gehörten zu ihm außer jenen Familien die Contrarii, Pii, Costabili, die Strozzi, Saraceni und Boschetti, die Roverella, Muzzarelli und Pendaglia.

Die ferrarische Aristokratie war längst aus der Periode der städtischen Parteikämpfe und des feudalen Trotzes herausgetreten und höfisch geworden. Die Este und namentlich der kriegerische Nicolaus III. hatten diese Barone, welche ursprünglich auf ihren Landburgen saßen, unterworfen und gezähmt. Sie waren jetzt im Fürstendienst, bekleideten die ansehnlichsten Hof- und Staatsämter und dienten als Hauptleute im Heer. Sie nahmen auch, und vielleicht lebhafter als es der Adel in anderen Staaten Italiens tat, an der geistigen Kultur Anteil, weil diese selbst wesentlich das Werk der Fürsten von Este war. Manche Namen großer Herren glänzen deshalb in der Literatur Ferraras jener Zeit.

Die Hochschule blühte dort schon seit der Mitte des 15. Jahrhunderts so sehr empor, daß sie neben Padua und Bologna eine der berühmtesten Italiens war. Der Markgraf Alberto hatte sie im Jahre 1391 eröffnet, dann reformierte sie Nicolaus III. Ihren Glanz gaben ihr Lionello und Borso. Lionello war Schüler des berühmten Guarino von Verona und selbst in allen Wissenschaften hoch gebildet, der Freund und auch der Abgott der Humanisten seines Zeitalters. Mit Begeisterung sammelte auch er seltene Handschriften oder ließ sie kopieren. Er begründete die Bibliothek, und Borso setzte diese Bestrebungen mit gleichem Eifer fort.

Schon im Jahre 1474 zählte die Universität Ferrara fünfundvierzig wohlbesoldete Professoren. Ercole vergrößerte sie. Im ersten Jahre seiner Regierung wurde auch der Buchdruck eingeführt.

Im Naturell des Volkes von Ferrara scheint, wie im Wesen der Stadt, ein Grundzug von Ernst hervorzutreten, welcher die Spekulation und die Kritik, wie die exakten Wissenschaften beförderte. Aus Ferrara ging Savonarola hervor, der fanatische Prophet in der moralischen Wüste der Zeit der Borgia, und wohl mochte sich Lucrezia oft dieses Mannes erinnern, in welchem ihr Vater den Protest aller noch gläubigen oder sittenreinen Menschen gegen sein Papsttum durch Henkershand hatte ersticken lassen.

Die Astronomie und Mathematik, die Naturwissenschaft überhaupt und die Medizin, welche damals wie jene einen Bestandteil der philosophischen Disziplin ausmachte, waren in Ferrara besonders in Blüte. Savonarola selbst hatte Medizin studieren sollen; sein Großvater Michele, ein berühmter Arzt Paduas, war durch Nicolaus III. nach Ferrara gezogen worden. Als Mediziner, Mathematiker und Philosoph und auch als Philologe glänzte daselbst seit 1464 der Vicentiner Nicolò Leoniceno, zu dessen Füßen die später berühmtesten Gelehrten und Dichter Italiens saßen. Er war noch der Stolz Ferraras, als Lucrezia hierherkam, während der große Mathematiker Domenico Maria Novara damals in Bologna lehrte, wo Kopernikus sein Schüler geworden war.

Aus der Hochschule Ferraras gingen gefeierte Humanisten hervor, die zur Zeit der Ankunft Lucrezias noch Kinder oder Jünglinge waren, wie die beiden Giraldi und jener geniale Celio Calcagnini, der ihr ein Hochzeitsgedicht geweiht hatte. Alle solche Männer waren am Hof der Este gern gesehen, weil sie selbst vielseitige und auch formgewandte Persönlichkeiten waren. Denn erst später, nachdem die Arbeitsteilung in der Wissenschaft und ihre notwendige Fachbegrenzung eingetreten war, verwandelte sich das lebendige Gelehrtentum der Humanität in das Pedantenwesen der Zunft.

Es ist aber wesentlich die Dichtkunst und eine besondere Form in ihr, welche dieser Stadt Ferrara gerade in der Zeit Lucrezias ein ganz eigenartiges und durchaus romantisches Gepräge gab. Erst durch diese wurde auch sie eine der Städte, welche noch für die späten Enkel Wallfahrtsorte der Zivilisation sind. Ferrara erzeugte viele Dichter in beiden Sprachen, der lateinischen und italienischen. Fast alle jene Gelehrten dichteten lateinisch. Die meisten waren freilich nur frostige Verskünstler, aber einige jener Ferraresen erhoben sich doch zum ersten Range in der poetischen Literatur, so daß sie auch heute noch nicht vergessen sind. Es waren dies vor allem die beiden Strozzi, Vater und Sohn, und Antonio Tebaldeo. Doch bedeutender als diese neulateinischen Dichter traten diejenigen Poeten hervor, welche das romantische Kunstepos in der italienischen Sprache fortbildeten und vollendeten. Der schwelgerische und glanzvolle Hof Ferraras mit der wilden Romantik des Hauses Este, dessen Geschichte der mittelalterlichen Heldenzeit wesentlich angehört, mit dem vornehmen Adel und modernen Rittertum, begünstigte schon an sich die Kultur jenes Epos, während auch die Stadt Ferrara mit ihrer eigenen Geschichte und ihrem architektonischen Gepräge dafür ein günstiger Boden war. In Ferrara gibt es so wenig ein Monument des römischen Altertums wie in Florenz; alles gehört hier dem Mittelalter an. Bojardo, den berühmten Dichter des Orlando inamorato, fand Lucrezia nicht mehr am Hofe Ercoles, seines Freundes; aber vielleicht lebte noch der blinde Sänger des Mambriano, Francesco Cieco. Wie Ariosto, der diese beiden Vorgänger bald verdunkeln sollte, huldigend Lucrezia entgegentrat, haben wir gesehen.

Minder glücklich, als die Wissenschaften und die Poesie, waren in Ferrara die bildenden Künste; aber wenn sie auch nicht Meister ersten Ranges hervorbrachten, wie Rafael oder Tizian, so nahmen doch auch sie eine nicht unbedeutende Stelle in der italienischen Kultur ein. Die Este pflegten die Malerei; ihre Paläste ließen sie mit Fresken zieren, von denen sich noch manche durch Originalität bemerkenswerte erhalten haben, wie jene, die im Palast Schifanoja im Jahre 1840 wieder entdeckt worden sind. Eine einheimische Schule machte sich schon um die Mitte des 15. Jahrhunderts namhaft; ihr Haupt war Cosimo Tura. Aus ihr gingen zwei ausgezeichnete Maler hervor, Dosso Dossi und Benvenuto Tisio, der unter dem Namen Garofalo als einer der glücklichsten Schüler Rafaels berühmt wurde. Die Werke dieser Künstler – sie waren Zeitgenossen Lucrezias, Garofalo ein Jahr jünger als sie – schmücken noch viele Kirchen Ferraras und sind die Hauptzierden der dortigen Galerie.

Dies war, in ihren wesentlichen Zügen, die Stadt Ferrara und ihr geistiges Wesen um das Jahr 1502. Man erkennt daraus, daß sie neben dem höfischen Glanz und der politischen Bedeutung als Haupt des Staates, auch ein reiches inneres Leben besaß. Chronisten behaupten, daß ihre damalige Einwohnerzahl hunderttausend Seelen betrug; wenn das auch übertrieben ist, so mochte doch Ferrara am Anfang des 16. Jahrhunderts, seiner Blütezeit, volkreicher als Rom sein. Sie war eine wohlhabende Stadt, worin neben dem Adel auch eine tätige Bürgerschaft durch Industrie, namentlich in Tuchfabrikation, und durch Handel zum ruhigen Genuß des Lebens kam.

V

Aufmerksam verfolgte Alexander alles, was in Ferrara vorging. Er verlor seine Tochter nicht aus dem Auge. Sie und seine Agenten unterrichteten ihn über jedes Zeichen von Gunst oder Mißgunst, welches sie empfing. Wohl folgten auf die Ernüchterung nach den Hochzeitsfesten für Lucrezia peinvolle Zeiten, wo sie dem Neide und dem Argwohn mit Takt zu begegnen und sich einen festen Boden am Hof zu erringen hatte. Ihre Meldungen befriedigten Alexander, namentlich in bezug auf das Verhalten Alfonsos. Er setzte nicht voraus, daß der Erbprinz von Ferrara seine Tochter liebe; es kam ihm nur darauf an, daß er sie als seine Gattin behandelte und zur Mutter eines Prinzen machte. Mit großer Befriedigung sprach er sich zum ferrarischen Gesandten aus, nachdem er gehört hatte, daß Don Alfonso zur Nachtzeit Lucrezia besuche: „Er geht zwar am Tage anderswohin seinen Freuden nach, da er jung ist, doch daran tut er sehr recht", so urteilte Se. Heiligkeit.

Er setzte es auch durch, daß der Herzog seiner Schwiegertochter statt einer Rente von sechstausend Dukaten, wie er wollte, eine größere Summe auswarf. Denn Lucrezia war liberal und brauchte viel. Doch mehr als zehntausend Dukaten erlangte sie von ihrem Schwiegervater nicht.

Unterdes schickte sich Cesar an, die Unternehmungen durchzuführen, deren Erfolg ihm die Verschwägerung mit Ferrara und die Zustimmung Frankreichs sicherten. Nachdem er den jungen Astorre Manfredi in der Engelsburg hatte erwürgen lassen, brach er am 13. Juni nach der Romagna auf. Er umgarnte den arglosen Guidobald von Urbino und bewältigte dann plötzlich dessen Staat. Dies geschah am 21. Juni. Der flüchtige Herzog erreichte das Asyl von Mantua; dann ging er mit seiner Gemahlin nach Venedig.

Jetzt wandte sich Cesar gegen Camerino: Er überlistete dort die Varano und ließ dann diese Signoren abtun; nur ein einziger entkam. Von allen diesen Taten gab er dem Hof von Ferrara Meldung, und der Herzog errötete nicht, ihm zu Freveln Glück zu wünschen, wodurch ihm befreundete, ja nahe verwandte Fürsten den Untergang gefunden hatten. Aus Urbino schrieb Cesar diesen Brief an seine Schwester:

„Erlauchte Herrin und unsere teuerste Schwester. Ich halte für gewiß, daß es für die augenblickliche Krankheit Ew. Exzellenz keine wirksamere und heilsamere Medizin geben kann, als gute und glückliche Nachrichten zu bekommen. Wir geben Ihnen kund, daß wir in diesem Augenblick die Gewißheit von der Einnahme Camerinos empfangen haben. Wir bitten Sie diese Neuigkeit dadurch zu ehren, daß Ihr Zustand sich wirklich bessert, und dies uns wissen zu lassen. Denn Ihre Unpäßlichkeit verwehrt uns, sowohl über diese als über andere Nachrichten Freude zu empfinden. Wir bitten Sie auch, Gegenwärtiges dem Erlauchten Herrn Don Alfonso, Ihrem Gemahl und unserem Schwager, als unserem geliebtesten Bruder mitzuteilen, welchem wir aus Eile diesmal nicht selber schreiben. Urbino, am 20. Juli 1502. Ew. Herrlichkeit Bruder, der Sie wie sich selbst liebt. Cesar."

Bald darauf überraschte er seine Schwester durch einen Besuch im Palast Belfiore, wo er verkleidet mit fünf Reitern am 28. Juli eintraf. Er blieb kaum zwei Stunden bei ihr, und reiste dann, von seinem Schwager Alfonso bis nach Modena begleitet, eilig ab, um sich zum Könige Frankreichs nach der Lombardei zu begeben.

Unterdes hatte Alexander über das eroberte Camerino eine Bestimmung getroffen, die den Absichten Cesars geradezu widersprach und ihm bewies, daß der Wille seines Vaters denn doch nicht ganz in seiner Gewalt stehe. Am 2. September 1502 verlieh er Camerino als Herzogtum jenem Infanten Giovanni Borgia, welchen er bald seinen, bald Cesars Sohn nannte und bereits mit Nepi ausgestattet hatte. Alle diese Besitzungen verwaltete für das Kind sein Vormund, der Kardinal von Cosenza, Francesco Borgia. Es gibt Münzen dieses ephemeren Herzogs von Camerino.

Am 5. September gebar Lucrezia eine tote Tochter, zum tiefen Verdruß Alexanders, welcher auf die Geburt eines Thronerben gehofft hatte. Sie erkrankte auf den Tod. Ihr Gemahl Alfonso bewies ihr die innigste Zuneigung; er entfernte sich kaum von ihrem Krankenlager. Am 7. September kam Cesar, seine Schwester zu besuchen. Es gab davon an diesem Tage der Sekretär Castellus dem Herzog Ercole Nachricht, welcher sich in Reggio befand, wo er mit dem aus der Lombardei rückkehrenden Cesar eine Zusammenkunft gehabt hatte. „Heute", so schrieb er ihm, „haben wir um die zwanzigste

Stunde Madonna am rechten Fuß die Ader geschlagen; dies war unglaublich mühevoll, und ohne den Herzog der Romagna, welcher ihr den Fuß hielt, wäre es nicht möglich gewesen. Ihre Herrlichkeit hat sich zwei Stunden lang mit dem Herzog erheitert, der sie zum Lachen bringt und ihr guten Mut einflößt." Lucrezia fügte ein Kodizill zu ihrem Testament, welches sie bereits vor ihrer Abreise von Rom nach Ferrara gemacht hatte, im Beisein des Sekretärs ihres Bruders und einiger Mönche. Doch sie erholte sich. Cesar blieb zwei Tage bei ihr, dann begab er sich nach Imola. Als der Herzog Ercole selbst eintraf, fand er seine Schwiegertochter in der Behandlung des geschicktesten der Ärzte Alexanders, des Bischofs von Venosa, und außer Gefahr.

Weil sich Lucrezia in dem Kastell Vecchio bedrückt fühlte und eine bessere Luft zu atmen wünschte, zog sie am 8. Oktober in das Kloster Corpus Domini. Der ganze Hof geleitete sie dorthin. Sie stellte ihre Gesundheit her, so daß sie schon am 22. Oktober ihre Residenz im Schloß wieder beziehen konnte, zur großen Freude aller, wie der Herzog Ercole selbst nach Rom schrieb. Alfonso ging sogar nach Loretto, um ein Gelübde zu lösen, welches er für die Herstellung seiner Gattin gemacht hatte. Die Achtung und Teilnahme, die man Lucrezia bei dieser Gelegenheit bewies, zeigte, daß sie in Ferrara beliebt zu werden anfing.

In demselben Monat Oktober fand jene Erhebung der Condottieri Cesars statt, die ihn dem Untergang nahebrachte. Infolge des Abfalls seiner Generale erhob sich auch das Land Urbino, und Guidobaldo konnte am 18. Oktober sogar in seine Hauptstadt wieder einziehen. Aber der Schutz Frankreichs und die Verblendung der Mutlosen retteten den Herzog der Romagna aus der größten Gefahr; am 31. Dezember entledigte er sich jener Barone durch den bekannten Handstreich in Sinigaglia. Es war sein Meisterstück. Vitellozzo und Oliverotto ließ er sofort erwürgen; die Orsini, Paul, der Schwiegervater der Hieronyma Borgia, und Francesco, der Herzog von Gravina, welcher ehedem Lucrezias Gatte hatte werden sollen, fanden am 18. Januar 1503 das gleiche Ende.

Der Herzog von Ferrara schickte Cesar Glückwünsche. Auch die Gonzaga taten dasselbe. Selbst Isabella, die ihre geliebte Schwägerin aus Urbino hatte vertreiben und deren Gatten zum zweiten Mal von dort hatte fliehen sehen, schrieb ihm artige Briefe. Mit dessen Tochter Luise wollten die Gonzaga nun wirklich ihren kleinen Erbprinzen Federigo verloben, und schon betrieben sie dieses Geschäft in Rom durch die Vermittlung des Francesco Trochio. Hier ist ein solcher kläglicher Brief Isabellas an Cesar.

„Dem Herrn Herzog von Valence.

Erlauchtester ... Über die glücklichen Fortschritte Ew. Exzellenz, welche Sie uns mit einem liebevollen Schreiben mitteilten, haben wir all die Freude und Genugtuung empfunden, die der wechselseitigen Freundschaft und dem Wohlwollen entspricht, welches zwischen Ihnen und unserem Erlauchten Herrn Gemahl besteht, und so beglückwünschen wir Sie in seinem und unserem Namen wegen aller Sicherheit und allem Glück, das Ihnen geworden ist, und wir danken Ihnen für die Mitteilung und das Anerbieten, uns die ferneren Vorgänge kund zu tun; worin wir Sie bitten, in Ihrer Güte fortzufahren. Denn da wir Sie so lieben, wie wir tun, wünschen wir öfters von Ihren Unternehmungen zu hören, um uns mit Ihnen über das Wohl und die Erhöhung Ew. Exzellenz freuen zu können. Weil wir glauben, daß Sie nach den Anstrengungen und Mühen, welche Sie bei diesen Ihren ruhmvollen Unternehmungen erduldet haben, auch der Erholung eine Stelle geben wollen, so schien es mir gut, Ihnen durch unseren Kurier Johann hundert Masken zu schicken. Wir erkennen freilich, wie gering dieses Geschenk im Verhältnis zur Größe der Verdienste Ew. Exzellenz und zu unserer Gesinnung ist; doch sei es ein Zeugnis dafür, daß wenn sich in diesem unserem Lande irgend etwas Würdigeres und Passenderes vorfände, wir dasselbe Ihnen viel lieber senden wollten. Wenn außerdem die Masken nicht so schön sein sollten, als sich gebührte, so möge Ew. Hoheit das auf Rechnung der Meister von Ferrara setzen. Denn weil dort schon seit vielen Jahren verboten ist, öffentlich maskiert zu gehen, so haben sie aufgehört, solche zu machen. Möge daher unser guter Wille und unsere Liebe das Mangelnde ersetzen. Was unsere Angelegenheit betrifft, so ist nichts weiteres davon zu sagen, bevor nicht Ew. Exzellenz uns den Entschluß Sr. Heiligkeit unseres Herrn über den Artikel der Garantie mitteilt, welchen wir derselben durch Brognolo haben auseinandersetzen lassen. Und so bleiben wir in Erwartung, um zum Abschluß zu kommen. Wir empfehlen uns Ihnen zu Dienst. Am 15. Januar 1503."

Cesar antwortete der Markgräfin in folgendem Brief aus Aquapendente:

„Erlauchteste Herrin, Gevatterin und unsere geehrte Schwester.

Wir empfingen das Geschenk Ew. Exzellenz von hundert Masken, die mir wegen ihrer großen Mannigfaltigkeit und besonderen Schönheit sehr willkommen sind, und noch mehr, weil gerade Zeit und Ort ihres Eintreffens nicht geeigneter sein konnten, wie als hätte Ew. Exzellenz uns Gesetz und Ordnung unserer Unternehmungen und unserer Rückkehr nach Rom vorgeschrieben. Denn wir hatten an demselben Tage Stadt und Landschaft Sinigaglia mitsamt den Festungen bezwungen, den perfiden Verrat unserer Feinde gerechterweise bestraft, dann auch Città di Castello, Fermo, Cisterna, Montone und Perugia von der Tyrannei befreit und zum Gehorsam Seiner Heiligkeit Unseres Herrn zurückgebracht, und jetzt auch von der Tyrannengewalt, die er sich in Siena angemaßt, Pandolfo Petrucci abgesetzt, der sich gegen Uns als ein so grimmiger Feind erwiesen hat. Und vor allem sind Uns die genannten Masken deshalb sehr lieb, weil sie aus dem brüderlichen und besonderen Wohlwollen herkommen, welches Sie, wir sind dessen gewiß, zugleich mit Ihrem Erlauchtesten Herrn Gemahl für uns hegen; und das zeigen Sie vorzugsweise durch den sehr liebenswürdigen Brief, welchen Sie uns mit diesem Geschenk gesendet haben. Wegen aller dieser Dinge würden Wir Ihnen brieflich unzählige Male danken müssen, wenn die Größe Ihrer Verdienste um Uns und derjenigen Ihres Erlauchten Herrn Gemahls nicht die Demonstration von Worten von sich wiese, da es sich um tatsächliche Wirkungen handelt. Wir werden die Masken gebrauchen, und ihre vollkommene Schönheit wird uns der Mühe überheben, für anderen Schmuck zu sorgen. Was unsere gemeinschaftliche Verschwägerung betrifft, so beharren Wir eifrig darauf; bei diesem unserem Zuge nach Rom werden wir dahin wirken, daß S. Heiligkeit Unser Herr dieselbe zur Ausführung bringt. Dem Gefangenen werden wir, wie Ew. Exzellenz von Uns begehrt, die Freiheit geben. Wir werden uns sofort darüber Information einschicken lassen, und sobald wir diese haben, Eurer Erlauchten Herrlichkeit unverzüglich zu Ihrer Genugtuung willfahren. Der Wir uns empfehlen. Aus dem päpstlichen Lager bei Aquapendente am 1. Februar. Ew. Exzellenz Gevatter und Bruder der Herzog der Romagna usw. Cesar.“

Er näherte sich damals dem Gipfel seiner Wünsche, der Königskrone Mittelitaliens; aber dieser kühne Gedanke blieb ein Traum. Ludwig XII. verbot ihm, weiter um sich zu greifen. Die Orsini (auch der Kardinal dieses Hauses war eben in der Engelsburg vergiftet worden) und andere Barone der römischen Landschaften erhoben sich zu einem Verzweiflungskampf, weshalb er nach Rom eilen mußte. Hier begannen Alexander und sein Sohn sich zu Spanien hinzuwenden, nachdem Consalvo die Franzosen im Königreich Neapel vernichtet hatte und am 14. Mai in die Hauptstadt des Landes eingezogen war. Aber Ludwig XII. sandte zur Wiedereroberung Neapels ein neues Heer unter La Tremouille, wobei in seinem Solde auch der Markgraf von Mantua diente, und diese Armee rückte im August 1503 bis ins Patrimonium Petri vor.

Da erkrankten Alexander und Cesar an einem und demselben Tage. Der Papst starb am 18. August. Daß beide zugleich vergiftet wurden, ist behauptet und geleugnet worden, und so viel Gründe auch für die eine und die andere Ansicht geltend zu machen sind, so bleibt doch die Tatsache unentschieden.

Der Tod ihres Vaters war für Lucrezia, abgesehen von allen persönlichen Empfindungen, ein Ereignis, welches ihre Stellung in Ferrara ins Schwanken bringen konnte. Denn die Macht Alexanders war für sie ein fester Halt gewesen, und noch mochte sie der dauernden Zuneigung weder ihres Schwiegervaters noch ihres Gemahles gewiß sein. Vielmehr konnte sich jetzt Alfonso dessen erinnern, was einst Ludwig XII. gesagte hatte, daß er nach dem Tode Alexanders VI. nicht mehr wissen werde, wer die Dame sei, mit der er sich vermählt habe. Derselbe König fragte eines Tages den Gesandten Ferraras an seinem Hof, ob er wisse, wie Madonna Lucrezia den Tod des Papstes aufgenommen habe. Als der Minister dies verneinte, sagte Ludwig zu ihm: „Ich weiß, daß Ihr niemals mit dieser Heirat zufrieden gewesen seid; diese Madonna Lucrezia ist auch nicht die wirkliche Gemahlin des Don Alfonso.“

Es würde Lucrezia erschreckt haben, wenn sie den Brief hätte lesen können, den ihr Schwiegervater an seinen Gesandten im damals französischen Mailand, Giangiorgio Seregni, schrieb, und worin er seinem Gefühl beim Tode Alexanders Ausdruck gab.

„Giangiorgio. Um dich über das aufzuklären, wonach du von vielen gefragt wirst, ob nämlich der Tod des Papstes Uns Kummer bereitet, so geben Wir dir zu wissen, daß er Uns in keiner Weise unlieb ist. Vielmehr zur Ehre Gottes unseres Herrn, und zum allgemeinen Besten der Christenheit haben Wir schon früher gewünscht, daß Gottes Güte und Vorsehung für einen guten und musterhaften Hirten sorgen möge, und daß von seiner Kirche ein so großer Skandal genommen werde. Was Uns im Besonderen betrifft, so können wir nichts anderes wünschen; denn die Rücksicht auf die Ehre Gottes und das allgemeine Wohl wird bei Uns maßgebend sein. Doch außerdem sagen Wir dir, daß es nie einen Papst gab, von welchem Wir weniger Gunstbezeugungen empfangen haben, als von diesem, auch nach der mit ihm geschlossenen Verwandtschaft. Nur mit Not erhielten Wir dasjenige von ihm, wozu er verpflichtet war. Doch in keiner anderen großen oder kleinen Sache ist er Uns gefällig gewesen. Daran ist, so glauben Wir, zum großen Teil der Herzog der Romagna schuld; denn, weil er mit Uns nicht so verfahren konnte, wie er wohl verfahren wollte, behandelte er Uns wie ein Fremder; nie war er offenherzig zu Uns, nie hat er Uns seine Pläne mitgeteilt, noch teilten Wir ihm die unsrigen mit. Zuletzt, da er sich zu Spanien neigte, während Wir gute Franzosen blieben, hatten Wir weder vom Papst, noch von Sr. Herrlichkeit etwas Freundliches zu hoffen. Deshalb hat Uns dieser Todesfall nicht betrübt, weil Wir nichts als Übles von der Größe des vorgenannten Herrn Herzogs zu erwarten hatten. Wir wollen, daß du dieses Unser vertrauliche Bekenntnis wörtlich dem Herrn Großmeister (Chaumont) mitteilst, welchem Wir unsere Empfindungen nicht verhehlen wollen; doch zu anderen sprich davon mit Zurückhaltung, und dann schicke diesen Brief zurück an den ehrwürdigen Herrn Gian Luca unseren Rat. Belriguardo am 24. August 1503."

Diese Sprache war sehr aufrichtig. Im Angesicht der großen Vorteile, welche seinem Staat aus der Verbindung mit Lucrezia erwachsen waren, hätte man Ercole vielleicht undankbar nennen können, aber er hatte diese Heirat stets nur als ein Geschäft angesehen, und was sein Verhältnis zu Cesar betraf, so war seine Auffassung richtig.

Hören wir nun, was ein anderer berühmter und mit den Borgia sehr vertrauter Fürst vom Tode jenes Papstes schrieb. Der Markgraf von Mantua befand sich zur Zeit dieses Ereignisses bei der französischen Armee und in seinem Hauptquartier zu Isola Farnese, wenige Meilen vor Rom. Von dort aus schrieb er seiner Gemahlin Isabella am 22. September 1503:

„Erlauchte Herrin, unsere geliebteste Gemahlin. Damit Ew. Herrlichkeit gleich uns über den Hingang des Papstes unterrichtet sei, teilen wir Ihnen folgendes mit: als er krank wurde, begann er in einer Weise zu reden, daß, wer seine Gedanken nicht verstand, glauben mußte, er rede irre, obwohl er mit vollem Bewußtsein sprach; seine

Worte waren: ‚Ich komme, es ist so richtig, warte nur noch ein weniges.' Diejenigen, welche sein Geheimnis verstanden, klärten es dahin auf, daß er im Konklave, nach dem Tode von Innocenz, mit dem Teufel einen Pakt gemacht und von ihm das Papsttum mit seiner Seele erkauft hatte; unter anderen Artikeln des Pakts lautete einer dahin, daß er auf dem Heiligen Stuhl zwölf Jahre leben sollte, und das ist ihm auch gehalten worden mit einem Zuschuß von vier Tagen. Es gibt auch Menschen, welche versichern, daß sie im Augenblick, da er seinen Geist aufgab, sieben Teufel in seiner Kammer gesehen haben. Als er tot war, begann sein Körper in Gärung zu geraten und sein Mund zu schäumen wie ein Kessel über Feuer; und so dauerte das fort, so lange als er über der Erde war. Er wurde auch ungeheuerlich aufgetrieben, so daß er keine menschliche Gestalt mehr hatte, noch Breite und Länge des Körpers irgend unterscheidbar waren. Zu Grabe wurde er ohne viel Umstände fortgebracht; ein Lastträger schleifte ihn vom Totenbette mit einem Strick am Fuß zu dem Orte hin, wo man ihn begrub, denn niemand wollte ihn berühren. Man gab ihm eine Beisetzung so kläglicher Art, daß jene des zwerghaften Weibes des Lahmen in Mantua dagegen ehrenvoll erscheint. Als Nachruf für ihn findet man täglich die schmachvollsten Epigramme angeheftet."

Die Berichte Burkards, des venezianischen Botschafters Giustinian, des ferrarischen Gesandten Beltrando und viele andere machen mit fast gleichlautenden Worten dieselbe Schilderung, und die Fabel vom Teufel oder Babuino, welcher Alexander geholt habe, ist auch in einem Bericht im Diarium des Marin Sanuto zu lesen. Der hochgebildete Markgraf Gonzaga hielt sie mit derselben Naivität für wahr, wie das gemeine Volk in Rom.

Die Teufelslegende des Faust und Don Juan, die sich augenblicklich an den Tod Alexanders ansetzte – und es fehlte nicht einmal der im S. Peter ruhelos umherlaufende schwarze Hund – drückte das Urteil der Zeitgenossen über das schreckliche Wesen Borgias und sein grenzenloses Glück im Leben aus. So rätselhaft aber ist die moralische Gestalt Alexanders VI., daß sie auch für den scharfsinnigsten Blick des Psychologen ein Geheimnis bleibt.

Wir entdecken in ihm als Quelle seiner Verbrechen weder Ehrgeiz und Herrschsucht, woraus die meisten Frevel der Könige entsprungen sind, noch Menschenhaß, noch Grausamkeit und Lust am Bösen, sondern die Sinnlichkeit und deren edelste Vergeistigung: die Liebe zu den Kindern. Alle Erfahrungen der Psychologie lassen erwarten, daß die Wucht der Sündenschuld aus Alexander einen von Furcht und Wahnsinn verdüsterten Menschen gemacht habe, wie Tiberius oder Ludwig XI. Statt dessen steht vor uns ein immer genußfroher, heiterer und unerschöpfter Lebemann bis in sein spätestes Alter. „Nichts macht ihm Sorge; er verjüngt sich mit jedem Tage", so sagte von ihm der venezianische Botschafter kaum zwei Jahre vor dem Tode des Papstes.

Das Unbegreifliche seines Wesens liegt nicht in den Leidenschaften, denen er verfallen war, noch in den Handlungen, die er beging, denn gleiche und größere Frevel verübten viele Fürsten vor und nach ihm: sondern es liegt darin, daß er sie als Papst beging. Wie war es möglich, daß Alexander VI. diesen Sinnentaumel und diese erbarmungslosen Taten mit dem täglichen Bewußtsein vereinigte, der Hohepriester der Religion oder der Stellvertreter Gottes auf Erden zu sein, für den er sich selber hielt? Hier sind Abgründe in der Menschenseele, zu denen kein Blick hinunter gelangen kann. Womit beschwichtigte er die Mahnungen und Qualen des Gewissens, und wie deckte er dasselbe mit seiner stets heiteren Miene zu? Konnte er an die Unsterblichkeit der Seele und an das Dasein eines Gottes glauben?

Wenn man auf die lebensfrohe Sorglosigkeit blickt, mit welcher er seine Handlungen begleitete, so möchte man behaupten, daß Alexander VI. Atheist und Materialist aus Überzeugung gewesen ist. Es kann für tiefe philosophische und unglückliche Geister einen Standpunkt geben, auf dem ihnen das ganze Treiben der Menschenwelt als ein zweckloses und erbärmliches Puppenspiel erscheint. Mehr als ein Papst und ein Kaiser konnte das bekannte Wort *vanitas omnia vanitas* wiederholen, wenn er im Bewußtsein von seinem eigenen ephemeren Dasein diese blöde Torenwelt, die Schalheit ihrer Freuden und Leiden, ihren Wahn und ihre Furcht, ihre Selbstsucht und ihren Götzendienst betrachtete. Aber wir entdecken in Alexander VI. keine Spur eines Faustischen Geistes, nichts von grübelnder Weltverachtung, nichts von titanischer Skepsis, vielmehr scheint sich in ihm eine ungeheuerliche Naivität des Glaubens mit der Fähigkeit zu jedem Verbrechen gepaart zu haben. Derselbe Papst, welcher dem Bilde der Mutter Jesu die Züge der Ehebrecherin Julia Farnese geben ließ, glaubte unter dem besonderen Schutz jener himmlischen Heiligen zu stehen.

Das Leben Alexanders VI. ist der entschiedenste Gegensatz zum Vorbilde Christi. Das ist so unwiderleglich wahr, daß man dafür keiner anderen Beweise bedarf, als des bloßen Vergleichs der Handlungen dieses Papstes mit den Lehren des Evangelium. Man halte jenen nur die zehn Gebote entgegen: du sollst nicht ehebrechen – du sollst nicht töten – du sollst nicht falsch Zeugnis schwören. – –

Die Tatsache, daß Rodrigo Borgia Papst gewesen ist, wird allen Anhängern der Kirche als das unseligste Ereignis in ihr erscheinen, welches sie bitterer zu verklagen haben, als jeden anderen feindlichen Widerspruch, oder jeden offenen Abfall von ihr. Diese Tatsache kann niemals die Ehrwürdigkeit der Kirche selbst zerstören, der in langer Zeit erhabensten Produktion des Menschengeistes; aber zerstört sie nicht eine ganze Reihe von mystischen Vorstellungen, welche sich an die Idee des Papsttums geheftet haben?

Die Flüche gegen ihren Vater, von denen sofort Italien widerhallte, erreichten schwerlich das Ohr Lucrezias, aber sie ahnte dieselben. Ihre Aufregung muß schrecklich gewesen sein. Ihre ganze Vergangenheit in Rom kam ihr noch einmal zum Bewußtsein und belastete ihre Seele. Ihr Vater war erst der Schöpfer ihres Unglücks, dann aber ihres Glücks gewesen. Kindliche Pietät und religiöse Furcht mußten sie zugleich bestürmen. Bembo hat ihren Schmerz oder ihre Qual geschildert. Dieser nachher so berühmte Mann war seit dem Jahre 1503 an den Hof Ferraras gekommen, wo er, ein junger venezianischer Nobile von der feinsten Bildung und der schönsten Erscheinung, freudig aufgenommen wurde und von Leidenschaft für Lucrezia entflammte. Der vollendete Höfling schrieb an sie folgenden Trostbrief:

„Ich kam gestern zu Ew. Herrlichkeit, teils um Ihnen die Größe meines Kummers um Ihr Unglück zu erkennen zu geben, teils um Sie so gut ich konnte zu trösten, und Sie zu bitten, sich zu beruhigen, da ich vernahm, daß Sie einem unmäßigen Schmerze sich hingeben. Doch weder das eine noch das andere vermochte ich. Denn nicht so bald sah ich Sie in diesem verdunkelten Gemach und in diesem schwarzen Gewande traurig und weinend daliegen, so preßte sich auch alles Gefühl so stark in meinem Herzen zusammen, daß ich lange dastand, ohne reden zu können, oder doch ohne zu wissen, was ich reden sollte. Eher bedurfte ich selbst des Trostes, als daß ich ihn geben konnte, und so ging ich davon, in der Seele von diesem mitleidsvollen Anblick erschüttert, halb stumm und halb stammelnd, wie Sie das bemerkt haben oder bemerken konnten. Vielleicht widerfuhr mir das, weil Sie weder meiner Klage noch meiner Tröstung bedurften; denn meine Ergebenheit und Treue wohl kennend, kennen Sie auch meinen Schmerz um Ihren Schmerz, und Sie schöpfen aus Ihrer unendlichen Weisheit von selbst Trost, ohne ihn von anderen zu erwarten. Deshalb will ich nicht so viel mich selbst anklagen, den seine wenige Kraft in jenem Augenblick verließ. Aber wenn ich sowohl hier als dort Ihnen ein scheinbares Zeichen zu geben habe, so hatte wahrlich das Schicksal kein anderes Mittel, mich vollkommen traurig und unglücklich zu machen, als indem es Ihnen Ursache zur Klage und zur Trauer gab; noch konnte keines seiner Geschosse meine Seele so tief durchdringen als jenes, welches von Ihren Tränen naß, mich durchbohrte. Was sodann den Trost betrifft, so kann ich Ihnen nichts anderes sagen, als Sie möchten eingedenk sein, daß die Zeit jeden unserer Schmerzen mildert und mindert. Diese Zeit aber zu verlängern, statt sie mit Verstand zu verkürzen, ziemt Ihnen um so weniger, je größer die Erwartung von Ihrer Klugheit ist, und die täglichen Beweise Ihrer Seelenstärke lassen deren höchsten Grad bei jedem Ereignis erwarten. Denn obwohl Sie jetzt Ihren Vater verloren haben, der so groß war, daß Fortuna selbst keinen größeren Ihnen geben konnte, so ist das doch nicht der erste Schlag, den Sie von einem feindlichen und boshaften Geschick empfangen haben. Denn so viel Schweres haben Sie zuvor erlitten, daß Ihre Seele jetzt gegen das Unglück gestählt sein muß. Außerdem, da die gegenwärtigen Verhältnisse das erfordern, so darf man niemand glauben machen, daß Sie nicht sowohl um den Sturz, als um den noch dauernden Bestand Ihres Glückes weinen. Doch es ist töricht von mir, Ihnen dies zu schreiben; deshalb will ich schließen, indem ich mich demutsvoll Ihnen empfehle. Leben Sie wohl. Am 22. August 1503. In Ostellato."

VI

Nachdem ihre erste Aufregung sich gelegt hatte, konnte Lucrezia ihr Glück segnen, denn welchem Elend wäre auch sie anheimgefallen, wenn sie damals, statt die Gemahlin Alfonsos zu sein, noch an die Schicksale der Borgia gebunden war. Sie überzeugte sich bald, daß ihre Stellung in Ferrara unerschüttert blieb. Sie verdankte das sowohl ihren eigenen Vorzügen als den dauernden Vorteilen, welche sie dem Haus Este zur Mitgift gebracht hatte. Aber sie sah das Leben der Ihrigen in Rom in Gefahr, wo ihr Bruder Cesar krank lag, wo sich ihr Kind Rodrigo und Giovanni, der Herzog von Nepi, befanden, während die wutentbrannten Orsini herbeieilten, das Blut ihrer Verwandten an den Borgia zu rächen.

Sie bestürmte ihren Schwiegervater, Cesar zu helfen und ihm seine Staaten zu erhalten. Ercole fand es vorteilhafter daß dieser die Romagna behielt, als daß sie in die Gewalt der Venezianer fiel. Er schickte Pandolfo Collenuccio dorthin, um jene Völker zu ermuntern, ihrem Herzog treu zu bleiben. Seinem Gesandten in Rom drückte er seine Freude aus, daß Cesar auf dem Wege der Herstellung sei.

Mit Ausnahme der Romagna begann das zusammengeraffte Reich des Sohnes Alexanders augenblicklich zu zerfallen. Die von ihm verjagten Tyrannen kehrten in ihre Städte zurück. Aus Venedig eilten Guidobaldo und Elisabetta nach Urbino, welches sie jubelnd aufnahm. Und noch früher als sie kam Giovanni Sforza aus Mantua nach Pesaro zurück. Der Markgraf Gonzaga hatte ihm die erste Nachricht von dem Tode Alexanders und dann von der Krankheit Cesars gegeben, und Sforza ihm dafür mit diesem Brief gedankt:

„Erlauchter Herr und geehrter Schwager. Ich danke Ew. Exzellenz für die gute Botschaft, welche Sie mir durch Ihre Briefe gegeben haben, nämlich von dem Zustand des Valentinus. Denn ich habe darüber eine so große Freude empfunden, daß ich hoffe, meinem Unglück jetzt ein Ende zu machen. Ich versichere Sie, daß wenn ich in mein Land zurückkehre, ich mich als das Geschöpf Ew. Exzellenz betrachten will, denn Sie sind mein Gebieter in allem und auch über meine eigene Person. Ich bitte Sie, mir Nachricht zu geben, wenn Sie mehr über den genannten Valentinus, zumal von seinem Tode hören, denn Sie würden mir dadurch eine besondere Freude bereiten. Von Herzen empfehle ich mich Ihnen zu aller Zeit. Mantua, 25. August 1503."

Sforza konnte schon am 3. September dem Markgrafen melden, daß er unter dem Jubel des Volkes in Pesaro eingezogen sei. Alsbald ließ er auf dieses glückliche Ereignis eine Medaille prägen. Sie enthält auf der einen Seite sein Brustbild, auf der anderen ein zerbrochenes Joch mit den Worten PATRIA RECEPTA. Von Rachedurst erfüllt, wütete er nun gegen die Rebellen Pesaros mit Gütereinziehung, Kerker und Todesstrafen. Viele Bürger ließ er an den Fenstern seines Schlosses aufhängen. Auch Collenuccio, der sich in Ferrara unter den Schutz Lucrezias und des Herzogs gestellt hatte, sollte ihm bald in die Hände fallen. Er lockte ihn unter heuchlerischen Versprechungen nach Pesaro, und dann ließ er ihn auf Grund seiner ehedem Cesar Borgia eingereichten Klageschrift, von welcher er jetzt erst Kunde zu haben vorgab, in den Kerker werfen. Collenuccio, seinem ehemaligen Landesherrn und Freunde gegenüber nicht schuldlos, ergab sich in sein Schicksal und erlitt ruhig den Tod im Juli 1504.

Unterdes folgte Lucrezia mit Aufregung den Ereignissen in Rom. Keiner ihrer Briefe an Cesar aus jener Periode ist erhalten, noch einer Cesars an sie. Wir haben nur solche, welche dieser mit dem Herzog von Ferrara wechselte, der nicht aufhörte, ihm zu schreiben. Am 13. September wünschte ihm Ercole Glück zur Wiedererlangung seiner Gesundheit und teilte ihm mit, daß er die Völker der Romagna durch einen Boten zur Treue gegen ihn ermahnt habe.

Diesen Brief erhielt Cesar in Nepi. Denn nachdem er sich durch Vertrag mit dem französischen Botschafter in Rom unter den Schutz Frankreichs gestellt hatte, war er der Aufforderung der Kardinäle gefolgt und am 2. September nach Nepi gezogen. Er nahm seine Mutter Vannozza und seinen Bruder Jofré mit sich und ohne Zweifel auch seine kleine Tochter Luise, wie die beiden Kinder Rodrigo und Giovanni, welcher letztere eben Herzog von Nepi war. Die Nähe der noch in jenem Landgebiet lagernden Armee Frankreichs gab ihm dort Sicherheit. Er schrieb, als wäre nichts geschehen, Briefe an den Markgrafen Gonzaga, der damals sein Hauptquartier in Campagnano hatte. Er schickte ihm sogar Jagdhunde zum Geschenk. Auch von

Jofré ist ein Brief an denselben Gonzaga erhalten, datiert Nepi am 18. September.

Dort erfuhr Cesar, daß sein Beschützer und Freund Amboise nicht, wie er gehofft hatte, seine Wahl zum Papst durchgesetzt habe, sondern daß Piccolomini gewählt worden sei. Am 22. September bestieg dieser alte, schon sterbende Kardinal als Pius III. den Heiligen Stuhl, übrigens ein glücklicher Vater von nicht weniger als zwölf Kindern, Männlein wie Fräulein, welche im Vatikan als Prinzen aufzuführen ihn wohl nur der Tod verhinderte. Er erlaubte Cesar die Rückkehr nach Rom und begünstigte ihn sogar, aber kaum waren diese Borgia am 3. Oktober zurückgekehrt, so erhoben sich die Orsini in Wut, den Tod ihres Feindes fordernd. Er flüchtete sich und die Kinder in die Engelsburg, und schon am 18. Oktober starb Pius III.

Diese Kinder hatten jetzt keinen anderen Beschützer als Cesar und jene zwei Kardinäle, welche ihnen Alexander zu Vormündern gegeben hatte. Ihre Herzogtümer zerfielen sofort; gleich nach des Papstes Tode kehrten die Gaetani aus Mantua zurück und nahmen von Sermoneta und allen jenen Gütern wieder Besitz, die dem kleinen Rodrigo erteilt worden waren. Nepi beanspruchte Ascanio Sforza oder die apostolische Kammer, und Camerino besetzte wieder der letzte Varano.

Rodrigo war Herzog von Biselli, und als solcher im Schutze Spaniens. Denn vorsorgend hatte Alexander VI. noch am 20. Mai 1502 von Ferdinand dem Katholischen und Isabella von Castilien ein Diplom erlangt, kraft dessen das spanische Königshaus der Familie Borgia alle ihre neapolitanischen Güter zusicherte, und in diesem Akt waren namentlich bezeichnet Cesar und seine Erben, Don Jofré von Squillace, Don Juan, der Sohn des ermordeten Gandìa, Lucrezia als Herzogin von Biselli und deren Sohn und Erbe Rodrigo. Im Archiv des Hauses Este liegen noch die Aktenstücke aus der Kanzlei Lucrezias, welche sich auf die Verwaltung der Güter Rodrigos beziehen, nebst anderen auf den kleinen Giovanni bezüglichen. Denn beide Kinder wuchsen anfangs miteinander auf; Lucrezia sorgte für sie von Ferrara aus; dies beweisen die Register der Ausgaben ihres Haushaltes aus den Jahren 1502 und 1503, worin sich öfters verzeichnet findet, was an Samt und Seide oder Goldbrokat verwendet worden sei, die Kinder Don Rodrigo und Don Giovanni zu bekleiden.

Trotz der Protektion Spaniens war doch damals in Rom das Leben des Sohnes von Lucrezia in Gefahr, und keine Pflicht lag ihr näher, als diese, ihr Kind zurückzufordern und an sich zu nehmen. Sie tat dies nicht, weil sie es nicht tun durfte, oder weil sie es durchzusetzen nicht Herzensgröße genug besaß, oder vielleicht weil sie fürchten mochte, daß gerade in Ferrara das Leben dieses Kindes in Gefahr kommen könne. Der Kardinal von Cosenza, Rodrigos Vormund, machte ihr den Vorschlag, alle Mobilien ihres Sohnes zu verkaufen und denselben außerhalb Italiens, also nach Spanien in Sicherheit zu bringen. Sie teilte das ihrem Schwiegervater mit, und dieser antwortete ihr folgendes:

„Erlauchteste Herrin und Unsere geliebteste Schwiegertochter und Tochter. Wir erhielten den Brief Ew. Herrlichkeit, nebst jenem, welchen der Ehrwürdigste Herr Kardinal von Cosenza an Sie gerichtet und den Sie Uns geschickt haben; denselben schicken Wir Ihnen zurück mit diesem Unserem Schreiben; er ist von keiner Person, als von Uns gelesen worden. Wir haben Notiz genommen von der Verständigkeit, mit welcher Ew. Herrlichkeit selbst und der genannte Kardinal schreiben, dessen Ratschläge so einsichtsvoll sind, daß man sie nur von Liebe und Weisheit eingegeben nennen kann. Da Wir alles bedacht haben, so scheint es Uns, daß Ew. Herrlichkeit demjenigen zustimmen könne und dürfe, was der genannte ehrwürdige Monsignor tun zu wollen vorschlägt. Mich dünkt, daß Ew. Herrlichkeit demselben wohl verpflichtet sei, um des Beweises herzlicher Liebe willen, welche er Ihnen und dem Erlauchtesten Don Roderico, Ihrem Sohne zu erkennen gibt, von dem man behaupten darf, daß er seine Erhaltung ihm verdankt. Wenn auch derselbe Don Roderico von Ew. Herrlichkeit etwas weit entfernt sein wird, so ist es doch besser, daß er fern und sicher, als daß er nahe und in Gefahr sei, wie der Kardinal dartut, daß er es sein würde; und wegen dieser Entfernung wird sich die Liebe zwischen Ihnen und ihm keineswegs vermindern. Wenn er aber groß geworden ist, so kann er je nach den Zeitumständen seinen Entschluß fassen, sei es nach Italien zurückzukehren oder fernzubleiben. Es ist eine gute Vorsicht desselben Herrn Kardinals, wenn er sagt, daß man die Mobilien zu Geld machen müsse, um für seinen Lebensunterhalt zu sorgen und die Einkünfte zu mehren, wie er tun zu wollen erklärt. Kurz und gut, wie Wir gesagt haben: es scheint Mir passend, seinem Willen beizustimmen. Nichtsdestoweniger, wenn es Ew. Herrlichkeit, welche voll Klugheit ist, anders erscheinen sollte, so überlassen Wir Ihnen die Entscheidung. Leben Sie wohl. Codegorio, 4. Oktober 1503. Hercules Herzog von Ferrara usw."

Unterdes bestieg Rovere am 1. Nov. 1503 den Papstthron als Julius II. Die Rovere, die Borgia und die Medici, von welchen Geschlechtern jedes zwei Päpste aufstellte, haben dem Papsttum die moderne politische Gestalt gegeben. In den Annalen der Kirche gibt es keine Familien, von denen ein ähnlicher Einfluß auf die Geschichte ausgegangen wäre. Ihre Namen umfassen einen großen Zusammenhang von politischen und moralischen Revolutionen. Jetzt lösten die Rovere nochmals die Borgia ab, und deren grimmigster Feind war einst Julian gewesen. Der Untergang Cesars konnte als entschieden angesehen werden.

Es ist in anderen Geschichten zu lesen, wie Julius II. sich erst Cesars bediente, um durch dessen Einfluß auf die spanischen Kardinäle seine Wahl zu sichern, und wie er dann, nach geschehener Auslieferung der romagnolischen Festungen, ihn beiseiteschaffte. Cesar warf sich in die Arme Spaniens, indem er im April 1504 von Ostia nach Neapel ging, wo der große Kapitän Consalvo Statthalter Ferdinands des Katholischen war. Don Jofré begleitete ihn, und als Flüchtlinge vor einem drohenden Prozeß waren ihm die Kardinäle Francesco Romolini von Sorrento und Ludovico Borgia nach Neapel vorausgegangen. Hier brach Consalvo den Sicherheitsbrief, welchen er Cesar gegeben hatte. Er verhaftete ihn am 27. Mai im Namen des Königs Ferdinand und schickte in vorerst ins Kastell von Ischia.

Wir hören nichts von dem Schicksal der Kinder Borgia; wohl ist es wahrscheinlich, daß dieselben im Schutz der spanischen Kardinäle in Rom oder eher in Neapel geblieben waren. Nichts als das nackte Leben rettend, schiffte Cesar nach Spanien. Seine Kostbarkeiten hatte er schon in Rom in die Hut seiner Freunde gegeben, um sie ihm aufzuheben oder sicher nach Ferrara zu befördern. Am 31. Dezember 1503 schrieb deshalb der Herzog Ercole an seinen Gesandten in Rom, die Kisten Cesars in Empfang zu nehmen, sobald sie der Kardinal von Sorrento schickte, und sie dann als Eigentum des Kardinals von Este nach Ferrara zu senden. Aber Julius II. konfiszierte noch im Mai 1507, wo der Kardinal Romolini gestorben war, in dessen Haus zwölf Kasten und vierundachtzig Ballen, welche Tapeten, Tuche und anderes Gut Cesars enthielten. Einen anderen Teil von dessen Schätzen, Gold und Silber und dergleichen Kostbarkeiten, forderte der Papst von Florenz zurück, wo sie Cesar niedergelegt hatte, doch die Florentiner Signorie erklärte, daß sie sich selbst daran schadlos halten wolle.

Die Fortführung Cesars nach Spanien machte großes Aufsehen. Niemand wollte sie veranlaßt haben, weder Consalvo, noch der Papst, noch der König Ferdinand. Es hieß auch, daß es die Witwe Gandìas gewesen sei, welche am Hofe Spaniens die Festnahme des Mörders ihres Gatten durchsetzte. Die spanischen Kardinäle verwendeten sich für Cesar, und auch Lucrezia bemühte sich, die Befreiung ihres Bruders zu erlangen. Es kamen Nachrichten über ihn aus Spanien; die ersten sind vom Oktober 1504. Costabili schrieb nach Ferrara: ,,Die Angelegenheiten des Herzogs von Valence scheinen nicht so verzweifelt zu sein, als wie es gesagt worden ist, denn der Kardinal von Salerno hatte Briefe vom 3. von Requesenz, dem Majordomus des Herzogs, welchen Se. Herrlichkeit vorausgeschickt hatte, ehe sie selbst dort anlangte, mit Briefen vieler Kardinäle an die Katholischen Majestäten Spaniens, und Requesenz schrieb, daß der Herzog in die Burg von Sevilla gesetzt sei, welche obwohl sehr fest, doch geräumig ist, mit einem einzigen Diener; sodann aber sind ihm acht Diener gegeben worden. Er schrieb auch, daß er mit dem Könige wegen der Freilassung gesprochen, und ihm dieser geantwortet habe, daß er die Gefangennahme des Herzogs nicht befohlen, aber angeordnet habe, ihn dort hinzusetzen um vieler Dinge willen, deren ihn Consalvo beschuldigte; wenn sich diese nicht als wahr erweisen sollten, so würde er den Kardinälen in bezug auf Cesar willfahren. Doch müsse man zuerst die Genesung der Königin abwarten. Dieselbe Antwort gab er auch den Gesandten des Königs und der Königin von Navarra, welche sich auf das wärmste für die Befreiung des Herzogs verwendet hatten, und so hoffte Requesenz, daß dieser sehr bald seine Freiheit erhalten werde.“

Aus den Briefen jenes Requesenz geht demnach hervor, daß Cesar zuerst nach Sevilla gebracht worden war. Von dort schaffte man ihn nach dem Kastell Medina del Campo in Castilien. Seine an den König von Frankreich gerichteten Bitten blieben unerhört. In Italien selbst konnte niemand seine Befreiung wünschen. Niemand nahm dort mehr Anteil an dem gestürzten Emporkömmling, als seine Schwester, und deren Bemühungen fanden schwerlich eifrige Unterstützung bei den Este. Denn wäre Cesar wieder in Italien aufgetreten, so hätte er den Hof von Ferrara nur beunruhigt und vielleicht gar zum Mittelpunkt seiner Intrigen gemacht. Die Gonzaga allein scheinen ihm nicht ganz ihr Wohlwollen entzogen zu haben, obwohl sie selbst, statt sich, wie sie einst wünschten, mit jenem zu verschwägern, nun die Verwandten der Rovere wurden. Denn der Markgraf von Mantua vermählte am 9. April 1505 seine junge Tochter Leonora mit dem Nepoten Julius' II., mit Francesco Maria Rovere, dem Erben von Urbino. Es war besonders Isabella Gonzaga, welche aus Zuneigung für ihre Schwägerin Lucrezia die Verwendungen derselben bei ihrem Gemahl unterstützte. Das Archiv des Hauses Gonzaga bewahrt noch mehrere Briefe Lucrezias an den Markgrafen, zugunsten ihres Bruders.

Am 18. August 1505 schrieb sie ihm aus Reggio, daß sie Unterhandlungen in Rom angeknüpft und Hoffnung habe, der Papst werde dem Kardinal Petro Isualles die Reise an den Hof nach Spanien gestatten, um dort die Befreiung Cesars zu erwirken. Sie bat deshalb den Markgrafen, sich beim Papst dafür zu verwenden, daß er dem Kardinal diese Mission erlaube. Sie schrieb ihm wieder am 8. November aus Belriguardo und dankte ihm dafür, daß er einen Agenten nach Spanien senden wolle, und sie schickte ihm zugleich einen Brief an den König Ferdinand und einen anderen an ihren Bruder Cesar.

Es ist nicht bekannt, daß jener Kardinal wirklich an den Hof von Madrid reiste, und kaum glaublich, daß ihm Julius II. dies zu tun erlaubt habe.

VII

In jenem Jahr, wo sich Lucrezia mit schwesterlicher Liebe um das Schicksal ihres schrecklichen Bruders härmte, war in ihren eigenen Verhältnissen eine große Veränderung eingetreten. Denn seit dem 25. Januar 1505 war sie wirkliche Herzogin von Ferrara. Ihr Gemahl Alfonso hatte sich auf den Wunsch seines Vaters nach Frankreich, Flandern und England begeben, um die dortigen Höfe kennenzulernen. Er sollte dann über Spanien nach Italien heimkehren. Aber am Hofe Heinrichs VII. von England meldeten ihm Depeschen die Erkrankung des Herzogs; er eilte nach Ferrara zurück, wo Ercole bald nach seiner Ankunft starb.

Alfonso bestieg den Herzogsthron in einer Zeit, welche viel Kraft und Klugheit von ihm forderte, um den Gefahren zu begegnen, die seinem Staate drohten. Denn die Republik Venedig hatte sich bereits eines Teiles der Romagna bemächtigt und suchte auch Ferrara von den Pomündungen abzuschneiden, während Julius II. in Rom sich rüstete, Bologna zu unterwerfen und wenn dies geschehen war, vielleicht auch Ferrara anzugreifen. Unter solchen Umständen war es ein Glück für diesen Staat, daß ein Fürst von der ruhigen und praktischen Natur Alfonsos zur Regierung kam. Er war nicht prachtliebend und verschwenderisch; er hielt nichts auf einen glänzenden Hof. Er vernachlässigte alles Äußerliche, selbst seine Kleidung. Seine Leidenschaft war auf Heerwesen, Befestigungen und den Guß von Kanonen gerichtet. Wenn ihm seine Geschäfte Muße übrig ließen, vergnügte er sich in einer Drechslerwerkstätte, die er eingerichtet hatte, oder er bemalte als geschickter Dilettant Gefäße von Majolika. Für die höhere Kultur besaß er keinen Sinn. Er überließ diese seiner Gemahlin.

Daß Lucrezia hinreichende Bildung und Neigung besaß, um an der geistigen Bewegung in Ferrara Anteil zu nehmen, darf die kleine Büchersammlung beweisen, welche sie schon aus Rom mit sich gebracht hatte. Wir besitzen ein Inventarium derselben aus den Jahren 1502 und 1503; dasselbe klärt uns zugleich über die Studien auf, welche Lucrezia vorzugsweise beschäftigten. Nach diesem Verzeichnis besaß sie folgende, meist reich und schön in Purpursamt, in Gold und Silber gebundene Bücher: ein Breviarium; ein Büchlein mit den sieben Psalmen und anderen Gebeten; ein pergamentnes Buch mit Miniaturen in Gold, genannt *de Coppelle ala Spagnola*; die gedruckten Briefe der heiligen Catarina von Siena; die gedruckten Episteln und Evangelien in Vulgär; ein spanisches Buch religiösen Inhalts; eine handschriftliche Sammlung von spanischen Kanzonen, mit den Sprichwörtern des Domenico Lopez; ein gedrucktes Buch, genannt *aquila volante*; ein gedrucktes Buch, genannt Supplement von Chroniken in Vulgär; den „Spiegel des Glaubens" gedruckt und in Vulgär; einen gedruckten und kommentierten Dante; ein Buch in Vulgär „über die Philosophie"; die Legende der Heiligen, in Vulgär; ein altes Buch *de Ventura;* einen Donatus; ein Leben Christi in spanischer Sprache; einen Petrarca, handschriftlich auf Pergament, in Duodez. Man ersieht aus diesem Verzeichnis, daß die Studien Lucrezias nicht tief gingen; sie teilten sich zwischen Büchern christlicher Erbauung und solchen schöner Literatur.

In voller Freiheit richtete Lucrezia ihren herzoglichen Hof ein. Sie war jetzt Seele und Mittelpunkt allen geistigen Lebens in Ferrara. Ihr gebildeter Verstand, ihre Schönheit und die unwiderstehliche Anmut ihres Wesens bezauberten jeden, der ihr nahte. Der Widerwille, welchen die Verwandten des Hauses Este ihr am Anfange entgegenbrachten, war geschwunden, und namentlich hatte er sich bei Isabella Gonzaga in Zuneigung verwandelt. Das Zeugnis davon ist der zahlreiche Briefwechsel zwischen beiden Frauen, welcher bis zum Tode Lucrezias fortdauerte; mehrere hundert ihrer Briefe an die Markgräfin von Mantua bewahrt noch das Archiv Gonzaga.

Kaum minder freundlich waren ihre Beziehungen zum Hause Urbino geworden, und sie setzten sich auch fort, als Guidobaldo im April 1508 gestorben war; denn sein Nachfolger wurde Francesco Maria Rovere, der Schwiegersohn Isabella Gonzagas. Sie empfing die Besuche dieser Fürsten, sie stand in lebhaftem Verkehr mit vielen ausgezeichneten Menschen, wie Baldassar Castiglione und Ottaviano Fregoso, Aldus Manutius und Bembo.

Bembo war in Liebe zu der schönen Herzogin entbrannt; er besang sie in Versen und er widmete ihr am 1. August 1504 seinen Dialog über die Liebe, die Asolani, mit einem Brief, worin er ihre Tugenden feierte. Sein Freund Aldus, welcher erst in Ferrara am

Hofe Ercoles gelebt hatte, dann zu den Pii nach Carpi gegangen war und sich endlich in Venedig niedergelassen hatte, gab dort im Jahre 1505 diese Asolani im Druck heraus und schickte sie Lucrezia mit einer Widmung. Die Leidenschaft Bembos für die Herzogin ist unzweifelhaft, aber es wird ein fruchtloses Unternehmen bleiben, aus den Beweisen der Zuneigung, welche ihm die schöne Frau schenkte, darzutun, daß jene die Grenzen des Erlaubten überschritten hat. Dies ist auch aus den Briefen Bembos an sie, welche in seinen Werken abgedruckt sind, und mehr noch aus denen Lucrezias an ihn selbst gefolgert worden. Der geistvolle Venezianer stand vom Jahre 1503 bis 1506, in welchem er an den Hof Guidobaldos nach Urbino ging, in dem lebhaftesten persönlichen Verkehr mit Lucrezia; er schrieb an sie Briefe, wenn er bei seinen Freunden, den Strozzi, auf der Villa Ostellato wohnte. Diese Briefe, zumal solche, die er an eine ungenannte Freundin richtete, unter welcher ohne Frage die Herzogin gemeint ist, atmen mehr als Freundschaft, sie sind voll zärtlicher Vertraulichkeit. Die eignen Briefe Lucrezias an Bembo bewahrt, wie bekannt, die Ambrosiana in Mailand, und jeder Besucher dieser berühmten Bibliothek hat sie und die blonde Haarlocke gesehen, die ihnen beiliegt. Jene sind eigenhändig und zweifellos; die Haarlocke kann zweifelhaft erscheinen, mochte aber doch wohl ein Pfand ihrer Zuneigung sein, welches der beglückte Bembo davontrug. Ihre Briefe an ihn beschrieb und behandelte zuerst Baldassare Oltrocchi, dann brachte sie Lord Byron in Ruf, und neuerdings gab sie Bernardo Gatti im Jahre 1859 zu Mailand heraus. Sie sind neun an der Zahl; sieben davon sind italienisch, zwei spanisch geschrieben. Beigelegt ist ihnen eine spanische Kanzone.

Daß ihr Herz für Bembo mehr als Freundschaft empfand, darf als gewiß erscheinen, denn sie selbst war noch jung und er ein vollendeter Kavalier, schön, liebenswürdig und voll Geist, so daß er den rauhen Alfonso in Schatten stellte. Er wird dessen Eifersucht erregt haben, und vielleicht war diese und die Gefahr, die ihm drohte, der Grund seiner Abreise nach Urbino. Bis zum Jahre 1513 unterhielt Lucrezia mit ihm einen freundschaftlichen Verkehr auch aus der Ferne.

Viele andere Dichter in Ferrara huldigten ihr und vergötterten sie. Die Verse beider Strozzi sind sogar noch leidenschaftlicher als die von Bembo, vielleicht weil ihr dichterisches Talent größer war als das seinige. Titus, der Vater, begegnete sich mit seinem genialen Sohn

Herkules in denselben Empfindungen für die schöne Fürstin, und selbst in den gleichen poetischen Motiven und Vorstellungen. Und schon diese Gemeinschaftlichkeit mag dartun, daß ihre Liebe eine ästhetische Huldigung war. Titus besang eine Rose, die ihm Lucrezia geschenkt hatte, aber sein Sohn überbot ihn noch in einem Epigramm auf „Die Rose Lucrezias", und diese war schwerlich dieselbe, die sein Vater empfangen hatte:

Rose, dem Boden der Freuden entsproßte, vom Finger gepflückte,
Warum scheinet als sonst schöner dein farbiger Glanz?
Färbt' dich Venus aufs neu? hat eher Lucrezias Lippe
Dir im Kusse so hold schimmernden Purpur verliehn?

Titus bekannte in seinen Epigrammen, daß er, ein alternder Mann, vor Amor sicher zu sein glaubte, aber nun doch in den Fesseln Lucrezias liege. In ihr habe sich, so sagte er, alle Herrlichkeit des Himmels und der Erde vereinigt, und nichts ihr Gleiches sei in der Welt zu finden. An Bembo, dessen Leidenschaft er kannte, richtete er ein Epigramm, welches mit geistreicher Laune den Namen Lucretia aus Lux und retia zusammensetzte und das Netz heiter verspottete, von dem namentlich Bembo umflochten war.

Sein Sohn Herkules nannte sie eine Juno an hilfreichen Werken, eine Pallas an Sitte, eine Venus von Angesicht. Er besang in Catullischen Versen den marmornen Kupido, den die Herzogin in ihrem Salon aufgestellt hatte; vom Blick ihrer Augen sei dieser Liebesgott versteinert worden. Das schöne Auge Lucrezias verglich er mit der Sonne, die denjenigen blendet, der in sie zu schauen wagt. Wie die Meduse versteinere dann derselbe Blick dieser Augen den Geblendeten; aber auch im Stein lebe der Liebesschmerz fort und quelle in Tränen hervor.

Wird es möglich sein, alle jene anmutigen Gedichte zu lesen und dann sich noch vorzustellen, daß diese Dichter sie schreiben konnten, wenn sie Lucrezia Borgia jener Verbrechen wirklich für schuldig hielten, die ihr Sannazar auch noch nach dem Tode ihres Vaters nachgerufen hatte?

Antonio Tebaldeo, Calcagnini und Giraldi besangen die Schönheit und die Tugend derselben Fürstin. Marcello Filosseno dichtete auf sie verliebte Sonette, worin er sie mit Minerva und Venus verglich. Jacopo Caviceo, der in den letzten Jahren seines Lebens (er starb 1511) Vikar des Bistums von Ferrara war, widmete ihr seinen wunderlichen Roman Peregrino mit einer Zuschrift, worin er sie als „schön und gelehrt, weise und sittsam" feierte. Die Reihe der Dichter, die ihr zu Füßen lagen, mag groß gewesen sein, und sie selbst empfing ihre Huldigungen mit jener befriedigten Eitelkeit, mit welcher solche Opfer noch heute jede schöne Frau empfängt. Einige dieser Dichter waren vielleicht von Liebe zu ihr trunken, andere streuten ihr Weihrauch aus höfischer Gunstbuhlerei; und alle waren froh, in ihr ein Ideal zu besitzen, welches für sie wenigstens die platonische Quelle von Reimen und Versen sein konnte.

Jene Poeten sind für uns nur noch literarische Namen, mit Ausnahme Ariostos. Der große Dichter war seit dem Jahre 1503 in ein nahes Verhältnis zu dem Fürstenhof Ferraras gekommen, da er zunächst in die Dienste des Kardinals Hippolyt trat. Bald darauf, im Jahr 1505, begann er sein Epos, auf dessen Fortführung indes die schöne Herzogin wenig Einfluß gehabt zu haben scheint. Er feierte sie darin einigemal, namentlich in einer Stanze, für welche sie dem Dichter, wenn sie dessen Unsterblichkeit schon begriff, keinen ausreichenden Dank zu bieten hatte. Es ist die dreiundachtzigste im zweiundvierzigsten Gesange des Orlando Furioso, wo er in dem Ehrentempel der Frauen das Bild Lucrezias aufgestellt hat, welches als ihre ritterlichen Zeugen die zwei berühmten Dichter Ferraras tragen, Antonio Tebaldeo und Ercole Strozzi. Die Inschrift unter ihrem Bilde sagt, daß ihr Vaterland Rom sie um ihrer Schönheit und Sittsamkeit willen der antiken Lucrezia vorziehen müsse.

Ein neuerer Autor Italiens bemerkt zu dieser Huldigung Ariostos: „Wie viel man hier auch auf Rechnung des höfischen Sinnes der Poeten jener Zeit und der Dienstbeflissenheit Messer Lodovicos gegen die Este setzen mag, so wird man doch zugeben, daß auch die Kunst der Schmeichelei ihre Gesetze und ihre Grenzen hatte, und daß derjenige mit der Welt und den Gebräuchen der Höfe vollkommen unbekannt sein mußte, der an einer fürstlichen Person solche Eigenschaften rühmte, um deren Mangel willen sie gerade öffentlich geschmäht wurde; denn in diesem Fall würde das Lob zur Satire geworden und dem unvorsichtigen Höfling schlecht bekommen sein." Die Schmeichelei war zu allen Zeiten der Dank, womit Hofpoeten ihre goldene Knechtschaft bezahlten, ihr Laster und ihre Strafe. Ariosto und Tasso sind von ihr so wenig frei wie Horaz und Virgil. Als der Dichter des Orlando Furioso sich vom Kardinal Hippolyt mit Kälte behandelt sah, wollte er sogar alles auslöschen, was er zu dessen Lobe gesagt hatte. Man darf auch behaupten, daß es der bloße Name „Lucrezia" war, der sowohl bei Ariosto als bei anderen Poeten den Vergleich mit jenem klassischen Ideal weiblicher Ehre veranlaßte, denn er lag zu nahe, zumal für die Vorstellung der Dichter in der Renaissance. Aber doch wird man jene Bemerkung des modernen Advokaten Lucrezias nicht ganz abweisen können. Auch wo jener Vergleich nicht gemacht wurde, haben andere Zeitgenossen Ariostos gerade die Sittsamkeit der schönen Herzogin gefeiert. Dies steht fest, daß sie während ihres Lebens in Ferrara als ein Muster tugendhafter Frauen gegolten hat.

An ihrem Hofe lebte eine junge Dame, deren Reize alle Herzen bezauberten, bis sie zu einer Hoftragödie Veranlassung gab. Es war jene Angela Borgia, welche Lucrezia aus Rom nach Ferrara mit sich gebracht hatte, die frühere Verlobte Francesco Maria Roveres. Wann dieses Verlöbnis aufgelöst wurde, ist unbekannt; es mochte bald nach dem Tode Alexanders geschehen sein, und der Erbe Urbinos vermählte sich, wie bemerkt ist, mit Eleonora Gonzaga. Zu den Anbetern Angelas gehörten die beiden gleich lasterhaften Brüder des Herzogs Alfonso, der Kardinal Hippolyt und Giulio, ein natürlicher Sohn Ercoles. Angela rühmte eines Tages, da Hippolyt ihr seine Huldigungen darbrachte, die Schönheit der Augen Giulios, was den eifersüchtigen Wüstling so sehr erbitterte, daß er einen wahrhaft teuflischen Racheplan aussann. Der ehrwürdige Kardinal dang Meuchelmörder und gab ihnen Befehl, seinem Bruder bei der Rückkehr von einer Jagd aufzulauern und jene Augen auszureißen, welche Donna Angela schön gefunden hatte. Das Attentat wurde ausgeführt im Beisein des Kardinals, doch nicht so vollkommen, als es dieser gewünscht hatte. Man trug den Verwundeten in seinen Palast, wo es den Ärzten glückte, ihm das eine Auge zu erhalten. Dieser Frevel geschah am 3. November 1505. Er brachte den ganzen Hof in Aufregung: der Herzog strafte zwar den Kardinal mit vorübergehender Verbannung, aber der unglückliche Giulio konnte ihm den Vorwurf machen, daß er dieses Verbrechen nur mit Gleichgültigkeit behandelte. Er brütete Rache, und dieser Exzeß sollte bald die schrecklichsten Folgen nach sich ziehen.

Ariosto, der Höfling des frevelhaften Kardinals, kam in eine nicht geringe Verlegenheit; er zog sich aus ihr in einer Weise, die nicht ehrenvoll für ihn zu nennen ist, und daher auch den Wert jenes Lobes mindert, welches er Lucrezia darbrachte. Die Schmeichelei verführte ihn, eine Ekloge zu dichten, in welcher er die Motive des Attentats verschleierte und den Mörder zu reinigen suchte, indem er den Charakter Giulios mit schwarzen Farben malte. In derselben Ekloge ergoß er sich zugleich in ein begeistertes Lob Lucrezias. Er pries nicht nur ihre Schönheit, ihren Geist und ihre frommen Werke, sondern vor allem ihre Keuschheit, um deren willen sie schon gefeiert gewesen sei, ehe sie nach Ferrara kam.

Ein Jahr darauf, am 6. Dezember 1506, vermählte Lucrezia Donna Angela mit dem Grafen Alessandro Pio von Sassuolo, und ein wunderlicher Zufall fügte es später, daß deren Sohn Giberto der Gemahl Isabellas wurde, einer natürlichen Tochter des Kardinals Hippolyt.

In demselben Monat November, wo jenes Attentat geschah, erregte ein Ereignis im Vatikan die lebhafteste Aufmerksamkeit Lucrezias und erweckte ihr die peinvollsten Erinnerungen. Denn Julia Farnese, die Gefährtin ihrer unglücklichen Jugend, trat dort unter Verhältnissen auf, die sie wahrhaft überraschen mußten. Welches die Schicksale dieser Geliebten Alexanders einige Jahre vor und nach dessen Tode waren, wissen wir nicht. Sie hatte mit ihrem Gatten Orsini auf dem Schloß Bassanello gelebt, wohin sich wohl auch dessen Mutter Adriana zurückzog. Wenigstens befand sich Julia daselbst im Jahre 1504, zu einer Zeit, wo in der Familie Orsini eines jener Verbrechen verübt wurde, an denen die Geschichte italienischer Familien so reich ist. Ihre Schwester Girolama Farnese, die Witwe von Puccio Pucci, hatte sich in zweiter Ehe mit dem Grafen Giuliano Orsini von Anguillara vermählt: ihr Stiefsohn Giambattista von Stabbia ermordete sie, wie man sagte, weil sie ihn selbst hatte vergiften wollen. Julia bestattete die tote Schwester im Jahre 1504 zu Bassanello.

Im folgenden Jahre muß sie nach Rom gezogen sein und den Palast Orsini bewohnt haben. Ihr Gemahl war gestorben, und auch Adriana Ursina mochte schon tot sein; denn bei dem feierlichen Akt, welcher im November des Jahres 1505 im Vatikan stattfand, erscheint sie nicht. Hier vermählte Julia, zum tiefen Erstaunen von ganz Rom, ihre einzige Tochter Laura mit dem leiblichen Nepoten des Papstes Julius II., mit Nicolaus Rovere, dem Bruder des Kardinals Galeotto.

Laura galt bei allen, welche in die Geheimnisse ihrer Mutter eingeweiht waren, als das Kind Alexanders VI., als die natürliche Schwester der Herzogin von Ferrara. Als sie sieben Jahre alt geworden war, hatte ihre Mutter sie am 2. April 1499 mit Federigo, dem zwölfjährigen Sohne Raymund Farneses, rechtskräftig verlobt; und dieses Bündnis war dann gelöst worden, um durch das glänzendste ersetzt zu werden, welches ihr Ehrgeiz nur wünschen konnte.

Die Einwilligung Julius' II. in die Verbindung seines Nepoten mit der Bastardtochter Alexanders VI. ist eine der erstaunlichsten Tatsachen aus der persönlichen Geschichte dieses Papstes. Sie erscheint als seine Versöhnung mit den Borgia. Er hatte diese Menschen gehaßt, solange er ihr Feind war, aber sein Haß hatte nie moralische Motive gehabt. Verachtet hat Julius II. Alexander und Cesar niemals, vielmehr ihre Kraft so bewundernd anerkannt wie Machiavelli. Wir haben zwar keine Kunde davon, daß er nach seiner Thronbesteigung mit Lucrezia Borgia persönliche Beziehungen unterhielt, doch wird das sicherlich schon um des Hauses Este willen der Fall gewesen sein. Nur einmal hatte er Lucrezia tief verwundet, als er am 24. Januar 1504 Guglielmo Gaetani in den Besitz von Sermoneta setzte, durch eine Bulle in so rücksichtsloser Sprache, daß er darin Alexander VI. geradezu als einen Betrüger bezeichnete, welcher die Seinigen mit dem Raube anderer bereichert habe. Und gerade von Sermoneta waren erst Lucrezia und dann ihr Sohn Rodrigo Herren gewesen.

Später, zumal nachdem Alfonso zur Regierung gekommen war, mußte sich das Verhältnis des Papstes zu Lucrezia freundlicher gestalten. Sie unterhielt noch fortdauernd mit Julia Farnese einen Briefwechsel, und ohne Frage empfing sie von ihr die Anzeige der Verbindung ihrer Tochter mit dem Hause des Papstes.

Diese Vermählung wurde im Vatikan vollzogen, in Gegenwart Julius' II., des Kardinals Alessandro Farnese und der Mutter der jungen Braut. Julia feierte einen der größten Triumphe ihres romanhaften Lebens: sie unterjochte den moralischen Widerstand eines zweiten Papstes, und dieser war der Feind Alexanders und der Verderber Cesars. Sie, die Ehebrecherin, die mit den Satiren Roms und Italiens gebrandmarkte Geliebte Alexanders VI., erschien jetzt als eine der vornehmsten Frauen der römischen Aristokratie, als die „erlauchte und edle Donna Julia de Farnesio", die Witwe Orsinis im Vatikan, um ihre und Alexanders Tochter dem Nepoten Julius' II. zu vermählen und dadurch ihrer eigenen frevelvollen Vergangenheit die Absolution zu geben. Sie selbst war damals noch eine schöne verführerische Frau und höchstens erst im Anfang der dreißiger Jahre ihres Lebens.

Dieses Glück und diese Wiederherstellung ihrer Ehre (wenn man von solcher im Angesicht der Moral jener Zeit reden darf) verdankte sie dem Ansehen ihres Bruders, des Kardinals. Auch bestimmten politische Rücksichten den Papst zu jener Verbindung; denn um seinen Plan der Restauration des Kirchenstaats auszuführen, wollte er zunächst in Rom selbst die großen Familien für sich gewinnen. Er zog die Farnese und Orsini an sich; er vermählte (im Mai 1506) seine eigene natürliche Tochter Felice mit Giangiordano Orsini von Bracciano, und im Juli desselben Jahres gab er seine Nichte Lucrezia Gara Rovere, die Schwester jenes Nicolaus, dem Marcantonio Colonna zum Weibe.

Seither verschwindet Julia Farnese wieder unseren Blicken. Weder unter Julius II. noch unter Leo X. wird sie irgend sichtbar. Am 14. März 1524 machte sie ein Testament zugunsten ihrer Nichten Isabella und Costanza, wenn ihre Tochter keine Nachkommen haben sollte. Am 23. März desselben Jahres meldete der venezianische Botschafter Marco Foscari in Rom seiner Signorie: „Die Schwester des Kardinals Farnese, Madonna Julia, ehemals die Geliebte des Papstes Alexander, ist gestorben." Dies scheint anzudeuten, daß ihr Tod in Rom selbst erfolgte. Kein sicheres Bildnis ist von Julia Bella auf uns gekommen; nur die römische Tradition behauptet, daß in den zwei liegenden Marmorfiguren, welche das Denkmal Pauls III. Farnese im S. Peter zieren, die eine, die Gerechtigkeit, Julia Farnese, seine Schwester, die andere, die Klugheit, Giovanella Gaetani, seine Mutter porträtgetreu vorstelle.

Die Tochter Julias blieb Herrin von Bassanello und Carbognano. Sie hatte einen Sohn Giulio Rovere, welcher später im Rufe eines großen Gelehrten stand.

Unterdes brachte das gegen Giulio d'Este ausgeführte Attentat solche Folgen hervor, daß sich das fürstliche Haus Ferrara von einer schrecklichen Katastrophe bedroht fand. Giulio klagte Alfonso der Ungerechtigkeit an; aber die vielen Freunde des Kardinals fanden dessen Verbannung noch zu hart. Hippolyt besaß einen großen Anhang in Ferrara: er war ein verschwenderischer Lebemann, während der Herzog bei seinen realistischen Neigungen und praktischen Beschäftigungen Hof und Adel vernachlässigte. Es bildete sich eine Partei, die einen gewaltsamen Regierungswechsel für wünschenswert hielt; und solche Revolutionen waren im Haus der Este mehrmals erlebt worden, auch beim Regierungsantritt Ercoles.

Giulio gewann mißvergnügte Edle und gewissenlose Menschen im

Dienste des Herzogs für seinen Racheplan, den Grafen Albertino Boschetti von San Cesario, dessen Schwiegersohn, den Kapitän der Palastwache, einen Kämmerer, einen Hofsänger des Herzogs und andere. In diese Verschwörung trat sogar Don Ferrante ein, der leibliche Bruder Alfonsos, welchem als seinem Prokurator Lucrezia in Rom war angetraut worden. Der Plan war zunächst der, den Kardinal durch Gift aus der Welt zu schaffen, und weil das nicht straflos bleiben konnte, wenn der Herzog am Leben blieb, so sollte auch dieser umgebracht und Don Ferrante auf den Thron gehoben werden. Auf einem Maskenball wollte man Alfonso ermorden.

Der Kardinal, welcher von seinen Spionen in Ferrara gut bedient wurde, bekam einen Wink von diesem Vorhaben und konnte bald seinen Bruder Alfonso darüber aufklären. Das geschah im Juli 1506. Die Verschwörer suchten ihr Heil in der Flucht, doch nur Giulio vermochte nach Mantua und der Sänger Guasconi nach Rom zu entrinnen. Der Graf Boschetti wurde in der Nähe Ferraras aufgegriffen. Don Ferrante scheint nicht einmal einen Fluchtversuch gemacht zu haben. Als man ihn vor den Herzog brachte, warf er sich ihm zu Füßen und flehte ihn um Gnade an; aber seines Zornes nicht mehr Meister, stieß ihn Alfonso nicht nur wütend von sich, sondern er schlug ihm mit einem Stecken, den er in der Hand hielt, ein Auge aus. Dann ließ er ihn in den Turm des Kastells sperren. Dorthin wurde bald auch Don Giulio gebracht, welchen der Markgraf von Mantua nach einigem Sträuben ausgeliefert hatte. Der Majestätsprozeß ward schnell beendigt und das Todesurteil über die Schuldigen ausgesprochen. Zuerst wurde Boschetti mit zwei seiner Genossen vor dem Palast della Ragione enthauptet. Diese Hinrichtungsszene stellt getreu ein Bild dar, welches in einer Kriminalstatistik Ferraras jener Zeit enthalten ist; die merkwürdige Handschrift besitzt die dortige Universitätsbibliothek.

Die beiden Prinzen sollten im Hofe des Kastells hingerichtet werden, am 12. August. Das Schafott war aufgeschlagen, die Tribünen füllten sich, der Herzog nahm seinen Platz ein, und man führte die Unglücklichen an den Block. Da gab Alfonso ein Zeichen: er begnadigte seine Brüder. Ihrer Sinne nicht mehr mächtig, wurden sie in den Kerker zurückgebracht. Ihre Strafe war ewiges Gefängnis. Darin schmachteten sie lange Jahre und bis über den Tod Alfonsos hinaus; denn nichts erweichte das Herz dieses grausamen Mannes; er ertrug es alle Zeit geduldig, seine elenden Brüder in dem Turm desselben

Schlosses zu wissen, wo er aus- und einging, wo er wohnte und oft genug in Freuden lebte. Das waren die Este, welche Ariosto in seinem Gedicht zu den Sternen erhoben hat. Don Ferrante erlöste der Tod erst am 22. Februar 1540, im Alter von dreiundsechzig Jahren; Don Giulio erhielt seine Freiheit im Jahre 1559 und starb dann, dreiundachtzig Jahre alt, am 24. März 1561.

VIII

Es war in derselben Zeit jener Hoftragödie Ferraras, welche Lucrezia lebhaft an ihre römischen Erlebnisse erinnern mußte, daß Julius II. von Rom aufbrach, um seine kühnen Unternehmungen auszuführen. Sie galten der Wiederherstellung des Kirchenstaats durch Vertreibung jener Tyrannen, die einst dem Schwert Cesars hatten entrinnen können. Alfonso schickte ihm als Vasall der Kirche Hilfstruppen, doch er beteiligte sich am Kriegszuge nicht in Person, aber Guidobald von Urbino, welcher Francesco Maria Rovere zu seinem Sohn und Nachfolger adoptiert hatte, und der Markgraf Gonzaga dienten persönlich im Heere Julius' II. Am 12. September 1506 zog der Papst in Perugia ein, dessen Tyrannen, die Baglioni, sich ihm zitternd unterwarfen. Am 11. November hielt er seinen Einzug in Bologna, nachdem Giovanni Bentivoglio, seine Gemahlin Ginevra und alle ihre Kinder ins Exil gewandert waren. Dort machte Julius halt, verlangende Blicke auf die Romagna werfend, den ehemaligen Staat Cesars, wo jetzt die Venezianer Herren waren.

Ein seltsamer Zufall fügte es, daß gerade damals die schon verschollene Gestalt jenes Herzogs der Romagna in der Ferne wieder sichtbar wurde. Im November erhielt Lucrezia die Nachricht, daß ihr Bruder seiner Gefangenschaft in Spanien entronnen sei; sie meldete das sofort dem Markgrafen Gonzaga, der als Feldhauptmann der Kirche in Bologna war.

Sie hatte sich um die Befreiung Cesars oft bemüht und war stets durch Boten mit ihm in Verbindung geblieben. Doch ihre Verwendungen hatten auf den König von Spanien keinen Eindruck gemacht; endlich gelang es Cesar durch zufällige Umstände, seinem Kerker zu entrinnen. Zurita erzählt, daß Ferdinand der Katholische im Frühjahr 1506 jenen aus seinem Gefängnis nach Aragon fortnehmen und sogar mit sich nach Neapel führen wollte, wohin er ging, um dort die Angelegenheiten des Königreichs zu ordnen und sich Consalvos zu versichern, dessen Treue er beargwöhnte. Aber sein Schwiegersohn, der Erzherzog Philipp, mit dem er auf Grund von dessen Ansprüchen auf die Regierung Castiliens in Spannung war, verweigerte die Auslieferung Cesars aus Medina, einem castilianischen Ort. Als nun Ferdinand auf jener Reise abwesend war, erfolgte der Tod Philipps zu Burgos am 5. September 1506, und diesen Umstand, wie die Entfernung des Königs benutzte Cesar zur Flucht. Sie geschah mit Hilfe der castilianischen Partei, die sich des berühmten Condottiere zu bedienen gedachte.

Am 25. Oktober entkam er aus der Burg von Medina in das Land des Grafen von Benavente, wo er zunächst blieb. Einige Barone, welche die Verwaltung Castiliens in die Hände Maximilians, des Vaters von Philipp, zu bringen wünschten, wollten ihn als ihren Boten nach Flandern an des Kaisers Hof schicken. Als sich dies zerschlug, begab sich Cesar nach Pamplona zu seinem Schwager, dem König von Navarra, welcher in diese castilianischen Händel verwickelt war und sich eben im Kriege mit seinem rebellischen Connetable, dem Grafen von Lerin, befand.

Von dort schrieb Cesar an den Marchese von Mantua. Es ist der letzte seiner Briefe, den wir aufgefunden haben.

„Erlauchter Fürst und Herr Gevatter, gleich wie ein Bruder zu verehren. Ich benachrichtige Ew. Exzellenz, daß nach so viel Widerwärtigkeiten es Gott unserem Herrn gefallen hat, mich zu befreien und aus dem Kerker zu ziehen. In welcher Weise das geschehen ist, werden Sie von meinem Sekretär Federigo, dem Überbringer dieses, vernehmen. Mag es Gottes unendlicher Gnade gefallen, daß dies zu seinem größern Dienst gereiche. Gegenwärtig befinde ich mich in Pamplona mit dem Erlauchtesten König und der Königin von Navarra, wo ich am 3. Dezember anlangte, wie Ew. Herrlichkeit davon und von allem anderen durch den genannten Federigo vollständig unterrichtet sein werden. Möge es Ihnen gefallen, diesem in allem, was er in meinem Namen sagen wird, so vollen Glauben zu schenken, als wäre er meine eigene Person. Ew. Exzellenz sei ich stets empfohlen. Aus Pamplona am 7. Dezember 1506. Ew. Herrlichkeit Gevatter und jüngerer Bruder Cesar."

Der Brief ist mit einer Oblate gesiegelt; das Siegel zeigt das schön ausgeführte Doppelwappen Cesars mit der Umschrift *Caesar Borgia De Francia Dux Romandiolae*. Das eine Schild enthält das Wappen Borgia mit den französischen Lilien, aus dessen Helm sieben züngelnde Drachen springen; das andere das Wappen der Gemahlin Cesars mit den Lilien Frankreichs und einem geflügelten Pferde, welches dem Wappenhelm entsteigt.

Am Ende des Dezember traf in Ferrara Cesars Sekretär ein. Schon im Juli desselben Jahres 1506 war dieser Federigo in Ferrara gewesen und von dort von der Herzogin nach Spanien zurückgeschickt worden. Jetzt kam er nach Italien zurück, schwerlich nur um die Befreiung seines Herrn zu bestätigen, sondern um die Lage der Dinge zu erkunden und zu ersehen, ob hier noch eine Restauration des Herzogs der Romagna möglich sei. Zu demselben Zweck war auch dessen Majordomus Requesenz gekommen, der sich im Januar in Ferrara befand. Aber für solche Träume konnte keine Zeit ungünstiger sein, als das Ende des Jahres 1506, wo Julius II. von Bologna Besitz ergriffen hatte. Der Markgraf Gonzaga, auf dessen Wohlwollen Cesar noch rechnete, stand dort als Generalissimus der päpstlichen Armee, welche, wie man erwartete, auch zu einer Unternehmung in der Romagna bereit war. Dies aber war das einzige Land, wo er Aussicht auf Wiederherstellung haben konnte, denn seine gute Regierung hatte daselbst einen Eindruck zurückgelassen, und lieber würden sich die Romagnolen von neuem seiner Herrschaft als dem Regiment der Kirche unterworfen haben. Es ist richtig, was Zurita, der Geschichtsschreiber von Aragon, sagt: „Die Befreiung Cesars machte den Papst bestürzt, denn der Herzog war ein solcher Mann, daß er für sich allein hinreichte, ganz Italien in Verwirrung zu bringen; er war sehr geliebt, nicht allein vom Kriegsvolk, sondern von vielen Völkern in Ferrara und den Ländern der Kirche: eine Tatsache, welche selten irgendeinem Tyrannen widerfährt."

Der Bote Cesars wagte sich nach Bologna, trotz der Anwesenheit des Papstes, und dieser ließ ihn festnehmen. Man meldete das Lucrezia; die Herzogin schrieb hierauf dem Markgrafen Gonzaga diesen Brief:

„Erlauchter Herr Schwager und geehrtester Bruder. Ich habe eben erfahren, daß auf Befehl Sr. Heiligkeit unseres Herrn, Federigo, der Kanzler des Herrn Herzogs, meines Bruders, in Bologna festgenommen worden ist; ich bin gewiß, daß er sich in nichts vergangen hat, da er nicht gekommen war, um etwas zu tun oder zu reden, was Sr. Heiligkeit mißfällig oder schädlich sein konnte, denn Se. Exzellenz würde nichts Ähnliches gegen Se. Heiligkeit im Sinne haben oder wagen, und wenn jener irgendeine Kommission gehabt hätte, so würde er es mir zuvor mitgeteilt haben, und ich hätte nimmer geduldet, daß er auch nur zum Argwohn Grund gab, da ich Sr. Heiligkeit untertänigste und getreueste Dienerin bin, gleich meinem Erlauchten Herrn Gemahl. Aber ich kenne keinen anderen Grund seines Kommens als diesen, Kunde von seiner Befreiung zu bringen. Und so halte ich es für zweifellos, daß er unschuldig ist. Diese Festnahme ist mir aber von besonderem Gewicht, weil aus ihr dem genannten Herzog, meinem Bruder, eine Beschimpfung entstehen könnte, als sei er nicht in der Gnade Sr. Heiligkeit, und dasselbe gilt auch von mir. Ich bitte deshalb Ew. Exzellenz dringend, wenn anders Sie mir zugeneigt sind, auf jede Weise bei Sr. Heiligkeit dahin zu wirken, daß er baldigst freigelassen werde, wie ich es hoffe von seiner Güte und von der wirksamen Vermittlung Ew. Exzellenz. Denn keine größere Freude und Wohltat könnte mir Ew. Herrlichkeit erweisen, als diese besondere, und für nichts würde ich Ihnen um meiner Ehre und jeder anderen Rücksicht willen mehr verpflichtet sein. Somit empfehle ich Ihnen nochmals diesen Fall von ganzem Herzen und erbiete und empfehle mich Ihnen. Ferrara, 15. Januar 1507. Ew. Herrlichkeit Schwester und Dienerin, Die Herzogin von Ferrara."

Von Pamplona aus hatte Cesar seinen ehemaligen Majordomus Don Jayme de Requesenz an den König von Frankreich geschickt, ihn um Erlaubnis bittend, an seinen Hof und in seine Dienste zurückkehren zu dürfen. Aber davon wollte Ludwig XII. nichts wissen. Der Bote wurde abgewiesen, als er im Namen Cesars das Herzogtum Valence und die Pension beanspruchte, welche jener ehemals als Prinz des französischen Hauses bezogen hatte.

Allen Hoffnungen dieses berühmten Abenteurers machte bald darauf der Tod ein Ende. Im Solde seines Schwagers Navarra belagerte er dessen Vasallen Don Loys de Beamonte, Grafen von Lerin, im Schlosse Viana; dort fiel er im Hinterhalt, tapfer kämpfend, am 12. März 1507. Dieser Ort liegt in der Diözese Pamplona, und wunderbarerweise war, wie Zurita bemerkt, Cesars Todestag derselbe Tag, an welchem er einst das Bistum Pamplona erhalten hatte. Dort ward er auch ehrenvoll bestattet. Nur einunddreißig Jahre war er alt geworden, wie Nero.

Der Fall des furchtbaren Menschen, vor dem einst ganz Italien gezittert hatte, und dessen Name weit und breit berühmt gewesen war, befreite Julius II. von einem Prätendenten, der ihm mit der Zeit sehr lästig hätte werden können. Denn welche Verlegenheit würde ihm nicht Cesar gemacht haben, entweder im Kriege mit Venedig um den Besitz der Romagna als Verbündeter und Condottiere dieser Republik, oder noch mehr im Kriege dieses Papstes mit Frankreich nach seinem Abfall von der Liga von Cambray, wo der racheglühende Ludwig XII. sicherlich ihn würde nach der Romagna zurückgeführt und seiner alten Verbindungen in diesem Lande, wie seiner großen Talente sich würde bedient haben.

Die Nachricht vom Tode Cesars erreichte Ferrara im April 1507 von Rom und Neapel her, während der Herzog Alfonso abwesend war. Sein Rat Magnanini und der Kardinal Hippolyt verheimlichten die Depeschen vor der leidenden Herzogin, welche ihrer Entbindung entgegensah und bereits mehr als eine Ahnung von dem Ereignis hatte. Man teilte ihr nur mit, daß ihr Bruder in einem Gefecht verwundet worden sei. Tief aufgeregt begab sie sich in ein Kloster der Stadt, wo sie zwei Tage im Gebet zubrachte, dann kehrte sie in den Palast zurück. Gleich nachdem die Rede vom Tode Cesars zu ihr gedrungen war, hatte sie ihren Diener Tullio nach Navarra geschickt, und dieser kehrte unterwegs nach Ferrara zurück, weil er die Bestätigung des Gerüchts erhielt. Auch war Grasica, ein Stallmeister Cesars, nach Ferrara gekommen, welcher in Pamplona der Bestattung des Herzogs beigewohnt hatte und nun von den Umständen seines Todes genauen Bericht gab. Der Kardinal beschloß demnach, Lucrezia die Wahrheit zu sagen, indem er ihr den Brief ihres Gemahls Alfonso übergab, welcher die Todesnachricht enthielt.

Die Herzogin zeigte mehr Fassung, als man erwartet hatte; ihr Schmerz war mit der Bitterkeit von allen jenen Erinnerungen und Gefühlen vermischt, welche durch ihr Leben in Ferrara beschwichtigt, aber nie ganz zum Schweigen gebracht werden konnten. Und zweimal erwachten sie in ihrer Seele mit schrecklicher Gewalt, beim Tode ihres Vaters und bei dem ihres furchtbaren Bruders, des Mörders ihres jungen Gatten Alfonso. Wenn wir annehmen dürfen, daß ihre Trauer, außer allen anderen Stimmungen, welche zusammenflossen, um sie zu erzeugen, wesentlich doch durch das heiligste der Gefühle hervorgerufen war, so würde der Anblick der um Cesar Borgia weinenden Lucrezia einen der schönsten Triumphe der Geschwisterliebe darstellen. Wir nehmen jenes an, weil die schwesterliche Liebe die reinste und die großmütigste aller menschlichen Empfindungen ist.

Man darf freilich behaupten, daß Cesar Borgia weder seiner Schwester noch überhaupt seinen Zeitgenossen in der Gestalt vor

Augen stand, in welcher wir ihn heute sehen, wo seine Frevel immer schwärzer erscheinen, während seine guten Eigenschaften, oder seine von Machiavelli aus politischer Tendenz übersteigerte Bedeutung für uns immer geringer werden. Denn die Macht, welche dieser junge Emporkömmling unter dem Zusammentreffen von ganz besonderen Verhältnissen erlangen konnte, ist für jeden Denkenden nur ein Beweis von dem, was die gewöhnliche, furchtsame, stumpfsinnige Menge zu ertragen vermag. Sie ertrug auch die knabenhafte Größe Cesars Borgia, vor welcher Fürsten und Städte einige Jahre lang zitterten, und er war nicht das letzte freche und innerlich hohle Idol der Geschichte, vor welchem die Welt gebebt hat.

Wenn aber auch Lucrezia nicht ein klares Urteil über ihren Bruder besaß, so konnte doch weder ihre Erinnerung noch ihre Einsicht ganz abgestumpft sein. Sie selbst verzieh ihm, aber sie fragte sich, ob ihm der unbestechliche Richter menschlicher Taten verzeihen werde, und sie war eine gläubige und fromme Katholikin im Sinne der Religion ihrer Zeit. Sicherlich hat sie für seine Seele unablässig Totenmessen lesen lassen und Gebete zum Himmel geschickt.

Ercole Strozzi tröstete sie mit pomphaften Versen: er widmete ihr im Jahre 1508 seine Totenklage um Cesar. Dies barocke Gedicht ist durch die Auffassung dieses Menschen merkwürdig, und fast darf man es das poetische Seitenstück des „Fürsten" Machiavellis nennen. Erst zeigt der Dichter den tiefen Jammer der beiden Frauen Lucrezia und Charlotte, die dem Gefallenen heißere Tränen nachweinen, als einst Cassandra und Polyxena um Achill vergossen haben. Er schildert die Heldenlaufbahn Cesars, der dem großen Römer an Taten wie an Namen gleich gewesen sei. Er zählt alle von ihm eroberten Städte der Romagna auf und klagt das neidische Schicksal an, welches ihm nicht erlaubte, deren mehr zu bewältigen; denn sonst würde er Julius II. nicht den Ruhm Bolognas übrig gelassen haben. Der Dichter erzählt, daß zuvor der Genius der Roma vor dem römischen Volk erschienen sei und das Ende Alexanders und Cesars prophezeit habe, klagend, daß mit ihnen die Hoffnung Roms untergehe, es werde aus dem Stamm Calixts einst ein Heiland kommen, wie das die Götter verheißen hatten. Nun belehrt Erato den Dichter über diese Verheißungen im Olymp. Pallas und Venus, jene als Freundin Cesars und der Spanier, diese als italienische Patriotin und unwillig, daß Fremdlinge über die Nachkommen Trojas gebieten sollten, hätten miteinander hadernd vor Jupiter Klage geführt und ihn beschuldigt, seine

Verheißung eines Heldenkönigs Italiens nicht erfüllt zu haben. Jupiter habe sie beruhigt: das Fatum sei unwiderruflich. Zwar habe Cesar gleich wie Achill sterben müssen, aber aus den beiden Stämmen Este und Borgia, die von Troja und Hellas hergekommen, werde der verheißene Held hervorgehen. Pallas tritt darauf in Nepi, wo nach Alexanders Tode Cesar an der Pest krank lag, an dessen Lager in Gestalt seines Vaters und verkündet ihm sein Ende, welches er im Bewußtsein seines Ruhmes als Held dahinnehmen solle. Dann verschwindet sie wie ein Vogel und eilt zu Lucrezia nach Ferrara. Nachdem der Dichter den Fall Cesars in Spanien geschildert hat, tröstet er seine Schwester erst mit philosophischen Gemeinplätzen, dann mit der Verkündigung, daß sie die Mutter des prädestinierten Heroenkindes sein werde.

Cesar Borgia hinterließ, nach der Angabe Zuritas, nur eine einzige Tochter, welche unter dem Schutze des Königs von Navarra bei ihrer Mutter lebte. Ihr Name war Luise. Sie vermählte sich später mit Louis de la Tremouille und nach dessen Tode mit Philipp de Bourbon, Baron von Busset. Ihre Mutter Charlotte d'Albret weihte sich, nach so viel Erschütterungen ihres Lebens, frommer Beschaulichkeit; sie starb, von der Welt zurückgezogen, am 11. März 1514. Zwei uneheliche Kinder Cesars, ein Sohn Girolamo und eine Tochter Lucrezia, lebten in Ferrara, wo die letztere Nonne wurde und als Äbtissin von San Bernardino im Jahre 1573 starb.

Ein Bastard Cesars tauchte noch im Februar 1550 in Paris auf. Es war ein Priester, welcher sich für einen natürlichen Sohn des Herzogs der Romagna ausgab und sich Don Luigi nannte. Er war von Rom gekommen, um vom Könige Frankreichs Unterstützung zu fordern, weil, wie er sagte, sein Vater im Dienst der französischen Krone im Königreich Navarra den Tod gefunden habe. Man gab ihm hundert Dukaten, mit welchen er nach Rom zurückkehrte.

IX

Die Hoffnungen Alfonsos auf Nachkommenschaft waren bisher durch einen zweimaligen Unglücksfall seiner Gemahlin vereitelt worden: da gebar sie am 4. April 1508 einen Sohn. Man gab ihm den Taufnamen seines Großvaters.

Ercole Strozzi feierte in der Geburt dieses Thronerben die Erfüllung seiner Weissagungen. In einem Gedicht Genethliakon schmeichelte er der Herzogin mit dem Wunsche, daß diesem Sohne einst die Taten seines Oheims Cesar und seines mütterlichen Großvaters Alexander ein Vorbild sein möchten; denn beide würden ihn an Camill und die Scipionen und die Helden Griechenlands gemahnen.

Nur wenige Wochen später fand der geniale Dichter ein schreckliches Ende. Seine Neigung zu Lucrezia war wohl nur die des höfischen Kavaliers oder des Poeten, welcher der Schönheit huldigt; seine Leidenschaft hatte er Barbara Torelli zugewendet, der jungen Witwe des Ercole Bentivoglio. Sie gab ihm den Vorzug vor einem anderen Edelmann in Ferrara, und der beglückte Strozzi vermählte sich mit ihr im Mai 1508.

Dreizehn Tage nachher, am Morgen des 6. Juni, fand man den Dichter an der Ecke des Palastes Este, welcher heute Pareschi heißt, tot niedergestreckt, gehüllt in seinen Mantel, mit zerrauftem Haar und bedeckt mit zweiundzwanzig Wunden. Ganz Ferrara war bestürzt: denn Strozzi war der Ruhm dieser Stadt, einer der geistvollsten Dichter seiner Zeit, ein Liebling aller Mitstrebenden, Freund Bembos und Ariostos, Günstling der Herzogin, hochangesehen bei Hofe. Nach seines Vaters Titus Tode bekleidete er dessen Stelle als Haupt der zwölf Richter Ferraras. Er stand noch in der Blüte seines Lebens; erst siebenundzwanzig Jahre hatte er erreicht.

Dies schreckliche Ereignis mußte Lucrezia jenen Tag ins Gedächtnis zurückrufen, wo ihr Bruder Gandìa war ermordet worden, und wie dessen Ermordung mit einem nie aufgeklärten Geheimnis bedeckt blieb, ganz so blieb es auch der Tod Strozzis. „Niemand nannte den Urheber des Mordes, denn der Prätor schwieg“, so sagte später Paul Jovius im Elogium auf den Dichter. Wer aber konnte die Gerichte schweigen machen, wenn nicht diejenigen, welche allein die Macht dazu besaßen?

Man hat Alfonso die Tat zugeschrieben; die einen behaupteten, daß er Strozzi umbringen ließ aus Leidenschaft, welche er selbst für dessen Gemahlin gefaßt hatte, die anderen, daß er an ihm die Gunst rächte, die ihm Lucrezia schenkte. Sogar die neuesten Schriftsteller, welche dieses Geheimnis zu ergründen sich bemüht haben, und die sich auf vertrauliche Korrespondenzen jener Zeit berufen, geben Alfonso die Schuld der Tat. Daß sie der Herzog, welcher nicht allein die Verschwörung gegen sein eigenes Leben so grausam gestraft hatte, sondern überhaupt mit schonungsloser Strenge die Gesetze aufrechthielt, nicht vor die Tribunale zog, ist freilich einer der stärksten Verdachtsgründe wider ihn.

Man hat sogar Lucrezia als die Urheberin des Mordes bezeichnet, sei es aus Eifersucht gegen Barbara Torelli, sei es aus Furcht, Strozzi könne ihr Verhältnis zu Bembo, dessen Mitwisser er gewesen sein soll, verraten, zumal der Dichter durch den Einfluß der Herzogin die Kardinalswürde zu erlangen gehofft habe, worin er dann durch sie getäuscht worden sei. Dieser unsinnigen Anklage haben jene Neueren keinen Glauben geschenkt. Es glaubte an sie auch nicht Ariosto, denn wie würde er es sonst gewagt haben, in jenem Ehrentempel der Frauen des Hauses Este der Statue Lucrezias gerade Ercole Strozzi als Herold ihres Ruhmes beizugesellen. Selbst wenn er diese Stanze, was nicht wahrscheinlich ist, schon vor des Dichters Tode geschrieben hätte, so würde er ihr unter jener Voraussetzung eine andere Fassung gegeben haben, ehe er das Gedicht im Jahre 1516 veröffentlichte.

Es glaubte an die Schuld Lucrezias auch nicht Aldo Manuzio, denn gerade ihr widmete er im Jahre 1513 die Ausgabe der Poesien beider Strozzi, des Vaters und des Sohnes, mit einer Einleitung, worin er sie selbst zu den Sternen erhob.

Unterdes hatte Julius II. die Liga von Cambray zustande gebracht, deren Zweck die Zerstörung der Macht Venedigs war. Auch Ferrara war diesem Bunde beigetreten. Der Krieg beschäftigte daher Alfonso vielfach außerhalb seiner Residenz und seines Staates, so daß er Lucrezia während seiner Abwesenheit zur Regentin machte. In der Tat war sie das jetzt in einem anderen Sinne, als sie es in früheren Zeiten im Vatikan und in Spoleto gewesen war. Sie sah im Jahre 1509 das Kriegsgewitter sich sogar Ferrara nähern, wo ihr Gemahl und der Kardinal die venezianische Flotte auf dem Po besiegten. Am 25. August dieses Jahres gebar Lucrezia einen zweiten Sohn, Hippolyt.

Die Kriege, welche Italien umwälzten, rissen fortan auch Ferrara in die große Bewegung hinein, die sich spät und erst dann beruhigte, als Karl V. den italienischen Dingen eine neue Ordnung gab. Das fernere Leben Lucrezias wurde daher durch die Politik beeinflußt. Ihre ersten ruhigen Jahre in Ferrara waren dahin, gleich ihrer Jugend. Sie widmete sich jetzt der Erziehung ihrer Kinder, der Prinzen von Este, und auch den Staatsangelegenheiten, so oft sie ihr Gemahl damit betraute. Sie war eine kluge Frau; ihr Vater hatte sich in ihrem Verstande nie getäuscht. Auch als Regentin von Ferrara erwarb sie sich Anerkennung. Als solche erscheint sie zum erstenmal schon im Mai 1506, und zwar in einer für sie höchst ehrenvollen Weise. Die Juden waren in Ferrara mißhandelt worden: Lucrezia erließ deshalb ein Gesetz zu ihrem Schutz, und sie befahl die strenge Bestrafung der Schuldigen. In der Widmung der Poesien der Strozzi an sie rühmte Aldus neben allen ihren anderen Eigenschaften, wie ihrer Gottesfurcht, ihrer Wohltätigkeit gegen Arme und ihrer Güte gegen die ihr Nächsten, ganz besonders auch dies, daß sie eine treffliche Regentin sei, deren „scharfes Urteil und durchdringenden Geist die Bürger bewunderten". Selbst wenn man einen Teil dieses Lobes als Schmeichelei in Abzug bringen will, so wird noch ein anderer zurückbleiben, welcher der Wahrheit gehört.

Aus diesen Gründen ist es nicht auffallend, wenn die Persönlichkeit Lucrezias in dieser Epoche fast ganz verschwindet, oder von der politischen Geschichte Ferraras verdeckt wird. Die Chronisten der Stadt erwähnen ihrer nur bei den Geburten ihrer Kinder, und in der ganzen Biographie Alfonsos von Paul Jovius wird sie nur zwei- oder dreimal, doch mit großer Achtung genannt. Das persönliche Interesse, welches die früheren Schicksale dieser Frau erregten, verschwand, als sie selbst keine ähnlichen mehr erlebte. Selbst ihre Briefe an Alfonso und die vielen anderen an ihre Freundin Isabella Gonzaga sind für ihren Biographen fast inhaltsleer. Ganz unbestritten war jetzt das Lob ihrer Tugenden; es vernahm dasselbe auch der Kaiser Maximilian, welcher die Ehe Lucrezias mit Alfonso hatte hintertreiben wollen. Zu Augsburg unterhielt er sich eines Tages, im Februar 1510, mit dem ferrarischen Gesandten Girolamo Cassola; nachdem er vieles über die Frauen und die Feste Augsburgs geredet hatte, fragte er nach den Frauen Italiens und besonders denen Ferraras: „Hierauf wurde viel von der Exzellenz unserer Herzogin gesprochen, ich sage von der Exzellenz ihrer Schönheit und großen Anmut, ihrer Sittsamkeit und Tugenden. Der Kaiser fragte mich, welche andere Schönheiten es in Ferrara gebe, und ich nannte ihm Madonna Diana und Madonna Agnola, die eine Schwester, die andere Gemahlin des Herrn Ercole von Este." So berichtete der Gesandte nach Ferrara.

Das Gemüt Lucrezias war in der fest gegründeten Welt, der sie nun angehörte, und unter dem Ernst hoher Pflichten zur Ruhe gekommen, und nur noch selten wurde diese durch Ereignisse aufgestört, welche sie mit ihren römischen Erlebnissen wieder in Zusammenhang brachten. Das aber geschah im Jahre 1510 durch den Tod Giovanni Sforzas von Pesaro.

Sforza war nach seiner Rückkehr in seinen Staat durch eine Bulle Julius' II. als Lehnsherr desselben bestätigt worden. Er hatte seither weise zu regieren gesucht, manche Verbesserungen eingeführt, auch die Burg Pesaros neu befestigt. Er war ein gebildeter Mann und dem Studium der Philosophie ergeben. Von ihm, so bemerkt Ratti, ein Biograph des Hauses Sforza, stammt ein Inhaltsverzeichnis des ganzen Archivs von Pesaro. Im Jahre 1504 hatte er sich wieder vermählt mit einer edlen Venezianerin, Ginevra vom Haus Tiepolo, die er in seinem Exil kennenlernte. Sie gebar ihm am 4. November 1505 einen Sohn Costanzo. In welchen Beziehungen er zu den ihm verwandten Este stand, wissen wir nicht; sie können nur frostiger oder peinlicher Art gewesen sein. Seines Lebens mochte Sforza überhaupt nicht mehr froh werden; denn indem sein ganzes berühmtes Haus sich dem Untergange zuneigte oder schon gefallen war, durfte er auf die lange Fortdauer seines eigenen Geschlechts nicht hoffen. Im Schloß Gradara, wo er meist in Einsamkeit zu leben pflegte, starb er einen ruhigen Tod am 27. Juli 1510.

Da sein Sohn noch ein kleines Kind war, übernahm die Regierung Pesaros sein natürlicher Bruder Galeazzo, der sich mit Ginevra, einer Tochter Ercole Bentivoglios, vermählt hatte. Jenes Kind starb schon am 5. August 1512, worauf der Papst Julius dem Galeazzo die Anerkennung entzog. Er zwang diesen Letzten der Sforza von Pesaro zu einem Vertrag, in kraft dessen derselbe am 30. Oktober 1512 Burg und Land dem Francesco Maria Rovere übergab, welcher seit dem April 1508, nach dem Tode Guidobaldos, Herzog von Urbino war. So wurde Pesaro mit diesem Staat vereinigt. Galeazzo starb in Mailand im Jahre 1515, nachdem er den Herzog Maximilian Sforza zu seinem Erben eingesetzt hatte. Die Linie der Herren von Pesaro war somit erloschen, denn Giovanni Sforza hinterließ nur eine natürliche Tochter Isabella; sie vermählte sich im Jahre 1520 mit Sernigi Cipriano, einem edlen Florentiner, und starb als eine durch ihre gelehrte Bildung sehr ausgezeichnete Frau zu Rom im Jahre 1561. Ihre Grabschrift liest man noch auf einem in die Wand eingemauerten Stein im Gange hinter der Tribüne der lateranischen Basilika.

Der Tod ihres ersten Gatten mußte Lucrezia ihre tiefe Verschuldung gegen ihn lebhaft ins Bewußtsein rufen, und jetzt befand sie sich in einem Alter und in einer religiösen Gemütsverfassung, in welcher der Leichtsinn nicht mehr über das Gewissen hinwegkommt. Aber die Zeit war so aufgeregt, daß sie allen ihren Gedanken eine andere Richtung gab. Am 9. August 1510, wenige Tage nach Sforzas Tode, tat Julius II. Alfonso in den Bann und erklärte ihn aller seiner Kirchenlehen verlustig. Dieser Papst nahm damals die Pläne seines Oheims Sixtus wieder auf, welcher im Bunde mit Venedig Ferrara hatte den Este entreißen wollen. Nachdem ihn die Venezianer mit der Abtretung der romagnolischen Städte beschwichtigt, hatte er sich mit der Republik ausgesöhnt und von Alfonso verlangt, der französischen Liga gleichfalls zu entsagen und vom Kriege wider Venedig abzustehen. Die Folge der Weigerung des Herzogs, das zu tun, war der Bann. Seither sah sich Ferrara, im engsten Bündnis mit Frankreich, in jenen wütenden Krieg gezogen, welcher zur berühmten Schlacht von Ravenna (am 11. April 1512) führte, worin die Artillerie Alfonsos den Ausschlag gab.

Es war während dieses Krieges und bei Gelegenheit des Versuchs Julius' II., Ferrara durch einen Handstreich zu nehmen, daß der berühmte Bayard die Bekanntschaft Lucrezias machte. Als die französischen Ritter mit ihren Kampfgenossen, den Ferraresen, nach der Eroberung der Bastei triumphierend in Ferrara einzogen, wurden sie hier mit den höchsten Ehren aufgenommen. In Erinnerung dessen schrieb der Biograph Bayards später dies zum Ruhme Lucrezias nieder: „Vor allen anderen empfing die Franzosen mit großer Auszeichnung die gute Herzogin, welche eine Perle in dieser Welt war, und alle Tage gab sie ihnen wundervolle Feste und Bankette nach italienischer Art. Ich wage es zu sagen, daß es weder zu ihrer Zeit, noch viel früher eine glorreichere Fürstin gab als sie; denn sie war schön und gut, sanft und liebenswürdig zu allen, und nichts ist so sicher als dies, daß, obwohl ihr Gemahl ein kluger und kühner Fürst war, diese genannte Dame ihm durch ihre Liebenswürdigkeit gute und große Dienste geleistet hat."

Es ist bekannt, daß infolge des Todes Gastons de Foix in der Schlacht von Ravenna die Siege Frankreichs sich in Niederlagen und die Niederlagen des Papstes sich in Triumphe verwandelten. Alfonso sah sich wehrlos; er eilte selbst im Juli 1512 nach Rom, von Julius die Absolution zu erhalten, und obwohl er sie empfing, rettete ihn doch nur die schleunige Flucht vor dem Verderben oder dem Schicksal Cesars Borgia. Mit Hilfe der Colonna, die ihn nach Marino entführten, erreichte er in Verkleidung Ferrara wieder.

Es waren das peinvolle Tage für Lucrezia, und während sie um das Leben ihres Gatten zitterte, empfing sie zugleich die Nachricht von dem Tode ihres fernen und verstoßenen Sohnes. Am 28. August 1512 schrieb der mantuanische Agent Stazio Gadio seinem Herrn Gonzaga aus Rom: „Hier ist sichere Kunde eingetroffen, daß der Herzog von Biseglia, der Sohn der Frau Herzogin von Ferrara und des Alfonso von Aragon, zu Bari gestorben ist, wo die Herzogin von Bari ihn bei sich hatte." Lucrezia selbst meldete das einer nicht genannten Person in einem Brief vom 1. Oktober, worin sie schrieb: „Ich befinde mich ganz versenkt in Bitterkeit und Tränen um den Tod des Herzogs von Biselli, meines teuersten Sohnes, wovon Ihnen der Überbringer dieses das Nähere auseinandersetzen wird."

Die Schicksale des armen Rodrigo während der ersten Jahre nach dem Tode Alexanders und der Fortführung Cesars nach Spanien sind uns unbekannt; doch dürfen wir für gewiß annehmen, daß er in Neapel und unter der Vormundschaft der Kardinäle Ludovico Borgia und Romolini von Sorrent lebte. Der König von Spanien anerkannte den Sohn Lucrezias, früheren Verträgen gemäß, als Herzog von Biselli, und noch aus dem September 1505 gibt es Aktenstücke, wonach der Statthalter des kleinen Herzogs den Treueid in die Hände jener beiden Kardinäle ablegte. Vielleicht wurde Rodrigo von Donna Sancìa, seiner leiblichen Tante, erzogen; denn auch diese befand sich mit ihrem Gemahl im Königreich Neapel, wo Don Jofré im Besitz seiner Güter anerkannt war. Sancìa starb kinderlos im Jahr 1506, als eben Ferdinand der Katholische sich in Neapel aufhielt; der König zog deshalb einen großen Teil der Lehen Don Jofrés ein, doch blieb derselbe Prinz von Squillace. Er schloß eine zweite Ehe und hatte Nachkommen. Sein Ende ist uns unbekannt. Eine seiner Urenkelinnen Anna de Borgia, Prinzessin von Squillace, brachte als Letzte ihres Stammes dieses Besitztum am Anfange des 17. Jahrhunderts an das Haus Gandìa in Spanien, durch ihre Vermählung mit Don Francesco Borgia.

Es mochte nach dem Tode Sancìas sein, daß Rodrigo in die Obhut seiner anderen Tante, der älteren Schwester seines Vaters, kam. Dies war Isabella d'Aragona, die unglücklichste der Frauen jener Zeit, die Witwe des von Ludovico dem Mohren vergifteten Giangaleazzo von Mailand. In der Geschichte Italiens jener Epoche, wo mit der Invasion Karls VIII. eine Flut von Schicksalen über die Dynastien jenes Landes hereingebrochen war, gibt es kaum eine gleich tragische Gestalt, als diese Isabellas von Mailand. Denn sie wurde von dem Zusammensturz beider Häuser, Sforza und Aragon, zugleich getroffen, und von diesen beiden Familien kann man sagen, was Caracciolo in seiner Schrift *De varietate fortunae* von den Sforza gesagt hat: es gibt kein noch so furchtbares Trauerspiel, für welches das Haus Sforza nicht den reichhaltigsten Stoff darböte. Isabella hatte den Fall ihres ganzen einst so mächtigen Hauses erlebt und ihren eigenen Sohn Francesco, von Ludwig XII. gefangen, nach Frankreich abführen sehen, wo er jung und als Geistlicher sterben mußte. Sie selbst hatte sich nach Bari zurückgezogen, welche Stadt Ludovico der Mohr ihr im Jahre 1499 überlassen hatte, und wovon sie bis zu ihrem Tode (am 11. Februar 1524) Herzogin blieb.

Donna Isabella nahm den Sohn Lucrezias zu sich. Daß er schon im März des Jahres 1506 sich bei ihr in Bari befand, geht aus den Registern des Haushalts der Herzogin von Ferrara hervor: denn am 26. jenes Monats und Jahres steht darin verzeichnet: „ein Kleid von Damast und Brokat, welches Ihre Herrlichkeit zum Geschenke schickt an Don Rodrigo ihren Sohn in Bari". Am 3. April schickte ihm seine Mutter seinen Erzieher Baldassar Bonfiglio zurück, welcher nach Ferrara gekommen war. Derselbe wird im Register der Ausgaben am 25. Februar 1506 auch Erzieher des Don Giovanni genannt, woraus hervorgeht, daß dieses Kind sich damals ebenfalls in Bari befand und mit seinem Gespielen Rodrigo erzogen wurde. Aber im Oktober 1506 entdecken wir den kleinen Giovanni in Carpi, wohin man ihn, vielleicht an den Hof der Pii, gebracht hatte; von dort ließ ihn Lucrezia in der genannten Zeit nach Ferrara kommen. Sie durfte demnach diesen rätselhaften Infanten, aber nicht ihr Kind Rodrigo bei sich sehen. Im November 1506 befand sich Giovanni wiederum in Carpi, denn dorthin schickte ihm Lucrezia feines Linnenzeug.

Im Jahre 1508 müssen beide Kinder wieder in Bari vereinigt gewesen sein; denn in denselben Verzeichnissen des Haushalts werden vom Mai jenes Jahres ab die Ausgaben für beide zugleich bemerkt, und ein Don Bartolommeo Grotto wird als Lehrmeister beider genannt. Bei Donna Isabella starb sodann der Sohn Lucrezias und des von Cesar ermordeten Alfonso zu Bari, in dessen Nähe sein ererbtes Herzogtum Bisceglie gelegen war.

Wir besitzen einen Brief dieser unglücklichen Fürstin Isabella, welchen sie einige Wochen nach dem Tode des jungen Rodrigo an Perot Castellar, den Gubernator von Bisceglie schrieb.

„Monsignor Perot, unser Geliebtester. Dies schreiben Wir nur, um Euch zu bitten, daß Ihr die von Corato nötigen sollet, uns dasjenige zu zahlen, was sie von den Einkünften des Erlauchten Herzogs von Bisceglie, unseres Neffen sel. Angedenkens zu entrichten haben, denn in kurzem wird eine Anweisung der Erlauchtesten Herzogin von Ferrara kommen, und wenn sich die genannten Gelder nicht bar vorfinden, so würde uns das leicht zur Last fallen. Jene von Corato möchten die Sache in die Länge ziehen, und wir müssen die Gelder durchaus sofort beitreiben. Sorget deshalb dafür, sie zu zwingen, so daß wir nachher unbelästigt bleiben und auf der Stelle bezahlt sein können. Damit werdet Ihr uns einen Gefallen tun, und so erbieten Wir uns Euch. Bari, am 14. Oktober 1512. Isabella von Aragon, Herzogin von Mailand, die einzig Unglückliche."

Die Mutter Rodrigos erhob Ansprüche auf seine Nachlassenschaft, welche sie auch, wie Dokumente zeigen, von Isabella d'Aragona, als der Vormünderin des Verstorbenen, im Betrage von einigen tausend Dukaten gerichtlich einzog. Sie mußte deshalb lange Prozesse führen, und noch im März 1518 beauftragte sie zu solchem Zweck nach Rom und Neapel ihren Agenten Giacomo Naselli, dessen Bericht an den Kardinal Hippolyt sich erhalten hat.

Welches auch die Umstände waren, die Lucrezia zur Entfernung ihres Sohnes gezwungen hatten, für den sie, wie wir gesehen haben, stets mütterlich besorgt blieb, so wirft doch dieses unglückliche Kind einen tiefen Schatten auf sie zurück.

X

Der Krieg um Ferrara war durch die Kraft Alfonsos und die äußerste Anstrengung des Staates wohl gestillt worden, aber von diesem hatte Julius II. doch Modena und Reggio abgerissen, ein so großer Verlust für das Haus Este, daß sich die Geschichte Ferraras viele Jahre hindurch um den Wiedergewinn jener Städte bewegte. Zum Glück für Alfonso starb Julius II. im Februar 1513. Leo X. bestieg den Heiligen Stuhl. Er hatte bisher freundliche Beziehungen zu den Fürsten von Urbino und von Ferrara unterhalten, die auch nur Freundliches von ihm erwarteten, jedoch beide Häuser sollten gerade durch diesen falschen Medici, welcher alle Welt hinterging, bitter getäuscht werden. Alfonso eilte zur Krönung Leos nach Rom, und mit den besten Hoffnungen auf eine vollkommene Aussöhnung mit dem Heiligen Stuhl, kehrte er nach Ferrara zurück.

Hier hatte sich Lucrezia allgemeine Achtung und Zuneigung erworben. Sie war die Mutter des Volkes geworden. Alle Leidende fanden bei ihr Gehör und Hilfe. Hungersnot und Teuerung und die Erschöpfung der Finanzen waren die Folgen des Krieges; sie entäußerte sich ihres Juwelenschmuckes, indem sie ihn verpfändete. Sie entsagte, wie Jovius ihr nachrühmte, dem Pomp und den Eitelkeiten der Welt, an die sie von Jugend auf gewöhnt war. Sie ergab sich religiöser Andacht und stiftete klösterliche Anstalten und Hospitäler. Daß sie alles dies tat, lag ebensowohl in der Natur des Weibes, als in jener ihrer Vergangenheit und der von ihr erlittenen Schicksale. Die meisten Frauen, welche viel gelebt und geliebt haben, werden Betschwestern, und Bigotterie ist oft nur die letzte Form, welche die weibliche Eitelkeit zu wählen hat. Die Erinnerung an eine Welt von Lastern und Verbrechen, verübt durch ihre Nächsten, und wohl auch die an eigene Verschuldungen, konnte niemals aufhören, die Seele Lucrezias zu beunruhigen. In denselben Gemütszustand fielen und dasselbe Bedürfnis religiöser Tröstung empfanden auch jene anderen Frauen, welche mit und neben ihr zu den Hauptpersonen in der Geschichte der Borgia gehört hatten: die Witwe Cesars beschloß ihr

Leben im Kloster; die Witwe Gandìas tat dasselbe; die Witwe Alexanders VI. wurde eine alte Betschwester; und wohl würden wir auch die Ehebrecherin Julia Farnese am Ende ihres Lebens, wenn nicht als Heilige in einem Kloster, so doch in tägliche Andachtsübungen versenkt wiederfinden, wenn uns Nachrichten von ihr erhalten wären.

Das Jahr 1513, wo der Krieg um Ferrara ein Ende nahm, machte einen Abschnitt in dem Leben Lucrezias, denn seither nahm sie entschieden diese fromme Richtung. Dieselbe artete jedoch nicht in Fanatismus aus; denn daran hinderten sie der kräftige Alfonso, ihre Kinder und die Pflichten des Hofes. Der Hof von Ferrara hatte durch den Krieg viel von seinem Glanz verloren, aber er blieb doch einer der angesehensten Fürstenhöfe Italiens. Alfonso selbst wandte in den folgenden Friedensjahren manches auf die Kultur der Künste. Es arbeiteten für ihn im Kastell und in den Schlössern von Belriguardo und Belfiore die besten Meister Ferraras: Dossi, Garofalo und Michele Costa. Tizian, welcher ab und zu Gast in Ferrara war, malte für ihn, und der Herzog gab auch Rafael Aufträge zu Bildern. Er legte sogar ein Museum von Altertümern an. Einen Kupido Michelangelos besaß Lucrezia in ihrem Kabinett. Doch war die Neigung der Herzogin in dieser Richtung keine besonders lebhafte und nicht entfernt mit der Leidenschaft ihrer Schwägerin Isabella von Mantua zu vergleichen, welche mit allen hervorragenden Künstlern ihrer Zeit in Verbindung stand und in allen großen Städten Italiens ihre Agenten hatte, durch die sie von allem Schönen, das erschaffen wurde, sich unterrichten ließ.

Seit dem Jahre 1513 erlitt Ferrara auch durch den Hof Leos X. eine nicht geringe Einbuße und wurde durch ihn in Schatten gestellt; denn die Kunstschwelgerei dieses Medici zog die glänzendsten Talente Italiens nach Rom. Dorthin ging der Dichter Tebaldeo, dort lebten Sadoleto und Bembo, jetzt Leos Sekretäre. Die beiden Strozzi waren tot. Aldus, auf dessen Laufbahn als Gelehrter und Drucker Lucrezia in früheren Jahren nicht ohne fördernden Einfluß gewesen war, lebte in Venedig; doch unterhielt er von hier aus eine literarische Verbindung mit seiner Gönnerin. Ferrara treu blieb Celio Calcagnini. Auch blühte die Universität fort. Sehr befreundet war Lucrezia mit Trissino, dem edlen Vicentiner, dem nicht glücklichen Nebenbuhler Ariostos im Epos. Es gibt fünf Briefe Trissinos an sie aus ihren letzten Lebensjahren. Der Stolz Ferraras aber war Ariosto, und dessen vollen Ruhm erlebte noch Lucrezia. Er weihte seine Dichtung weder ihr noch Alfonso, sondern dem unwürdigen Kardinal Hippolyt, in dessen Dienst ihn zufällige Verhältnisse gebracht hatten. Kein Fürstenhaus erfuhr jemals eine Verherrlichung, wie es diese ist, welche Ariosto dem der Este gab; denn durch seinen Orlando Furioso ist dasselbe für alle Zeiten, so lange als die Sprache Italiens dauert, in der Literatur unsterblich und monumental geworden. Auch Lucrezia hat in seinem Gedicht einen Ehrenplatz gefunden, aber so schön auch die Stelle ist, die sie dort einnimmt, so dürfte doch Ariosto ihr eine noch wärmere und öftere Huldigung dargebracht haben, wenn sie ihn selbst durch einen wirklich begeisterten Anteil dazu ermuntert hätte.

Das Verhältnis der Herzogin zu ihrem Gemahl, nicht auf Liebe gegründet und wohl nie von leidenschaftlicher Natur, scheint sich immer günstiger für sie gestaltet zu haben. Im April 1514 hatte sie ihm einen dritten Sohn Alessandro geboren, welcher schon nach zwei Jahren starb; am 4. Juli 1515 gebar sie eine Tochter Leonora, und am 1. November 1516 noch einen Sohn Francesco. Mit Genugtuung sah sich Alfonso als Vater von Kindern, die seine legitimen Erben waren. Er ging seinen privaten Freuden nach, aber es befriedigte ihn, die Achtung, ja selbst die Bewunderung wahrzunehmen, welche seiner Gemahlin entgegengebracht wurde. Wenn diese Huldigungen früher ihrer jugendlichen Schönheit gegolten hatten, so wurden sie jetzt ihren Tugenden gewidmet. Das einst vielleicht bescholtenste Weib ihrer Zeit nahm jetzt den ersten Platz im Ehrentempel der Frauen ein. Caviceo konnte es sogar wagen, der gefeierten Isabella Gonzaga mit diesem Urteil zu schmeicheln, daß er sie hinlänglich preise, wenn er sage, sie nähere sich der Vollkommenheit Lucrezias. Die Vergangenheit schien im Erinnern der Menschen so ganz erloschen, daß selbst ihr Name Borgia nur mit Ehren genannt wurde.

In jener Zeit wurde Lucrezia noch durch ein ihr nahestehendes Familienmitglied an jene römische Vergangenheit erinnert. Es war das Giovanni Borgia, der rätselhafte „römische Infant", einst Herzog von Nepi und Camerino und Schicksalsgefährte des kleinen in Bari verstorbenen Rodrigo. Seit dem Jahre 1508 war er unserem Blick entschwunden. Wo er seither geblieben, wissen wir nicht. Aber im Jahre 1517 kam er, jetzt ein junger Mann von neunzehn oder zwanzig Jahren, wie es scheint von Neapel her nach der Romagna, wo er Schiffbruch litt. Sein von der Gemeinde Pesaros bei dieser Gelegenheit eingezogenes Gepäck reklamierte ein Bevollmächtigter Lucrezias am 2. Dezember, und in diesem Akt wird Giovanni Borgia ihr „Bruder" genannt. Andere Dokumente tun dar, daß derselbe sich seit dem Dezember 1517 wirklich am Hof seiner Schwester befand. Ihr Gemahl hinderte sie demnach nicht, diesen nahen Verwandten bei sich aufzunehmen. Don Giovanni ging sodann im Dezember 1518 nach Frankreich, wo ihn der Herzog Alfonso dem Könige vorstellte. Lucrezia hatte ihm Geschenke für diesen und die Königin mitgegeben. Am französischen Hofe blieb er auch einige Zeit, sein Glück zu suchen, das er nicht fand.

Seither verschwindet der „römische Infant" wieder, bis er im Jahre 1530 in Rom als Prätendent des Herzogtums Camerino sichtbar wird. Der letzte Varano, Giammaria, war nach Cesars Sturz dorthin zurückgekehrt und von Julius II. als Lehnsvasall der Kirche anerkannt worden. Leo X. erhob ihn sogar im April 1515 zum Herzog von Camerino und vermählte ihn mit seiner eigenen Nichte, der schönen Catarina Cibò. Giammaria starb im August 1527 und hinterließ als einzige Erbin seine unmündige Tochter Giulia. Ein Bastard des Hauses Varano machte hierauf mit den Waffen in der Hand Ansprüche auf Camerino, aber zugleich erhob solche im Wege des Prozesses Giovanni Borgia, der ehemalige erste Herzog jenes Landes. Alfonso von Ferrara unterstützte ihn in diesen Bemühungen. Er gab ihm mehrere Aktenstücke aus der Zeit Alexanders VI. heraus, welche seine Rechte auf Camerino betrafen und von Lucrezia Borgia in die Kanzlei des Hauses Este waren niedergelegt worden. Don Giovanni hatte sich sogar zu Karl V. nach Bologna begeben, als sich dort seit dem Dezember 1529 der berühmte Kongreß versammelte. Der Kaiser hatte ihm geraten, seine Sache in Rom selbst beim Papst im Wege des Rechts durchzuführen, und von Rom aus schrieb der „Infant" im Jahre 1530 einen Brief an den Herzog Alfonso, worin er ihm von seinen Angelegenheiten Kunde gab und ihn ersuchte, im Archiv Este weitere Nachforschungen nach ihn betreffenden Papieren machen zu lassen.

Don Giovanni machte seinen Prozeß anhängig. In einem massenhaften Schriftstück vom 29. Juni 1530, welches diesen enthält, wird er nicht nur als *Domicellus Romanus principalis* bezeichnet, sondern er nennt sich selbst Orator des Papstes. Hieraus geht hervor, daß dieser Bastard Alexanders damals als ein vornehmer Herr in Rom lebte und sogar in päpstlichen Diensten stand. Die römische Rota entschied den Prozeß zum Nachteil Giovannis und verurteilte ihn in die gerichtlichen Kosten. Durch ein Breve vom 7. Juni 1532 verbot ihm Clemens VII., mit weiteren Ansprüchen Giulia Varano und deren Mutter zu belästigen. Seither verlautet nichts mehr von den Schicksalen dieses Borgia. Nur aus einem vom 19. November 1547 aus Rom datierten Briefe, den, wie es scheint, ein ferrarischer Agent an den damaligen Herzog Ercole II. richtete, erfahren wir den Tod des Don Giovanni. Der Brief lautet:

„Don Giovanni Borgia ist zu Genua gestorben; wie es heißt, hatte er viele tausend Dukaten in Valencia angelegt. Hier (in Rom) hat er wenige Kleidungsstücke, zwei Pferde und einen Weinberg im Wert von etwa 300 Dukaten. Da er kein Testament gemacht hat, so wird seine Hinterlassenschaft Ew. Exzellenz und Ihren Herren Brüdern zu einem Teile zukommen, zum anderen den hiesigen Edelleuten Mattei, zum anderen dem Herzog von Gandìa und den Kindern des Herzogs von Valence, wenn ihnen nicht der Umstand entgegensteht, daß sie natürliche Kinder sind. Ich werde nicht ermangeln, mich wegen der Gelder in Valencia zu erkundigen, und dann Ew. Exzellenz davon benachrichtigen."

XI

In demselben Jahre, wo dieser letzte Sohn ihres Vaters an ihrem Hofe erschien, erfuhr Lucrezia auch den Tod ihrer Mutter. Vannozza war schon verwitwet gewesen, als Alexander VI. starb. Sie begab sich damals, noch während dessen Krankheit, in den Schutz des Kriegsvolks ihres Sohnes Cesar. So konnte sie wohl bis zu diesem selbst gelangen, da er ebenfalls krank daniederlag. Dokumente zeigen, daß sie gleich nach dem Tode Alexanders und während der Sedisvakanz im Palast des Kardinals von S. Clemente im Borgo wohnte. Als Cesar sich nach Nepi begeben mußte, begleitete sie ihn dorthin, und sie kehrte mit ihm nach der Wahl Piccolominis nach Rom zurück.

Nach Neapel folgte sie ihren Söhnen nicht; sie blieb in Rom. Die Verhältnisse wurden hier wieder normal, seitdem Rovere Papst war. Freilich fürchteten die Anhänger der Borgia die Einleitung von Prozessen. Am 6. März 1504 wurde ein Kämmerer des vergifteten Kardinals von S. Angelo zum Tode verurteilt, und mit lauter Stimme gestand er, daß er diesen Mord auf den ausdrücklichen Befehl Alexanders und Cesars vollführt habe. Die Kardinäle Romolini und Ludovico Borgia flohen damals nach Neapel. Don Micheletto, der Vollstrecker der Blutbefehle Cesars, saß gefangen in der Engelsburg. Der venezianische Botschafter Giustinian meldete im Mai 1504 seiner Regierung, daß man Micheletto verhöre, um den Tatbestand des Todes vieler Personen zu ermitteln, wie vor allem des Herzogs von Gandìa, des Varano von Camerino, des Astorre und Ottaviano Manfredi, des Herzogs von Biselli, des jungen Bernardino von Sermoneta, des Bischofs von Tagli und vieler anderer Unglücklicher. In der Tat wurde Micheletto dem Stellvertreter des Senats zur Examination übergeben. Er trotzte zuerst der Folter; dann bekannte er unter anderem, daß es der Papst Alexander selbst gewesen sei, welcher die Ermordung des jungen Alfonso von Biselli befohlen habe. Dies meldete jene Magistratsperson sofort nach Ferrara.

Als Cesar hinweg war, konnte Vannozza noch immer auf den

Schutz mächtiger Freunde rechnen, wie namentlich der Farnese und Cesarini und mehrerer Kardinäle. Sie fürchtete die Konfiskation ihrer Güter, von denen wohl manche nicht durch die besten Rechtstitel mochten gedeckt sein. Im Anfange des Jahres 1504 wurde gegen sie Ludovico Mattei klagbar; er beschuldigte sie, im März 1503, während Cesar die Orsini bekriegte, 1160 Schafe durch dessen Soldknechte gewaltsam geraubt zu haben, welche Herde Maria d'Aragona, die Gemahlin des Johann Jordan Orsini auf die Felder Matteis geschickt hatte, um sie dort sicherzustellen. Vannozza wurde in den Schadenersatz verurteilt.

Sie suchte ihr Hab und Gut auf jede Weise zu retten. Am 4. Dezember 1503 stellte sie der Kirche S. Maria del Popolo eine Schenkung aus, worin sie ihre Häuser auf dem Platz Pizzo di Merlo ihrer Familienkapelle vermachte, gegen lebenslängliche Nutznießung. Die Augustiner verpflichteten sich dafür, eine Totenmesse am 24. März für Carlo Canale, am 13. Oktober für Giorgio de Croce, eine dritte am eigenen Todestage Vannozzas zu lesen. Sie nennt sich in diesem Instrument die Witwe Carlos Canale von Mantua, apostolischen Skriptors und Soldans des verstorbenen Alexanders VI., und sie bezeichnet Giorgio de Croce als ihren ersten Mann. Dieser Akt wurde im Borgo des S. Peter vollzogen in der Wohnung des Agapitus von Amelia. Es geht daraus hervor, daß Vannozza am Ende des Dezember noch im Borgo und im Schutz jenes langjährigen Kanzlers ihres Sohnes lebte, während Cesar selbst in der Torre Borgia im Vatikan gefangen war. Erst nachdem dieser am 16. Februar 1504 Rom für immer verlassen hatte, wird sie aus dem vatikanischen Borgo hinweggezogen sein.

Schon am 1. April 1504 wird als ihre Wohnung ein Haus auf dem Platz der zwölf Apostel in der Region Trevi angegeben, also in dem Bezirk, wo die Colonna mächtig waren, diejenigen Großen, welche von Cesar am wenigsten gelitten und durch Vertrag mit ihm nach dem Tode Alexanders ihre Güter zurückerhalten hatten. Vannozza hatte andere Häuser, deren Eigentümerin sie war, dem Römer Giuliano de Lenis verkauft, aber am 1. April 1504 kassierte dieser den Scheinverkauf mit der ausdrücklichen Erklärung, daß derselbe nur aus Furcht vor Gewaltsamkeiten infolge des Todes Alexanders geschehen war.

Als sie nichts mehr zu befürchten hatte, bezog sie ihr früheres Haus auf dem Platz Branca wieder. Denn in einem Instrument vom

November 1512 wird sie genannt „Donna Vannozza de Cataneis von der Region Regola“, in welcher eben jenes Haus gelegen war. Es handelte sich um eine Klage, die der Goldschmied Nardo Antonazzi von eben jener Region gegen sie erhob.

Dieser Künstler beanspruchte Zahlung für ein silbernes Kreuz, welches er für Vannozza im Jahr 1500 gearbeitet hatte; er beschuldigte dieselbe, dieses Kunstwerk ohne weiteres an sich genommen zu haben, was sie sich, wie er sagte, erlauben durfte „in jener Zeit, wo der Herzog von Valence die ganze Stadt und fast ganz Italien beherrschte“. Die Akten dieses Streites liegen uns nicht vollständig vor, aber aus Erklärungen von Zeugen der beklagten Partei scheint hervorzugehen, daß die Angeschuldigte eine Verleumdung zu beweisen imstande war.

Vannozza war durch Alexander VI. in den Besitz wenn nicht des Kastells Bleda bei Viterbo, so doch vieler Rechte in ihm gesetzt worden. Am 6. Juli 1513 erhob sie vor dem Kardinalvikar Rafael Riario Klage wider die Gemeinde dieses Kastells, von der sie gewisse Summen beanspruchte. Dieses Aktenstück auf Pergament ist in einer pomphaften Sprache abgefaßt und richtet sich an alle nur irgend mit Namen und Titeln benannte Behörden der Welt.

Vannozza konnte noch unter drei Nachfolgern Alexanders VI. den Wechsel der Dinge im Vatikan beobachten, wo den Platz ihrer einst allmächtigen Kinder nacheinander die Rovere und die Medici einnahmen. Sie sah das Papsttum zu einer weltlichen Macht aufsteigen, von der sie selbst das Bewußtsein hatte, daß sie ohne die Taten Alexanders und Cesars nicht möglich sein konnte. Wenn sie diesen gewaltigen Julius II. aus der Ferne erblickte, etwa damals, als er nach der Eroberung Bolognas mit dem Gepränge eines Imperators seinen Einzug in Rom hielt, so mußte sich das unter der Menge des Volkes verlorene Weib mit bitterer Ironie sagen, daß ihr eigener Sohn Cesar Anteil an diesem Triumph hatte, ja daß er Julius dem II. zum Papsttum verholfen hatte. Mit Genugtuung hatte sie das Lob vernehmen können, mit welchem dieser Papst die Bedeutung ihres Sohnes anerkannte, als er den Florentinern im November 1503 schrieb, daß er den Herzog der Romagna „wegen seiner ausgezeichneten Tugenden und seiner ruhmvollen Verdienste“ mit väterlicher Liebe umfasse. Sie konnte selbst noch von dem „Fürsten“ Machiavellis Kenntnis nehmen, worin dieser geniale Staatsmann ihren Sohn zum Ideal eines Regenten erhob.

Obwohl die Macht der Borgia dahin und ihre Kinder tot oder entfernt waren, so lag doch der Eindruck von deren Größe noch immer auf der Stadt, so lange als Vannozza lebte. Diese Vergangenheit machte sie zu einer der merkwürdigsten Erscheinungen in Rom, die wohl jeder Mensch kennenzulernen begierig war. Wenn hier ein Vergleich durch Größe verschiedener, aber doch an Schicksal und Bedeutung einander ähnlicher Verhältnisse erlaubt ist, so war damals Vannozza in Rom in derselben Lage, in der hier Madama Letizia Bonaparte sich befand, nachdem sie den Sturz ihrer mächtigen Kinder erlebt hatte.

Mit Stolz blickte sie auf ihre Tochter Lucrezia, die Herzogin von Ferrara, *la plus triomphante princesse,* wie sie der Biograph Bayards nannte. Sie sah sie niemals mehr, denn schwerlich wagte sie es, an den Hof Ferraras zu reisen; aber sie unterhielt mit ihr einen brieflichen Verkehr. Das Archiv des Hauses Este bewahrt neun Briefe Vannozzas aus den Jahren 1515, 1516 und 1517. Von ihnen sind sieben an den Kardinal Hippolyt gerichtet, zwei an Lucrezia. Alle diese Briefe, nicht eigenhändig geschrieben, sondern diktiert, offenbaren einen kräftigen Willen, eine fast roh zu nennende Gemütsart und einen selbstsüchtigen, schlauen Sinn. Sie betreffen meist praktische Anliegen oder Forderungen. Dem Kardinal von Este schickte sie einmal zum Geschenk zwei antike Säulen, welche sie in ihrem Weinberg hatte ausgraben lassen. Sie blieb auch mit ihrem Sohne Jofré, dem Prinzen von Squillace, in Verbindung; im Jahre 1515 hatte sie in ihrem Hause in Rom dessen zehnjährigen Sohn, welchen sie, wie es scheint, erziehen sollte.

Es spricht die Stimmung und auch die Stellung Vannozzas aus, wenn sie sich in ihren Briefen unterzeichnet: „Die glückliche und unglückliche Vannozza Borgia de Cataneis"; oder „Eure glückliche und unglückliche Mutter Vannozza Borgia", denn diesen Familiennamen hatte auch sie, nicht in offiziellen, wohl aber in privaten Verhältnissen angenommen.

Ihr letzter Brief an Lucrezia, vom 19. Dezember 1515, betrifft den ehemaligen Sekretär ihres Sohnes Cesar, Agapitus von Amelia. Er lautet, wie folgt:

„Erlauchte Herrin, Gruß und Empfehlung. Ew. Exzellenz wird sich wohl der Dienste des Messer Agapito von Amelia guten Angedenkens erinnern, die er Sr. Exzellenz weiland Unseres Herzogs gewidmet hat, und der Liebe, mit der er ganz besonders Uns ergeben war. Deshalb verdient er, daß man die Seinigen unterstützt und begünstigt, nicht nur in geringen, sondern in allen und jeden Dingen. Nun hat derselbe vor seinem Tode zugunsten seiner Neffen alle seine Benefizien an Giambattista von Aquila abgetreten; unter diesen befinden sich einige von wenig Wert im Erzbistum Capua; dies tat der Verstorbene zu mehrerer Begünstigung seiner Nepoten, da er niemals denken konnte, daß dieselben durch den Ehrwürdigen und Erlauchten Herrn Kardinal Euern genannten Erzbischof würden beeinträchtigt werden. Wenn nun Ew. Exzellenz mir einen Gefallen erweisen will, so bitte ich aus allen besagten Gründen die vorgenannten Nepoten bei Sr. Ehrwürdigen Herrlichkeit begünstigen zu wollen. Über das Nötige wird Ew. Exzellenz von Nicola dem Überbringer dieses, welcher selbst Neffe des genannten Agapytus ist, hinlänglich aufgeklärt werden. Und so lebe Ew. Exzellenz wohl, der ich mich empfehle. Rom am 19. Dezember 1515."

„Postskripta. Ew. Exzellenz wird in dieser Angelegenheit nach Gutdünken verfahren, denn ich habe dies aus Nötigung geschrieben. Deshalb mögen Sie nur dasjenige tun, was Sr. Ehrwürden wohl anstehen wird, und was Gegenwärtiges betrifft, so mögen Sie antworten, wie es Ihnen gut erscheint. Ew. Erlauchten Herrlichkeit Vannozza, die ewig für Sie betet."

Man sieht, daß Vannozza der diplomatischen Schule der Borgia Ehre machte.

Agapitus dei Gerardi, von dem so viele Schreiben Cesars ausgefertigt sind, den Borgia, wie aus jenem Briefe hervorgeht, unerschütterlich treu geblieben, war am 2. August 1515 in Rom gestorben. Andere ehemalige Freunde, Schmeichler und Schmarotzer ihres Hauses hatte Vannozza sicherlich abfallen sehen; aber manche, und selbst angesehene Personen waren ihr noch anhänglich geblieben. Denn sie selbst hatte, schon als Mutter der Herzogin von Ferrara, immer einigen Einfluß, und sie lebte in vermögenden Verhältnissen als eine angesehene Dame, die man *la magnifica e nobile Madonna Vannozza* titulierte. Sie blieb auch in Verbindung mit solchen Kardinälen, welche Spanier und Verwandte Alexanders VI. oder dessen Geschöpfe waren; doch erlebte sie den Tod der meisten. Von den Kardinälen Borgia waren die beiden Juan schon in den Jahren 1500 und 1503 gestorben; Francesco und Ludovico starben 1511 und 1512. Auch der Kardinal Julian Cesarini starb 1510. In der Tat überlebte Vannozza alle Günstlinge und Kreaturen Alexanders im Kardinalskollegium mit Ausnahme von Farnese, von Hadrian Castellesi und von Albret, dem Schwager Cesars.

Sie erwarb sich neue Freunde durch diejenige Art von Frömmigkeit, in welcher der Lebenswandel alternder Sünderinnen zu allen Zeiten zu enden pflegt. Sie wurde eine werkheilige Betschwester. Man sah sie häufig in Kirchen und vor den Beichtstühlen und im innigsten Verkehr mit frommen Brüderschaften und Hospitälern. In solchem Tun lernte sie Paul Jovius kennen, der sie eine rechtschaffene Frau *(donna dabbene)* genannt hat. Wenn sie noch ein Jahrzehnt länger gelebt hätte, so würde sie vielleicht in den Geruch der Heiligkeit gekommen sein. Sie machte viele fromme Stiftungen, so für die Hospitäler von S. Salvator am Lateran, von S. Maria in Porticu und der Consolazione, für die Kompanie der Annunziata in der Minerva und für S. Lorenzo in Damaso, wie das ihr Testament vom 15. Januar 1517 zeigt.

Lange Zeit las man in den Hospitälern des Lateran und der Consolazione Inschriften, welche ihre Stiftungen verzeichneten, nebst der Verpflichtung, für ewige Zeiten an den Jahrestagen des Todes ihrer zwei Gatten und ihres eigenen Seelenmessen zu lesen.

Vannozza starb in Rom am 26. November 1518. Ihr Tod blieb nicht unbemerkt, wie dieser Brief eines Venezianers zeigt:

„Vorgestern starb Madonna Vannozza, einst das Weib des Papstes Alexander und die Mutter des Herzogs von Valence und der Herzogin von Ferrara. In jener Nacht befand ich mich an einem Ort, von wo ich den Todesruf nach römischer Sitte und mit diesen formalen Worten vernehmen konnte: ‚Messer Paolo, gebt den Tod kund, denn Madonna Vannozza, die Mutter des Herzogs von Gandìa, ist gestorben, sie gehört zur Kompanie del Gonfalone.‘ Gestern begrub man sie in S. Maria del Popolo, und sie wurde mit allem Pomp begraben, fast wie ein Kardinal. Sie zählte sechsundsechzig Jahre; sie hat all ihr Gut (und dessen war nicht wenig) S. Johann im Lateran vermacht. Bei der Leichenfeier waren die Kämmerer des Papstes zugegen, was sonst nicht zu geschehen pflegt.“

Einen ehrenvollen Nachruf widmete ihr Marcantonio Altieri, einer der angesehensten Männer Roms. Er war Guardian der Kompanie del Gonfalone *ad Sancta Sanctorum* und verzeichnete als solcher im Jahr 1525 das Eigentum dieser Brüderschaft. In diesem Manuskript, welches das Archiv jener Kompanie bewahrt, schrieb Altieri folgendes:

„Wir dürfen auch nicht die liebevollen Stiftungen vergessen, welche die hochangesehene und hochgeehrte Frau Madonna Vannozza vom Haus Catanei machte, die glückliche Mutter der Erlauchtesten Herren, des Herrn Herzogs von Gandìa, des Herrn Herzogs von Valence, des Prinzen von Squillace und der Madonna Lucrezia, Herzogin von Ferrara. Indem sie die Kompanie mit weltlichen Gütern ausrüsten wollte, ließ sie ihr viele Juwelen von nicht geringem Wert und fügte so viel Unterstützung hinzu, daß die Kompanie sich einige Jahre später von gewissen Verpflichtungen befreite, und zwar durch Vermittlung der edlen Herren Messer Mariano Castellano und meines teueren Messer Rafael Casale, welche kurz zuvor Guardiane waren. Sie traf nämlich ein Übereinkommen mit dem ausgezeichneten und berühmten Silberschmied Caradosso, wonach sie ihm zweitausend Dukaten gab, auf daß er mit seinem herrlichen Kunstwerk dem Wunsche jener hochedlen und geehrten Frau entsprechen konnte. Hierauf ließ sie uns zum Zweck des Schmucks und seiner Ausführung so viel Besitzungen, daß wir daraus für die Dauer die Jahresrente von vierhundert Dukaten beziehen, um davon die leider so große Zahl von Armen und Kranken zu ernähren. Aus Dankbarkeit gegen diesen ihren so frommen und devoten Sinn und diese so segensreiche und liebevolle Unterstützung für so viele Bedürftige, beschloß daher unsere ehrwürdige Genossenschaft einmütig und mit Freuden, nicht allein ihre Exequien mit reichem und ehrenvollem Pomp zu feiern, sondern auch die Tote mit einem stolzen und prachtvollen Grabmal zu ehren. Sodann erließ sie mit öffentlicher Beistimmung den Beschluß, fortan am Begräbnistage und in der Kirche al Popolo, wo sie begraben ward, das Anniversarium zu feiern mit Messen, Zeremonien, mit Zufluß von Menschen bei vielen Fackeln und Kerzen, in aller Devotion; sowohl um Gott das Heil ihrer Seele zu empfehlen, als auch, um der Welt darzutun, daß wir die Undankbarkeit hassen und verabscheuen."

So hatte dieses Weib einen Stolz darein gesetzt, mit Pracht zu Grabe gebracht zu werden; an diesem Tage sollte ganz Rom von ihr reden, der Geliebten Alexanders VI. und der Mutter so berühmter Kinder. Leo X. gab ihrem Leichenbegängnis schon dadurch öffentliche Bedeutung, daß er seinen Hof an ihm teilnehmen ließ, ja er anerkannte durch diese Auszeichnung offiziell Vannozza als Witwe Alexanders oder doch als die Mutter der Herzogin von Ferrara. Weil zur Kompanie del Gonfalone die angesehensten Männer vom Adel und Bürgerstande Roms gehörten, war geradezu die ganze Stadt bei diesen Exequien vertreten. In S. Maria del Popolo wurde Vannozza in ihrer Familienkapelle beigesetzt, neben ihrem unglücklichen Sohn Juan von Gandìa. Daß sie ein marmornes Denkmal erhielt, ist nicht bekannt; aber ihr Testamentsvollstrecker setzte folgende stolze Inschrift auf ihr Grab:

Der Vanotia Catanea, welcher ihre Kinder Adel verliehen, die Herzoge Cesar von Valence, Juan von Gandìa, Jofred von Squillace und Lucrezia von Ferrara, der durch Rechtschaffenheit, Frömmigkeit, Alter und Klugheit gleicherweise hoch ausgezeichneten, der um das lateranische Hospital hochverdienten, setzte dies Hieronymus Picus Fideikommissar und Testamentsvollstrecker. Sie lebte siebenundsiebzig Jahre, vier Monate, dreizehn Tage. Sie starb im Jahr 1518 am 26. November.

Sicherlich war Vannozza von der Welt geschieden in dem festesten Glauben, mit Gold und Silber und frommen Stiftungen ihre Sündenschuld getilgt und das Himmelreich erkauft zu haben. Sie hatte sich auch den Leichenpomp und eine Lüge auf ihrem Grabstein erkaufen dürfen. Und mehr als zweihundert Jahre lang sangen Priester in S. Maria del Popolo Seelenmessen für sie, bis die geistliche Behörde sie abschaffte, vielleicht weniger auf Grund der Ansicht, daß nun die Seele dieses Weibes davon genug habe, als aus einem erwachenden Bewußtsein historischer Kritik. Auch ihren Grabstein hat später Haß oder Schamgefühl spurlos gemacht.

XII

Die Lage des Staates Ferrara war wieder sehr schwierig geworden. Denn Leo X. ging auf den Spuren Alexanders VI. fort, indem er für seinen Nepoten Lorenzo Medici ein Königreich zusammenzuraffen suchte. Er hatte denselben schon im Jahre 1516 zum Herzog von Urbino gemacht, nachdem er den legitimen Erben Guidobaldos mit Waffengewalt von dort verjagt hatte. Francesco Maria Rovere, seine Gemahlin und seine Adoptivmutter Elisabetta befanden sich in Mantua, dem allgemeinen Asyl flüchtiger Fürsten. Leo brannte vor Verlangen, auch die Este aus Ferrara zu verjagen, und nur die Protektion Frankreichs schützte Alfonso vor einem Kriege mit dem Papst. Der Herzog, welchem dieser die Städte Modena und Reggio wider Vertrag nicht herausgab, ging deshalb im November 1518 an den Hof Ludwigs XII., ihm seine Angelegenheiten zu empfehlen. Im Februar 1519 kehrte er nach Ferrara zurück. Er erfuhr hier den am 20. desselben Monats erfolgten Tod seines Schwagers, des Markgrafen Francesco Gonzaga von Mantua. Der verwitweten Isabella schrieb Lucrezia am letzten März wie folgt:

„Erlauchteste Herrin, meine Schwägerin und geehrteste Schwester. Der bittere Verlust durch den Tod des Erlauchtesten Gemahls Ew. Exzellenz seligen Angedenkens hat mir um unendlicher Beziehungen willen so viel Trauer und Schmerz verursacht, daß ich eher des Trostes bedürftig bin als solchen geben kann, zumal Eurer Exzellenz, welcher dieser große Verlust den schwersten Kummer bereiten muß. Ich trauere demnach mit Ew. Exzellenz um dieses Unglück, und ich kann es niemals aussprechen, wie sehr dasselbe mich bedrückt und betrübt. Da nun aber dies eine vollendete Tatsache ist und es Unserm Herrn so gefallen hat, müssen wir uns seinem Willen fügen, und so bitte und ermahne ich Ew. Herrlichkeit, diesen Fall so standhaft zu tragen, als es Ihrer Klugheit geziemt, und ich weiß, daß Sie so tun werden. Nichts anderes will ich Ihnen für jetzt sagen, außer daß ich mich Ihnen zu aller Zeit empfehle und erbiete. Ferrara, am letzten März 1519. Schwägerin Lucrezia Herzogin von Ferrara."

Der Nachfolger des Markgrafen wurde sein ältester Sohn Federigo. Im Jahre 1530 erhob ihn der Kaiser Karl V. zum ersten Herzog von Mantua. Ein Jahr später vermählte er sich mit Margherita von Montferrat: es war derselbe Federigo, welcher ehedem zum Gemahl von Cesars Tochter Luise bestimmt gewesen war. Seine berühmte Mutter Isabella lebte noch als Witwe bis zum 13. Februar 1539.

Alfonso hatte seine Gemahlin in einem sehr leidenden Zustande wiedergefunden. Sie ging ihrer Entbindung entgegen. Am 14. Juni (1519) gebar sie ein totes Kind. Ihr Ende voraussehend, diktierte sie acht Tage darauf einen Brief an den Papst Leo. Es ist der letzte Brief Lucrezias, und weil im Sterben verfaßt, der am tiefsten und wahrsten empfundene. Er läßt in ihre Seele blicken, durch welche noch zum letztenmal die Erinnerungen der Vergangenheit zogen, von deren Schrecken und Verirrungen sie selbst sich schon gereinigt hatte.

„Heiligster Vater und mein zu verehrender Herr.

Mit aller nur möglichen Ehrfurcht der Seele küsse ich die heiligen Füße Ew. Seligkeit und empfehle mich demutsvoll in Ihre heilige Gnade. Nachdem ich durch eine schwierige Schwangerschaft mehr als zwei Monate lang viel gelitten hatte, gebar ich, wie es Gott gefiel, am 14. dieses in der Morgenfrühe eine Tochter und hoffte, nach dieser Geburt auch von meinen Leiden befreit zu sein; doch das Gegenteil davon ist eingetreten, so daß ich der Natur den Tribut zahlen muß. Und so groß ist die Gunst, welche mir Unser gnädigster Schöpfer schenkt, daß ich das Ende meines Lebens erkenne und fühle, wie ich in wenigen Stunden ihm entnommen sein werde, nachdem ich zuvor alle die heiligen Sakramente der Kirche werde empfangen haben. Und an diesem Punkt angelangt, erinnere ich mich als Christin, obwohl eine Sünderin, daran, Ew. Heiligkeit zu bitten, daß Sie in Ihrer Gnade geruhen, mir aus dem geistlichen Schatz eine Unterstützung zuzuwenden, indem Sie meiner Seele die heilige Benediktion erteilen: und so bitte ich Sie darum in Demut und empfehle Ew. heiligen Gnade meinen Herrn Gemahl und meine Kinder, welche alle Ew. Heiligkeit Diener sind. In Ferrara am 22. Juni 1519, in der vierzehnten Stunde. Ew. Heiligkeit demütige Dienerin Lucrezia von Este."

Der Brief ist so ruhig und würdevoll, so ganz frei von jeder Überspannung des Gefühls, daß man wohl fragen darf: ob ihn ein sterbendes Weib hätte schreiben können, wenn sein Gewissen mit jenen

Freveln belastet war, deren man die unglückliche Tochter Alexanders beschuldigt hat.

Sie starb im Beisein Alfonsos am 24. Juni in der Nacht. Ihren Tod zeigte der Herzog in einem eigenhändigen Schreiben sofort seinem Neffen Federigo Gonzaga an:

„Erlauchtester Herr, mein zu verehrender Bruder und Neffe. Gott Unserem Herrn hat es gefallen, in dieser Stunde die Seele der Erlauchtesten Frau Herzogin, meiner teuersten Gattin, zu sich zu rufen, was ich Ew. Exzellenz mitzuteilen nicht unterlassen kann, um unserer gegenseitigen Liebe willen, welche mich glauben macht, daß Glück und Unglück des einen auch die des anderen sind. Und nicht ohne Tränen kann ich dies schreiben, so schwer wird es mir, mich einer so lieben und süßen Gefährtin beraubt zu sehen, denn das war sie mir durch ihre guten Sitten und die zärtliche Liebe, die zwischen uns bestand. Bei so bitterem Verlust würde ich wohl in dem Trost Ew. Exzellenz eine Hilfe suchen, aber ich weiß, daß auch Sie Ihren Teil am Schmerze nehmen werden, und mir wird es lieber sein, jemand zu haben, der eher meine Tränen mit den seinigen begleitet, als mir Trostworte spendet. Ew. Herrlichkeit empfehle ich mich. Ferrara am 24. Juni 1519, in der fünften Stunde der Nacht. Alfonsus, Herzog von Ferrara."

Der Markgraf Federigo schickte seinen Oheim Giovanni Gonzaga nach Ferrara, und dieser schrieb ihm von dort wie folgt: „Ew. Exzellenz möge sich nicht verwundern, wenn ich Ihnen sage, daß ich morgen von hier abreise, denn die Exequien finden nicht statt, nur in den Pfarrkirchen hat man die Offizien gehalten. Doch Se. Exzellenz der Herr Herzog hat seine Erlauchte Gemahlin persönlich zu Grabe begleitet. Sie ist bestattet im Kloster der Schwestern von Corpus Christi in derselben Gruft, worin auch seine Mutter beigesetzt ist. Ihr Tod hat in dieser ganzen Stadt viel Bedauern erregt, und vor allem legte Se. Herzogliche Hoheit einen besonderen Schmerz an den Tag. Hier spricht man große Dinge über ihr Leben, und daß sie seit vielleicht zehn Jahren das Cilizio getragen hat und seit zwei Jahren täglich beichtete und jeden Monat drei- oder viermal die Kommunion nahm. Und so sei ich Ew. Exzellenz Gunst beständig empfohlen. Ferrara am 28. Juni 1519. Johannes de Gonzaga, Markgraf."

Unter den vielen Beileidsbriefen, welche der Herzog Alfonso empfing, bemerken wir nur einen, den aus Poissy in Frankreich datierten, in spanischer Sprache geschriebenen Brief des rätselhaften

Infanten Don Giovanni Borgia. Der Herzog selbst hatte ihm den Tod seiner Gemahlin angezeigt, und Don Giovanni beklagte den Verlust seiner „Schwester", welche auch seine größte Beschützerin gewesen war.

Die Gräber Lucrezias, Alfonsos und vieler anderer Mitglieder des Hauses Este in Ferrara sind verschwunden. Vergebens sucht man dort oder in Modena nach dem Porträt der berühmten Frau. Keines hat sich erhalten, und doch haben sie sicherlich namhafte Maler gemalt; in Ferrara gab es ja deren genug, wie die Dossi, Garofalo, Cosma und andere. Auch Tizian wird diese schöne Herzogin gemalt haben. Sein Porträt der Isabella d'Este Gonzaga, der Nebenbuhlerin Lucrezias in Beziehung auf Schönheit, bewahrt die Galerie Belvedere in Wien; es stellt ein reizendes Frauenantlitz dar, von schönem Oval und sehr regelmäßigen Linien, mit braunen Augen und einem Ausdruck sanftester Weiblichkeit. Ein Porträt Lucrezias von der Hand dieses Meisters findet sich nicht; denn jenes, welches ihm in der Galerie Doria zu Rom zugeschrieben wird, oder welches andere nach Paul Veronese benennen, obwohl dieser Künstler erst im Jahr 1528 geboren wurde, ist eine der vielen Erdichtungen, die man in Galerien antrifft. In derselben Galerie Doria zeigt man auch die lebensgroße Gestalt eines amazonenhaften Weibes mit einem Helm in der Hand und benennt dies Bild, welches Dosso Dossi gemalt haben soll, dreist Vannozza.

Einige Wahrscheinlichkeit könnte ein Porträt in Öl für sich beanspruchen, welches sich im Besitz des Monsignor Antonelli, Direktors des Münzkabinetts von Ferrara, befindet, nicht weil es mit dem Namen Lucrezia Borgia in etwas altertümlichen Charakteren bezeichnet ist, sondern weil es einige Züge hat, die denen der Medaille Lucrezias ähnlich erscheinen. Aber dieses Porträt (die Augen der in ihm dargestellten Dame sind von grauer Farbe) ist durchaus fraglich, und ebenso sind es zwei Bildnisse auf Majolika, im Besitz des Engländers Rawdon Brown in Venedig und nach seiner Hypothese Arbeiten des Herzogs Alfonso selber, welcher ein Dilettant in der Anfertigung von Majoliken war. Selbst wenn diese Ansicht begründet werden könnte, was nicht möglich ist, so würden solche Porträts in der nur dekorativen Majolikamalerei doch kaum eine Ähnlichkeit darbieten.

Auch das für Lucrezia Borgia ausgegebene Porträt in einem Bilde der Dresdner Galerie kann nicht beglaubigt werden. Es gibt keine anderen sicheren Bildnisse dieser Frau, als die uns einige in ihrer ferrarischen Epoche geprägte Medaillen darbieten. Eine davon, die vorzüglichste unter ihnen, ist überhaupt eine der merkwürdigsten Münzen der Renaissance. Wie es scheint, wurde sie nach der Heirat Lucrezias im Jahre 1502 von Filippino Lippi gefertigt. Die Rückseite enthält eine nicht nur für jene Zeit, sondern auch für Lucrezia selbst charakteristische Vorstellung: man sieht Amor mit zerzausten Flügeln an einen Lorbeerbaum festgebunden, neben welchem eine Violine und ein Notenheft aufgerichtet sind; der Köcher des Liebesgottes hängt zerbrochen an einem Lorbeerast, und sein Bogen liegt mit zerrissener Sehne auf der Erde. Die Umschrift dieser Rückseite lautet: *Virtuti Ac Formae Pudicitia Praeciosissimum.* Vielleicht wollte der Künstler mit dieser Symbolik sagen, daß die Zeit der freien Spiele Amors nun vorüber sei, und unter dem Lorbeerbaum dachte er sich das ruhmvolle Haus Este. Wenn ein solches etwas kühne Gleichnis für jede andere Braut recht wohl passend war, so mußte es sich ganz besonders für Lucrezia Borgia eignen.

Wenn man diesen reizenden Kopf mit dem lang aufgelösten Haar betrachtet, so wird man sich überrascht finden. Denn kein Gegensatz kann größer sein als der zwischen diesem Bildnis und demjenigen, welches sich wohl jeder von Lucrezia Borgia nach der hergebrachten Vorstellung ihres Charakters gemacht hat. Dieses Bild zeigt ein mädchenhaftes, fast kindliches Gesicht von fremdartigem Ausdruck, ohne klassische Linien des Profils. Man kann es nicht einmal schön nennen. Die Marchesana von Cotrone sagte die Wahrheit, als sie Francesco Gonzaga schrieb, daß Lucrezia nicht besonders schön sei, aber das besitze, was man *dolce ciera* nennt. Ihr Kopf hat wenig oder keine Ähnlichkeit mit dem ihres Vaters, wie ihn dessen beste Medaille zeigt, es sei denn in der stark profilierten Nase. Die Stirnlinie Lucrezias ist gewölbt, während sie bei Alexander VI. flach ist, und das Kinn tritt bei ihr etwas zurück, während es bei jenem mit dem Munde in gerader Linie steht.

Eine andere Medaille stellt Lucrezia nicht mit aufgelöstem Haare dar, sondern zeigt den Kopf mit einem Netz umsponnen und von der sogenannten Lenza, einem mit Edelsteinen oder Perlen besetzten Stirnbande umfaßt. Das Haar bedeckt das Ohr und geht dann vom Nacken ab in einem langen geflochtenen Zopfe aus, ganz in der damals üblichen Weise, wie man sie zum Beispiel auf einer schönen Medaille der Elisabetta Gonzaga von Urbino sehen kann.

Die Urkunden, welche das Material für dieses Buch geworden sind, setzen jeden Leser in den Stand, sich ein Urteil über Lucrezia Borgia zu bilden. Dasselbe wird annähernd richtig sein, oder doch richtiger als die traditionelle Ansicht über diese Frau. Menschen der Vergangenheit sind nur Probleme für ihren Beurteiler. Wenn wir schon in der Auffassung uns bekannter Zeitgenossen die größten Irrtümer begehen, um wieviel mehr sind wir dem Irrtum ausgesetzt, sobald wir uns das Wesen von Menschen darstellen, die nur noch als Schatten vor uns stehen. Denn alle Bedingungen ihres persönlichen Lebens, das ganze Gewebe von Natur, Zeit und Umgebung, woraus sie selbst geworden sind, und die innersten Geheimnisse ihres Seins liegen uns nur als eine fragmentarische Reihe von Tatsachen vor, aus denen wir einen Charakter formen sollen. Im Sinne des Gesetzes der Kausalität ist die Geschichte das Weltgericht: aber die Geschichtsschreibung selbst ist oft nur das unwissendste Tribunal. Viele historische Charaktere würden das von ihnen in Büchern gezeichnete Porträt für eine Verzerrung erklären und das über sie gefällte Urteil belachen.

Vielleicht würde Lucrezia Borgia demjenigen beistimmen, der nach den Akten ihrer Zeit auszusprechen wagt, daß sie ein liebenswürdiges und sanftmütiges, ein leichtsinniges und unglückliches Weib gewesen ist. Ihr Unglück im Leben bestand in ihren zum Teil nicht verschuldeten Schicksalen, nach dem Tode aber in der Meinung, die sich über ihren Charakter bildete. Das Brandmal, welches man auf ihre Stirn gepreßt hatte, löschte sie selbst als Herzogin von Ferrara aus, aber es erschien wieder, als sie tot war. Wie bald das geschah, zeigt, was die Rovere in Urbino von ihr urteilten. Im Jahr 1532 sollte sich Guidobaldo (II.), der Sohn Francescos Maria und der Eleonora Gonzaga, mit Giulia Varano vermählen, aber er begehrte die Hand einer Orsini. Sein Vater hielt ihm die Mißheiraten von Fürsten entgegen, unter anderen auch die Alfonsos von Ferrara: es habe sich dieser, so sagte er ihm, mit Lucrezia Borgia verbunden, einem Weibe „von jener Sorte, die jedermann kennt“; und er habe dann auch seinem Sohn ein Monstrum (Renea) zur Gattin gegeben. Guidobaldo bestätigte dieses Urteil; er erwiderte, daß er wohl wisse, einen Vater zu besitzen, der ihn niemals zwingen könne, ein Weib gleich Lucrezia Borgia zu nehmen, „von jener schlimmen Art, als sie gewesen ist, und von so vielen schmählichen Verhältnissen“. So wirkte die Meinung fort, und Lucrezia Borgia wurde zum Typus aller weiblichen Verworfenheit, bis sie endlich Victor Hugo in seinem Drama und Donizetti in seiner Oper in solcher Gestalt auf die Bühne brachten.

Zum Schluß nur noch wenige Worte über Alfonso und seine und Lucrezias Nachkommen. Der Herzog von Ferrara überlebte seine Gemahlin noch fünfzehn Jahre lang während stürmischer Zeiten, in denen er sich gegen den Haß der Päpste Medici voll Klugheit zu behaupten wußte. Er rächte sich an Clemens VII. durch den Sacco di Roma, welchen seine Unterstützung der kaiserlichen Armee möglich machte. Karl V. sprach ihm Modena und Reggio zu; so konnte er die Staaten des Hauses Este in ihrem früheren Umfange seinen Erben hinterlassen. Er vermählte sich nicht wieder. Aber eine schöne Bürgerstochter aus Ferrara, Laura Eustochia Dianti, war seine Gefährtin. Sie gebar ihm zwei Söhne, Alfonso und Alfonsino. Er selbst starb am 31. Oktober 1534, achtundfünfzig Jahre alt, nachdem vor ihm seine Brüder, der Kardinal Hippolyt im Jahr 1520 und Don Sigismondo im Jahre 1524, gestorben waren.

Fünf Kinder hatte er von Lucrezia Borgia: Ercole wurde sein Nachfolger; Hippolyt ward Kardinal; er starb am 2. Dezember 1572 in Tivoli, wo die Villa d'Este sein Denkmal ist; Eleonora starb als Nonne im Kloster Corpus Domini am 15. Juli 1575; Francesco endlich wurde Marchese von Massalombarda und starb am 22. Februar 1578.

Der Sohn Lucrezias, Ercole II., regierte bis zum Oktober 1559. Sein Vater hatte ihn im Jahr 1528 mit Renea vermählt, der häßlichen aber geistvollen Tochter Ludwigs XII. Nie hatte Lucrezia ihre Schwiegertochter gesehen, noch überhaupt jemals geahnt, daß Renea dies werden sollte. Das Leben dieser berühmten Herzogin bildet eine merkwürdige Episode in der Geschichte Ferraras: denn sie selbst war die begeisterte Anhängerin jener Reformation, welche endlich in die Welt trat, sie von einer Kirche zu befreien, deren Häupter die Borgia, die Rovere und die Medici gewesen waren. Ein Monstrum nannten sie deshalb die Rovere. An ihrem Hof hielt Renea eine Zeitlang Calvin und Clemens Marot versteckt.

Ein seltsamer Zufall fügte es, daß an eben diesem Hofe des Sohnes Lucrezias im Jahre 1550 ein Mann erschien, welcher dem damals lebenden Geschlecht die schon halb mythisch werdende Familiengeschichte der Borgia lebhaft ins Gedächtnis zurückrief. Es war dies

Don Francesco Borgia, Herzog von Gandìa, und jetzt im Jahr 1550 Jesuit. Sein plötzliches Auftreten in Ferrara gibt uns Gelegenheit, die Schicksale dieses Hauses Gandìa kurz zu bezeichnen.

Von allen Nachkommen Alexanders VI. waren die glücklichsten gerade jene, die von dem ermordeten Don Juan abstammten. Seine Witwe Donna Maria lebte eine Zeitlang hochangesehen am Hofe der Königin Isabella von Castilien, dann trat sie, schwermütig und bigott geworden, ins Kloster. Mit ihr wurde auch ihre Tochter Isabella Nonne. Sie selbst starb im Jahre 1537. Ihr einziger Sohn Don Juan war seinem unglücklichen Vater schon als Kind im Herzogtum Gandìa gefolgt und hatte auch seine neapolitanischen Besitzungen behalten. Sie umfaßten ein ausgedehntes Gebiet in der Terra di Lavoro mit den Städten Sessa, Teano, Carinola, Montefuscolo, Fiume und anderen. Diese trat der junge Gandìa im Jahr 1506 für eine Geldentschädigung dem König von Spanien ab: das Fürstentum Sessa erhielt der große Kapitän Consalvo.

Don Juan blieb in Spanien als ein hochangesehener Grande. Er vermählte sich mit Giovanna d'Aragona, einer Prinzessin des gestürzten Königshauses Neapel, und zum zweitenmal im Jahre 1520 mit Donna Francesca de Castro y Pinos, einer Tochter des Visconte von Eval. Die Ehen der Borgia waren meistens sehr fruchtbar; als dieser Enkel Alexanders VI. im Jahre 1543 starb, hinterließ er nicht weniger als fünfzehn Kinder. Seine Töchter vermählten sich mit Granden Spaniens und seine Söhne zählten zu dem höchsten Adel des Landes, wo sie die ersten Würden erlangten. Der älteste, Don Francesco Borgia, geboren im Jahre 1510, ward Herzog von Gandìa, ein großer Herr in Spanien, hochgeehrt am Hofe Karls V., der ihn zum Vizekönig von Catalonien und zum Komtur von San Jago machte. Er begleitete den Kaiser auch auf seinen Kriegszügen nach Frankreich und selbst nach Afrika. Er hatte sich im Jahre 1529 mit Eleonora de Castro, einer Hofdame der Kaiserin, vermählt. Sie gebar ihm fünf Söhne und drei Töchter. Als sie im Jahre 1546 starb, hielt den Herzog von Gandìa nichts mehr zurück, seiner längst gefaßten Leidenschaft für den Orden Jesu nachzufolgen, seiner glanzvollen Stellung für immer zu entsagen und Jesuit zu werden. Es war, als trieb ihn ein geheimer Zug, so die Verbrechen seines Hauses zu sühnen. Aber es ist doch nicht befremdend, einen Urenkel Alexanders VI. im Kleide der Jesuiten zu erblicken; denn dieselbe dämonische Willenskraft, welche jene Borgia ausgezeichnet hatte, lebte auch unter einer anderen Form und auf ein anderes Ziel gerichtet in ihrem Landsmann Loyola. Die Maximen des „Fürsten“ Machiavellis wurden dann auch zu dem politischen Teil des Programms der Jesuiten.

Im Jahre 1550 ging der Herzog von Gandìa nach Rom, sich dem Papst zu Füßen zu werfen und Mitglied des Ordens zu werden. Es war damals eben Paul III. gestorben, der Bruder Julias Farnese, und Julius III. del Monte auf den Heiligen Stuhl gestiegen. In Ferrara aber saß auf dem Herzogsthron noch Ercole II., der Vetter Don Francescos. Er erinnerte sich seiner Verwandtschaft und lud den Reisenden ein, über Ferrara nach Rom zu gehen. Drei Tage blieb Francesco am Hof des Sohnes von Lucrezia, und dort empfing ihn demnach auch Renea. Ob der begeisterte Schüler Loyolas Kunde von den religiösen Gesinnungen der Freundin Calvins hatte, ist ungewiß. Die Begegnung beider aber in der Vaterstadt Savonarolas und in den Gemächern Lucrezias ist um des Gegensatzes willen sehr merkwürdig. Francesco ging sodann nach Rom und kehrte bald wieder nach Spanien zurück. Nach dem Tode von Lainez wurde er im Jahre 1565 der dritte General des Ordens Jesu. Er starb als solcher in Rom im Jahr 1572. Die Kirche sprach ihn selig; ein Urenkel Alexanders VI. ward so ein Heiliger.

Die Nachkommenschaft dieses Borgia verzweigte sich unter den größten Geschlechtern Spaniens. Sein ältester Sohn Don Carlos, Herzog von Gandìa, vermählte sich mit Donna Maddalena, der Tochter des Grafen Oliva vom Haus Centelles, und so wurde jene Familie, welcher der erste Verlobte Lucrezias angehört hatte, ein halbes Jahrhundert später doch mit den Borgia verschwägert. Der Stamm Gandìa setzte sich noch bis ins 18. Jahrhundert fort, wo es auch zwei ihm angehörende Kardinäle Borgia gab.

Ercole II. entdeckte die ketzerischen Verbindungen seiner Gemahlin Renea, doch erst im Jahre 1554. Er setzte sie in ein Kloster. Aber die edle Fürstin blieb standhaft der Reformation treu. Als die Inquisition die reformatorische Bewegung in Ferrara erstickte, während ihr Sohn Herzog war, kehrte sie nach Frankreich zurück, wo sie in ihrem Schloß Montargis unter den Hugenotten lebte und im Jahre 1575 starb. Merkwürdigerweise war der Herzog von Guise ihr eigener Schwiegersohn.

Renea hatte ihrem Gemahl mehrere Kinder geboren, den Erbprinzen Alfonso, Luigi, der später Kardinal wurde, Donna Anna, welche sich mit jenem Herzog von Guise vermählte, Donna Lucrezia, die später Herzogin von Urbino wurde, und Donna Leonora, welche unvermählt blieb.

Ihr Sohn Alfonso II. folgte in der Regierung Ferraras im Jahre 1559. Er ist derselbe Herzog, welchen Tasso unsterblich gemacht hat. Wie Ariosto zur Zeit des ersten Alfonso und Lucrezias das Haus der Este in einer monumentalen Dichtung verherrlichte, so setzte jetzt Torquato Tasso diese Huldigung unter den Enkeln fort, als der zweite Alfonso auf dem Herzogthrone Ferraras saß. Der Zufall stellte so die beiden größten Epiker Italiens in den Dienst desselben Hauses. Das Schicksal Tassos ist eine der dunkelsten Erinnerungen im Haus dieser Este und zugleich die letzte von Bedeutung in der Geschichte des Hofes von Ferrara, als dessen Schwanengesang sein Lied dort recht eigentlich erklungen ist. Denn mit dem kinderlosen Alfonso II., dem Enkel der Lucrezia Borgia, erlosch am 27. Oktober 1597 der legitime Stamm des Geschlechts der Este. Don Cesar, ein Enkel Alfonsos I., Sohn jenes Alfonso, welchen ihm Laura Dianti geboren hatte, und der Donna Giulia Rovere von Urbino, bestieg zwar nach dem Tode Alfonsos II. als dessen erklärter Erbe den Herzogsthron Ferraras, aber der Papst anerkannte ihn nicht. Vergebens suchte er zu beweisen, daß sein Großvater kurz vor dem Sterben mit jener Laura Eustochia sich rechtlich vermählt hatte, und daß er selbst dadurch der legitime Erbe des Hauses geworden sei. Es half nichts, daß die Rechtskundigen vor den Tribunalen von Kaiser und Papst die Gültigkeit der Ansprüche Don Cesars verfochten; und es hilft nichts mehr, daß nach dem Vorgange Muratoris noch heute von Ferraresen diese Rechte als gültig behauptet werden. Don Cesar mußte sich dem Ausspruch Clemens des VIII. unterwerfen; am 13. Januar 1598 unterzeichnete der Enkel Alfonsos I. den Verzicht auf das Herzogtum Ferrara. Mit seiner Gemahlin Virginia Medici und seinen Kindern verließ er die Jahrhunderte alte Residenz seiner Ahnen und begab sich nach Modena mit dem Titel eines Herzogs dieser Stadt, wozu auch Reggio und Carpi kamen.

Don Cesar setzte dort die Nebenlinie der Este fort. Sie ging am Ende des 18. Jahrhunderts durch den Erzherzog Ferdinand in das Haus Österreich-Este über. Auch dieses Haus ist in unseren Zeiten entwurzelt und gefallen. Auch die Herrschaft der Päpste in Ferrara ist gefallen. Dort, wo einst das Kastell Tedaldo stand, als Lucrezia Borgia im Jahr 1502 ihren Einzug hielt, und wo dann Clemens VIII. die große Burg erbauen ließ, sieht man heute statt dieser im Jahre

1859 abgetragenen Festung nichts als ein Feld; auf ihm steht vergessen und verloren die melancholische Statue Pauls V., und ringsumher ist Öde. So steht heute auch vor der Burg Giovannis Sforza in Pesaro eine Säule, von welcher man die Statue herabgestürzt hat; auf ihrem Postament liest man: „Urbans VIII. Bildsäule; das ist alles, was von ihr übrig blieb."

Nachwort

von Heinrich Lutz

Die Etappen und Umstände der Entstehung des Buches über Lucrezia Borgia lassen sich aufgrund der Tagebuchaufzeichnungen von Ferdinand Gregorovius ziemlich genau verfolgen. Der in Ostpreußen 1821 geborene Schriftsteller lebte seit 1852 in Rom. Sein monumentales Lebenswerk, die achtbändige ‚Geschichte der Stadt Rom im Mittelalter', war so gut wie abgeschlossen, als er am 9. Mai 1872 in sein Tagebuch notierte: „Ich habe den Plan gefaßt, das Leben der Lucrezia Borgia zu schreiben: dies soll meine Erholung von der Geschichte der Stadt Rom sein."

Bemerkenswert ist der Zusammenhang zwischen diesem Plan und der Entdeckung einer neuen, bisher unbekannten Quelle für die Geschichte der päpstlichen Familie Borgia; im Zuge der Umgestaltung der römischen Verhältnisse nach dem Sturz der weltlichen Herrschaft des Papstes bekam Gregorovius Zugang zum Archiv der Notare des Kapitols. Der für ihn wichtigste und anregendste Band enthielt die Urkunden des Notars Camillo Beneimbene (von 1467–1505), der eng mit den Geschicken der Borgia verbunden war. Man sieht bereits hier, wie die anscheinende Zufälligkeit eines bedeutenden Quellenfundes tief mit den aktuellen Geschicken Roms und des Papsttums und mit der persönlichen Lage des Autors verbunden war: atemholendes Abschiednehmen von der zwanzigjährigen Arbeit an der Geschichte der Stadt Rom, die der Autor eben mit der Epoche Alexanders VI. und Julius' II. abschloß, und ebenso ein bewußtes Abschiednehmen von dem alten, päpstlichen, kosmopolitischen Rom als Hauptstadt des Kirchenstaates, während Gregorovius mit seiner politischen Parteinahme durchaus auf der Seite des modernen italienischen Nationalstaats stand, der gerade damals den Umbau der ewigen Stadt zur Residenz des italienischen Königs begann. Wir werden auf diese bedeutsamen Umstände der Entstehung des Werkes noch zurückkommen.

Die nächste einschlägige Tagebuchnotiz findet sich erst im Frühling des folgenden Jahres. Gregorovius schreibt am 30. März 1873: „Am 4. Februar raffte ich mich mit kühnem Entschluß aus meiner Untätigkeit auf und begann das Buch Lucrezia Borgia. Ich habe eigentlich kein Interesse daran, aber ich will mich damit aus der Geschichte der Stadt herausziehen; zugleich auch Mittel erwerben, um im künftigen Frühjahr nach Griechenland zu gehen. Da ich den Stoff beherrsche, so ist das Niederschreiben für mich ein Spiel. Im Großen und Ganzen ist die Sache auch bereits getan. Mir fehlt nur die Einsicht in bestimmte Schriftstücke."

Der heutige Leser stößt mit Befremden auf den distanzierenden Hinweis des Autors, daß ihn die Sache eigentlich nicht interessiere, dazu auf den utilitaristischen Gesichtspunkt des Geldverdienens zwecks Finanzierung einer Griechenlandreise. Die Kritik hat sich in unterschiedlicher Weise zu diesem Werk von Gregorovius geäußert; doch daß hier einer geschrieben habe, den das Sujet des Buches selbst nicht interessierte – das hat wohl niemand festgestellt, weil es einfach nicht stimmt. Eher zeigt uns der Hinweis auf den als sicher erwarteten Honorargewinn eine richtige Fährte. Wir werden sehen, daß das Werk innerhalb von drei Wochen vergriffen war, und die Vermutung liegt nahe, daß dieser Effekt mit dem damals in Deutschland im Zenit stehenden Eifer des antikatholischen und antipäpstlichen Kulturkampfes zusammenhing. Die Honorarerwartung spielte für Gregorovius, der jede Professur und jede sonstige fest besoldete Tätigkeit abgelehnt hatte und stets nur als freier Schriftsteller leben wollte, gewiß eine Rolle. Vielleicht wollte er mit der Bemerkung „eigentlich kein Interesse" einen Selbstvorwurf abwehren, er sei mit dem Borgiathema zum Tendenzschriftsteller im Strom des Kulturkampfes geworden. Jedenfalls ist im weiteren Verlauf der Niederschrift, im Text selbst und in der Wirkungsgeschichte der ‚Lucrezia Borgia' nichts mehr von diesem Vorbehalt zu bemerken. Im Gegenteil.

Wir können anhand der Notizen der folgenden Monate verfolgen, wie Gregorovius mit wachsendem Engagement die Arbeit vorantreibt. Er läßt sich Abschriften wichtiger Dokumente aus den Archiven von Mantua, Modena und Florenz nach Rom kommen. Er geht nach Pesaro, um selbst den Schauplatz von Lucrezias dortigem Leben zu sehen. Auf der Reise gibt es eine große Aufregung: „Mein Koffer, worin alle meine Schriften und Sammlungen über Lucrezia Borgia sich befinden, war nicht da; dies gab viele Telegramme und einige Unruhe." Aber einen Tag später kommt der Koffer doch noch in Pesaro an. Den Sommer verbringt Gregorovius in Traunstein, wo die Arbeit in Ruhe weitergeführt wird. Über Ferrara, wo „die Locale für Lucrezia Borgia" besichtigt werden, geht es dann im Oktober 1873 nach Rom zurück. Im November und Dezember beendet der Autor in seiner Wohnung in der Via Gregoriana das Manuskript. Am 10. Januar 1874 nimmt der bayerische Gesandte Graf Tauffkirchen, der zum römischen Bekanntenkreis von Gregorovius gehörte und nun nach Stuttgart versetzt wurde, die Druckvorlage zu Cotta mit. Am 4. Mai des gleichen Jahres – so rasch konnten damals Bücher hergestellt werden! – erfolgt dic Auslieferung des Bandes in Stuttgart und Leipzig. Am 24. Mai findet der in Süditalien reisende Autor die Nachricht von Cotta vor, daß die erste Auflage bereits vergriffen sei.

Und nochmals hat Gregorovius in seinem Tagebuch 1874 das Werk über Lucrezia Borgia im Zusammenhang seines Schaffens und Lebens in aller Knappheit gewürdigt, wobei vor allem der Widmung an den Herzog von Sermoneta, den damaligen Chef der alten römischen Familie Gaetani, eine später noch zu erläuternde zeitgeschichtliche Bedeutung zukommt: „Die Beschäftigung mit dieser Monographie hatte mir eine Lücke angenehm ausgefüllt; ich zog mich mit dieser Schrift aus der Geschichte der Stadt Rom heraus; sie ist von ihr noch ein Schößling. Ich habe sie dem Herzog von Sermoneta gewidmet, als ein Zeichen der Erinnerung, welches ich im Hause der Gaetani niederlege."

Was der Autor über seine Absichten beim Schreiben der Biographie Lucrezias äußerte, ist das eine, ein anderes freilich ist das, was er tatsächlich geleistet und geschaffen hat. Diese Differenz von Absicht und Ergebnis hat verschiedene Gründe; ein Moment, das von Anfang an zu beachten ist, liegt in der Verschiedenheit der Persönlichkeiten des Autors – geprägt durch viele Generationen norddeutsch-protestantischer Ethik und Kultur – und der ‚Heldin' seines Buches, die er gleich im ersten Satz als die „unseligste Frauengestalt der modernen Geschichte" bezeichnet – eine Verschiedenheit die sich stärker ausgeprägt kaum vorstellen läßt. Nicht als ob Gregorovius sich darüber nicht Rechenschaft gegeben hätte. Der Leser gewinnt jedoch von Anfang an den Eindruck, daß der sittenstrenge, von der weltweiten Überlegenheit der deutschen Kultur seiner Zeit tief durchdrungene Verfasser gerade in dieser ganz anderen Sittlichkeit und Geistigkeit, aus der er selbst lebt, die Voraussetzung zur klaren Analyse und

Darstellung des Lebens der Lucrezia Borgia und ihrer Welt sah. Die Tochter Alexanders VI. personifiziert für Gregorovius eine zum Untergang verurteilte, weil durchaus böse Welt: „Diese Gesellschaft, diese Kirche, diese Städte und Staaten, diese gesamte humanistische Kultur taumeln dem Abgrund zu, der sie unrettbar verschlingen wird" (S. 119).

Doch mit einem solchen allgemeinen Verdikt ist es nun keineswegs getan. Die Gestalt der Lucrezia hat den Autor außerordentlich angezogen. Das sieht man auf Schritt und Tritt und das sagt er auch selbst: „Ihre Gestalt reizte mich wie etwas Geheimnisvolles, was in sich selbst einen unerklärten Widerspruch trägt und noch zu enträtseln ist." Sehr klar war das nicht gesagt; Gregorovius geht aber in der Kommentierung seiner Absicht noch ein Stück weiter und verweist auf Grundprinzipien seiner historisch-biographischen Arbeitsweise. Er wollte keine Apologie schreiben – so sagt er dem Leser – und sei überhaupt ohne vorgefaßte Meinung an die Sache herangetreten. „Ich wollte sehen, welche Gestalt mir unter den Händen entstünde, wenn ich Lucrezia Borgia zum Gegenstand historischer Behandlung machte, in der strengsten und sichersten, weil urkundlichen Weise."

Da haben wir es nun in Fraktur: das wissenschaftliche Glaubensbekenntnis des auf die Quellen schwörenden Historismus. Gregorovius war überzeugt, allein durch die strengste Bindung an die unmittelbaren Quellenzeugnisse die Legenden pro und contra Lucrezia Borgia zu zerstören und darüberhinaus die objektive Wahrheit über diese Zeit und dieses Menschenleben zutage zu bringen: „Da ich mein Buch durchweg aus urkundlichem Material herzustellen hatte, so konnte ich in ihm eine Methode der Behandlung versuchen, woraus sich von selbst, wie ich glaube, ein echtes Charaktergemälde der Zeit mit Zügen konkretester Persönlichkeit ergeben hat."

Bevor nun einige Hinweise zum Hintergrund und zur Würdigung des Werkes zu geben sind, soll die Reihe der Selbstaussagen des Autors noch etwas weiter verfolgt werden. Als 1876 eine überarbeitete Ausgabe der Biographie erschien, verzichtete Gregorovius auf ein neues Vorwort. Statt dessen veröffentlichte er in der ‚Allgemeinen Zeitung' (die ja gleichfalls dem Verlag Cotta gehörte) eine Selbstanzeige, die in mehrfacher Hinsicht Interesse verdient. Ich beschränke mich auf jenen Abschnitt, wo das ‚persönliche' Verhältnis des Verfassers zu Lucrezia Borgia am deutlichsten ausgesprochen wird. Selbstverständlich bezieht sich Gregorovius auch hier wieder auf die schon erwähnte geschichtstheoretische Position der „streng urkundlichen Behandlungsweise", die grundsätzlich gegen den Vorwurf sichere, daß „meine Schrift in die Kategorie der sogenannten Ehrenrettungen historischer Verbrecher gehöre".

Dann aber geht er noch einen deutlichen Schritt weiter. Zwar mit allerhand Verklausulierungen, aber doch unübersehbar bekennt er seine Sympathien für Lucrezia in einer Weise, die in der ersten Auflage noch nicht formuliert wurde:

„Es ist wahr, die Beweise, welche die leichtsinnige Lucrezia Borgia in einem besseren Licht erscheinen lassen als dies nach der vulgären Auffassung der Fall sein könnte, sind nur negativer Art, denn kein Notar hat unter dem Amtssiegel beglaubigt, daß die Tochter eines ruchlosen Papstes von diesen oder jenen ihr zugeschriebenen Freveln reingeblieben ist. Aber auch so wie die Beweise einmal sind, stellen sie sich immerhin von selbst als eine Abwehr dem Ungeheuerlichen und Phantastischen entgegen. Da nun auch der Richter oder Geschichtsschreiber nicht aufhören kann menschliche Teilnahme für seine Personen zu empfinden, so bekenne ich, daß ich solche empfunden habe.

Es hat mir nämlich mehr Vergnügen gemacht aus Urkunden und dem Zusammenhang von Tatsachen den Schluß zu ziehen, daß die monströse Vorstellung des Charakters Lucrezia's durch nichts erweisbar ist, als mir die urkundliche Bestätigung von diabolischen Verbrechen würde gemacht haben."

Rom und das Papsttum, Christentum und Renaissance, die Wege der italienischen Nation und der europäischen Kultur aus dem Mittelalter in die Neuzeit – alle diese großen und spannungsreichen Themen, die den Rahmen der ‚Lucrezia Borgia' bilden, hatte Gregorovius schon in der ‚Geschichte der Stadt Rom im Mittelalter' als Historiker in die Tiefe und Breite verfolgt. Doch nicht minder wichtig für das Verständnis des Buches ist die intensive Auseinandersetzung des ‚homo politicus', der Gregorovius war und blieb, mit den politischen und kulturellen Fragen seiner Zeit. Es lohnt sich deshalb, eine kurze biographische Skizze mit einem Blick auf jenen Abschnitt der Geschichte Roms einzuleiten, wo Gregorovius in großen Zügen seine Interpretation der Zeit Alexanders VI. in ein weltgeschichtliches Tableau von Christentum und Kulturentwicklung einordnet. Und es ist nicht zu übersehen, wie eng diese Einordnung mit der von

Gregorovius in Rom 1860/70 aufs genaueste beobachteten Krise der weltlichen Herrschaft des Papstes und damit des Papsttums insgesamt zusammenhängt.

Für Gregorovius bedeutet die Epoche und Gestalt Alexanders VI. die tiefste Stufe im Verfall des Papsttums. Wenn Religion mehr sei als ein kirchlicher Formeldienst, so sagt er, dann muß man bekennen, daß Alexander VI. „Papst war ohne Religion". Dazu kommt die politische Schuldzuweisung. Der Borgiapapst wird für den Untergang der Freiheit Italiens und den Beginn der spanischen Fremdherrschaft haftbar gemacht: „Diesem armseligen Zweck des Nepotismus und der Selbsterhaltung opferte er sein eigenes Gewissen, das Glück der Völker, das Dasein Italiens und das Wohl der Kirche auf ... Er ist ein wesentliches Motiv für den Untergang dieses Landes gewesen, und in gleicher Eigenschaft steht er in der Geschichte der Kirche da."

Wie aber ist dieses eindeutige Urteil in die doch sehr facettenreiche Gesamtsituation von Kirche und Kultur in der italienischen Renaissance einzubringen? Das geht, wie sogleich zu sehen ist, nicht ohne erhebliche Spannungen und auch Widersprüche ab, die teils auf das allgemeine Konto der damaligen Renaissance-Interpretationen gehen, teils aus den persönlichen Überzeugungen und zeitgeschichtlichen Erfahrungen des Autors herzuleiten sind: das Papsttum verfiel zwar zeitweise dem ‚praktischen' Heidentum der Renaissance, konnte aber nach dem Tiefpunkt unter Alexander VI. zeitweilig wieder eine äußerliche, wenn auch anachronistische und von den Interessen Italiens getrennte Herrschaft aufrichten.

„Die Renaissance war die Reformation der Italiener. Sie machten die Wissenschaft von den dogmatischen Fesseln frei ... Konnte wohl die Kirche mitten in der Strömung der Renaissance deren unausbleibliche Folgen auch nur erkennen, oder wenn das möglich war, die Flut der Geister in die dogmatischen Grenzen zurück bannen? ... Das Papsttum vermochte daher das ketzerische Gewand des Heidentums von sich und von Italien wieder abzustreifen, nachdem ihm die klassische Renaissance dazu gedient hatte, die italienische Nation in der gefahrvollsten Zeit des Reformationsdranges zu beschäftigen, sich selbst aber durch die Aufnahme der antiken Wissenschaft mit Waffen der Zeit auszurüsten und sich in Rom einen monumentalen Glanz zu geben. Indes dieser Sieg der Kirche war nur augenblicklich; die Revolution des europäischen Geistes hat sie durch keine Bannformel bewältigt, die Einheit des religiösen Ideals hat sie nicht mehr wieder hergestellt, jenen Bruch zwischen Glauben und Wissen nie mehr zu heilen vermocht. In Italien selbst blieb nach dem Siege der Gegenreformation nur der katholische Kultus ohne Glauben und ohne Geist bestehen, und die stumpfe Gleichgültigkeit des Volkes gegen die Religion, ein Erzeugnis sowohl der Verweltlichung der Kirche als der Renaissance, ist noch am heutigen Tage das größte Hindernis für die moralische Verjüngung des italienischen Nationalgeistes."

Daß dieser Interpretationsbogen, ebenso pathetisch wie prekär in der Verflechtung sehr unterschiedlicher Geschichtsprozesse und Wertperspektiven, heutigen Kenntnissen und Einsichten längst nicht mehr standhält, liegt auf der Hand. Das heutige Bild der Renaissance im allgemeinen und ihrer politischen, kulturellen und ethisch-religiösen Dimensionen sieht wesentlich anders aus: viel stärker treten die vom Mittelalter geprägten, ‚alteuropäischen' Strukturelemente hervor, viel deutlicher die Wandlungsprozesse *innerhalb* des Christentums, ja der Kirche, die zwar zu neuartigen Spannungsverhältnissen zwischen Individuum und Gesellschaft, aber noch nicht zu grundlegenden Umformungen des europäischen Bewußtseins im Sinne der Formel des ‚Bruches von Wissen und Glauben' führten. (Sie wurde von Gregorovius und anderen aus dem 19. Jahrhundert in die Renaissance zurückprojiziert.)

Aufschlußreich ist der Blick auf biographische und zeitgenössische Voraussetzungen der Genese jener Geschichtskonzeption, die den Rahmen des von Gregorovius gezeichneten Porträts der Lucrezia Borgia bildet. Kein Zweifel, der in Königsberg wirkende Philosoph, Dichter und Journalist der 40er Jahre stand auf der Seite der ‚Revolution des Geistes'. Über die poetischen und politischen Ideen des Jungen Deutschland hinaus, über das liberale Engagement seines Universitätslehrers und väterlichen Freundes Karl Rosenkranz – eines Hegel-Schülers auf dem Lehrstuhl Kants – hinaus gehörte Gregorovius in den Jahren 1848/49 zur revolutionären Linken. Es liegt nicht nur an der späteren kulturkonservativen Biographik, daß diese Aspekte seines Lebens und Denkens nicht angemessen gewürdigt wurden. Auch der Autor selbst hat, bei allem sichtbaren Nachwirken der 48er Ideale, diese revolutionäre Frühzeit in ihren politischen Dimensionen später eher verdeckt als erhellt. Der heutige Gregorovius-Leser wird sich aber Schriften wie etwa dem 1849 erschienenen Werk über ‚Goethe's Wilhelm Meister in seinen socialistischen Elementen‘ mit erneuertem Interesse zuwenden. Begeistert und hoffnungsvoll schließt diese Schrift mit dem Bekenntnis zu der von Victor Hugo auf dem Pariser Friedenskongreß im August 1849 verkündeten Idee eines religiösen und politischen Weltbundes der vom Joch der Tyrannei befreiten Völker.

Das Scheitern der revolutionären Hoffnungen greift nach 1849 auch unmittelbar in das Leben des jungen Gregorovius ein, der in Königsberg als Privatlehrer wirkt. Seinen Plan einer Habilitation für Literaturgeschichte hatte er 1848 gegenüber Eckermann zuversichtlich erläutert: er wolle eine Untersuchung über das Verhältnis von Goethes Faust zum ‚Magus‘ Calderóns vorlegen. Davon ist nun keine Rede mehr. Von der Reaktion fühlt sich Gregorovius wie von einer „herabsinkenden Bleidecke erdrückt“. Freunde verlieren ihre Stellen oder werden verhaftet. Er sucht einen Ausweg aus der deutschen Misere (die er spiegelbildlich auch bei der Pariser Emigration vorfindet), indem er sich Italien zuwendet. Zuerst in Gedanken: „Ich versuche mich aus diesen Fatiguen deutscher Literatur und Geschichte in das Italienische hinüberzuretten.“ Das war 1851 geschrieben. Im folgenden Jahr verläßt er Deutschland, geht zunächst nach Korsika, dann nach Rom, das ihm für viele Jahre zur Heimat wird.

Was findet der Revolutionär der 48er Jahre, der sich noch 1851 als Sozialist bezeichnet, im päpstlichen Rom? Zunächst scheint das Glück der Befreiung von den deutschen Querelen, das Glück der Sonne und der antikisch aufgefaßten Unmittelbarkeit des Lebens zu überwiegen. Dem italienischen Volk macht er eine Liebeserklärung, verbunden mit der Zuversicht auf eine kommende kulturelle Blüte: „Diese Welt ist schön, klar, gesund; ich atme recht in ihr auf. Ich liebe dieses Volk – sie werden noch einst die Welt mit einer neuen toskanischen Periode beglücken ... Wenn das Papsttum und das Haus Habsburg von ihnen genommen sein wird, so werden sie uns Wunder vormachen.“

Die Euphorie des Südens bestimmt noch auf einige Zeit die Urteile, während Gregorovius sich in Rom nicht ohne Mühe mit journalistischen und schriftstellerischen Arbeiten durchschlägt. 1854 schreibt er: „Die Freiheit und die Sonne ist alles, was ich begehre. Man lebt hier in der allergrößten Republik und wahrhaftigen Weltdemokratie, wovon der Apoll von Belvedere und der Papst die Präsidenten sind.“ Das war übermütig und hübsch formuliert. Dazwischen machen sich aber von Anfang an ganz andere Eindrücke und Gedanken geltend, die im Widerstreit mit der Freude an Sonne, Apoll und an der archaischen ‚Vorstaatlichkeit' des römischen kosmopolitischen Lebens stehen. Die feierliche, zeitlose Majestät der ewigen Stadt wird zur Frage an das Leben und die Lebenstätigkeit des vor der deutschen Reaktion Geflohenen. Er steht in der Mitte der Dreißiger und Rom entscheidet nun über die Richtung seines Schaffens: das poetische Werk tritt zurück, die historische Forschung gewinnt. Die Zeugnisse über diesen Entscheidungsprozeß sollten nicht von der sie begleitenden politischen Reflexion getrennt werden. Nicht als ob der 1854 getroffene Entschluß, die Geschichte der Stadt Rom zu schreiben, gleichbedeutend mit politischer Resignation und Anpassung gewesen wäre, als ob mit der poetischen Produktion die Hoffnung auf den Fortschritt der Menschheit gebrochen und schließlich zu einem Ende gekommen wäre. Aber die Briefzeugnisse lassen doch aufhorchen: „Wenn du mich fragst, was Rom denn eigentlich ist, so sage ich Dir, es ist der Tod ..." (1852). „Nach Rom" – das ist 1854 geschrieben – „wäre mir wahrscheinlich irgend eine Wildnis zu wünschen; denn indem hier der Verstand vollauf zu tun hat, das schon Fertige und Gegebene aufzufassen, speichert er dies fort und fort auf, und wie auf einen leidenden Teil des Organismus wirft sich alle Geisteskraft allein in diese Richtung. Es wird so das Gleichmaß zwischen Verstand und Phantasie völlig aufgehoben; diese schweigt am Ende, weil sie nicht über das hinaus kann, was ihr vor Augen steht und über alle Einbildung doch weit erhaben ist." Aufhorchen läßt auch, wenn im gleichen Jahr in einem Brief an seinen Lehrer Rosenkranz der Vergleich zwischen den Königsberger Revolutionshoffnungen von 1848 und dem Rom von 1854 gezogen wird:

„Ich denke jetzt öfter an das Jahr 1848; es war doch immer eine schöne Zeit, und jetzt in dieser großen Öde des politischen Schicksals sehne ich mich recht nach jenen jugendlichen Empfindungen zurück. Hier nun in Rom steht der Mensch vor der Geschichte still wie vor der göttlichen Notwendigkeit und legt stumm seine Waffen und auch seine Schmerzen nieder ... Darum sage ich, es gebe keine Stadt, die so demütige wie Rom ... Rom hat mich, so darf ich sagen, in das Menschliche gefördert, und wenn ich auch nichts mehr leisten sollte, als diese innere Welt zu veredeln, so waren diese Jahre schon Ewigkeit und ein Kultus, da der Mensch aus dem Profanen in das Mysterium aufgenommen wird."

Doch die Geschichte stand auch in Rom nicht still. Seit den revolutionären Umbrüchen von 1859/61 bis zum endgültigen Sieg des italienischen Nationalstaates über die römische Herrschaft des Papstes 1870 lebte und schrieb Gregorovius angesichts des raschen Zerfalls der alten Welt. Der Weg nach Innen war aber nun einmal eingeschlagen, die Beschränkung auf die Veredelung der ‚inneren Welt' erfolgt. Als die neuen, großen Bewegungen der italienischen, dann der deutschen Nationalgeschichte Gregorovius berührten und mitrissen, war seine Teilnahme – wie bei nicht wenigen Zeitgenossen – zwar eine unbedingte, aber sie ging über Brüche hinweg. Er feierte 1871 die Parallelität der nationalen Einheit Italiens und Deutschlands in den höchsten Worten: „. . . ein unermeßliches Ereignis, welches für beide Völker und wohl für die Verfassung der Welt überhaupt eine neue Epoche herbeiführen muß, in deren unabsehbaren Horizont unser freudiger Blick nicht einzudringen vermag. Es ist der herrlichste Lohn für jeden Mann, der die Menschheit und sein Vaterland liebt, und ihnen auf welchem Felde des Wirkens immer seine Mühen gewidmet hat." Die Mühen des Geschichtsschreibers: das war nun, Band um Band, der Fortgang der Geschichte der Stadt Rom und als Abschluß und Abschied das Buch über Lucrezia Borgia.

Gregorovius war zutiefst überzeugt, daß er mit seinen historischen Arbeiten – denen im weiteren Sinne auch die schönen Skizzen der ‚Wanderjahre in Italien' zuzuzählen sind – an der Formung der deutschen und italienischen Kultur seiner Zeit mitwirkte. Insofern hatte seine postrevolutionäre Wendung, die „innere Welt zu veredeln", in weiterer Perspektive durchaus keinen Verzicht auf öffentliche Wirkung bedeutet. Aber der Abstand zwischen der sublimen Gestaltungskraft des Mittelalter-Historikers und des ‚historischen Landschaftsmalers' und den Realitäten des Bismarckreiches und des Regno d'Italia war groß. Enttäuschungen konnten nicht ausbleiben, sosehr auch die neuen Führungsschichten beider Länder dem beliebten Autor mit Ehren und Anerkennung begegneten.

Bleiben wir bei Italien und Rom. Gregorovius hatte schon lange das Ende des Kirchenstaates erwartet. Aber für Rom wünschte er in Überlegungen, die sich nicht durch besondere Klarheit und Ausführbarkeit auszeichneten, eine Kombination von Freistadt (unter päpstlichem Präsidium) mit italienischem Bürgerrecht. Als nun nach dem 20. September 1870 Rom zur Hauptstadt Italiens wird, kann er sich mit dem Wandel der Dinge durchaus nicht abfinden: „Rom wird die weltrepublikanische Luft einbüßen, die ich hier 18 Jahre geatmet habe. Es sinkt herab zur Hauptstadt der Italiener, welche für eine große Lage, in die sie unsre [deutschen] Siege versetzt haben, zu schwach sind. Es ist ein Glück, daß ich meine Arbeit fast vollendet habe – heute könnte ich mich nicht mehr in sie versenken ... Das Mittelalter ist wie von einer Tramontana hinweggeweht, mit allem geschichtlichen Geist der Vergangenheit. Ja, dies Rom ist ganz entzaubert worden." Die baulichen Veränderungen, die sogleich mit der Umwandlung in eine moderne Hauptstadt einsetzen und viel Altes zerstören, erfüllen ihn mit tiefer Wehmut.

Enttäuscht zeigt sich Gregorovius in wachsendem Maße auch von dem politischen und kulturellen Leben des neuen Italien. Die Wiedergeburt einer Nation, die er so leidenschaftlich erhofft und begrüßt hatte, bleibt in ihren realen Ergebnissen weit hinter seinen hochgespannten Erwartungen zurück. So komplex und widersprüchlich auch die Einstellungen Gregorovius' zu dem Papsttum seiner Zeit erscheinen – zwischen der Hoffnung auf ein Ende des Papsttums schlichtweg und der Erwartung einer „katholischen Reform" und einer Regeneration an der Spitze der Kirche nach dem Ende des Kirchenstaates – so eindeutig ist die zunehmende Resignation hinsichtlich einer Reform der katholischen Kirche und ihrer zeitweilig erhofften Rolle in einem kommenden „mondo migliore". Dies gilt besonders für die Zeit nach dem Vatikanischen Konzil, an dem er, in Verbindung mit Döllinger und Acton, lebhaften Anteil genommen hatte. Erst recht erscheint ihm dann der Dualismus von vatikanischem Papsttum und italienischer Hauptstadt, der Rom seit 1870 charakterisierte, als befremdend. Dieses Papsttum ist „der Todfeind ihres Nationalprinzips. Eine Brücke führt nicht über diese Kluft".

Gregorovius beschließt, Rom zu verlassen und kehrt im Sommer 1874, kurz nach dem Erscheinen der ‚Lucrezia Borgia', nach Deutschland zurück. Eine seiner Abschiedshandlungen, die das tiefe Bedürfnis nach einer Brücke zwischen dem Einst und dem Jetzt zeigen, ist die Widmung des Borgia-Buches an den Herzog von Sermoneta, Don Michelangelo Gaetani, in dessen Häusern Gregorovius viel verkehrt hatte. Der Symbolcharakter dieser Geste kommt im Text des Widmungsbriefes, der auch unserer Ausgabe vorangestellt ist, deutlich zum Ausdruck. Die Familie Gaetani verkörpert die historischen Überlieferungen der Stadt Rom seit dem Mittelalter. Und nun hatte der Herzog von Sermoneta, Chef jenes Hauses, dem Papst Bonifaz VIII. entstammte, sich an die Spitze des Plebiszits gestellt, das nach dem Ende der weltlichen Herrschaft des Papstes Rom in den italienischen Nationalstaat eingliederte. Er hatte persönlich die „Ergebenheitserklärung" der römischen Bevölkerung an König Vittorio Emanuele nach Florenz überbracht. So wünscht Gregorovius, Abschied nehmend von Rom, mit der Zueignung dieses Buches nochmals zwischen dem Einst und dem Jetzt zu vermitteln.

Nicolai Rubinstein, der 1971 Lucrezia Borgia eine biographische Skizze widmete, urteilte im Rahmen eines bibliographischen Überblicks über Gregorovius' Werk in ebenso bestimmter wie positiver Weise: „fra le biografie rimane fondamentale". Dies Urteil eines der besten heutigen Kenner der italienischen Renaissance steht am Ende einer hundertjährigen Rezeptions- und Wirkungsgeschichte des Buches. Wir sahen, daß es von Anfang an starken Absatz fand; viele Auflagen und die Übersetzungen ins Italienische, Englische, Französische und Ungarische zeigen, daß die Borgia-Biographie eines der bekanntesten Bücher von Gregorovius wurde. Indessen gingen die Meinungen der Kritik von Anfang an auseinander. Ranke, der auch sonst nicht zu den Gregorovius-Freunden gehörte, äußerte sich ziemlich abweisend zu der Revision alter Vorurteile: „Lucrezia Borgia als Mustergestalt einer Frau ... hinzustellen, oder einen Zweifel zu erheben, ob Alexander VI., der alte Borgia, auch wirklich an Gift gestorben sei, solche Aufstellungen und gebrechliche Hypothesen entsprängen einem unerlaubten, man möchte beinahe supponieren, ehrgeizigen Neuerungsdrange." Ranke zählte damals 80 Jahre; er zeigte wenig Neigung, Auffassungen, die er sich viele Jahre zuvor erarbeitet hatte, durch Beiträge jüngerer Forscher in Frage stellen zu lassen. Ganz anders urteilte Henry Simonsfeld. Er betonte die „außerordentliche Kunst von Gregorovius, das Einzelne mit dem Allgemeinen zu verbinden" und würdigte das Werk als „ein überaus glanzvolles, farbenprächtiges Kulturbild der Renaissance überhaupt". Karl Rosenkranz schrieb dem Freund und einstigen Schüler begeistert: „Ich gestehe, daß wohl selten die urkundliche Geschichtsschreibung eine größere Tat vollbracht hat, als es Ihnen mit der Verwandlung des landläufigen Bildes der Lucrezia, wenigstens bei mir, gelungen ist." Das Werk hat im lesenden Publikum wohl auch deshalb eine so interessierte Aufnahme gefunden, weil die Anziehungskraft des Gegenstandes schon von Victor Hugo und Donizetti her gegeben war. Daß Gregorovius dann seinerseits auf die dichterische Gestaltung des Borgia-Stoffes eingewirkt hat, ist bekannt. Nachweislich hat Conrad Ferdinand Meyer für seine Novelle ,Angela Borgia' dem Historiker die geschichtliche Information verdankt. Freilich wurde schon von Zeitgenossen und erst recht in späterer Zeit, als die literarischen Stilmittel der 20er und 30er Jahre in die Biographik Eingang fanden, Kritik an der Art und Weise geübt, wie Gregorovius Lucrezia darstellte. In dem Nekrolog, den der Münchner Historiker Cornelius für die Bayerische Akademie der Wissenschaften schrieb, wurde bei aller sonstigen Würdigung der Werke des verstorbenen Gelehrten gerade dieser Aspekt der ,Lucrezia Borgia' kritisch beurteilt. Cornelius meinte, die Heldin erscheine als „ein Schatten, dem der Verfasser kein Leben zu verleihen vermag, ein Wesen ohne Tat, ohne Entwicklung, fast möchte man sagen ohne Seele".

Damit war nun freilich ein überaus interessantes Problem angesprochen, eine fundamentale Frage jeder geschichtswissenschaftlich arbeitenden biographischen Darstellung: wie kann, wie soll, wie darf der Autor das Innere vergangener Gestalten beim Fehlen aussagekräftiger Quellen rekonstruierend vergegenwärtigen? Maria Bellonci, die 1939 eine breit angelegte, quellengesättigte und literarisch ambitionierte Biographie der Lucrezia Borgia veröffentlichte, legte ihrer Phantasie in dieser Richtung viel weniger Zügel an, als es Gregorovius getan hatte. Und wenn Bellonci als Frau, als Italienerin, als Meisterin der Stilmittel der 30er Jahre sich von der „blutleeren Rehabilitation" distanziert, die Lucrezia bei Gregorovius gefunden habe, so ist das eigentliche Problem damit allerdings weder gelöst noch richtig bezeichnet. Man lese Belloncis Werk (für dessen knalligen Titel in der deutschen Übersetzung von 1943 die Autorin wohl nicht haftbar zu machen ist: „Lucrezia Borgia. Nicht Teufel, nicht Engel, nur Weib"). Und man vergleiche damit die Darstellungsweise bei Gregorovius. Natürlich kommt auch er nicht ohne rekonstruierende Annäherung aus; gewiß ist er, durch die Absolutsetzung seiner ethischen Maßstäbe und den damit verbundenen Mangel an anthropologischer Einfühlung und Flexibilität in Schwierigkeiten geraten. Der heutige Leser bemerkt rasch, wo die Engführungen und die Grenzen in Gregorovius' Vergegenwärtigung des inneren Lebens seiner ,Heldin' und ihrer Umgebung liegen. Darüberhinaus spiegeln sich auch die Widersprüche, von denen seine Interpretation der Zeit Alexanders VI. nicht frei ist, nochmals in der Biographie der Papsttochter wider. Aber gerade die unvermittelten Gegensätze zwischen der rigidesten Verwerfung alles dessen, was mit dem Papst, mit Cesare Borgia und dem „geschändeten Vatikan" zu tun hat, und der Sympathie für Lucrezia, zwischen der dokumentarischen Absicherung und dem farbigen Glanz der Erzählung können den nachdenklichen Leser zu einer höheren Stufe historischer Anschauung führen.

Wie Gregorovius selbst die Verbindung künstlerischer und forschender Tätigkeit sah, wie er zu den Frauen stand, wie er die Frauenfrage in der Renaissance und in seiner Zeit sah, wie er Bildung und Schönheit, Ethik und Religion, Macht und Gesellschaft auffaßte und darstellte – all diese Fragen wären einer weiteren Erörterung auch am begrenzten Gegenstand dieser Biographie wert. Doch ich breche ab und versuche, zum Schluß die Person des Autors mit seinem menschlichen wie mit seinem wissenschaftlichen Profil noch einmal im Ganzen in den Blick zu fassen. Dies kann vielleicht am ehesten gelingen durch den Rückgriff auf eine bemerkenswerte Stelle in dem Roman ‚Das Schweißtuch der Veronika' von Gertrud von le Fort. Der stark autobiographisch orientierte Roman spielt zum großen Teil in Rom und greift über zwei Generationen hinweg die Erinnerung an Gregorovius auf:

„Meine Großmutter hatte noch in ihrer Jugend den berühmten Historiker Gregorovius gekannt, und ich hatte sagen hören, es habe eine Zeit gegeben, wo ihm ihr wunderschönes, geistvolles Antlitz noch viel interessanter gewesen sei als die ‚Geschichte der Stadt Rom im Mittelalter' ... Von Gregorovius erzählte sie gerne, die deutsche Kolonie habe ihn immer den Mann genannt, ‚der im Mittelalter gewesen sei', so wie etwa die Einwohner von Verona Dante den Mann genannt hätten, der ‚in der Hölle gewesen sei'. Sie teilte dann die Historiker überhaupt in solche ein, die ‚dabei waren', und solche, die ‚nicht dabei waren'. Von Mommsen zum Beispiel, den sie auch gut gekannt hatte, meinte sie, er sei ‚nicht dabei gewesen'."

Bibliographische Hinweise

Quellen und Literatur zu Lucrezia Borgia findet man zuletzt im Anhang zu der kurzen, aber informativen Darstellung von Nicolai Rubinstein, Lucrezia Borgia (Roma 1971) sowie bei Sarah Bradford, Cesare Borgia. Ein Leben in der Renaissance (München 1979) 375 ff.

und bei S. Schüller-Piroli, Die Borgia-Päpste Calixt III. und Alexander VI. (Wien 1979).

Für Ferdinand Gregorovius siehe die Biographie von Johannes Hönig (Stuttgart [2]1943), den Artikel von Waldemar Kampf in der Neuen Deutschen Biographie Bd. 7 (1966) 25 ff. und vom gleichen Autor den einführenden Aufsatz zur Neuausgabe der Geschichte der Stadt Rom im Mittelalter, Bd. 4 (dtv München 1978) 9 ff. Die Tagebuchnotizen sind zitiert nach: F. Gregorovius, Römische Tagebücher, hg. von Friedrich Althaus (Stuttgart [2]1893). Eine historisch-kritische Neuausgabe der Tagebücher und der „Wanderjahre in Italien" fehlt. Die Edition des Briefwechsels, die von Waldemar Kampf angekündigt ist, bleibt ein großes Desiderat.

Weitere interessante und preiswerte Titel aus dem Bechtermünz-Verlagsprogramm:

Ruslan G. Skrynnikow:

Iwan der Schreckliche und seine Zeit

384 Seiten, Format 14,0 x 22,3 cm,
gebunden
Best.-Nr. 342 683
Sonderausgabe nur DM 19,80

Gordon Brook-Shepherd:

Zita – die letzte Kaiserin

448 Seiten, Format 13,0 x 21,5 cm,
gebunden mit Schutzumschlag
Best.-Nr. 275 222
Sonderausgabe nur DM 24,80

Francis Hackett:

Heinrich VIII

265 Seiten, Format 14,0 x 21,0 cm,
gebunden
zahlreiche s/w-Abbildungen
Best.-Nr. 265 280
Sonderausgabe nur DM 19,80

Hermann Schreiber:

Marie Antoinette

568 Seiten, Format 12,5 x 18,7 cm,
gebunden, 8 Seiten Bildteil
Best.-Nr. 236 737
Sonderausgabe nur DM 16,80

Michael Grant:

Die römischen Kaiser

464 Seiten, Format 13,5 x 21,5 cm,
gebunden mit Schutzumschlag
Best.-Nr. 336 685
Sonderausgabe nur DM 19,80

Michael Grant:

Die klassischen Griechen

496 Seiten, Format 13,5 x 21,5 cm,
gebunden mit Schutzumschlag
Best.-Nr. 336 677
Sonderausgabe nur DM 19,80

Rupert Butler:

Illustrierte Geschichte der Gestapo

240 Seiten, Format 17,5 x 23,0 cm,
gebunden mit Schutzumschlag,
durchgehend s/w-Bebilderung
Best.-Nr. 279 406
Deutsche Neuerscheinung DM 29,80

Isaac Deutscher:

Stalin – Eine politische Biographie

864 Seiten, Format 13,0 x 20,5 cm,
gebunden mit Schutzumschlag
Best.-Nr. 323 493
Sonderausgabe nur DM 24,80

Vladimir F. Nekrassow (Hrsg.):

Berija – Henker in Stalins Diensten

511 Seiten, Format 14,0 x 21,0 cm,
gebunden
Best.-Nr. 283 374
Sonderausgabe nur DM 19,95

Menschen, die die Welt veränderten:
352 Seiten, Format 22,5 x 30,0 cm,
gebunden, durchgehend bebildert
Best. Nr. 209 536
Sonderausgabe nur DM 29,80

James Clengh:

Die Medici
432 Seiten, Format 18,0 x 23,0 cm,
gebunden mit Schutzumschlag
Best.-Nr. 264 853
Sonderausgabe nur DM 25,–

Hermann Schreiber:

Die Hunnen
352 Seiten, Format 13,5 x 21,5 cm,
gebunden, 24 Seiten Bildteil
Best.-Nr. 160 390
Sonderausgabe nur DM 19,80

Hermann Schreiber:

Die Geschichte der Päpste
384 Seiten, Format 14,3 x 21,5 cm,
gebunden, 16 Seiten Bildteil
Best.-Nr. 204 800
Sonderausgabe nur DM 19,80

Albert Martin Steffe:

Die Hugenotten
564 Seiten, Format 12,5 x 21,5 cm,
gebunden, zahlreiche s/w-Abbildungen
Best.-Nr. 228 098
Sonderausgabe nur DM 19,80

D.S. Lichatschew/G. Wagner
G. Wsdornow/R.G. Skrynnikow:

Rußland

488 Seiten, Format 24,0 x 21,5 cm,
gebunden mit Schutzumschlag,
durchgehend farbig bebildert
Best.-Nr. 278 523
Sonderausgabe nur DM 49,80

Achille Rastelli:

Kriege zur See:
Die grossen Seeschlachten des 20. Jahrhunderts

168 Seiten, Format 23,0 x 28,0 cm,
gebunden, durchgehend mit s/w-Bildmaterial
Best.-Nr. 293 092
Deutsche Erstausgabe nur DM 25,–

Uwe Bahnsen:
James P. O'Donnell:

Die Katakombe

440 Seiten, Format 14,5 x 21,8 cm,
gebunden
Best.-Nr. 293 076
Sonderausgabe nur DM 19,80

Heinz Höhne:

Der Orden unter dem Totenkopf –
Die Geschichte der SS

600 Seiten, Format 13,5 x 21,5 cm,
gebunden, s/w-Abbildungen
Best.-Nr. 201 616
Sonderausgabe nur DM 19,80